KB261271

돈의 신학

필립 굿차일드 지음

이영훈 옮김

돈의 신학 Theology of Money

지은이   필립 굿차일드   Philip Goodchild
옮긴이   이영훈
초판발행   2013년 6월 20일

펴낸이   배용하
책임편집   박민서
등록   제364-2008-000013호
펴낸곳   도서출판 대장간
           www.daejanggan.org
등록한곳   대전광역시 동구 삼성동 285-16
편집부   전화 (042) 673-7424
영업부   전화 (042) 673-7424   전송 (042) 623-1424

ISBN   978-89-7071-290-1

 값 20,000원

차례

옮긴이 : 이영훈

침례신학대학교 신학과와 연세대학교 연합신학대학원 신학석사(M.Div.)를 마치고 미국 텍사스에 있는 Southwestern Baptist Theological Seminary에서 신학석사(Th.M.)과정을 수료한 후 달라스 신문 「코넷」 기자와 「오마이뉴스」 시민기자로 활동했다. 현재는 달라스에서 공동으로 회사를 설립 경영하고 있다.

비유

그리고 성령이 곧 예수를 광야로 내보내셨다. 예수께서 사십 일 동안 광야에 계시며 들짐승들과 함께 지내셨는데 천사들이 그의 시중을 들었다. 예수께서 사십 일 밤낮을 금식하시니 시장하셨다. 돈이 그에게 와서 말하기를, "네가 하나님의 아들이거든 이 돌들에게 빵이 되라고 말해 보아라. 내가 섬기는 주인 가운데 가장 작은 주인을 위해 하듯 내가 그렇게 할 것이다." 그러나 예수께서 "성경에 기록하기를, '사람이 빵으로만 살 것이 아니라 하나님의 입에서 나오는 모든 말씀으로 살 것이다' "라고 대답하였다.

그러자 돈이 예수를 그 거룩한 성으로 데리고 가서 성전 꼭대기에 세우고 말했다. "만약 네가 하나님의 아들이라면 여기에서 뛰어내려 보아라. 너는 천사들을 명하여 손으로 너를 떠받쳐 너의 발이 돌에 부딪히지 않게 할 수 있다. 난 내가 섬기는 주인 가운데 가장 큰 자를 위해 하듯 이것을 하리라." 예수께서 돈에게 "성경에 기록하기를 '주 너의 하나님을 시험하지 말라' "고 말했다.

돈이 다시 예수를 매우 높은 산으로 데리고 가서 세상의 모든 나라와 그 영광을 보여 주며 말하기를 "내가 저들의 모든 영광과 권세를 너에게 주겠다. 이것이 나에게 주어졌으므로 내가 원하는 자에게 줄 수 있다. 만약 네가 나를 섬긴다면 이 모든 것을 네게 주겠다." 예수께서 말씀하셨다. "돈아, 물러가라! 성경에 '주 너의 하나님을 경배하고 그 분만을 섬겨라' 고 기록되었다. 사람은 하나님과 맘몬Mammon을 함께 섬길 수 없다."

돈이 떠나면서 말하기를 "만약 주인이 팔 생각이 없으면, 사람은 차라리 그를 없애 줄 누군가를 항상 찾게 마련이다. 나는 가서 가룟 유다를 찾아 보리라. 어떤 이는 빵을 구하고, 어떤 이는 권력을 탐하며 어떤 이는 세상을 얻고자 하고, 어떤 이는 그것을 떠나고자 할지라도, 대부분의 사람들은 돈을 받아들일 것이다."

그러자 갑자기 땅이 열리며 지옥 불이 올라와 돈을 감싸는 것이 보이더니 돈의 얼굴이 해같이 빛나고 맘몬의 목소리가 깊은 곳에서 흘러나와 말했다. "이는 내 사랑하는 아들이고 나의 불이 그 위에 거할 사람이다. 누구든지 그의 살과 피를 먹는 사람은 충만한 삶을 누리리라."

나사렛 예수

부에 대한 나사렛 예수의 가르침은 종교사 속에서 눈에 띌 만큼 도드라진다. 많은 이는 세속과 쾌락을 거부하는 금욕주의를 가르치고 지켜왔다. 반면 예수는 스스로 먹고 마시면서 부에 대해 경고했다. 하나님나라는 가난한 사람들에게 약속된 축제였다. 부에 대해 그렇게 가르치는 것은 도둑질과 착취와 재산횡령을 엄중히 질책하는 히브리 예언자들의 전통과 일맥상통한다. 부자들에 대한 경고는 경제적 의미가 있다. 탐욕으로 말미암아 영혼이 타락한다는 것이 주는 진정한 의미는 타인의 삶을 저하시키는 것이다. 예수의 가르침이 주는 경제적 의미는그 가르침들을 개별적으로 해석하면 피할 수 있지만 함께 놓고 살펴보면 급진적이고도 분명하다.

예수는 가난한 자들에게 기쁜 소식의 복음을 선언했다.눅4:18, 1) 부자들에게 화가, 가난한 이들에게는 축복이 선포되었다.눅6:20-26 예수를 따르는 자들에게는 자신의 소유를 팔아 가난한 자에게 주라는 분부가 내려졌다.눅12:33 땅 주인들은 십계명을 지키는 것으로는 부족했다. 재산을 팔아 가난한 자들에게 주라고 하였다.막10:21 부자는 하나님나라에 들어가는 것이 불가능했다.막10:25 예수는 자신을 따르는 자들을 돈 없이 여행 보냈다.막6:8 예수는 습관적으로 여분의 돈을 가지고 다니지 않았으며,마17:27, 22:19 그의 제자들에게는 배반자 가룟 유다가 관리하는 공동소유의 지갑이 있었는데, 유다는 그것을 훔쳤다고 고발되었다.요12:6 재물은 '불의한' 것으로 묘사되었다.눅16:9 계획하여 재물을 쌓는 것과 같은 계산적인 경제행위는 거부되었다.눅12:13-21, 13:22-31 재물의 사용은 하나님의 방법과 대조되는 저급한 것으로 여겨졌다. 로마제국과 헤롯의 정치적 힘을 유지시켜주는 근본 행위는 세금 거두기였는데, 하나님의 것과는 다른 영역에 속했다.막12:17 이와 유사하게 하나님의 자녀는 성전세를 면제받는 것으로 여겨졌다.마17:26 사회 속 종교권력의 중심을 공격했을 때, 예수가 뒤엎은 것은 환전상들의 책상이었다.막11:15 모든 빚은 탕감되었다.마6:12 더 나아가 심지어 문명사회의 근본적 정치권력이었던 계약 원리조차 저 멀리 버려졌다. 사람이 하나님과 재물을 함께 섬길 수 없다고 선포하면서,마6:24 예수는 하나님나라의 신적 힘을 세속과 종교적 힘, 즉 돈의 힘의 가장 근본적 원리들 가운데 하나와 대비시켰다. 이것은 예수의 가르침에서 가장 의미심장한 부분이다. 돈 때문에 예수가 유다에게 배반당한 것마26:15은 그의 가르침의 핵심이 통절히 거부당한 것이었다.

예수는 그러므로 종교적, 정치적 사상가들 가운데 가장 급진적인 사

---

1) 모든 성서인용은 NRSV(New Revised Standard Version)를 사용했다.

람으로 간주될 수도 있다. 5세기 영국의 이단자 펠라기우스는 그런 가르침을 이렇게 설명한 바 있다. 고대 세계에서 부의 주요 근원은 강탈, 절도 그리고 강탈과 절도의 혜택을 물려받는 것이다.2) 예수의 저항은 바로 정치적이고 도덕적이며 종교적인 것이었다. 초기자본주의 경제에서는 도둑질이나 노예제도, 뇌물, 후원, 과세 혹은 부채를 통해 다른 사람의 노동력의 산물을 모음으로써 재물의 불평등이 크게 일어날 수 있었다는 점이 분명하다. 축적된 재물은 돈의 형태로 쌓이거나 교환되었다. 돈이 없이는 그렇게 불평등한 축적이 이루어질 여지가 별로 없었다. 기독교 신학은 모든 악의 근원은 돈 자체가 아니라 돈을 사랑하는 것딤전6:10이라는예수의 메시지를 내면화함으로써 돈의 사회적 중요성이 지닌 불편한 유산을 회피하고자 했다. 기독교 신학은 세상에 대립하는 예수에 집중해 왔으며, 떠돌이 설교자이자 하나님의 아들인 예수에 집중했으며, 그를 처형한 것은 범죄라고 했고 십자가형을 선고받은 것은 수치scandal라고 표현했다. 그렇게 함으로, 세상에 대한 하나님의 대립이나 예수 자신이 "부자들에게 화가 있을지니"눅6:24라고 선언한 신적인 심판을 외면하고자 했다. 비록 겸손하게 못 박힌 구세주의 구체적인 말과 행동이 사람들에게 거슬렸지만, 새 구세주의 선언은 고대 세계의 희망과 열망, 그리고 정치적 용어에 잘 부합되었다. 반면에 가장 근본적이고 보급력 있는 세상의 방식에 대립한 선언은 순전히 기초적인 또 다른 원리 또는 권력, 즉 하나님나라 혹은 하나님의 지배를 드러내기 위한 요청이다. 예수는 하나님의 능력이 돈의 힘이 되는 것을 거부했다. 기독교가 그리스도를 천상의 시저처럼 왕좌에 앉히고 경배하는 순간마다 가룟 유다가 예수를 배반하는 장면이 반복된다.

---

2) 펠라기우스(Pelagius), "Of Rich", 7.2-3, 브래드삭과 로우랜드(Bradsock and Rowland) 저, *Radical Christian Writings*, 16-17.

신학은 여기서 중립적일 수 없다. 바울이 잘 이해했듯이, 신학의 핵심적 질문은 마지막 심판고전15:24에서 사용될 힘의 본질이다. 만약 신학이 진리와 선으로 세상의 방식을 심판하는 것이라면, 자신들의 구체적 힘에 따라 진실과 선을 설명해야 한다. 신학은, 궁극적인 삶의 기준과 관계하여, 가장 근본적이고 급진적인 의문이다. 신학은 진리와 선과 삶이 어떤 모습을 갖추어야 하는지 식별한다. 신학은 가장 부유한 의미의 범주에 따라 해석된 삶의 비전을 세상에 제공한다. 신학은 영적인 부유함의 가장 깊은 층을 삶에 부여할 의무를 가진다. 즉, 신학은 진정한 재물의 본질이 무엇인지 결정해야 한다. 기독교인이든 아니든, 그것을 추구하는 자가 믿는 자들이든 믿지 않는 자들이든, 혹은 아무도 추구하지 않든 간에, 이것이 신학에게 주어진 소명이다. 돈으로만 교환가치를 측정하는 세상의 재물은 신적인 힘의 새로운 계시에 대항하는데 그것은 심판 받아야 한다.

그러한 심판은 필연적으로 놀라운 것이다. 신적인 힘은 모든 근본적 원리의 종말론적 대체물이다. 이런 삶 속에서 물질적 부는 모든 이익, 모든 기쁨, 모든 투자, 모든 생계, 모든 복지, 그리고 모든 자선의 근원이다. 일부 금욕주의자들은 세상에 남아 있는 자들에게 재물의 필요성에 대해 의문을 제기해 왔다. 재물의 혜택에 의문을 제기하는 것은 어리석은 사람으로 취급받을 위험이 있다. 재물을 추구하는 것은 동시대 세계의 다양한 사람을 하나로 만드는 실제적 행동이다. 가치 있는 모든 모험을 떠안거나 모든 쾌락을 누리려면, 재물이 수단이거나 혹은 필수조건이다. 조지 버나드 쇼Geroge Bernad Shaw가 말했듯이,

"돈은 진실로 세상에서 가장 귀중한 것이다. 그리고 고결하고 성공적인 사람과 국가적인 도덕체계는 이런 사실에 기초해야 한다.

이것을 부인하거나 억누르는 모든 교사나 불평가는 삶의 적이다. 돈은 도덕체계를 지배한다."3)

돈의 사용을 통해 축적이 이루어지는 자본주의 경제에서는, 돈에서 유래한 도덕적이고 정치적인 관계는 더 이상 직접적으로 눈에 띄지 않는다. 공정하고 자발적인 거래 관계는 정의를 구현한다. 그러므로 사회 질서의 근본 원리로서 돈을 거부하는 것은, 그런 질서에서 바라보면 매우 비도덕적이고 부당한 것이다. 이런 거부는 정당한 측정의 기준에 적대적이며, 재물 축적을 위한 기회를 가로막는다. 재물을 추구하는 것에 의문을 제기하는 것은, 모든 상식과 모든 협의, 모든 정치 권력, 그리고 모든 실용성을 스스로 거스르는 것이다. 나아가 재물은 권력에 다가가도록 하기 때문에, 재물의 추구에 의문을 제기하는 것은 스스로를 무익한 추구를 하도록 내버려 둠으로써 모든 권력을 포기하도록 만드는 것이다. 기독교 신학자들이 모든 권력을 포기해서 자신들의 전 유산이 위험에 처하는 것보다는 세상에 자신들을 순응시키려고 한 것은 조금 의아한 일이다.

그럼에도, 자신을 부에 순응하도록 내면화하는 전략은 부정을 드러내는 것이다. 예수는 기꺼이 부의 환대를 누리고, 다른 이들로 하여금 그들의 재물로 자신을 부양하도록 하며, 자신과 제자들이 폭식한다고 비난당할 정도까지 먹고 마셨다.마9:10-11, 11:19; 눅8:3 잔치는 하나님나라의 도래를 위한 전형적 상징이다. 그러나 부를 자기중심적으로 누리는 것은 그의 목표가 아니었다. 부는 힘 혹은 심판의 원리였다. 부를 추종하는 것과 예수가 대립한 것은 세상의 방법 가운데 가장 위대한 차별화이다. 이 차이점에는 어떻게 가치 중의 가치가 결정되는지를 탐구할

---

3) 잭슨(Jackson)의 책, *The Oxford Book of Money*, 312에서 인용.

기회가 놓여 있다. 예수의 선언은 가장 근본적인 신학적 문제들을 일깨운다. 가치 중의 가치는 무엇인가? 우리의 평가기준이 참가치를 표현하는가? 신학적 질문의 진정한 본질은 아마도 스스로를 적그리스도anti-christ라고 규정한 프리드리히 니체Friedrich Nietzsche가 모든 가치를 재평가하는 문제를 제기한 이후 분명해졌다.

　그것은 바로 예수 자신이 선언한 모든 가치의 재평가이다. 모든 사물의 값을 매기는 도구로서, 돈은 가치 중의 가치의 현대적 원리이다. 모든 가치를 재평가하는 것은 돈을 탐구함으로 시작할 수 있을지도 모른다. 돈의 편이든 아니든, 예수의 편이든 아니든, 그것은 미리 결정하는 것이 아니라 가치 가운데 가치를 결정함에서 돈의 중요성을 언급하고 돈의 진정한 본질을 캐묻는 질문이 될 필요가 있다. 이 모든 것 외에도, 돈은 필수적인 것이 되어야 할 듯하다. 예수의 제자들이 초기에 재산을 나누고 자발적으로 가난해 지며 선물을 교환하는 공동체를 형성했지만, 이 중추적이고 실용적인 이상의 포기는 되풀이되어 왔다. 아마도 예수의 제자들은 어쩔 수 없이 그렇게 해야 했을 수도 있다. 돈의 신학은 그 원칙, 즉 그것을 통해 경제행위의 판단이 이루어질 수 있는 가치 중의 가치를 정해야만 한다. 이를 위해 예수는 대립을 선언하는 것 이상의 것을 했다. 그는 그 원칙 가운데 일부를 조명했다.

　　"너희는 스스로를 위하여 재물을 땅에다가 쌓아 두지 말아라. 땅에서는 좀이 먹고 녹이 슬어서 망가지며, 도둑들이 뚫고 들어와서 훔쳐 간다. 그러므로 너희 재물을 하늘에 쌓아 두어라. 거기에는 좀이 먹거나 녹이 슬어서 망가지는 일이 없고, 도둑들이 뚫고 들어와서 훔쳐 가지도 못한다. 너희의 재물이 있는 곳에, 너희의 마음도 있다."

"눈은 몸의 등불이다. 그러므로 네 눈이 성하면 네 온몸이 밝을 것이요, 네 눈이 성하지 못하면 네 온몸이 어두울 것이다. 그러므로 네 속에 있는 빛이 어두우면, 그 어둠이 얼마나 심하겠느냐?"

"아무도 두 주인을 섬기지 못한다. 한쪽을 미워하고 다른 쪽을 사랑하거나, 한쪽을 중히 여기고 다른 쪽을 업신여길 것이다. 너희는 하나님과 재물을 함께 섬길 수 없다."마6:19-24. 표준새번역

하나님과 재물이 서로 경쟁구도로 놓였다. 시간에 대해서는 "보물을 쌓아두기"로, 관심에 대해서는 눈의 건강이란 용어를, 그리고 헌신은 섬김으로 표현했다. 우리의 평가는 우리가 말하거나 단순히 행동하는 것에 의해서가 아니라 우리가 어떻게 기도하는가우리의 시간과 관심과 헌신의 결정에 의해 주로 표현된다.4) 이것이 돈의 힘을 구하는 곳, 즉 단순히 예배에서나 자신을 위해 재물을 모으는 것이 아니라 돈의 사회적 기관의 요구에 의해 시간, 관심, 그리고 헌신이 이루어지는 방식이다.

모든 종교는 본질상 시간과 관심, 헌신을 관리하고 분배한다. 종교는 생활을 위한 양식을 만들어 내어 삶을 풍요롭게 한다. 만약 하나님과 돈 사이에 대립이 있다면, 근본적으로 다음과 같은 결과를 낳을 것이다: 재물은 시간과 관심, 그리고 헌신이 배분됨에 따라서 자신의 원리들을 포함한다. 주로 재물을 추구하도록 조직된 사회에서, 그것을 위해 시간과 관심과 헌신을 할당해야 하는 것보다 분명하고 확실한 것은 없다. 그것은 바로 그렇게 해야 할 의무이며 돈의 영적 힘이 된다. 그것은 의무이자 돈의 신학의 목적이다.

부에 대한 인문학은 시간을 어떻게 쓰는지를 연구하지 않는다. 그것

---

4) 기독교 철학자 로버트 스패만(Robert Spaemann)을 참고할 것. "관심과 무관심의 현상은 우리가 선과 악이라고 부르는 것에 대한 최고의 패러다임이다"(Spaemann, *Happiness and Benevolence*, 190)

은 단지 시간과 관심과 헌신의 분배 효과를 관찰할 뿐이다. 그것이 경제행위의 결과를 공부하는 동안, 이와는 대조적으로 시간과 관심, 헌신을 분배하는 힘과 원리들을 조사하는 것은 신학 훈련의 몫이다. 돈의 신학은 돈의 신비스러운 힘의 본질과 효과를 탐구하는 것이다.

우리 앞에 놓인 문제는 하나님과 정의, 혹은 본질을 직접적으로 거스르는 돈의 본성에 본질적으로 들어 있는 어떤 것이다. "하나님"은 여기서 자연의 질서를 위한 상징으로 나타날 수 있다. 자연의 질서란 곧 궁극적 힘과 진리, 그리고 선의 기준이며 가치 중의 가치의 근원이다. 유신론자들과 무신론자는 그러한 상징의 단일성, 논리, 그리고 형이상학, 아울러 가치 중의 가치에 대해 의견 일치를 보지 못할 수 있다. 하지만, 그들이 "하나님"이라는 상징을 사용하든 아니든, 무엇인가가 가치 중의 가치의 근원 노릇을 한다는 사실에 대해 이의를 제기하는 일은 거의 없을 것이다. 일단 돈이 실제로 가치 중의 가치의 근원을 덮고 있다는 점을 발견한다면, 두 번째 문제가 발생한다. 얼마나 많은 가치 중의 가치가 인간의 삶 속에서 분명해 질 수 있을까? 이런 두 가지 문제는 이번 연구의 의제가 된다.

영국은행

1694년, 진정한 신뢰의 내용을 선언하는 유인물이 영국 곳곳에 유포되었을 때, 새로운 복음gospel이 선언되었다. 그것은 지금까지도 대부분의 영국인과 웨일즈인의 일상적 주제가 될 만큼 굉장히 중요한 복음이었다. "난 이 어음을 지참한 사람이 지급을 요구할 때 그에게 총액 20파운드를 줄 것을 약속하는 바이다." 영국은행The Bank of England은 윌리엄 패터슨William Paterson이 부추겨 의회의 결정으로 설립되었는데, 윌리엄 3세의 종교전쟁을 위해 그에게 8퍼센트 이자로 120만 파운드의 종신대출을 제공했다. 동시에, 영국은행은 정부가 세금으로 갚을 것을 보증하는 어음을 20파운드 단위로 발행했다. 그런 어음은 자격을 갖춘 개인 차용자들에게 발행되었다. 영국은행의 최초발기인sub-scribers들은 이런 융자뿐만 아니라 왕에게 발행된 융장서 이자까지 발을 수 있었다. 돈은 실질적으로 최초의 예금을 넘어서게 되었다.

영국은행의 설립은 신용이 효과적으로 돈으로 기능하는 시대를 새로 열었다. 동전은 언제나 토큰의 가치를 가지기 때문에, 신용으로써 돈을 만들어 내는 것은 돈의 본질을 드러내는 만큼 변화하지는 않았다. 20세기 초 미첼 이네스Mitchell Innes가 고안해 낸 돈의 신용이론은 아래와 같다.

> "판매와 구매는 신용을 위한 상품의 교환이다. 이 핵심이론에서 돈이나 신용의 가치가 금속의 가치에 의존하는 것이 아니라 채권자가 지불을 요구하는 권리에 의존한다는 하위 이론이 생겨났다. 즉, 신용의 만족은 채무자가 부채를 지불해야 하는 의무에 달려 있고, 역으로 채권자에 의해 생긴 동등한 부채를 변제함으로 채무자의 빚에서 해방되는 채무자의 권리에 달려있으며, 그리고 신용을 만족시키고자 이 변제를 받아들이는 채권자의 의무에 달렸다."5)

경제학자 존 케네스 갈브레이스John Kenneth Galbraith는 돈의 창조에 대해 영국보다는 특히 네덜란드의 정황에서 설명했다.

은행이 돈을 만들어 내는 과정은 매우 간단하여 거부감이 들 정도

---

5) 미첼 인네스(Mitchell Innes), "The Credit Theory of Money", 잉햄(Ingham)의 책, *Concepts of Money*, 355.

다. 무엇인가 매우 중요한 것이 있는 곳에서는 심오한 미스터리가 있음직해 보인다. 암스테르담 은행의 예금은, 은행주의 설명에 따르면, 정산서settlement of accounts로 남에게 이체될 수 있다.이것은 은행의 사유 선임자(Private Percursor)에 의해 제공되어 왔던 편의다 예금되는 동전은 은행에 있으면 돈 역할을 하며, 펜놀림으로 이체된다.

원예금자의 신용과 상관없이 또 다른 펜놀림으로 은행은 대출자에게 원예금과 휴면예금에서 융자를 지급한다는 사실이 발견된다. 이는 네덜란드 동인도회사의 임원인 암스테르담의 보수적 상인들이 배타적으로 자신들의 필요를 반영한 것이다. 은행이 그 융자금에 이자를 부여할 것이라는 세부 사항을 알려 준 것은 아니다. 원예금자는 자신의 예금이 그렇게 사용될 수 있다는 얘기를 들었을 수도 있다. 그리고 아마도 그에 대한 대가를 지불 받았을 것이다. 원예금은 여전히 원예금자의 신용 위에 서 있다. 하지만, 융자가 진행되면서 이제 새로운 예금이 생겼다. 양쪽 예금은 돈으로 사용되었다. 돈은 그렇게 창조된다. 은행이 발전하는 아주 초기에 그렇게 돈을 만들어 낸다는 것을 발견할 수 있다. 거기에는 붙어야 할 이자도 있었다. 그런 보상이 기다리는 곳에 사람들은 혁신을 위한 자연적 본능을 가지는 것이다.

은행어음을 포함하여 대안적인 기회도 있는데, 이 은행어음은 나중에 아메리카 공화국에서 자신들에게 이익이 되도록 유리하게 사용된 것이다. 그것은 차용자에게 보증금deposit이 아니라 은행에서 자본이나 정주예금sedentary deposit으로 평가되어온 경화hard currency:환관리를 받지 않고 금이나 타국의 통화와 언제든 바꿀 수 있는 화폐-역주로 교환할 수 있는 어음을 준 것이다. 이 어음으로 차용자는 지불을 할 수 있었다. 그러한 지불의 수취인은, 현금으로 교환되는 어음 대신, 그것을 자신의 지불금으로 사용할 수 있었으며 그런 방식이 끝도 없이 계속되었다. 한편 은행의 상황에서는, 최초 융자에 대한 이자가 발생하고 있었다. 아마도 언젠가는, 그 어음은 되돌아와서 원래 보증금의 경화로 바뀌질 것이다. 하지만, 그때까지 차용자는 그의 융자금 및 경화를 상환하고자 할 것이다. 모든 것이 잘 돌아갈 것이며 이자가 발생될 것이다. 또한 그 어음은 이 사람에서 저 사람으로 옮겨 다니며 결코 수금되지 않을 것이다. 방출로 이어진 그 융자는 이자를 벌어서 적절한 때에 상환될 것이다. 그러는 동안에 그 어음은 계속 돌게 된다. 최초 융자를 허용한 원 주화 original coin에 대한 어떤 청구도 들어오지 않았다.6)

그런 은행의 관행은 피렌체, 제노바, 베니스, 그리고 암스테르담에서 나타났다. 이런 관습은 불가피하게 행복과 공황 주기의 원인이 되었고 은행의 신임 변동에 의존했다. 영국은행은 통화안정을 부여하는 데 예외적이었다.7) 돈의 가치는 국가의 권력을 승인하여 세금을 인상하도록 하였으며, 은행어음은 쉽고 즉각적으로 주화를 보완했기 때문에 상환redemption을 위해 나타나지 않았다. 신용은 이전에는 주화로만 점유되었던 보증통화공간the secure monetary space을 차지하게 되었다.8) 영국은행은 점차적으로 돈의 공급과 돈의 가치를 안정화시킬 책임을 떠안았다. 갤브레이스Galbraith의 용어로 하면, "사도 베드로에게 신앙이 모든 것이었던 것처럼 영국은행에게는 돈이 그러했다."9) 미국연방준비은행US Federal Reserve이 20세기에 핵심이 된 것처럼, 그것은 모든

---

6) 갤브레이스(Galbraith), *Money*, 18-20.
7) 이것과 그 역사적 함축성에 대한 근거의 기술을 위해서는 다음을 보라. 퍼거슨(Ferguson), *The Cash Nexus*.
8) 잉햄(Ingham), *The Nature of Money*, 121-31.

중앙은행이 기초로 한 모델이며 영국이 18세기와 19세기 동안 국제적 영향력을 갖게 하는데 중추적 모델이기도 하다.

그런 체계 속에서 균형을 잡고 힘을 모으는 융합을 생각해 보자. 먼저, 이익과 착취를 위해 새로운 지역 마련을 위한 전쟁과 같은 형태의 비생산적인 정부지출 요구가 있다. 파괴와 과잉소비는 수요에 이바지함으로 부의 창조를 위한 전제조건이 된다. 두 번째로, 전쟁에는 군인, 장비, 그리고 발명품에 지불하기 위한 자금의 확실한 자원을 획득할 수 있다는 상대적인 전략적 이점이 있다. 정치적 이슈의 영역을 넘어서서 가치가 확대되는 통화의 형태 속에서, 이동 및 전환이 가능한 부는 "전쟁의 힘줄"이다. 그래서 정부지출은 세금을 통해서 회복되는 전략적 이익으로 더 큰 수익을 벌어들임으로 균형을 유지한다. 또한 공공부문 경제에서의 그런 성장은 민간부문의 성장에 의해 균형이 유지된다. 세 번째로, 생산적 투자에 참여하고자 자본에 대한 끊임없는 수요가 있다. 그런 수요는 수익이 발생할 기회가 있는 곳에서는 언제든 나타난다. 네 번째로, 자본에 대한 이자지불은 새로 만들어진 기회에 따라 수익성이 늘어난 결과다. 자산과 부채가 그런 체계 속에서 스스로를 상쇄한다면, 절대적 경제 규모가 성장한다. 간단히 말해, 그런 체계는 공공과 민간 분야의 공급과 수요를 증가시킨다. 영국은행의 원투자자는 같은 돈을 은행과 시민사회에 빌려 주었다. 시민사회에 대한 융자의 담보는 미래 과세의 형태로 국가가 보증했다. 국가에게 융자의 담보는 시민 사회 속의 경제성장으로 보증되었다. 이것이 훌륭하고 자기확증적인 공동의존과 공동이익 체계이다.

돈의 공적인 창조는 재산의 근원이며 성장을 가속시킨다. 실제로, 몇몇 주석가는 새로운 돈의 창조가 산업혁명과 근대성 출현의 주요한

---

9) 갤브레이스(Galbraith), *Money*, 30.

원인 가운데 하나라고 간주했다.10) 죠셉 슘페터Joseph Schumpeter는 이 것으로 본질적인 것을 설명했다: 사업가는 필수적으로 부의 소유자가 아니다. 실제로 사업가는 자본가 사회의 전형적인 채무자이다.11) 슘페터는 신용을, 그것 없이는 나머지 체계가 이해될 수 없는 자본가 엔진의 핵심이라고 말하기까지 했다.12) 게다가 그는 다음과 같이 말한다.

> 실제로 신용에 대한 무제한적 요구는 신용의 무제한적 공급과 일치한다… 큰 수량이 들어옴으로 말미암아 더 큰 수량이 나가므로, 은행은 언제나 더 큰 융자를 승인한다. 신용의 요구는 스스로 뿐 아니라 이에 부합하는 공급도 가능하게 한다. 그리고 모든 공급은 부합하는 수요를 가능하게 하며, 그리하여 이런 경우 공급과 수요는 각각 독립적인 힘으로서 서로 상충하지 않는다…. 어떤 상품예를 들면 양모에 대한 생산적 수요는, 꾸준히 수량을 늘리지 못하므로, 지속적으로 화폐수량quantity of money을 갖기에는 한계가 있다. 이와는 반대로, 만족을 확대시키고 늘려서 결과적으로 더 많은 신용수요credit demand를 위한 경제조건의 창조를 지속하게 한다는 점에서 신용수요는 자기선전이다.13)

자본성장은 투자를 위한 대출에서 시작하는데, 돈이 부족하면 모든 경제활동이 제한되기 때문이다. 만약 더 많은 돈을 사용할 수 있다면 더 많은 일을 할 수 있을 것이다. 사무엘 버틀러Samuel Butler가 지적했

---

10) 다음을 보라. 잉햄(Ingham), *The Nature of Money*, 13, 151.
11) 슘페터(Schumpeter)는 리처드 아레나(Richard Arena)와 아그네스 페스트레(Agnes Festre) 속에 인용된다. "Bank, Credit, and the Financial System in Schumpter", 잉햄(Ingham)의 책, *The Nature of Money*, 377.
12) 슘페터(Schumpeter), *A History of Economic Analysis*, 318.
13) 아레나(Arena)와 페스트레(Festre)의 "Bank, Credit, and the Financial System in Schumpeter"에서 인용됨. 잉햄(Ingham), *The Concepts of Money*, 376-79.

듯이, "돈을 사랑하는 것은 모든 악의 뿌리이며, 돈을 원하는 것은 진정으로 모든 악의 뿌리이다."14) 만약 돈이 수익성 있는 활동을 목적으로 하는 대출의 형태로 창조될 수 있다면, 경제성장에 효과적인 제한은 없어질 것이다. 돈이 신용으로 대체되고 수익으로 상환될 때, 돈이 부족한 일은 없어질 것이다. 결과는 칼 폴라니Karl Polanyi의 "거대한 전환The Great Transformation"과 같았다.15) 사용보다는 이익을 목적으로 하는 생산은 사회활동과 상호작용에 있어 종양이 되었다. 자본주의그 성장과 세계화는 은행업무로 설명된다. 경제활동은 이전에는 사회활동의 제한된 부분이었으나, 종교를 비롯한 사회생활의 모든 양상을 차지하게 되었다. 이윤을 통해 번영의 증거를 본 사람들은, 고리대금의 해악성과 돈을 사랑하는 것을 경고하는 설교자의 외침을 무시했다.16) 윌리엄 코벳William Cobbett이 1829년에 보았듯이,

> 공적 신용은 국가가 결코 지불할 수 없는 부채의 계약을 의미한다고 시간은 내게 가르쳐 주었다. 그리고 난 사탄이 결코 만들어 낼 수 없는, 이런 여신이 만들어내는 효과를 보며 내 나라에서 살아왔다. 그것은 매우 황홀한 여신이다. 여신의 영향력은 공공업무보다는 사적인 일에서 더 치명적이다. 그것은 이런 후자의 관점에서 제아무리 낮고 사소한 어떤 거래라도 다른 방식으로는 거의 일어나지 않는다는 지경까지 치닫게 되었다.17)

근대 세계 이전에, 경제영역은 한편으로는 인간의 노동력에 의한 가

---

14) 잭슨(Jackson), *The Oxford Book of Money*, 312에서 인용됨.
15) 폴라니(Polanyi), *The Great Transformation*.
16) 리처드 헨리 토니(R. H. Tawney)는 그의 책 *Religion and the Rise of Capitalism*에서 이런 변화의 역사를 도표화했다.
17) 잭슨(Jackson), *The Oxford Book of Money*, 238에서 인용됨.

치생산의 한계로 말미암아 제약되었고, 다른 한편으로는 제한된 돈의 양 때문에 꽁꽁 묶여있었다. 하지만 근대 세계에서, 생산의 한계는 화석연료와 그 요소 속에 저장된 에너지를 이용함으로 부분적으로 극복되었다. 동시에, 통화의 유한성은 화폐가치의 신호를 그 자체가 가치 있는 것으로 취급함으로 극복되었고, 부채에 부과된 융자 형태로 돈을 발행함으로써 새롭게 창조된 돈의 가치를 보증했다. 생산율과 이자율은 복합적 성장의 유한성을 벗어난다. 이윤을 내기 위한 생산은 사용을 목적으로 하는 생산을 대체한다.

이런 전환이 어떻게 자연스럽게 인간을 세속화시키고 하나님과 돈 사이의 직접적인 대립으로 이어지는지 관찰하는 것은 쉬운 일이다. 하나님이 영원을 약속하는 곳에서, 돈은 세상을 약속한다. 하나님이 지연된 보상을 제공한다면, 돈은 미리 보상한다. 하나님이 자신을 은혜로 제공하는 곳에서 돈은 자신을 융자로 제공한다. 하나님이 영적 혜택을 제공하는 곳에서, 돈은 물질적 혜택을 준다. 하나님이 진정으로 믿고 회개하는 모든 죄인을 받아들이는 곳에서, 돈은 돈의 가치를 믿고자 하는 모든 사람에게 받아들여진다. 하나님이 영혼의 회심을 요구한다면, 돈은 현존하는 욕망과 영혼의 계획을 강화시킨다. 돈은 직접성, 보편성, 유형성, 그리고 유용성의 이점을 가진다. 돈은 자유를 약속하며 번영의 약속에 계약금down payment을 준다,

돈은 모든 단순한 인간의 힘을 넘어서는 신출귀몰한 힘을 발휘한다. 스스로를 다른 욕망으로 맞춰가면서, 돈은 또한 욕망을 형성한다. 먼저, 돈의 가치는 초월적이다. 그것은 신앙으로 받아들여진 약속이며, 교환 속에서 신앙이 실천되는 정도까지만 실현된다. 비록 그런 가치를 무엇인가를 지불하는데 사용할 수 있다 하더라도, 사람은 돈의 가치를 자신의 손으로 붙잡아 둘 수 없다. "눈이 결코 달러를 보지 못하며 손도

달러를 만질 수 없다. 우리가 만지거나 볼 수 있는 모든 것은 지불해야 할 약속이거나 달러라고 불리는 어떤 액수만큼 빚을 갚는 것이다."[18]

둘째로, 돈은 지불수단이자 가격의 측정이다. 가격의 측정으로서, 돈은 모든 것에 보편적 가치를 부여한다. 사는 사람이 누구든 가격은 같다. 지불의 수단으로서, 돈은 돈을 가진 사람들에게만 유효수요 effective demand의 힘을 준다. 사람이 가치 평가하는 것을 이루려면, 자신이 원하는 것에 접근하는 수단으로서 먼저 돈으로 가치를 평가해야 한다. 돈이 다른 모든 사회적 가치를 현실화시키는 수단이기 때문에, 돈은 자신을 최고의 자리에 둔다. 그 어떤 것도 돈보다 더 유동적이고 교환가능하며 가치 있는 것은 없다. 사람이 가진 가치가 무엇이든, 사람은 먼저 다른 모든 가치에 접근하는 수단으로서 돈의 가치를 매겨야 한다.[19]

세 번째로, 돈은 유일한 "움직이는 가치"이다. 사람은 자신의 돈을 투자하지 않고서는 수익을 올리지 못한다. 자산 가치는 자산의 고유한 가치에 의해서 결정되는 것이 아니라 예상수익, 즉 예상되는 이익률에 의해 결정된다. 자산 가치는 투기적 예상에 의해 결정된다. 게다가, 비록 이런 예상이 잘못된 것으로 판명나더라도, 자산 가치는 매 단계마다 미래에 대한 다음번의 예상에 의해 결정된다. 따라서 이 미래는 절대 도달할 수 없다. 미래는 순전히 이상적이다. 재정가치는 본질적으로 희망, 예상, 신뢰 혹은 신용의 정도이다. 지폐가 결코 돈이 되지 않는 것처럼, 자산의 가치도 결코 현금화되지 않는다. 그것은 미래 혹은 초월적인 것이다. 재정적 가치는 물질과 사회적 현실에 초월적이고, 또한 물질적이고 사회적인 현실을 꾸준하게 재건설하는 중심이며, 본질적으

---

18) 인네스(Innes), "The Credit Theory of Money", 잉햄(Ingham)의 책, *Concepts of Money*, 358.
19) 굿차일드(Goodchild), *Capital and Religion*, 127-29를 더 보라.

로 종교적이다.[20]

네 번째로, 부는 외부적으로는 군사적 우월성, 정보로의 접근, 대중 의식의 지배, 정치적 영향력, 그리고 선별적 자금제공을 통해서, 그리고 본질적으로는 투자, 수익, 성장, 순조롭게 협상되는 계약, 그리고 부를 갖지 못한 사람들의 경제적 자유를 제한하는 자연적 필연natural necessity과 사회적 책임에서의 해방을 통하여 힘에 다가 가게 한다. 그 결과로서, 부의 힘은 수익성의 순환 속에서 기하급수적으로 성장한다. 오직 이윤을 창출하며 부채를 상환하는 것에 전념해야만 부가 성장하기 때문에, 부는 필연적으로 자연적 필연과 사회적 책임특별히 생계와 삶을 연명시킬 필요성을 충족시키는데 필요한 자원을 고갈시킨다. 모든 사회적 활동을 위한 조건으로서, 돈의 체계를 지속시키고 부를 창조하는 요구는 환경, 인구, 혹은 종교를 유지하기 위한 필요보다 우선한다.

다섯 번째로, 투기적 수익은 오직 생산과 소비에서 추출된 수익의 기초 위에서만 만들어지며, 이를 얻으려면 세상의 물리적 자원을 늘리고 세계의 식민지화와 상업화를 통한 생산, 교환, 그리고 소비에 책정시켜야만 한다.

여섯 번째로, 늘어나는 생산과 이윤은 늘어나는 투자와 부채를 필요로 한다. 생산이 상품이라면, 부채와 이자는 돈의 형태로 상환된다. 늘어나는 생산은 부채를 지불할 더 많은 돈이 있을 때만 부채의 상환으로 이어질 수 있다. 그렇지 않으면 돈은 오직 또 다른 융자의 형태로 창조

---

20) 돈이 종교의 어떤 정의와 닿아 있으며 다른 것들에서 배제된다는 것은 분명하다. 세속에서 종교를 구별하는 것은 돈을 둘러싸고 조직된 사회의 움직임을 정의하는 것이므로, 이것은 별로 중요하지 않다. 종교의 정의는 항상 독특한 지적 투영에 중요한 역할을 하며, 그런 것들을 넘어서면 중요성이 떨어진다. 내 관점은 "종교적인" 것으로 돈을 묘사하여 어떤 추론이 나올 수 있다는 것이 아니라, 돈이 독특한 종류의 신학적 질문에 적합하다는 것이다 — 돈을 연구하는 바로 그 작업 속에 이루어진 것이다. "종교"와 훈련으로서 종교 연구의 기능을 정의하는 내 관점을 알려면 다음을 보라. 굿차일드(Philip Goodchild), "on 'Religion' : Speeches to its Cultural Despisers", in Crossley and Karner, Writing History, *Constructing Religion*, 49-64.

될 뿐이거나, 그렇지 않으면 인플레이션 된다. 그 결과 영국은행의 설립 이래로, 세계경제는 증가하는 부채의 소용돌이 속에서 점차 노예화되어 간다. 세계경제는 부채의 소용돌이에 의해 끌려가며, 더 나은 수익을 찾도록 제한되고 항상 미래 확장에 의존한다. 돈의 신출귀몰한 힘은 궁극적으로 부채의 본성 속에 놓여 있다.

근대성의 본질에 관한 인류학자들의 판단은 돈의 가치를 근대 종교, 즉 사회질서의 초월적인 원리로 식별하고자 한다.[21] 메리 더글라스 Mary Douglas가 설명했듯, 돈은 제의행위이다:

> 돈의 비유는 우리가 의식ritual이라고 주장하는 것을 잘 요약한다. 돈은 혼란스럽고 모순된 작용이 될 수 있는 것을 고정되고 외부적이며 인식할 수 있는 신호로 제공한다. 의식은 내적 상태의 외부적 신호를 가시화한다. 돈은 거래를 매개한다. 의식은 사회적 경험을 포함하여 경험을 매개한다. 돈은 가치를 측정하기 위한 기준을 제공한다. 의식은 상황을 표준화하여 측정하도록 돕는다. 돈은 현재와 미래를 연결하며 의식도 그렇다. 우리가 비유의 풍요로움을 더 많이 반영할수록, 이것이 비유가 아니라는 것이 더 분명해 진다. 돈은 극단적이고 전문적인 유일한 의식 형태이다.[22]

---

21) 흔히 실재론자(essentialist)는 종교의 정의에 포함되어왔으며, 그리하여 종교는 초자연적인 것, 신의 존재에 대한 믿음, 거룩하고 신성한 것, 초월적인 것 혹은 구원의 이론과 같은 특징과 관련하여 정의된다. 비록 숭배 의식이 보편적으로 발견된다 할지라도, 그런 개념은 보편적으로 모든 문화에 적용되지는 않는다. 그런 실재론자의 정의는 인류학적 기반 위에서 유지될 수는 없다. 피츠제랄드(Fiizgerald)의 *The Ideology of Religious Studies*를 보라. 이런 개념에서, 종교는 근대 이성과 사회적 생활과는 다른 이국적인 것으로서 자리한다. 킹(King)의 저서 *Orientalism and Religion*을 보라. 반대로, 마르크스(Karl Marx), 벤자민(Walter Benjamin), 호르크하이머(Max Horkheimer), 아도노(Theodor Adorno), 그리고 데리다(Jacques Derrida)를 포함하여, 근대 이성과 그 실천의 전제조건으로서 "주물숭배(fetishism)" 또는 이국적인 것을 드러내는 비판적 이론의 전통이 있다. 이전에 쓴 나의 책, *Capitalism and Religion*처럼, 돈에 대한 나의 신학은 이런 전통 속에 자리한다.
22) 더글라스(Douglas), *Purity and Danger*, 70.

돈의 가치는 순수하게 이상적인 구조이므로, 돈의 종교는 자신만의 신학을 가진다. 그 원리들은 4중적이다. 돈은 실제 가치가 선불될 수 있는 가치의 약속이다; 돈은 다른 모든 가치를 측정하는 최고의 가치다; 돈은 그 본질적 가치가 입증되기를 기다리는 투기적 가치다; 또한 지속적으로 빚과 의무를 확대시키는 동안, 돈은 수익을 늘리고 부채를 상환하는 것에 맞춰 사회활동이 지속적으로 재정리되는 것을 요구하는 부채, 또는 사회적 의무이다. 경제적 세계화는 성장과 힘을 위한 동력을 통해서, 삶의 모든 측면의 점진적인 식민지화를 통해서, 그리고 늘어가는 빚에 대한 위임을 통해 이러한 종교가 보편화되는 것이다. 돈의 신학은 현대 세계에서 이런 신출귀몰한 힘의 독특한 본성을 설명할 필요가 있다.

돈의 신학

진정한 돈의 신학은, 보편적 평가를 위한 체계로서 돈의 힘에 조직적 의문을 제기하는 것으로, 이전에는 결코 이뤄진 적이 없었다. 돈에 관한 기독교의 역사는 부에 대한 주관적 태도에 집중하는 한, 제한된 서비스였다.23) 경제과학의 역사는 기능적 도구로서 돈의 객관적 과학에 집중하는 한 제한된 서비스였다. 평가의 근원으로서 돈은 주체와 대상 사이의 구별을 넘어서며 과학에서 우리가 기대하는 것을 문제화한다. 우리의 방법은 철학적이어야 하고, 근대이성의 번영에 대한 철학적 여담이 우리 사상의 이미지를 지향하려면 필수적이어야 하며, 그리하여 그것이 돈의 신학을 드러낼 것이다.

---

23) 영국교회 종교회의의 교리위원회(Doctrine Commission of the General Synod of the Church of England)가 최근의 예외에 해당한다. *Being Human.*

근대사상은 대상, 주체, 그리고 지식 사이의 삼중적 구분을 마련해 놓았다. 기능적 수단을 포함한 물질적 실재는 그 욕망과 계획과 더불어 인력에 의존하는 것으로 여겨진다. 하지만, 대상과 주체는 제3의 독립적 용어, 즉 기능적 수단의 사용을 통해 그 계획을 더욱 효과적으로 실현하려고 인력을 인도하는 과학으로 매개되기도 한다. 매일 사용하는 돈보다 더 도구와 중개인, 그리고 과학 사이의 이런 삼중적 구분을 강화하는 것은 없다. 사람의 손에 있는 돈은 수동적 도구이며, 인간이라는 자유로운 대리인human agent의 사용에 완전히 영향을 받는다. 하지만, 돈은 널리 사용되지 않는다면 쉽게 잃게 되며, 돈의 사용에 대한 과학은 욕구와 계획을 현실화시킬 더 효과적인 방법을 결정한다. 사용할 돈이 있는 사람은 자유를 누리며 물질적 세계에 대한 지배권을 만끽한다. 도구, 중개인, 그리고 과학의 구분은 부와 물리적 힘에 다가갈 수 있는 사람의 자유의 경험에 달려 있다. 동시에, 물질적 필요가 선택을 내리는 곳과 돈을 얻을 방법에 대한 견해를 근간으로 평가가 형성되는 곳에서는, 돈을 얻으려고 매일 고군분투하는 것보다 더 이러한 삼중적 구분에 의문을 제기하는 것은 없다. 물질적 필요와 사회적 의존은 인간 대리인을 통해 스스로를 표현한다. 주체는 물질과 문화와는 분명히 다르다. 주체는 물질과 문화를 통해 형성되며 이끌린다.

어떻게 주체가 대상에 관계되는지, 어떻게 개인적 선호가 물질적 실재에 영향을 미치는지, 어떻게 지식이 상호작용을 매개하는지의 미스터리는 철학자들에게 끊임없는 연구거리를 가져다준다. 도구, 중개인, 그리고 과학 사이의 근대적 구분 아래 몇몇 고대철학적 가정이 놓여있다. 돈의 과학은 돈 그 자체를 표현하지 않는다; 돈의 과학은 돈에 관한 진실을 표시한다. 쾌락주의적Epicurean 가정은 시장 속에서 사용할 수 있는 상품과 같이, 진리가 별개의 원자적 사실로 이루어져 있다는 것이다. 진리는 개인적이고 객관적이며 평등주의적, 수동적, 그리고 상대적으로 영구적일 것이라고 추정되었다. 이것은 증거나 데이터의 독립적 단위를 통해 표시된다. 증거는 반복적이고 대중적이며 교환할 수 있는 것이다. 누가 증거를 고려하든, 증거는 동일한 것으로 남는다. 하지만, 진리에 관한 그런 가정을 고려할 때에 두 가지 커다란 역설이 존재한다. 먼저, 진리의 객관성은 그 자체로 객관적이지 않은데, 왜냐하면 그런 진리들은 절대로 개성과 객관성 그리고 항구성으로 나타나지 않기 때문이다. 어떤 진실도 특정한 시간에 이행된 사고의 체계를 독립적으로 입증하지 못한다. 귀납법적 진리로 여겨지는 개성, 객관성, 그리고 항구성의 성질은 절대로 알려질 수가 없다. 왜냐하면 진리는 사상과 별개로 알려져 있지 않기 때문이다. 그리하여 진리의 객관성은 주관적 추정이 된다. 두 번째로, 진리와 가치의 독립성은 평가를 부여한다. 증거에 기초한 진리가 잠정적으로 보편적이 되는 이유는, 진리가 항상 그리고 모든 곳에서 인정되기 때문이다. 진리는 모든 사람 혹은 모든 것을 위해 있다. 진리는 가치에 관해서는 전적으로 중립적이다. 더 정확하게는, 진리는 가치에서 독립적이거나 가치가 없는 것이다. 그런 진리는 그 자체로 객관성이나 가치를 갖지는 못하지만, 사고하는 주체에 의해 객관성과 가치를 부여 받아야 한다. 객관성, 보편성, 그리고 진리의 가치가 결코 그 자체로 나타내지 않는다면, 이들은 증거가 반복되고 대중적이며 교환할 수 있을 때 귀납적으로 추론될 수 있다. 사회적 실천으로서, 과학은 그런 사상에 교환가치를 주려고 사상을 반복하고 교환한다. 반복되거나 교환될 수 없는 잠재적 진리는 가치가 절하된다. 오직 공적 진리만이 가치 있다.

이런 역설은 부의 과학을 고려할 때 잘 발달된 형태에 도달한다. 부의 과학은 스스로 가치에 관한 돈의 효과를 중요시한다. 그리고 가치 그 자체는 오직 돈으로만 측정된다. 객관적이지 않은 부의 과학은 더 많은 돈을 벌고자 돈을 사용하는 사람들의 관점에서 형성된다. 부의 과학이 가치에 대해 중립적인 담론으로 나타난다면, 그것은 교환할 수 있는 것만을 연구의 대상으로 선택하며 평가의 형태뿐 아니라 가치로서의 교환성을 부여한다.

근대 사상에 깔려 있는 데카르트의 가정은 진리를 생각하는 것이 진실된 것과는 관계가 없다는 것이다. 임마누엘 칸트Immanuel Kant는 하나님의 존재에 대한 존재론적 증명에 관해서, 자신의 재정상태에 영향을 준 것은 백 달러의 개념이 아니라 실제 백 달러라고 언급했다.24) 진리는 증거에 기반을 두어야 하지 추측에 기반을 두어서는 안 된다. 하지만 여기서의 역설은, 돈 자체가 투기를 통해서 순수한 사고로부터 창조될 수 있다는 것이다. 은행은 돈을 융자로서 투기적 투자자에게 만들어 줄 수 있다. 투기는 일반적으로 자산의 가격을 올린다. 투자자는 그리하여 자신의 자산을 팔고 융자를 갚은 뒤 금전상의 차액을 가진다. 사고와 존재 모두 시간이 걸릴 때, 사고는 더는 존재에서 독립적일 수 없다. 그리하여 그것이 돈이 될 때, 데카르트의 가정은 더 이상 가치를 갖지 않는다. 돈은 이중적 본성을 가지는 것처럼 보인다. 한편으로, 어떤 특정한 시간에 돈은 확정적 가치를 갖는다. 다른 한편으로는, 어떤 시간 동안 투자되었을 때, 돈은 가치를 얻거나 잃을 수 있다. 그것은 고정된 동시에 움직이는 것이다. 실제로는 이와 비슷하게 지식의 건설은 시간이 지남에 따라 일어난다. 생각의 과정은 시간이 걸리지만, 생각하는 과정이 완료되고 진리가 알려질 때, 시간을 기획하는 것이 모든 진리를 제시한다. 진리는 사고의 일시적 작업을 대체하는 초시제적 상징

---

24) 칸트(Kant), 『순수이성비판(*Critique of Pure Reason*)』, 505. "Thalers"라는 단어에서 "달러(dollars)"가 나왔으며, 원전에서 이 단어가 사용되었다.

으로 나타난다. 실제로, 완료된 사고의 이런 상징화는 경제적인 것이다. 그것은 시간을 절약하고자 형성되었다. 근대이성의 본질은 시간을 절약하는 것이다. 사고작업이 결코 완료되지 않기 때문에, 진리가 주어진 미래는 추측적 예상으로 남는다. 사고가 시간이 걸리는 곳에서, 이런 진리의 모델은 영원하다. 그런 진리는 시간과 사고와는 별개이기 때문에, 경솔하다. 그것은 사고의 이동이나 돈의 이동을 표현할 수 없다.

사물의 진리에 대한 파르메니데스Parmenidean의 가정은, '사물의 진리는 진실이라는 것the truth of things is true' 이다. 이것은 유의어반복tautology이며, 모든 유의어반복처럼 서술어와 함께 주어를 표시한다. 그럼에도, 주어와 서술어는 정확하게 주어와 서술어로서 다르다. 이들이 동일하려면, 이 모두를 가리키는 제3의 용어가 있어야 한다. 그리하여 생각과 존재는 동일하다. 사고와 실재 사이의 매개 문제로 돌아가보자. 돈의 진리는 사고 속에서, 그리고 현실 속에서 같은 것이다. 만약 우리가 이런 진리를 현실의 편에 두면, 이런 진리의 진리the truth of this truth는 결코 사고에서 주어지지 않을 것이다. 만약 우리가 이런 진리를 사고의 편에 두면, 이런 진리의 진리는 결코 현실에서 주어지지 않을 것이다. 돈의 경우에는, 만약 우리가 돈을 본질적으로 상품으로 이해한다면, 가치의 측정으로서나 창조의 대상으로서나, 우리는 사고에서 그 출현을 설명할 수 없을 것이다. 반대로 만약 우리가 돈을 본질적으로 측정이나 비교의 기준으로 생각한다면, 우리는 돈의 진정한 힘과 가치를 설명할 수 없을 것이다. 돈은 가치의 약속 혹은 표시이며 그렇게 돈의 진실은 자기동일적으로self-identically 참된 것이 아니다. 약속의 가치는 약속된 가치와 같지 않다.

돈의 경우에는, 도구, 중개인, 그리고 과학 사이의 깔끔한 구분이 어

---

25) 돈의 철학에 관한 그의 연구를 존재와 가치 사이의 구별로 시작하면서, 게오르그 지멜

려워진다.25) 돈은 세 가지 측면 모두를 순환하며 참여한다. 그것은 교환의 도구, 가치의 약속, 그리고 가치의 측정이다. 나아가, 돈이 그런 분리의 인위성을 드러내는 증상이라면, 돈은 유일한 것이 아니다. 진리 그 자체는 실재이고 사고이며 가치의 약속이다. 사람은 그것이 아마도 시간과 같다고, 심지어는 하나님과 같다고 말할 수도 있다. 물질적 실재, 주관적 욕구, 그리고 지식 사이의 근대의 형이상학적 구분은 구별된 영역을 조정하기 위한 '신의 기계적 출현deus ex machine'을 말하는 철학적 기반 위에 유지될 수 있다. 그런 '신의 기계적 출현'의 등장을 기다리면서그 동안 실재, 사고, 그리고 지식이 실제로 상호작용하기 때문에 사람은 이들의 상호작용에 영향을 끼치는 돈에 의존할 수 있다.

지식의 근대적 관념의 문제에 대해 이런 개요를 말하는 이유는, 왜 지식의 과학적 건설을 위한 정상적 과정이 돈의 신학의 한 부분이 되지 않는 가를 설명하기 위함이다.26) 에피쿠로스, 데카르트, 그리고 파르메니데스의 가정은 여기서 채용되지 않을 것인데, 이들은 돈에 관한 가장 흥미로운 것을 감추기 때문이다. 오히려 정확히 반대되는 개념을 살펴볼 것이다. 먼저, 돈에 대한 진리가 일련의 별개의 원자적 사실들에서 구성될 수 있다고 가정하는 대신,혹은 돈의 진리가 그 자체로 사실이라고 가정하는 대신 돈에 대해 가장 흥미로운 것은 돈이 특정한 상황 속에서 형성하고 매개하는 구체적인 관계라고 가정할 것이다. 특별히, 돈은 생산, 혹은 자본의 축적된 수단그 속에서 그것이 사용되는 시장과 계약의 사회적 기관, 그리고 그것에서 건설된 신용의 체계과 관련하여 중요성을 갖는다. 돈과 관련하여 사람은 항상 돈이 참여하는 구체적 관계에 대해 물어야 한

(Georg Simmel)은 돈에 관한 독특성을 모호하게 한다. 객관적 가치는 거리나 주관적 즐거움을 깨닫는데 있어서의 지연으로 축소되었다. 지멜의 *The Philosophy of Money*를 보라.
26) 이 논쟁에 관한 더 완성된 진술을 위해서는 필립 굿차일드(Phillip Goodchild)의 "Truth and Utopia," *Telos* 134 (2006): 1-19를 보라.

다. 돈의 생태학을 건설하는 것이 필수적이다.

두 번째로, 돈에 관한 진리가 사고와 시간과는 별개라고 가정하는 대신, 돈에서 가장 흥미로운 것은 이자와 투기 그 자체그 잠정적 본질라고 가정할 것이다. 돈과 관련하여, 사람은 이미 진행 중인 성향, 과정, 그리고 방향에 대해 항상 물어야 한다. 그런 성향은 진정한 사회적 힘이다. 돈의 정치학을 구성하는 것은 필수적이다.

세 번째로, 돈에 대해 드러난 진리가 항상 옳다고 가정하는 대신, 돈에서 가장 흥미로운 것은 돈의 진리가 약속하는 것이라고 가정할 것이다. 돈의 본질은 신용이나 부채로 살펴볼 것이다. 그것은 의무와 신념의 객관적인 사회적 영역, 종교의 영역에 속해 있다. 돈의 신학을 구성하는 것이 필요하다.

드러나야 할 돈의 진리는 증거를 기반으로 한 추론의 곧은 사슬에 있는 것이 아니라, 어떤 시각에 대한 이질적인 사고의 다양성을 해결하고 압축하는데 있다. 목표는 문제가 되는 것, 즉 사고를 이끌어내는 진리가 이해될 수 있는 방식으로 돈의 본질을 상상하는 것이다. 폭로되어야 할 돈의 진리는 일련의 명제proposition 속에 있는 것이 아니라 일련의 약속들에 있다. 이 약속은, 돈 그 자체처럼, 단순히 아무런 의심 없이 받아들일 것을 요구하는 것이 아니라 사고의 방향을 재설정하기 위한 능동적인 능력을 표현하는 것이다. 실재를 지배하려고 이성을 사용하는 대신, 그 목표는 비전의 특성quality이나 혹은 시간, 관심, 헌신을 형성하는 자각의 특성으로서 진리가 이성을 결정하도록 하는 것이다. 진리는 돈의 신학 속에서 삼중적 방향을 가진다. 그것은 외부의 사고가 무엇인가 혹은 무엇이 문제 되는가와 연관된 것이다; 그것은 미래를 향

---

27) 신학적 이성의 본질로서 이런 실천의 기원을 위해서는 다음을 보라. 같은 책의 "Proslogion", in Benson and Wirzba, *The Phenomenology of Prayer*, 232-43.

한 방향 혹은 잠재적인 것이다; 그것은 비전과 자각의 표현이다.27) 이 연구에서는 방법론적 포부들이 있다. 만약 이 단계에서 이런 사고의 실천이 분명하지 않다면, 아마도 뒤따르는 연구에서는 더욱 구체적으로 살펴 볼 수도 있을 것이다. 그런 방법론적 포부가 성취되는지 여부는 오직 독자만이 결론에서 평가할 수 있을 것이다.

소개와 개괄

현재의 세계경제체계는 영국은행의 설립에서만 파생된 것이 아니다. 실제적 원인은 차례대로 일어난 사건들에 대한 관념을 의심할 만큼 다양하다. 하지만, 본래 돈 그 자체의 발명은 필수 조건이었다. 영국은행의 당면한 정치적 상황은 1688년의 명예혁명으로 영국의 농업자본가 계급이 국가를 점령한 것이었다. 이 계급의 가치는 사유재산의 권리, 계약체결의 자유, 그리고 사회와 경제생활을 종교적 통제에서 분리시키는 정치적 개념 속에 간직되었다. 영국의 철학자 존 로크의 저서는 여러 가지 측면에서 이런 가치들을 분명히 표현하고 보존하는데 결정적이었다. 인식론에 대한 그의 저서는 순수하게 기술적인 이유를 추구하기 위한 기초로서 경험론을 자리 잡게 했다. 정치철학에 관한 그의 저서는 근대자본주의 국가를 위한 이론적이고 신학적인 합법화를 부여했다. 그리고 관용에 관한 그의 저서는 공공복지와 정치경제학의 영역을 잔재하는 교회의 신학적 영향에서 빠져 나오게 했다.28) 로크는 또한 돈의 연구를 통해 경제학의 출현에 크게 이바지했다.29) 비록 그가 정치적 이유로 영국은행의 설립에 이의를 제기했다 하더라도, 그는

---

28) 로크(Locke), An Essay Concerning Human Understanding, idem, Two Treatises of Government, idem, "A Letter on Toleration", in Yolton, *The Locke Reader*, 245-75. *** 각주 3개를 묶으셨는데 설명은 필요 없는거죠.
29) 켈리(Kelly), *Locke on Money*.

500 파운드를 투자한 최초발기인 가운데 한 사람이었다. 로크의 저작 대부분이 수많은 관점에서 비판 받아왔지만, 지식, 권리, 자유, 그리고 돈에 대해 그가 수립한 개념적 틀은 유력하게 남아있는데, 돈이 돈을 버는 것에 적합하기 때문이다. 철학의 가치는 그 가격으로 축소되었다.

이런 역사는 존 로크와 같은 철학자의 개념 속에서만 기록된 것은 아니다. 돈 그 자체에도 기록되었다. 중앙은행이 발행한 각 지폐 혹은 융자로 발행된 보증금deposit에 각인된 것은 15세기, 16세기, 그리고 17세기 영국의 다음과 같은 대혼란의 흔적이다. 영국국경 안팎의 귀족간의 전쟁; 울타리치기enclosure:공동으로 사용하던 토지에 울타리를 둘러 사유지로 삼은 일, 굉장히 비싼 임대료(rack-renting)-역주, 그리고 "인간을 집어삼키는 양"sheep devouring men:농경지가 수익성 높은 양모 거래로 바뀌면서 재산을 빼앗긴 하층민을 만들어 낸 현상-역주, 30); 세금납부와 울타리치기에 대항한 농민봉기; 종교적 반대, 갈등과 순교; 폐허가 된 수도원들과 발가벗겨진 제단; 항해, 무역, 사생활, 그리고 노예제도; 르네상스 배우기와 날카로운 사회비판; 지주, 소작농, 그리고 임금노동자 간의 농업자본가 삼각관계; 상호의무를 가진 상인과 장인으로 구성된 도시계급의 폭동; 급진적 종교와 정치적 발상의 소요. 돈의 경우 그런 역사는 정보로서가 아니라 일련의 신출귀몰한 힘으로서 풀이된다. 돈이 사용될 때마다, 인식론, 형이상학, 정치학, 윤리학, 그리고 심지어 신학마저 환기된다. 돈은 자본주의 영혼의 결정체이다. 돈은 자본주의를 창조하지 않았다.초기 공장과 방앗간들은 은행의 융자로 자금이 지원되는 일이 거의 없었다 돈은 자본주의를 전송하고 전파하며 생명을 준다.

이 책에서는 21세기 초반에 있었던 영국의 흔적을 전달하고 있다. 예상보다는 결과를 가지고 근대성을 생각하며, 이 책은 존 로크가 분리

---

30) 더 깊은 연구를 위해서는 *Utopia*, 46.

한 바로 그 학문들인 인식론, 정치학, 종교, 그리고 경제의 도움으로 존 로크의 유산에 도전하려고 한다. 여기서 설립된 개념들을 구현하고 보호할 정치적 제도가 현재로서는 없지만, 세계경제질서의 임박한 붕괴는 새로운 개념과 평가를 위한 요구를 만들어 낼 것이다. 그런 개념과 평가를 동반하는 유일한 권위는 그들이 제공하는 잠재력에 힘입어 그들이 끌어들이는 신용이 될 것이다. 앞으로 따라올 돈의 본질의 탐험은 순전히 철학적이다. 이 책은 개념과 차별을 마련함으로 그릇된 문제를 제거하고자 할 것이다.31) 그 목표는 응집시키고 확고히 하며 확장하고 인식하는 것이기 때문에권위와 증거의 기본 위에서 논쟁하는 것보다는 최종적 결론은 언제나 다른 저작자들과의 영향과 참여가 일어나는 곳을 보여주지는 않을 것이다. 특별히, 돈의 주제에 관해서 이 작업 위에 서 있는 거장들은 애덤 스미스와 칼 마르크스이다. 그들의 저서는, 영향을 탐구하고 동향을 펼쳐놓는 그들의 역량으로, 존 메어너드 케인즈John Maynard Keynes와 아마티아 센Amartya Sen과 같이 더욱 유명한 철학자들뿐 아니라 순수한 경제학자들에게서 그들을 구분시키는 철학적 본질이다.32) 적절하게 나는 스미스와 마르크스와 나의 차이점을 보여줄 것이다. 나는 돈의 모델이 "순환의 거대한 바퀴"라는 표현과 돈에 대한 구조적 분석이 "일반적 동등성"이라는 것을 납득할 수 없다. 이런 질문의 목적은 추론이나 권위와 논쟁을 벌이기보다는 돈의 신학적 이해를 구축하는 것이기 때문에, 나는 이 책의 표상을 패권적 현대 이성의 모

---

31) 철학에서 이 방법의 기술에 대해서는 버그슨(Bergson)의 책 *An Introduction to Metaphysics*, 그리고 들뢰즈(Deleuze)의 책 *Bergsonism*을 보라. 여기에서 이성의 개념에 대한 더 완전한 설명은 굿차일드(Goodchild)의 책 *Capital and Religion*을 보라.

32) 게오르그 지멜(Georg Simmel)은 돈의 철학이 "정신 상태 속, 사회적 관계 속, 그리고 실재와 가치의 논리적 구조 속에 놓인 전제조건을 표시한다"고 설명했다. Simmel, *The Philosophy of Money*, 54. 반대로 여기서의 임무는 어떻게 돈 자신이 정신상태, 사회적 관계, 그리고 실재와 가치의 구조에 의미와 실천적 위치를 부여할 수 있는지를 탐구하는 것이다.

델 속으로 강요하는 것이 적절하지 않다고 본다. 이 책은 다른 학자들의 저작과 더불어 비판적 참여로 시각을 교정하려고 변증법적으로 연구에 의문을 던지는 것이 아니다. 이 책은 그들이 돈에 대해 가지는 견해에 관한 정치적 혹은 경제적 주제에 조언을 주려고 쓴 것이 아니다. 이 책은 마련된 의견들을 비평하고 새로운 관념과 가치들을 창조하며 이런 새로운 개념과 가치들을 포함할 수도 있는 미래의 기관들에게 신용을 부여하려고 썼다.

이 프로젝트에 관해 연구하는 동안 내 독서의 범위는 참고문헌에 표시되어 있다. 내가 느낀 중요한 영향력들은 미첼 아그리에타Michel Aglietta와 앙드레 오를레앙Ander Orlean, 엘마 알바터Elmar Alvater, 제프리 잉햄Geoffrey Ingham, 마리아 미즈Maria Mies, 그리고 게오르크 지멜Georg Simmel의 저작과 같이, 돈을 포함하는 이론적이고 사회학적 연구를 수반하여 언급되어야 한다.33) 게다가, 돈과 돈의 동시대적 함축성에 대한 더 다양한 급진적이고 유명한 사상가들과 저자들은, 이를 테면 피터 챌런Peter Challen, 클리포드 휴 더글라스Clifford Hugh Douglas, 리처드 도스웨이트Richard Douthwaite, 실비오 게젤Silvio Gesell, 프란스 허친슨frances Hutchinson, 존 맥머트리John McMurtry, 캄란 모피드Kamran Mofid, 그리고 마이클 로우보탐Michael Rowbotham과 같은 사람들은 내 생각을 자극시켜 주었다. 돈보다는 재산에 초점을 맞추는 급진적 저서의 또 다른 신학적 사례는 울리히 두흐르Ulrich Duchrow와 프란츠 힌케라메르Franz Hinkelammert에게서 왔다.34) 이에 더하여, 지난 10년 동안 수많은 사례로 이런 논쟁 양상의 구현에 응답해 준 많은 저자

---

33) 아글리에타와 오를레앙(Aglietta and Orlean), La monnaie entre violence et confiance; Altvater, *The Future of the Market*; Ingham, *The Nature of Money*; Mies and Bennholdt-Thomsen, *The Subsistence Perspective*.
34) 두크로와 힌켈라메르(Duchrow and Hinkelammert), *Property for People, Not for Profit.*

가운데, 나는 앵거스 카메론Angus Cameron, 피터 챌런Peter challen, 프랑스 허친슨Frances Huchinson, 라스 이어Lars Iyer, 캐런 킬비Karen Kilby, 윌 라지Will Large, 데이빗 로이David Loy, 리사 맥컬로Lisa McCullough, 존 밀뱅크John Milbank, 마이클 노스코트Michael Northcott, 캐서린 태너Kathryn Tanner, 닐 턴불Neil Turnbull, 그리고 제키사 위스커스Jessica Wiskus와의 대화에서 유익을 얻은 것을 기억한다. 이 책에는 이들 가운데 어느 누구와의 완전한 논쟁도 나타나지 않으며, 규제를 조언하는데 실패했다는 이유로 누구도 비난 받아서는 안 된다.

이 책은 세 부분으로 나뉜다. 제1부, "정치학"은 서론이다. 1부는 토론에 구체적 타당성을 부여하도록 현대적 반영을 위한 맥락을 살펴본다. 1부는 돈의 이론을 소개하는데, 정치적 삶을 위한 중요성을 설명한다. 아울러 주로 기관의 힘에 관련된 정치학의 현대적 개념이국가, 개인 혹은 기업의 형태 유용성보다 오래 지속됨을 입증할 것이다. 칼 스미트의 정치분석에 접근하여, 1부는 인간의 결정과 물리적 힘에 보조가 되는 "정치적 에너지"의 요소가 간과됨을 제시하는데, 이 정치적 에너지는 어떤 실제적 힘의 분배를 결정한다. 이 요소는 종교적이거나 도덕적 동기 혹은 돈에 의해 충족될 수 있다. 물질적 실재는 급격한 기후변화와 화석연료 공급 소진의 형태로 나타나는 환경적 위기 때문에 근대성이 곧 붕괴되는 상태를 가져왔다. 1부는 또한 "정치의 종말"이라는 강한 논제금융자본에 의한 국가 자치권의 교체를 주장한다. 이런 논증은 돈, 신용, 그리고 부채를 현 시대에서 주요한 힘의 현현으로 둘 것이다. 여기서 문제되는 것은, 민주적 주제를 조언하고자 쓸 때, 주체적 통치의 환상에 함축적으로 호소하는 정치이론의 본질이다. 이와는 반대로, 정치신학은 결정을 내리는 권위나 정치적 에너지를 묘사하거나 수정하는 것을 목적으로 한다. 일단 정치적 에너지가 돈의 힘 속에 잠식되면, 해방적 정치는 오직 돈의 기관을 수정함으로써만 진행될 수 있다.

제2부, "돈에 관한 논문"은 책의 본론이며 생산이나 자본의 수단, 시장과 계약의 사회적 제도, 그리고 회계를 통한 지식의 형성에 관련된 돈의 본질, 기능, 그리고 약속을 철학적으로 규명하는 것이다. 2부는 개념들을 설명함으로 체계적으로 진행되며, 여기서 나타나는 돈의 이론이 근저를 이루는 이유를 설명한다. 2부의 목적은 이중적이다. 인류에 대한 가장 중대한 위협의 근원이 되는 오류와 환상을 진단하고, 사회적 제도로서 돈을 개혁하는데 필요한 원칙들을 규명한다.

제3부에서는, 돈을 모든 부의 근원이 되는 생산자본에 관련된 것으로 탐험할 것이다. 자본은, 스스로를 만들어 내는 생산의 수단으로 정의되며, 인공자본human-produced capital뿐 아니라 중립적 자원을 포함한다. 돈은 생산능력이 아니라 교환에서의 가치를 측정하기 때문에, 수익률은 축적에 의해서뿐만 아니라 생산능력의 소비에 의해 단기간 동안 늘어 날 수 있다. 아울러 경제성장, 생존, 그리고 경쟁에서의 승리는 수익률을 통해서만 오로지 이룰 수 있기 때문에, 수익과 부채에 기반한 경제체계는 필수적으로 생존의 조건을 고갈시킬 것이다. 이 점은 복합성장률compound rates of growth, 이자, 그리고 부채, 효율성 개선의 유한성, 그리고 단일 행성 속 제한된 가능성 사이의 갈등에서 분명하게 나타난다. 경제와 생태학은 수학적으로 양립할 수 없는 것이다. 게다가, 돈은 교환과 대체를 촉진시키는 사회적이고 건설적 자본의 형태이다. 그러므로 돈은 필수적으로 생산을 촉진시키고 안정시키는 선행적 사회적 질서를 대체하며, 이로 말미암아 생태학과 함께 사회가 약화된다. 돈은 시장교환에서 생산된 가치의 정반대 방향으로 흐른다. 가격이 절대적 가치를 갖지 않기 때문에, 근대 경제학의 근간을 이루는 애덤 스미스의 "위대한 순환의 바퀴" 비유는 잘못된 것이다. 생산의 조건과

상품의 소비는 부채로서의 돈의 창조와 소거cancellation의 조건과는 다르다. 금융경제The money economy는 기생적으로 생산된 상품의 "실제" 경제에 거주하며, 성장과 순환을 결정한다. 세계 경제는 다른 욕구들의 협력생활필수품을 요구하는 생존을 위한 욕구, 생산된 부의 혜택을 얻고자 하는 쾌락의 욕구, 수익만을 얻고자 하는 힘에 대한 의지, 그리고 생산과 수익의 증가를 강화시키는 부채의 의무에 의해 이끌려 간다. 돈은 모든 수요의 매개원칙으로서, 우선순위가 돈의 창조, 획득, 관리, 그리고 투자에 있다는 것을 확증한다.

제4장에서는, 시장, 사유재산, 그리고 계약의 제도불가분하면서 동시에 가능하게 만드는 것에 관련하여 돈을 살펴볼 것이다. 시장은 종종 평화, 평등, 균형, 정의, 그리고 자유의 전형적인 사회적 의미로서 간주된다. 하지만, 시장은 계약이 이행된다는 것을 확증하려고 힘을 사용하는 군주의 위협에 달려 있다. 계약이 오직 돈을 가진 사람들의 요구만을 반영하기 때문에, 주권sovereign force은 계약 속에 분명히 나타나지 않는 모든 이자에 대항하여 시장을 통해 작용한다. 그러므로 시장은 배제, 착취, 그리고 파괴의 중개인이다. 시장 속에 간직된 재산과 계약의 권리를 이행하지 않는 모든 사회적 형태는 필연적으로 재산, 평화, 정의의 위협으로 받아들여지며, 그리하여 시장 사회 속에 관련된 군주의 힘은 그 팽창하는 요구를 거스르는 다른 모든 사회적 힘에 대항하는 전면전의 형태가 되어야만 한다. 사유재산, 권리, 그리고 교환가치의 환상은 계약의 사회적이고 일시적인 측면 대신 항구적으로 교환을 다루는 것에서 나온다. 그것은 시장이 계약의 이행을 보증하는 어떤 국가, 종교, 혹은 다른 힘의 부재 시에 작용할 수 있다는 환상을 만들어 낸다.

돈은 사유재산의 대상보다는 함축된 계약으로 간주되며, 더 이상 순수하게 교환가치로 분석되지 않는다. 대신, 돈은 각 계약 속에 부여된 객관적인 사회평가뿐 아니라 영양적 가치nutritional value를 위한 요구의 측면에서 분석된다. 공식적인 교환경제는 영양과 시간, 물품제공과 돌봄의 비공식적 경제의 배경과 대조할 때 더욱 잘 이해된다. 더 이상 생산관계의 측면이 아니라 공급과 시간 관계를 책정하는 다양한 방식의 측면에서, 그 결과는 경제계급의 재고로 나타난다. 주택소유자, 상인, 자본가, 은행가, 그리고 투기자들은 근본적으로 다른 경제계급으로 나타난다. 모든 계급이 궁극적으로 신용의 창조를 위한 은행가들에 의존한다면, 은행가들은 측정할 수 없는 경제적 기회의 기초 위에서 위험을 감수하는 투기자들에 의존한다. 그러므로 신용자본주의에서는, 투기자들이야 말로 경제적 필수성의 요구에서 면제된 진정한 자유계급이라 할 수 있다.

신용의 분배와 사회적 의무의 면제는 종교적 문제다. 신용을 이익을 위한 기회로만 분배하는 경제체계는 파괴될 수밖에 없다. 하지만, 신용의 분배는 사회질서가 변화되는 자유로운 활동이다. 돈의 힘에서 정치적으로 해방되는 것은, 순수하게 돈의 수요에 따라서라기보다는 사회적으로 받아들여진 평가의 기준에 의한 기관들이 신용을 분배하고자 창조될 때만 올 수 있다. 신용에 돈이 종속됨을 통해그리고 평가에 신용이 종속됨을 통해 새로이 나타나 효과적인 평가를 내릴 수 있는 사회적 기관을 통해 해방이 일어난다.

제5장에서는, 그것에 중요성을 주는 회계accounting 제도를 통해 돈을 살펴볼 것이다. 선험적인 논증을 통해서, 교환가치는 회계로 그 기록이 선재하는 것이 아니라 그런 회계의 산물 그 자체라는 것이 입증된다. 그리하여 회계는, 사람이 부채를 상환할 수 있고 의무를 수행할 수 있어서 그가 계약에 내재하는 신뢰를 받을 가치가 있다는 것을 입증하는 도덕적 자기훈련이라고 가장 잘 이해할 수 있다. 그것은 신뢰성과

신용을 위한 기초가 된다. 본질적으로 회계는 시간을 절약하고 주의를 기울이기 위한 체계이다. 그럼에도, 경제기회와 외부효과들은 합의된 가격을 갖지 않는다. 우리는 이들을 제대로 셀 수가 없다. 회계의 역설은 회계가 문제되는 것이 아니라 계산되는 것에 주목한다는 것이다. 회계는 대부분 사람들 생활의 물리적이고 영적인 실재와 양립할 수 없는 자기지배의 도덕과 사리사욕의 추구를 전파한다.

회계가 그렇게 교환의 조건 대신 교환될 수 있는 것만 계산하는 한, 회계는 근본적으로 그릇된 설명을 만들어 낸다. 실제로, 회계는 땅, 노동, 그리고 자본을 효과적으로 계산할 수가 없는데, 왜냐하면 회계가 생산의 조건보다는 교환의 대상으로만 이런 것들을 취급하기 때문이다. 모든 가치의 재평가는 반드시 회계 속에 내포된 도덕적 가정의 전환에서 시작해야만 한다. 진정으로 가치 있는 것은 언제나 표상repre-sentation과 계산에서 벗어난다. 회계는 인간의 자기지배의 주권에 따라 조종될 수 없지만, 종교적 관점과 조화를 이루어야만 한다. 가치의 평가와 신용의 분배는 회계보다 더 우선해야만 한다.

제3부, "신학"은 결론이다. 3부는 돈으로 표시되는 신출귀몰한 힘을 펼치는 것으로 앞서 나타난 돈의 이론에 대한 개요를 언급한다. 3부는 돈의 정치적 신학의 본질과 중요성을 살펴볼 것이다. 대부분의 근대 사상이 무시했던 신학적 문제는, 진정한 부와 진정한 힘에 대한 관점이 관심의 실천을 통해 이루어진 약속에 의해 형성된다는 것이다. 관점은 형이상학을 전제하며, 주어진 형이상학적 통화currency는 일상생활 속의 수용성에 달려 있다. 철학자들만의 추상적 관점에서 벗어나, 존재의 본질에 관한 형이상학적 문제에 대한 해답은그것이 하나님이든, 진리이든 혹은 돈의 형태이든 간에 실제로 동시대 세계뿐만 아니라 역사 속의 최상의 정치적 힘으로 기능해 왔다. 반대로, 돈은 철학자와 신학자 모두의

고려를 위한 중추적 대상이 된다.35) 신용은 부의 창조에서 불가결한 근원이자 모든 정치적 권위의 근원이다. 돈의 힘에서 벗어나는 것은 다른 형이상학, 정치학, 윤리학, 그리고 신학을 일깨우는 신용의 분배를 위한 새로운 기관을 만들어 냄으로써만 이룩할 수 있다. 그런 기관은 신용을 평가에 종속시킴으로 형성될 수 있다. 그 과제는 신용을 받을만한 자격이 있는 것에 신용을 제공하는 기관을 만드는 것이다. 진정한 신용은 살과 피의 헌신에서, 그리고 시간, 관심, 헌신의 선물에서만 나온다. 종교와 세속간의 분리는 어떻게 관심, 신용, 그리고 평가가 질서를 이루어야 할지에 대한 고려를 함으로 극복할 수 있다. 이 책은 부채의 힘에서 평가를 해방시키도록 고안되었던 원리들이 어떻게 구체적인 기관 속에 구현될 수 있는지에 대해 어떤 잠정적인 권고로 결론을 내린다.

---

35) 내가 보기에 돈은, 존재, 시간, 차이, 반복, 주관성, 기표(Signifier), 결핍, 공허, 그리고 보편성과 같이 가장 깊이있는 사고를 요구하는 20세기 유럽철학의 중추적 개념을 대체해 왔다. 돈은 그 본질을 신용으로 나타내기 때문에, 철학은 양쪽을 수정하는 통합 속에서 신학과 다시 결합한다.

1부 정치학

비유

상상해 보자. 만약 사람이 빚도 없고, 다른 이에게 꾼 것도 없고, 자기가 원하는 대로 자유롭게 살며 이런 축복이 모든 이에게 내리게 해달라고 기원한다면, 사람이 스스로 모든 빚을 탕감할 수 있도록, 그리고 차례차례 그 사람의 채무자 역시 스스로 모든 빚을 탕감할 수 있도록, 모든 빚이 말끔히 사라질 때까지 더 이상 꾸지 않게 되어, 모든 사람이 자유롭고 취직할 필요도 없고, 돈도 없고, 사회도 없고, 종교도 없고, 삶도 없는 것을. 상상해 보자. 그냥 상상해 보자.

1장 _ 힘

데카르트의 유산으로 현대사상은 두 가지 힘을 구분한다. 우선 중력과 태양열, 그리고 화학과 원자적 결합에서 파생되는 순전히 물질적인 힘이 있다. 이 힘은 연소와 근육의 활동을 통해 발산되는데, 전력발전소와 군사병기에서 찾아 볼 수 있다. 그리고 순수한 인간 의지의 힘도 있다. 이 힘은 연설과 활동으로 표현되며 시장과 국민국가nation-states에서 발견할 수 있다. 일반적으로 정치학의 현대적 이해는 양쪽 모두의 힘의 개념을 요구한다. 인간은 이미지나 물리적 힘의 위협을 통해 다른 인간에게 힘을 행사할 수 있다. 친구와 적을 구별하는 칼 슈미트Carl Schmitt의 정치학 정의에서는 무엇보다 이것이 분명하다. 슈미트에게 전쟁은 가장 극단적인 정치수단이면서, 모든 정치적 이상 아래 있는 관념적 구별을 드러낸다. 이 정치적 이상은 곧 친구와 적을 구별할 가능성이다.36) 궁극적으로는 물리적 살인이 실제로 일어날 수 있음을 암시하기 때문에 정치적 개념은 논쟁적 특성을 지닌다.37) 결정적인 정치적 힘은 전쟁을 일으키는 권위이자, 적이든 자신의 사람들이든 사람들의 삶을 공공적으로 희생시켜 처리할 권위이다.38) 여기서 의지의 권위는 물리적 힘의 행사 외에 다른 것일 수 없다.

제3의 힘을 끌어들여 이런 이분법을 좀 복잡하게 할 필요가 있다.

---

36) 슈미트(Schmitt), *The Concept of the Political*, 35.
37) 같은 책, 33.
38) 같은 책, 46.

전쟁은 물리적 힘을 집중시켜 처리하는 것이며, 일반적으로 정확한 배분이나 그런 힘의 제한으로 그 결과가 나타난다. 1942년, 북아프리카에서 어윈 롬멜Erwin Rommel 장군이 말했듯,

> "군대가 전투의 긴장을 유지하도록 하기 위한 가장 본질적인 조건은 무기와 석유, 그리고 탄약을 충분히 비축해 놓는 것이다. 사실상 전투는 총이 발사되기 전 이미 보급장교들이 결정해 놓는다. 아무리 용감한 군인이라 해도 총기 없이는 아무 것도 할 수 없으며, 충분한 탄약이 없다면 총도 무용지물이다. 아울러 실어 나를 차량에 충분한 석유가 없다면, 기동전에서는 총기나 탄약도 그리 의미가 없다."39)

전쟁은 물리적 군사력을 할당하고 행사하기 위한 특별한 힘의 경우로서 이해할 수 있다. 그런 할당은 힘의 위치선정과 방향에 관계된다는 점에서 물리적이고 이상적이다. 더 광범위하게는, 정치가 자원 사용의 결정을 기초로 삼을 수 있다. 전쟁이 적이 될 잠재성을 실현하는 것이라면, 자원을 나누는 것은 친구가 될 가능성을 실현하는 것이다. 경제학이 부족한 자원을 가장 유리하게 배분할 수 있는 점을 고려한다면, 정치경제학은 단지 분배에만 초점을 맞춘다. 정치학은 한 인간의 의지에 다른 인간의 의지를 행사하는 것으로, 다른 이들을 학급의 회원이나 친구, 혹은 적으로 규정하는 정치학적 경제 위에 서 있다. 집단적 완력은 적에 대항하는 동료들을 연합시키는 "권리"에 우선적으로 호소하는 것에 기반을 둔다. 적과 친구를 구별하기에 앞서, 정치경제학은 분배가 요구되고 제한되는 것, 아마도 소유권의 원칙, 권리 혹은 정의를 통한

---

39) 퍼거슨(Ferguson), *The Cash Nexus*, 41에서 인용.

원리에도 또한 호소해야 한다. 물리적 힘의 강도 아래에 관습, 전통, 그리고 자원의 집중을 결정하는 시장이 놓여있다. 특권적 분배는, 예를 들면 혈족, 지역, 언어그룹, 화폐통용지역, 혹은 민족국가를 통해 나타날 수 있다. 슈미트가 인정했듯, 정치는 종교적, 경제적, 도덕적 차원을 포함한 인간의 각양각색의 노력에서 에너지를 얻는다.40) 우리는 여기서 제3의 힘의 종류, 물리적 힘으로 환원될 수 없는 형체 없는 정치적 "에너지"를 갖게 된다. 의지에 의지를 행사하는 것을 안내하고 승인하는 것이 바로 권위다.41) 정치신학의 주제가 되는 것이 이런 에너지다.

의지를 보충하는 것으로서, 그러한 에너지는 보편적인 정치적 주체로서 인류의 근대성 개념 안에 속박할 수 없다. 의지가 우선순위를 갖자마자, 그 의지에게 힘을 부여하는 권위의 어떤 요구도 그 의지가 틀림없이 해체한다.42) 슈미트 자신도 그러한 보편주의의 결과를 드러낸 바 있다. 모든 것을 포함하려는 노력으로, 그것은 독점적 범주로 남는다. 그는 정치적 실재는 본질상 인간과 전 세계의 모든 것을 포용하는 의미에서 포괄적일 수 없다고 주장했는데, 정치적 실재는 적과 또 다른 정치적 실재가 존재한다는 것을 전제하기 때문이다. 결론으로,

"인간성이라는 단어를 몰수하는 것과 그 용어를 들먹이고 독점화하는 것은, 적에게 인간의 가치가 있다는 것을 부정하고 인류의 무

---

40) 슈미트(Schmitt), *The Concept of the Political*, 38.
41) 권위(auctoritas)와 권력(potestas)의 구별은 다음을 참고하라. Agamben, *State of Exception*, 74-88.
42) 그리하여 법인(corporate body)의 신학적 관념을 대체할 사회계약이론이 등장한다. 어떤 사회계약의 의미가 국가가 교회행정조직이며 사람들은 그들을 하나로 묶는 종교적 권위에 의해 연결되어 있는, 리처드 후커(Richard Hooker)의 영국국교회주의에 관한 의미라면, 사회계약은 토마스 홉스(Thomas Hobbes)의 저서와 그 이후의 저서들에서는 신뢰할 수 있는 모든 권위를 상실한다. 홉스에서 슈미트에 이르기까지, 사회계약의 권위는 폭력의 위협과 조우할 때 실제적 방편이 된다. 하지만, 실제로 사람들은 그 머리(돈을 통한 상품의 물질적 순환)가 아니라 정치체의 피로 연합되어 있다.

법자로 적을 규정하는 것처럼 예측할 수 없는 결과를 갖는다. 그리하여 전쟁은 가장 극단적인 비인간성을 향해 돌진해 나간다."43)

이와 유사하게, 현대정치사상은 정치학적 주제를 보편적인 범주로 만들 때 정치 에너지를 배제한다. 보편성, 평화, 정의, 진보, 문명, 민주주의 혹은 인간성이라는 이름으로 그러한 에너지즉 정치적 에너지에, 호소할 때, 현대 정치사상은 그런 에너지를 순수하게 의지라는 이름으로 활용한다. 그것은 독단적이고 권위주의적이 되고 만다. 민주주의적 주제에 타당성을 주는 그 권위나 에너지를 존중하지 않고, 그것은 다른 모든 권위주의에 대한 전체주의적 비난이 되어 이상적 에너지의 억압된 저장소repressed reservoir:무의식의 개념을 설명하는 프로이드의 용어-역주를 끌어온다. 그것은 물리적 힘과 정치적 에너지의 인간적 의지에 영향력을 발휘하는 정치적 기초를 무시한다. 권리는 민주주의에 의해 폐지된다는 생각과는 달리 무한한 힘을 지니며 위장된 형태로 순환된다. 현시대에 그런 힘의 본질은 신학적이고 정치학적인 문제로 남는다.

현대 휴머니즘

현대 정치사상은 다음과 관련된 세 가지의 의미로 인도주의자가 되어 왔다. 첫째는, 인간이 신적인 독립개체로서 구성되었다는 것이다. 진정한 힘은 신성한 장소나 사람, 물체, 혹은 의식에서 얻을 수 있는 것이 아니다. 선을 구현하고자 신정론이나 신화적 우주론을 요구하는 것은 미신으로 거부된다. 실체 없고 불가사의한 힘은 환상으로 여겨진다. 실체 없는 힘을 피할 필요가 없는 것처럼, 의지는 선 그 본질에 참여하는 것에 관한 믿음에서 벗어나야 한다. 세속정치에서는 선이 의지를 가

---

43) 슈미트(Schmitt), *The Concept of the Political*, 54.

진 어떤 것이어야 한다. 그런 해방이나 계몽은 인간주의의 두 번째 의미를 통해 발생된다. 인간이라는 주체는 이성적인 자기반성과 자기결정의 행위자로 여겨진다. 인간은 동물과 자신을 구별하면서 동시에 이성을 통해 미신적인 희망과 공포감에서 스스로를 해방시킨다. 그런 방법으로 인간은 자연의 질서를 대표하고 자연에 질서를 부여한다. 의지의 힘은 표상을 통해 행사된다. 그럼에도 의지의 힘은 휴머니즘의 세 번째 의미를 통해 힘으로서 확정될 수 있다. 인간이라는 주체는 외부 자연 위에 자신의 지배력을 증명한다. 주체는 객체에 대해 스스로를 행사exercise함으로 주체가 되며, 휴머니즘의 성공은 지배력을 얼마나 오래 지속하느냐에 달려 있다. 현대정치사상의 운명은 그 효과성의 입증에 달려있다. 그것은 지배하는 힘의 개념에 달려있다. 그것은 물리학과 의지의 힘을 넘어서는, 보이지 않는 힘이 존재하지 않음에 달려있다.

세 가지 핵심 요소가 자연의 고분고분하지 않는 힘을 제압하기 위한 근대서구의 시도를 특징지었다. 과학적인 혁명은 예측과 제어를 이끌어내려고 물질의 움직임에서 주제에 이르기까지 물리학 법칙의 이상적 형태를 추출하는데 목표를 두었다. 기술산업혁명은 효율성과 결과를 극대화시키고자 합리적 기록, 계산, 그리고 의사소통과 함께 생산을 보존된 유기물 전력organic power의 연소력에 종속시키는데 목표를 두었다. 그리고 자본주의자와 자유시장혁명은 인간의 선택을 전통적이거나 자연적 종말에서 벗어나게 하는데 목표를 두었다. 자연세계는 과학과 기술, 그리고 경제학에 의해 지배되어 왔다. 이러한 지배는 종말을 향해야 하며, 인간은 과연 현대 인간이 진정으로 합리적인지 혹은 세속적인지를 물어야만 한다.

새천년에 이르러 인본주의의 진행은 이러한 각각의 영역에서 넘을 수 없는 한계에 부닥쳤다. 혼돈스럽고 복잡한 새로운 과학은 물질의 거동이 얼마나 자주 모든 예측의 힘을 뛰어 넘을 수 있는지를 논증한다. 과학은 더 이상 지배력을 주지 못한다. 경제위기는 어떻게 경제적 산물이 자원을 공급하고 폐기물을 흡수하려고 경제적 순환의 폭넓은 구조에 의존하는지를 논증한다. 경제적 순환은 쉽게 불안정해 진다. 기술이 더는 지배력을 주지 못한다. 자본주의 자유시장경제가 세계화되는 것은 어떻게 사회적이고 인간적인 선택이 인간의 가치와 본질적인 합리성에 의해서가 아니라 빚과 이익으로 움직이는 자발적인 과정에 지배되었는지를 논증한다. 경제학이 더는 지배력을 주지 못한다.

그런 실천적 무능력은 현대정치이론의 한계를 보여준다. 힘의 개념을 지배력에 두면서인간은 권위에 호소하기보다는 자신의 본능적인 힘을 발휘한다, 그것은 스스로의 작용을 표상으로 한정한다. 순수한 이론이나 반성적 지식으로서, 그것은 현실의 실제적이거나 희망했던 정치적 구성을 충실하게 나타내는 것을 지향함으로 주권sovereign will이 심판을 수행하도록 한다. 민족국가의 통치대리자이든, 문명사회에서 민주적 주체의 사적인 의지이든, 혹은 혁명적 조직의 집합적 권력이든, 이론은 의지를 심판하려고 기록된다.44) 이론은 군주의 연설과 행동을 알린다. 하지만, 이런 힘의 개념이 정치학을 위한 조건을 구성해야 할지는 회의적이다. 피에르 마낭Pierre Manent이 지적했듯이, 현재 자유국가의 신중하고 합리적인 헌법은 정치학의 역사 속에서 예외적인 것이 되어 왔다.45) 주요한 힘의 진로가 계속하여 주체적 인력sovereign human agency을 관통한다는 점은 분명하다. 판단 시에 발견되는 표상과 주권 사이의 연합 외에도 다른 인간관계 속에서 힘을 행사하는 다른 많은 신중한 방식이 있다. 그것은 소수, 조항, 생산, 복제, 소유, 연합, 입법, 표

---

44) 올리버 오도노반(Oliver O' Donovan)은 심판은 본질적인 정치행위라고 주장한다. 다음의 책을 보라. O'Donovan, *The Way of Judgment*.
45) 마넨(Manent), *An Intellectual History of Liberalism*.

준화, 폭력, 약속, 위협, 선택, 제안, 설득, 정보, 재정지원funding, 도덕화, 기도, 더 간단하게는 관심을 기울이는 것이다. 힘을 인간관계로 제한 할 수 없다. 인간의 힘을 넘어서서, 인간의 삶은 또한 열과 깨끗한 공기, 신선한 물, 기름진 흙, 전기, 화석 에너지, 오염, 유전적 돌연변이, 질병, 그리고 영양의 물질적 흐름과 같은 비인간적 힘을 매개로 형성된다. 인구수는 사육되는 농장동물의 숫자가 지닌 힘에 의존한다. 인간의 의지는 이러한 다른 인간이나 비인간적 힘과 더불어 연동하여 작용한다. 이런 의지와 다른 힘 사이의 연합이 대표권과 지배권이 될 수 있는지는 의심의 여지가 있다. 하지만, 의지의 상대적 무능력의 세 번째 영역이 있다. 주체는 믿음과 욕망 때문에 내면에서 고뇌한다. 주체가 자신의 주권과 합리적 선택을 통해 자신의 믿음과 욕망을 선택한다고 우쭐댄다면, 신념과 열망은 자신의 매력적인 힘을 발휘한다. 문화와 정치적 견해, 종교, 패션, 이상, 목적 혹은 갈망이 인구 숫자를 통해 흘러나오듯이, 이러한 자율적 믿음과 욕망의 흐름은 복화술사처럼 정치적 주제를 통해 말할 수 있다. 그들에게 나오는 질서와 개념의 질서 사이의 불일치를 발견할 때, 이성은 이런 흐름 가운데 일부에 대해 스스로를 고립시킬 수 있다. 그것들이 스스로가 주체인 것처럼 행동하고 자신들의 목표에 따라 표상을 지시하면, 이성은 신념과 열망에서 나오는 합리화에 대항할 힘이 없다. 데이빗 흄David Hume이 말했듯이 이성은 열정의 노예일 뿐이다.46) 믿음의 범주에 속한 권위와 권리를 위해, 이런 제3의 초인적 힘의 차원을 탐험 할 필요가 있다.

표상의 철학

힘이 가진 이런 세 가지 넓은 범주의 활동적 능력을 깨닫는 것은 주

---

46) 흄(Hume), *A Treatise of Human Nature*, 415.

관적 통치subjective sovereignty의 한계를 노출시킨다. 표상을 통해 이루어진 지배는 환각적 지배인데, 표상이 힘을 이루는 것을 통한 특성선택은 또한 그 무능력의 원인이기 때문이다. 정신에 대한 세상의 표상에서, 정신은 각자의 지각, 충동, 그리고 방향성에 영향 받기 쉽다. 정신은 각각의 이미지와 반응, 그리고 열정이 일어나기 전에는 무력하다. 정신에 대한 세상의 표상에는, 이상의 본질적 특성을 연상하든 정신의 이해를 연상하든, 정신은 이상과 관련된다. 표상에서, 이상은 시간이 흘러가면서 발생하는 조건에서 자유로워진다. 그것은 마음대로 재생산될 수 있다. 선택하는 동안 이상은 외부의 힘에서 자유로워지며 오직 정신의 힘에만 종속된다. 정신은 표현된 세상에 질서를 부여한다. 이성의 질서, 즉 표상의 연합을 거쳐 나가면서, 정신은 스스로의 의지를 결정할 수 있다. 스스로의 상상 속에서 객체를 재생산하면서, 정신은 자신의 열망을 부여하고 수정한다. 간단히 말해, 정신은 표상을 통해 스스로에게 주체가 되는 것이다. 정신은 상상으로 이성과 의지와 열망 속에서 자신의 통치를 이뤄 낸다. 이런 선택은 통치의 제한된 영역, 무시와 무능력의 넓은 영역을 건설하는 것이다. 정신의 질서 속에서 모든 힘을 나타내고 반응하지 못하면 표상을 넘어서기 전에 무기력에 이른다. 시간의 흐름의 힘을 보여주는 나머지가 항상 있는데, 만약 표상이 정신 속에 있는 이미지의 재생산이라면, 그것은 관념, 충동, 그리고 방향을 현대적으로 드러낼 수 없기 때문이다. 현대이성은 망설임이고 세포막membrane이면서 장애interruption이다. 현대이성은 주권적 주체의 질서가 유지되는 상상의 극장 속에서 세계를 재생해 낸다. 이성의 주권이 상상 속에서 단독으로 존재한다. 주권적 주체의 표상에서 선험적으로 배제되어야 할 것이 하나 있는데, 그것은 바로 무능력이다. 이 무능력은 사람이 스스로를 무력한 것으로 표현할 수 없다고 말하는 것이 아니지만, 이같이 무능력한 것으로 자신을 표상하는 것은 정신에서 생성된 것이다. 그것은 실제로는 정신의 힘의 표현이다.

표상의 합리적 질서를 통해 주체의 주권 속에 있는 신념은 외부적 지원이나 확신 없이는 나타나지 않는다. 몇몇 사회적 기능은 주권적 주체예를 들면 가부장적인 아버지, 절대 군주, 최고경영자, 재산가, 예술가, 동물조련사, 장인, 혹은 부유한 고객의 지배를 상상하기 위한 모델 노릇을 하기도 한다. 이들 하나하나는 족쇄 없는 자유와 어떤 지역에 군림하는 힘을 상상하기 위한 근거를 만들어 낸다. 조금 더 자세히 살펴보면, 이러한 사회적 역할 하나하나는 상호 연관된 분야에서 공동으로 영향을 주고받는 복잡한 그물 형태 속에 존재하는 것이다. 각각의 경우에서 진정한 지배력을 얻으려면 지배당한 대상과의 관계를 끊어버릴 능력을 가지는 것이 필요하다. 그리하여 자산가는 재물을 버리거나 교환하여 팔거나 혹은 썩도록 놓아둠으로, 재산을 돌보고 유지하기 위한 해당 의무들에서 면제된다. 고객은 판매 중인 상품을 구매하지 않는 방식으로 상품을 선택함으로 지배력을 발휘한다. 선택은 거절이다. 장인은 다루기 힘든 재료를 거부한다. 절대군주는 삶과 죽음을 결정하는 힘을 통해 통치권을 행사한다. 통치권은 파괴다. 통치권은 유예상태에서만 존재하는 관계이다. 통치권은 주로 위협으로 행사되지만, 위협을 사용하는 것은 관계를 푸는 것에 목적이 있다. 그러한 힘은 폭력, 격리 혹은 도피를 통해 발휘되기도 한다. 실제로는 정신이 물리적 힘과 권위의 영향력, 양쪽 모두이기 쉽다.

표상을 넘어선 힘

이러한 결과로, 힘의 주요한 표현으로서 스스로를 규정하는 주권을 갖는 정치이론은 그릇된 양심으로 말미암아 고통을 겪는다. 만약 힘이 상상의 확증을 넘어서 논증되기 위한 것이라면 실제로 입증되어야만 한다. 폭력과 격리, 유예suspension, 부인, 혹은 도피를 실행하는 것은 힘의 실재를 입증하려고 반복된다. 만약 이성의 주권이 상상 속에서 독자적으로 존재한다면 의지의 행사를 통해 보완되어야 할 것이다. 의지는 표상을 실재reality로 전환할 때 지배권을 입증한다. 의지는 상상의 극장에서 삶의 극장으로 움직이는 것을 묻는 질문이다. 의지를 행사하는 몸은 정신보다는 유연하지 않으며 물리적 힘 및 다른 주체들에 의해 결정된다. 주권자는 다른 의지와 함께, 혹은 다른 의지 위에 군림하는 협소한 무대 위에서만 연기한다. 주권적 주체는 무능력의 광활한 공간이나 연기를 할 수 있는 무대의 건설에 거의 관심을 보이지 않는다. 의지의 인과관계는 협력이나 다른 의지와 힘 사이의 일치 위에서만 가능하다. 선택과 합의는 주권의 환상을 위한 근거를 형성한다. 물리적, 사회적, 그리고 생태학적 조화는 의지의 모든 행동을 가능하게 한다. 그것은 주권적 표상을 넘어서, 힘의 물리적, 인간적, 초인간적meta-human 구성을 요구한다.

이런 매개는 주관성, 인과성, 그리고 힘의 개념에 의문을 제기한다. 정치의 본질은 여기서 위기에 봉착한다. 만약 비인간적 힘, 인간의 반응과 상호주의, 그리고 신념과 열망의 흐름 등 다양한 활동을 포함한 모든 인간관계에서 능동적인 매개가 있다면, 지배는 힘을 추구하기 위한 어설픈 모델, 이상 혹은 목표를 제공한다. 과거와 현재 모두를 포함하여 수많은 힘이 주체와 객체 사이의 관계를 매개한다. 그 아래 숨겨져 있는 방향은 신념과 열망에 의해 결정될 수도 있다.

게다가 매개는 한편에서는 질서의 발견과 표상, 다른 편에서는 질서의 시행 사이의 이분법에 의문을 제기하기 때문에, 이성의 본질은 여기서 위기에 봉착하고 만다. 만약 행동이 수많은 부수적인 능동적 힘에 의해 매개되는 것이라면, 질서가 드러나고 나타나는 것은 의미가 있다. 실재를 표상하고 지배하지 않으며, 이성은 협력하고 강화하며 새로운 방향으로 실재를 이끌고자 한다. 추상적이고 보편적인 것에 투자하는 것과는 달리, 이성은 구체적이고 한정된 것에 투자될 것이다.

결론적으로 절대적 주권은 신학적 개념이기 때문에, 여기서 신학의 본질은 위기에 봉착한다.47) 독재자조차 자신의 부하를 쉽게 믿는 경향이 있는 곳에서, 오직 신성만이 완전하게 자급자족 할 수 있다. 정도의 차이는 있지만, 참된 사회적 모델이 없는 한 억제되지 않는 힘의 개념은 일신론적 신앙의 형태로 맞닥뜨려진다. 신성은 힘의 본질과 이성의 본질을 위한 모델이다. 오직 창조주의 힘만이 매개되지 않을 수 있다. 현대 정치사상의 자주적인 대상자유와 민주주의를 위한 기초는 신념과 열망의 억제에서 자유롭지 않다. 대신, 그것은 발생의 역사에서 파생되어 나온 자신만의 신학적 전제조건을 포함한다. 아르미니안주의자 존 로크가 얘기했듯, 대상이 신적인 힘과 분리되어 있거나, 칼빈주의자인 베네딕트 스피노자가 말했듯, 대상이 신적인 힘과 동일시되거나, 힘의 신학적 모델은 주권과 이성이 내포된 핵심이다. 정치의 현대적 개념은 힘의 개념 안에 내재한 신학적 문제에 영향을 받은 채로 남아 있다. 힘은 신념과 열망의 초인간적 흐름 위에 머물고 있다.

그러므로 지배권으로서의 힘의 개념은 존재론적, 정치적, 신학적 비평의 대상이어야 한다. 본질적으로 사람은 그러한 힘의 개념이 참되고 강하고 신성한 것인지 물을 수 있다. 비평의 실천에 성패가 달려있기 때문에, 이것은 단순한 질문이 아니다. 어떤 이상이나 기준이 힘의 관념을 측정하고자 사용될 수 있는가? 어떤 원리가 우선해야 하나? 그리고 지배의 신학고유성이나 독립성, 혹은 지배력으로 이해되는의 용어로 인식

---

47) 슈미트(Schmitt), *Political Theology*, 36.

되는 것이 아니라면, 무엇이 우선권의 본질이 되는가? 제1원리에서 멀어지려는 시도는 자기전제self-presupposition라는 사악한 순환으로 이어진다. 존재와 힘과 신성의 의미는 현대의 이성적이고 비평적인 질문의 모델에서 상정되었다. 이런 사상이 고전철학이든 중세신학이든, 혹은 현대 비판적 이성이든, 실로 독창성과 독립성, 그리고 지배성의 찬양으로 표출되는 지배의 신학은 헬라 이성에서 파생된 전체 사상의 전통 안에 함축되어 있다.

하지만, 대안적인 방향으로 사고할 필요가 있다. 구체성의 매개 속으로 들어가는 것은 가능한 일이다. 표상에서 실재로 옮겨가는 것은 인생극장의 매개를 필요로 한다. 사람은 내재적 문제에 뛰어듦으로 지배의 신학을 벗어날 수도 있다.48) 비인간적 힘, 인간 상호관계, 그리고 신념과 열망의 방향성을 능동적으로 선택하고 조화시키는 것은 정신뿐만 아니라 현실 속에서도 일어난다. 표상 속에서 상상의 힘과 직접적으로 상응하는 사회적 몸이 있다. 그것은 선택과 중재를 통해 유사하게 진행하며 상호작용하기 위한 힘의 물리적, 인간적, 초인간적 설정을 가능하게 하는 촉매제다. 우리는 여기서 또 다른 종류의 인과관계, 즉 물리적 과정과 인간의 의지 모두에서 표출되는 힘과 관계를 맺는다. 여기서 진정한 성육신된 정치신학을 찾아야 한다.

명확하게 힘의 사회적 형태는 의지가 실행되는 공공적 표상을 지원하는데 필요하다. 그러한 정치체political body는 표시되고 책정된 재산의 몸, 혹은 주권의 몸, 또는 돈 그 자체가 될 수도 있다.49) 그것은 존

---

48) 그러므로 조금 낯선 의미에서는, 스피노자, 마르크스, 니체, 베르그송, 그리고 들뢰즈와 같은 내재성의 근대 철학자들은 이들이 사고의 성육신을 가장 성공적으로 이루는 한, 그리스도의 믿음직한 사도들이며 예언자들이라고 간주될 수도 있다.

49) 군주의 몸에 대해서는 다음을 보라. 칸트로비츠(Kantorowicz), *The King's Two Bodies.* 돈 자체에 대해서는 다음의 책에서 논의된 사회(socius)의 형성을 보라. Deleuze and Guattari, *Anti-Oedipus,* chap. 3.

재론적, 경제적, 신학적 전제조건으로 가득한 물질적 사례다. 그것은 표상의 공공적 극장에서 의지의 집단적 실천을 위한 무대를 만들어 낸다. 그것은 인과관계를 매개한다. 그것은 힘의 몸이다. 이러한 정치체가 없이 공공적으로 발휘되는 힘은 미약할 뿐이다. 사람은 자기의 바람대로 수많은 재물을 난폭하게 처분하려 할 수 있다. 하지만, 만약 그가 그런 재산을 가질 권한이 없다면 대항적 폭력에서의 저항과 마주할 위험을 가진다. 사람은 자신이 선택한 대로 수많은 법령을 발표할 수 있겠지만, 만약 권위가 없다면 이러한 의지의 실행은 아무것도 아닌 것이 되어 버린다.

사람은 원하는 대로 많은 명령을 내릴 수도 있지만, 돈이 없다면 구매할 수 없다. 그러한 몸이 폭력적 무기이든, 지배적 권위이든, 아니면 돈 그 자체이든, 정치적 힘은 자신을 뒷받침해 줄 이런 몸이 없다면 상상도 할 수 없는 것이다. 1715년에 에드워드 레이Edward Leigh가 지적했듯이, "돈이나 돈을 뒷받침하는 것들은 모두 전시나 평시에 정부의 힘줄Sinews of Government이다. 그곳은 부족하며, 아무것도 규칙적으로 움직일 수 없고, 돈을 구하는 것은 모든 정치적 악의 근원이 되는 곳이다."50)

이렇게 정치체를 고려함으로, 구체적 이성을 향해 사고를 전환하는 것은 이중적 효과를 가진다. 이성의 내용을 변화시켜 법과 제1원리에서 구체적 문제와 중재로 향하게 하고, 이성의 본질을 변화시킨다. 왜냐하면 이성이 더 이상 구체성 위에서 지켜보지 않고 오히려 구체적 중재를 통해 그 자신을 거쳐 가게 하는 것이다. 이성은 표상보다 더 멀리 나아가야 한다. 의식에 대한 표상의 당면적 관계는 '고립된 대상이 갖는 무한한 힘의 환상' the fantasy of omnipotence of an isolated subject이

---

50) 다음의 책에서 인용됨. 잭슨(Jackson), *The Oxford Book of Money*, 16.

가져다주는 산물이지만, 힘은 항상 선택과 몸에 의해 중재된다. 모든 정치체는 자신이 가진 특별한 인과관계의 종류를 작동시킬 수 있다. 그렇다면 정치체는 존재론적, 정치적, 신학적 전제조건들로 채워져 있는 유일한 사례만은 아니다. 존재 그 자체, 힘 그 자체, 그리고 신성 그 자체는 당면한 표상이 아니다. 사람은 존재가 있다거나 힘이 강력하다거나 하나님은 신성하다고 선언할 수는 없다. 구체적이고 정치적인 몸의 매개 없이 사람은 그런 개념들이 의미하는 것을 발견할 수 없다. 존재학적, 정치적, 신학적인 질문들은 자기애적 환상에 사로잡히지 않고는 표상에 관한 질서와 의지, 열망을 직접적으로 부여할 수 없다. 실제로 매개 없이는, 실재이나 증명할 수도 없고, 힘이나 표상이 없으며, 신성이나 신뢰할 수도 없다. 모든 존재론적, 정치적, 신학적 질문들은진리와 힘, 신성과 관련한 그들의 요구에 물질을 주는 어떤 몸의 형태의 매개를 거쳐 가게 된다. 쟈끄 라깡Jacuqes Lacan이 언젠가 언급한 것처럼, "사람은 자신의 대상과 함께 생각한다."51) 현대 철학, 정치학 이론, 그리고 신학은 돈을 고려하지 않고는 한걸음도 더 나아갈 수 없다.

정치체로서의 돈

근대에서 돈은 재산과 지배를 매개한다. 사람은 교환을 통해 주체적 소유권 속으로 들어온다. 돈은 그 자체로서 개인의 계좌에 속한 재산이다. 돈은 또한 분산된 지배권이다. 미래 징세를 통해 부채를 상환할 주권의 역량은 돈의 가치를 인수한다. 주권체 그 자체는, 지배력의 상징의 형태로 개인 사이에서 증대되고 분산된다. 특정한 민족국가의 범주 안팎에서, 돈이 소비될 때마다 돈은 국가가 상징하는 지배권을 표현한다. 재산, 지배권, 그리고 신용은 돈의 몸으로 통합된다. 돈은 비인간

---

51) 라캉(Lacan), *The Four Fundamental Concepts of Psychoanalysis*, 110.

성, 인간, 그리고 신념과 열망의 영역에 참여하고 종합한다. 근대의 돈
은 탁월한 정치체이다.

돈은 주체적 개인의 살아 있는 상징으로서 행동한다. 돈은 다른 것
이 할 수 없는 개인적 힘을 표현한다. 만약 재산을 처분할 권리가 최대
한 행사되고 재산이 상호 교환되면, 그 재산의 가치는 가격에 따라 돈
으로 표현된다. 돈은 소유권의 담보가 단절된 이후 재산을 대신한다.
이와 유사하게, 주체적 개인의 자유에 어떤 의무가 부여되거나 자발적
인 계약을 체결하는 것은 돈으로 표현될 수 있다. 다른 모든 것을 거래
할 수 있는 것은 오직 돈이다. 도스토에브스키Fyodor Dostoyevsky의 구
절처럼, 돈은 "화폐화 된 자유"52)이다. 나아가, 돈은 효과적인 요구 혹
은, 제임스 뷰칸James Buckan의 표현에서처럼, "얼어붙은 욕망"53)이
다. 돈은 명령을 내린다. 돈이 없으면 노동분업에 근거한 사회에서는
생산물이 없을 것이다. 돈은 생산을 위한 동기를 부여한다. 돈은 재산
의 가치, 자유의 주체, 그리고 열망의 힘을 효과적으로 상징한다. 돈은
개인 앞에 서서 개인을 표상하는 정치체이다. 돈은 민주주의가 실현되
는 수단이다. 돈은 정치적 표현의 최상의 도구이다.

조지 사빌George Savile이 오래 전 말한 것처럼, "돈이 모든 것을 할
수 있다는 생각을 가진 사람은 돈을 위해 모든 것을 할 것이라고 의심
받는다."54) 사람은 돈이 효과적으로 주체적 개인을 상징할 뿐만 아니
라 주체적 개인이 돈의 상상적인 반영이 되지 않을 수도 있음을 고려해
야만 한다. 근대에서 힘은 의지의 주권을 통해 작용하거나 혹은 돈의
능동적 힘을 통해서도 작용할 수 있음도 생각해야 한다. 개인의 신념과
열망은 개인의 주권이 발휘되는 시장과 민족국가와 같은 사회적 기관

---

52) 잭슨(Jackson), *The Oxford Book of Money*, 22.
53) 뷰컨(Buchan), *Frozen Desire*.
54) 잭슨(Jackson), *The Oxford Book of Money*, 23.

에 의해 가능해 질 수 없다는 점도 알아야 한다. 시장 그 자체가 거래를 위한 기초가 되는 돈 위에 세워지지 않았다는 점 및 국가 자체도 세금을 위한 기초가 되는 돈 위에 세워지지 않았다는 점을 고려해야 한다.

그러므로 구체적인 매개로 사고를 전환하는 것은, 상상 속에서 구현된 원리와 개념 그리고 공식의 토대 위에 있는 실재를 선택하고 분석하는 실증적 실재의 과학적 연구와 별로 관계없다. 삶 그 자체는 자신의 전형과 매개, 그리고 생산력을 박탈당한다. 돈을 정치체로 생각하는 것은 경제학이라기보다는 신학적 문제이다. 구체적 사례를 통해 이것이 설명될 수 있다. 칼 마르크스는 『정치경제학 비판요강』*Grundrisse* 서론에서 "문명사회"자유경쟁 속에서 본질적인 채무에서 분리된 자유로운 개인들의 사회가 역사적 산물이라는 유명한 주장을 한 바 있다. 도구와 언어를 사용하여 생산하는 개인은 가족과 공동사회의 산물이다. 오직 18세기에서만 사회적 관계가 사유의 목적을 향한 순수한 수단으로서 개인과 대면했다.55) 마르크스에게는, 만약 모든 것개인과 돈과 같은 사회적 형태를 포함하여이 역사적 산물이라면, 사회 구조는 전적으로 산물의 구조에 의해 결정되어야 한다.56) 개인 그 자체는 표상이고 생산물이다. 모든 것이 역사적으로 생산되었기 때문에, 마르크스는 생산을 으뜸으로 돌렸다. 이는 시간적 순서의 으뜸인 듯하다. 주체가 대상에 앞서 먼저 오는 것처럼, 과정이 생산보다 먼저 온다. 다른 고전경제학자들이 개인을 전제조건으로 생각할 때, 마르크스는 개인의 재산과 자유 그 자체가 역사적 산물, 집단노동의 산물이라고 주장했다.

"사회적 산물"이나 "역사적 산물"이 개인적 의지보다 덜 파생적인지는 분명하지 않다. 물론 사회적 산물은 전통과 명령, 혹은 돈에 달려있

---

55) 마르크스(Marx), *Grundrisse*, 83-84.
56) 같은 책, 95-99.

다.57) 우리는 역사적 산물이 그것에게 방향과 지향을 가져다주는 어떤 매개적 용어에 의존하는지를 고려할 필요가 있다. 몇 장 뒤, 마르크스는 그 질문에 대해 다르게 대답했다.

먼저 임차료와 부동산보다 더 자연적인 것은 없는 듯하다. 이것들은 모든 식품생산의 근원이자 모든 존재의 근원이며, 더욱 정착된 사회이든 덜 정착된 사회이든 사회가 생산해 내는 최초의 형태인 농업과 밀착되어 있기 때문이다. 하지만, 이것들보다 더 잘못된 것도 없을 것이다. 다른 것들을 지배하는 생산의 특별한 형태가 사회의 모든 형태에 존재한다. 그리하여 그 관계는 계급을 부여하고 다른 이들에게 영향력을 행사한다. 중산층 사회에서 농업은 더욱더 산업의 한 분과가 되며 자본에게 전적으로 점령당하고 만다. 임차료도 마찬가지다. 부동산이 지배하는 곳에서 모든 형태로 자연적 관계는 여전히 지배적이다. 자본이 지배하는 곳에서도 사회적이고 역사적으로 창조된 요소가 뚜렷하다. 임차료는 자본 없이는 이해할 수 없지만, 자본은 임차료 없이도 분명 이해할 수 있다.58)

자연적이거나 시간적 순서의 으뜸은, "역사적 산물"의 개념 안에 내포되어 있으며 약화된다.59) 여기서 "자연주의적 오류"를 생각함에 있어 세 가지 원리가 나타난다. 먼저, 자본은 우세하다. 자본이 지배적 힘

---

57) 하일브로너(Heilbroner), *Twenty-First Century Capitalism.*
58) 마르크스(Marx), *Grundrisse*, 83-84.
59) 이것은 또한 돈의 본성의 분석을 종교적 제사에서 사용된 토큰, 국가가 주조한 동전, 혹은 상업상의 교환에서 일반적 등가물의 사용과 같이 초기 형태로 시작하는 것이 적절한지 의문을 제기한다. 자본론의 첫 번째 책에서 마르크스의 접근은 상업상의 교환의 모델에서 돈을 얻는 것이었다. 이는 자유로운 거래주체의 희망의 표현에 돈을 종속시킨다. *Grundrisse* 에서 이런 언급의 암시는 자본가사회의 그 특정한 힘에서 온 돈의 본성을 분석하는 것에서 시작하는 것이 필요하다는 것이다.

을 갖는다. 둘째로, 사회적 산물이 자연적 산물을 현재 조직화하기 때문에, 자본은 역사적으로 만들어진 요소로서 우세하다. 이것은 자본이 지배한다는 첫째 원리이기 때문이다. 셋째로, 자본은 임차료 없이 이해할 수 있다. 자본은 그리하여 독립적 이해의 원리에 근거한다. 자본은 농업에서 독립해야만 한다. 그러므로 자본은 독립적이기에 통치할 힘이 있다. 주권은 관계의 단절에서 나온다.

여기서 위태로운 것은, 자본의 구체적 힘, 즉 통치하는 방식이다. 사실 농업 없이 도시국가가 존재할 수 있다고 상상할 수도 없는 것처럼, 농업 없이 자본이 존재할 수 있다고 상상도 할 수 없음에도, 이런 힘은 독립성과 관련이 있다. 힘은 그리하여 원리나 이유의 질서에서 독립적인 듯하다. 이런 힘은 표상체representative body, 즉 "다른 모든 색... 모든 존재의 특정한 중대성gravity을 결정하는 특별한 에테르ether에 색을 입히는 일반적 조명"으로 나타나는 것과 관련 있다.60) 실제로, 주권적 힘뿐 아니라 역사적 산물의 행위는 모든 원인을 매개하는 표상적 몸 없이는 불가능하다. 마르크스 자신은 역사적 결정론과 결별을 선언했다.

> "그러므로 그것들이 역사적으로 결정적인 것과 같은 순서로 경제적 범주가 서로를 따르도록 하는 것은 실현 가능한 것이 아니라 그릇된 것이다. 그들의 순서는 현대 부르주아 사회에서 서로 관계함으로 결정된다. 부르주아 사회는 자연질서나 역사적 발전과 상응하는 것에 정확히 대조된다."61)

부동산은 단순히 농업을 통해 곡물을 얻기보다는 무역을 통해 돈을

---

60) 마르크스(Marx), *Grundrisse*, 107.
61) 같은 책.

얻을 목적이 있기 때문에, 부르주아 사회에서 사회적 실재로서의 사유재산은 돈의 산물이다. 재산은 교환할 수 있을 때에 유일한 사유재산이된다. 이와 유사하게 돈을 거래해서 욕구를 채울 다른 자원을 찾을 때에만 개인이 공동체, 전통, 그리고 권위의 수요에서 자유로울 수 있으므로, 개인의 자유는 돈의 산물이다. 게다가, 그런 수요가 돈을 통해 효과적으로 이루어질 수 있을 때만, 개인은 수요를 통해 열망의 대상이되어 생산을 주문할 수 있다. 재산, 자유, 그리고 욕구의 추상적 사회관계는 물리적이고 사회적인 맥락의 자신의 형태에서 떨어져 나와 돈을통해 사회적 일관성을 얻게 된다.

결론

사람은 중추적인 정치문제가 정치적 주관주의가 되는 것을 더 이상고려하지 않는다. 개인적이건 집단적이건, 그것은 더 이상 의식 있는자기결정self-determination 문제가 아니다. 그런 대상을 위한 주권은 그자체로 환상이다. 대신, 근대성의 끝에서 물리적이고 초인간적인 힘의구체적 발현은 설명을 필요로 한다. 일단 현대적 조정intervention을 위한 상황이 분명해 지면, 그 다음 두 가지 문제가 시급해 진다. 먼저는자본이나 돈이 지배하는 방식, 또는 경쟁하는 힘들에 의해 제한 받지않는 힘의 행사방식과 관련된다. 다른 하나는 표상체의 가능성과 관련된다. 여전히 만들어 질 수 있는 어떤 정치체들은 그들의 빛 아래에서표시되는 특정한 것들 때문에 다른 색깔이나 중대성으로 나타날 것인가? 어떤 다른 구체성들이 가능할까? 그런 가치들 중 얼마나 많은 가치를 측정할 수 있을까?

2장 _ 근대성의 종말

근대성은 항상 유토피아적 신화가 되어 왔다. 지난 200년 동안, 특히 60년 동안 인간 의지의 활동과 지식을 통해서만 지구표면의 특유한 재정립이 일어난 것은 아니었다. 물리적 과정과 다른 삶의 형태들의 공헌, 본능적인 인간애와 공급의 공헌, 매혹적인 사상의 공헌, 그리고 돈의 공헌은 거대해져 왔다. 인간의 의지가 그런 과정의 드넓은 범위 속에서 나온 산물이 될 것인지 여부를 궁금해 할 수도 있다. 하지만, 이런 관점의 쟁점은 다소 학문적일 수 있다. 근대성의 끝이든 근대성이 환상이라고 폭로하는 것이든, 그것이 지적인 방식의 변화로 찾아오지는 않는다. 그것은 잔혹하고 물리적이며 압도적인 현실이다. 그것은 환경적이고 인간적인 것과 초인간적 과정 사이의 안정적인 동맹이 결렬된 것이다. 근대성의 결과로 말미암아 고통 받은 사람들전쟁이나 전염병, 땅과 신선한 물을 잃고 사회적 공급의 네트워크를 잃고, 그리고 일자리와 생계수단을 잃은에게 근대성은 항상 불안정과 무능력을 의미해 왔다. 근대성은 지리적 불평등을 먹고 번식해 왔다.62) 그리고 이어지는 장에서 논증하겠지만, 부는 가난을 기반으로, 지식은 무지를 기반으로 한다.

물리적이고 초인간적인 힘 속에 있는 불안정성이 근대성의 무능력, 즉 이성적 주체를 드러낸다. 근대성은 경제와 생태학 사이의 충돌에서

---

62) 다음을 보라. 하비(Harvey), *Justice, Nature and the Geography of Difference.*

마지막 종국으로 치닫는다. 첫 글을 쓸 당시2005년 11월, 대다수 잘 알려진 견해에는 불안정성의 의미나 그러한 충돌의 충격에 대한 것이 거의 없었다. 이 책이 많은 독자에게 다가가는 지금에는, 근대성의 종말이 분명하여 그것을 예측하거나 설명하는 시도가 무의미해졌다. 예를 들어, 근대성의 종말은 허리케인 카트리나가 일어난 2005년 9월 초반, 미국 뉴올리온즈를 휩쓸었다. 환경은 인간의 예측과 제어가 가능하도록 안정적으로 움직이지 않았다. 근대성의 주요한 힘의 근원인 원유생산과 정유시설이 피해를 입었다. 현대 사회의 인간상호관계는 에너지와 교통시설의 침수에 증발해 버렸다. 그리고 가장 중요한, 공포의 기후가 위기에 대응하는 공공기관언론, 군대, 그리고 응급관리을 무용지물과 마비상태로 만들었으며, 최악의 경우에는 오히려 며칠 동안이나 인간에게 유해한 것으로 만들어 버렸다. 그것이 근대성의 종말이다. 정상적이고 현대적인 생활의 안정 속에서 일반화된 상황은 원칙이라기보다는 예외가 될 수 있다는 것을 증명했다. 실제로 근대성의 안정성은 항상 예외적이었다. 근대성의 안정성의 피할 수 없는 부산물인 응급상황과 혼돈이 표준이 되어 버렸다.

물리적 불안정성

인간의 힘은 물리적 세계가 예상할 수 있게 행동할 때만 지배력을 갖는다. 물리학이든 생물학이든 혹은 지질학이든, 20세기를 통해 뉴튼이 등장한 이래 과학의 발전 속에서 지속성의 추정과 점진적 변화는 자명한 일이 되어 왔다. 하지만, 그 한계점에서 불연속성이 나타났다. 복잡한 세상 속에서 예측하기 어려운 일은, 고립된 연구실과는 정반대로, 안정적인 행동의 한계점이 자리하는 곳에 있다.

정책을 알리고자 고안된 기후변화에 대한 주된 서술은 최근 가능성의 예상보다는 동향을 발견하는 것에 더 초점을 맞추고 있다. 이와는 반대로 갑작스러운 기후변화의 서술은 뜻밖의 일을 피할 수 없다는 점을 암시한다.63) 지난 만 년간의 시간은지질학적 용어로는 후빙기(the Holocene era) 세계기후가 안정적 단계에 있음을 보여주지만, 이런 시기라 하더라도 갑작스러운 지역적 기후변화가 문명을 고꾸라뜨리기에 충분했다.64) 그린랜드의 빙하코어ice core:연구를 목적으로 빙하에 구멍을 뚫어 시추한 원통 모양의 얼음기둥-역주와 바다 침전물의 증거에 따르면, 후빙기 이전에 세계평균온도는 더욱 극심하게 양쪽 극을 오갔다. 급작스럽게 추워지고 따뜻해지는 기후상태가 10년이나 20년간 지속되는 일이 흔했다. 기후의 급격한 변화는 5년 안에 이루어졌다.65) 마지막으로 따뜻했던 시기는 13만 5천년~11만 년 전의 엠 간빙기Eemian Period로, 갑작스럽게 빙하기 기온으로 곤두박질쳤다. 안정적인 시기는 마지막 2천년뿐이었다.66) 상대적으로, 지난 8천년 동안은 이상할 정도로 안정적이었다. 인간의 농업과 산업활동은 지난 11만 년 동안 일어났던 크고 급격한 기후변동을 경험한 적이 없다.

다가올 세기에 일어날 온도상승을 예상하는 것은 온실가스의 배출을 통한 인위적 촉진속도에 달려 있다. 급격한 변화의 방아쇠를 당기는 것이나 전세계적 안정을 꾀하는 방법은 아직 충분히 이해되지 않았고, 손쉽게 발견할 수도 없다. 급격한 기후변화는 한계치가 교차되었을 때 발생하는데, 최초 원인보다는 기후체계에 의해 결정되는 새로운 국가로 변모시킨다. 예를 들어 마지막 빙하기는 약 13세기 동안이나 진행된 또 다른 빙하기 뒤에 따라왔다. 한동안 추웠던 것으로 알려진 신 드라

---

63) 미국국립연구회의(National Research Council), 『급격한 기후변화』(*Abrupt Climate Change*).
64) 콕스(Cox), *Climate Crash*를 보라.
65) 같은 책, 119.
66) 같은 책, 123.

이아스기Younger Dryas Period는 빙하가 녹아서 생겼으며 그 결과 미시시피 강 유역에서 세인트 로렌스St. Lawrence 어귀에 이르는 캐나다의 거대한 민물호수의 배수패턴에 큰 변화가 있었다. 이 변화는 차례차례로 북대서양의 염분을 재분배하였으며, 열염분 순환thermohaline circulation의 지배적 패턴에 지장을 주어 지구기후를 바꾸어 나갔다. 그러한 것은 종합적인 기후체계의 취약성이다. 인류발생적 계기는 잠재적으로 더욱 중요하다. 급격한 기후변화를 가져오는 양의 피드백Positive feedback 진행에 관한 수많은 잠정적 가능성이 있다. 적도 인근 해수온도를 높이는 대증발Greater evaporation은 강수량 증가와 범람을 통해 해류의 열염분 순환에 지장을 초래할 수 있고 북극해의 저염분화의 원인이 된다. 과거에 이러한 변화들은 지구 기후의 거대한 급변 원인으로 생각되어 왔다. 그린랜드와 북극 빙하층이 녹는 것은 유사한 효과를 가져올 수 있다. 북극해의 해수 온도상승은 얼음으로 덮인 북극해 표면을 감소시킬 수 있으며, 그 결과 태양복사가 반사율에 의한 알베도효과albedo effect, 빛을 반사하는 정도를 수치로 나타낸 알베도의 양이 많고 적음에 따라 일어나는 기온변화를 말한다-역주를 감소시켜 영속가능진행self-perpetuating process으로 이끈다. 영구동토층의 해빙에 따라 북반구의 흙과 늪지에서 나오는 메탄가스는 온실효과를 강화시킬 수 있다. 기온의 상승에 따라 아마존과 같은 밀림이 말라 사라져가는 것은 산불과 이산화탄소의 발생을 증가시킬 수 있다. 소규모 온도상승은 숲과 바다, 그리고 흙을 온실가스의 침전이라기보다는 순수 자원net source으로 바꿔 놓을 것이라고 전망하기도 한다.67) 해저와 해수면 사이의 온도차가 심해지는 것은 온도층의 대성층화greater stratification로 이어질 수 있으며, 모든 해양생물이 의존하는 플랑크톤을 먹이고, 이산화탄소를 감소시키는 영양

---

67) 해들리 센터(영국기상청), *Modelling Climate Change.*

분의 표면surface of nutrients에 해류 공급을 감소시킨다. 2005년과 2006년의 새로운 연구는 이런 과정의 대부분이 이미 진행되었다고 언급한다. 멕시코만류를 몰고 오는 북극해의 하향해류는 굉장히 감소되고 있다. 여름 이후 북극해 빙하표면의 두께는 눈에 띄게 줄어들었다. 프랑스와 독일을 합쳐 놓은 크기의 서부 시베리안 토탄지peat bog의 해동은 메탄거품을 발생시키고 있다. 수많은 산불이 일어나고 있다. 그리고 아마존은 가뭄으로 고통 겪고 있다.68) 단언컨대, 만약 세계기후가 일반적으로 불안정하다면, 그리고 인류발생적으로 유발된 기후변화가 탄소, 메탄, 그리고 산화질소가스화석연료, 산업적 농업, 숲 혹은 토양의 저하 때문에 발생된다를 더욱 많이 발생시킨다면, 거대한 온도변화는 피할 수 없다. 더욱 높은 온도에서 안정되든, 혹은 아직 알려지지 않은 진행의 결과로서 현재보다 더욱 추워지든, 불안정한 긴 기간 동안 일어날 지역적 기온변화의 극단은 예측하기 힘들다. 기후모델은 과거의 급작스러운 기후변화를 모의 실험하는데 아직 성공하지 못했고, 과학적 연구결과는 불확실한 용어로만 요약할 수 있을 뿐이다. 인류발생적으로 기후변화를 유발하는 결과들은 가뭄과 기근, 홍수, 허리케인, 그리고 산불을 포함하기 십상이다. 또한 이 결과로 저임차료 국가와 해변국가에서 지속적인 홍수가 발생하는데, 이들 국가는 전세계 인구의 중요한 비율을 차지하고 있으며 농경지 세 군데 중 하나는 빈번한 홍수피해를 입고 있다. 이런 결과들은 급격한 온도변화나 심지어 또 다른 빙하시대를 초래할 수도 있다. 인간이 지속적으로 생존하기 위한 가장 기본적인 조건을 예상하는 것이 불가능해 지는 것이다.69)

---

68) http://news.independent.co.uk/environment를 보라.
69) 기후 변화에 관한 정부간 협의체(the Inergovernmental Panel on Climate Change)에서 나온 「기후변화에 관한 경제학의 심각한 검토 (2006)」와 「4번째 측정보고 2007(2007-2008)」을 포함하여, 기후변화의 효과에 대한 최근의 보고들은 기상학적 활동과 함께 안정성과 지속성을 추정하는 모델에 기초하고 있다. 이들의 권위와 긴급한 경고에 따르면, 보고

근대성의 종말에서, 아마도 가장 임박한 두 번째 재앙이 곧 닥쳐올 것이다. 화석연료, 식수, 비옥한 토양, 삼림, 다양한 생물, 그리고 오염 싱크pollution sink;오염 물질들을 없애는 능력이 있는 자연 물질이나 자연 현상을 말한다-편집자주와 같은 환경적 자원이 유한하다는 점이 세계경제를 불안정하게 위협하고 있다. 만약 그 궁극적 결과를 알 수 없다면, 이러한 충돌진로의 규모가 지닌 의미를 아는 것은 가능하다. 2002년 미국국립과학아카데미US National Academy of Science에 보고된 문서인 "인간경제의 생태학적 포화overshoot:생태학적 용어로 인구가 환경수용력을 넘어서는 상태-역주를 추적하기"는 이산화탄소의 흡수뿐 아니라 농경지, 방목, 삼림관리, 어업, 그리고 인간의 거주지를 통괄하였으며, 인간의 경제가 1980년 이래로 지구의 환경수용력을 넘어섰다고 결론 내렸다. 2002년의 소비 수준을 지속하려면 지구의 1.2배 크기의 행성1.2 Planet Earths이 필요했다. 나아가, 만약 지구의 12퍼센트가 생물학적 다양성의 보존을 위해 마련되었고, 그것이 다양한 본질적 환경 서비스에 기여한다면, 그 수치는 지구의 1.4배에 더 가까울 것이다.70)

우리는 우리의 공동체collective body를 소비하고 있다. 인간이 필연적으로 부를 물질적 소비로 인식하기 때문에, 경제성장은 소비의 증가를 필요로 한다. 매해 전세계적 부의 성장과 2.8퍼센트의 소비증가

서들은 지속되는 안정성에 대한 신뢰를 위한 근간으로서 사용될 수는 없다. 인간이 제어할 수 없는 것 위에 인류발생적 힘의 체계에서 순수하게 자연적인 역동성으로 기후체계가 움직이는 한계점이나 정점이 어디에 있는지는 여전히 알려지지 않았다. 하지만, 인류발생적 힘에 내포된 과정들 뒤의 현재의 가속도는 그런 한계점을 넘어서는 것은 불가피하다고 제안하고 있다. 이산화탄소와 메탄의 방출로 이어지는 과정은 세계 경제와 인구성장에 밀접하게 직결된다. 에너지 생산과 사용의 효율성 개선은 경제성장에 주요한 차질이 없는 한 높은 수준의 소비에 의해 상쇄될 가능성이 있다.

70) 예를 들면 대기의 가스구성, 해안지대의 보호, 수문학적 순환과 기후의 규제, 비옥한 토양의 생성과 보존, 폐기물의 확산과 철거, 수많은 곡물의 수분(pollination), 그리고 오염물질의 흡수와 같은 것들이다. 다음을 보라. 국제연합환경프로그램(United Nations Environment Programme), *Global Environmental Outlook*, 120–21. 마티스 웨커너겔(Mathis Wackernagel) 외, "Tracking the Ecological Overshoot of the Human Economy", *Proceedings of the National Academy of Sciences 99* (2002: 9266–71.

2000년과 2004년까지의 평균는 25년 안에 이런 부담을 최소 두 배로 증가시킨다. 2.3억의 인구를 가지며 이 기간 동안 5.1퍼센트의 GDP 성장률을 보인 저소득국가의 경우, 소비는 불과 14년 안에 두 배가 될 것이다.71) 필연적 불안정성이 분명히 25년 이내에 세계적 수준으로 발생할 것이다. 비옥한 토양, 신선한 물, 삼림 그리고 천연가스의 수송이 제한적이기 때문에, 대부분 포화의 영향은 지역적일 것이다. 그 효과는 부유한 사람들에게는 상대적으로 충격이 덜하다. 경제성장과 환경적 유한성 사이의 충돌에서 오는 전세계적 위기는 석유공급의 부족에서 일어날 것이다. 명석한 비전문가가 이것을 몇 해 전에 예상했지만현재 생산률을 기준으로 석유 보존량이 몇 년이나 남아있는지에 관한 데이터를 살펴본 것이 2001년 초반이었다, 근대성의 종말로서 화석연료 위기에 관한 문헌들은 최근에야 급증하고 있다.72)

화석연료에서 연소하는 탄소의 양은 매해 4세기 동안 주요 식물생육의 총 소비량에 달한다. 석유 매장량은 대기가 이산화탄소로 채워진 극심한 지구온난화 시기에 발생하는데, 이 이산화탄소가 바다와 호수를 유해하게 하는 해조류의 성장을 가져온다. 조류algae의 매장층은 후에 석유로 변환된다. 석유지질학을 따르면 잘 알려진 대로 숨겨져 있는 매장층이 얼마 되지 않는다. 과거 발견된 비율에서 추정해 볼 때, 땅에서 찾을 수 있는 비축양의 90퍼센트가 이미 발견되었다. 실제로 30년 전에 발견된 것보다 많은 석유가 오늘날 생산된다. 1960년대 초기의 탐사를 정점으로 하여, 축적된 생산이 38년 동안 탐사를 둔화시켰으며, 석유 생산의 마지막 정점은 금방 다가올 것이다. 예를 들어 미국과

---

71) 세계은행발전지표 데이터베이스를 보라. http://www.worldbank.org.
72) 캠벨(Campbell), *The Essence of Oil and Gas Depletion*; 데페이에스(Deffeyes), *Hubbert's Peak*; 하인버그(Hein-berg), *The Party's Over*; 같은 책 Powerdown; 레게트(Leggett), *Half Gone*, 맥킬로프(McKillop), *The Final Energy Crisis*; 시몬스(Simmons), *Twilight in the Desert*, 스트라한(Strahan), *The Last Oil Shock*.

영국에서의 석유와 천연가스 생산율은 향후 10년에 걸쳐 급격하게 떨어지도록 되어있다. 어떤 사람들은 석유의 고갈이 멀리 잡아도 2037년에 일어날 것이라고 추정하지만, 이것은 대체로 추측에 불과하다.[73] 신뢰할 만한 추측은 석유 생산의 고갈은 현 10년 안에 일어날 것으로 본다. 정확한 날짜가 언제이든, 화석연료 생산의 정점은 근대화의 종말을 시사한다. 20세기 동안, 세계 인구는 정확히 석유 생산과 병행하여 6배나 팽창했다.[74] 화석연료는 교통, 건설, 그리고 농장기계 작동, 비료와 농약의 생산 및 사용, 냉장과 보관을 위한 전력의 발생, 그리고 요리를 포함한 음식 생산의 측면이 가장 본질적 부분이다. 화석연료의 보관과 수송의 편이성, 채취 시 적은 에너지가 필요하다는 점을 고려할 때, 현재와 유사한 규모에서 사용하기 위한 효과적 대안이 없는 실정이다.[75] 동시에 세계적 수준의 에너지 소모는 인구성장, 산업개발, 그리고 1인당 에너지 소모가 늘어나면서 채 25년이 지나지 않아 두 배로 뛸 것이다. 수요와 공급 사이의 충돌은 10년 안에 일어날 것이다.[76] 실제로, 지금 나는 2008년의 신용위기를 충돌의 첫 번째 단계로 보고 있다. 유가상승과 이어지는 인플레이션은 서브프라임 융자의 실패를 촉진시키면서 이자율의 상승을 가져왔다 지난 세기 동안 산업적 농업에 의한 토양 저하가 확산되며 전세계 인구는 향후 30년간 산업화 이전 단계를 향해 곤두박질칠 것으로

---

73) 콜린 캠벨(Colin Campbell), "A Reply to Global Petroleum Reserves-A View to the Future'", in 맥킬로프(McKillop), *The Final Energy Crisis*, chap. 17을 보라.
74) 같은 책, "The Assessment and Importance of Oil Depletion", 맥킬로프(McKillop), *The Final Energy Crisis*, 54.
75) 피스커(Jacob Lund Fisker), "The Law of Energy", in McKillop, *The Final Energy Crisis*, 85를 보라.
76) 맥루니(Ross McLuney), "Population, Energy and Economic Growth", 맥킬로프(McKillop), *The Final Energy Crisis*, 178.
77) 어떤 이들은 프랑스조차 지금 인구의 절반 이하만을 부양할 수 있을 것이라고 예상한다. 호주의 경우에는 인구의 10퍼센트 이하를 부양할 수 있을 것이다. 쉐일라 뉴먼(Sheila Newman), "Future Settings", in 맥킬로프(McKillop), *The Final Energy Crisis*, chap. 20을 보라. 나는 그런 예측의 개연성을 측정할 수 없다. 바이오 연료를 향한 곡물생산의 이전은 어떤 위기의 효과를 완화시킬 수는 있겠지만, 오직 상대적인 부자들만을 위한 것이다.

보인다.77) 그로 말미암은 결과는 기후변화로 크게 영향 받는 나라와 더불어 인구가 밀집되고 황폐한 토양을 가진 국가에서 최악으로 나타날 것이다.

기후 불안정성, 연료 부족, 식량 부족, 질병, 사회적 무관심, 갈등, 그리고 전쟁이 근대성의 종말을 가져올 것이다. 자원이 늘어나기보다는 줄어드는 현실에서, 보존되는 경제적이고 정치적인 근대성의 가치들은 거의 없을 것이다. 인간관계보다는 매스컴을 통해 전파되는 사회질서가 회복력이 거의 없음을 입증할 것이다. 지금까지 상상할 수 없었던 비율의 재앙과 혐오스러움을 맞이하는 것은 불가피하다.

이 요약의 목적은, 사건 자체가 더 빠르고 효과적으로 진행되듯이, 사람들에게 다가오는 근대성의 종말을 설득하려는 것이 아니다. 오히려 논점은 현대가 인간의 의지가 아니라 화석연료의 힘 위에 건설되어 왔다는 것이다. 환경에서든, 본질적 자원에 다가서는 것이든, 아니면 건강문제이든 간에, 사람이 물리적 불안정성으로 어려움에 처할 때는 정치적 의지를 불러일으키는 것이 굉장히 어려워진다. 의지만을 가지고 시작하는 어떠한 정치적 기술account도 부족함에 틀림없다. 토양의 힘과 가축, 그리고 화석연료와 대립되는 인간의 힘으로 시작하는 어떤 경제적 기술도 결함이 있다. 게다가, 일단 인간의지의 자기지시적 순환이 파괴되고 나면, 다른 개입과 힘을 위한 길이 열린다.

개념적 불안정성

현대사상에서, 개념은 추상과 표상의 과정으로 형성된다. 만약 개념들이 이런 과정을 통해 자신들의 정체성을 유지한다면, 인간다움은 이런 과정을 통해서만 이루어질 수 있다. 개념들이 감춰지고 자연이 부자연스러운 것으로 드러나고, 힘이 종속된 것으로 나타나며 재물이 가난

으로 판명되고, 민주주의가 독재로 드러나거나 자유가 구속으로 나타
난다면, 개념들은 안정적으로 의지를 형성하지 못할 것이다.

정상적 과정은 정의definition의 통치강령을 통해 개념을 안정화시키
고자 하는 것이다. 정의는 개념적 관계의 네트워크를 이루어 놓을 수는
있겠지만, 상대적으로 다소 유용한 정의의 존재가 보여주듯이, 표상의
진본성the authenticity of representation을 보증하기에는 무리가 따른다.
대신, 추상과 표상의 과정이 개념에 의해 고안된 추상의 본질을 보존하
는 것이 필요하다. 추상은 신의와 타협할 수 없다. 이로 말미암는 어려
움이 있다. 추상은 선택적 과정이다. 주권적 주체의 표상에서, 선택되
어야 할 본성이 선택할 수는 없다. 그러므로 그것은 자신의 기준으로서
의 관념과 더불어 그 자체의 표상 속에서 수행되어야 한다. 추상적 개
념은 표상을 위한 조건과 기준으로서 사고하는 주체의 주권을 선행한
다. 그것은 표상화 되는 것이면서, 동시에 표상을 가능케 하는 것이다.
그것은 불가피한 결과를 조종하면서 정보의 유일한 근원 역할을 하는
동시에, 지혜와 결정의 독창성에 대한 자신들의 주권에 아첨하는 국가
와 같다. 그들은 정치인이 가져야 할 지식도 없으면서 선출된 정치인들
을 통치하는 관료들과 같다. 이런 자기지시성self-referentiality은 자기
확증의 효과를 가지면서, 다른 모든 것을 고려하지 않는다. 더 이상 가
까운 문제에 대한 충실함을 시험하지 않는다.

즉각적 관심과 열정에 호소할 개념의 조종은 오래 지속되며 널리 인
식된 선전의 도구다. 이성이 그런 진행과정에서 불가피하게 대체될 것
이라는 것은 잘 알려져 있지 않다. 만약 의식이 표상의 과정에 영향을
받는다면, 사람은 그러한 표상을 지속해 나갈 판단에 기여하는 표상만
을 선택할 것이다. 상상은 자연적 선택의 과정, 즉 자신만의 생존의 경
제를 가진다. 개념의 선명함은 환경의 본성보다는 구체적 환경에서 자

신의 개념적 일관성과 자기표시성에 더 의존한다. 이런 역설은 민주주의의 개념으로 잘 묘사된다. 민주주의는 통치를 받고 통치하는 정체성 속에서 유지된다. 민주주의는 반작용적 개념공식으로서, 자신이 역사적으로 저항해 온 절대군주와 같은 주권적 기관에서 "통치함"의 개념을 빼앗아 온다. 칼 슈미트가 여기서의 역설을 지적한다. 민주주의에서는 주권자가, 모든 시민을 대표하든 모든 시민으로 구성된 의회든, 군주나 귀족에게 제한을 부여하지 않고 마음대로 법률과 헌법laws and constitutions을 수정할 수 있다.78) 실제로 민주주의에는, 집단적 의지에 의해 통치되도록 하는 합의가 있어서, 무제한적 지배를 위한 능력이 있다. 슈미트가 지적했듯이, 행정부조차 집단의지가 다수에 의해 결정되는지 혹은 소수에 의해 결정되는지는 별 문제가 되지 않는다. 전쟁에서처럼 집단의지는 저항 없이 따라야만 한다. 슈미트에게는 "인민"people: 통치하고 통치 받는 사람들을 가리킴이 대중적 범주이다. 여기서 자기표시성에 주목해 보자. 사람이 인민이 없는 대중이나 대중없는 인민을 어떻게 가질 수 있겠는가? 슈미트에게는 투표와 여론조사만으로는 인민의 의지를 형성하기에 불충분하다. "1억의 개인이 가지는 만장일치 의견은 인민의 의지도 아니고 대중적 의견도 아니다."79) 핵심은 인민의 의지나 행정부의 의지가 아니라 헌법적 절차를 통한 일반적 의지와 정보 및 토론을 통한 대중적 의견으로 대중적 의지를 형성하는 과정이다. 민주주의는 그 의지의 형성 속에서 스스로 멸망하도록 운명 지어져 있다.80) 최근의 예로, 민주주의는 통치하는 인민도 행정부도 아니라, 대중적 의지의 형성 과정이다. 대중의 의지는 독재정부나 기타 다른 형태의 정부와 양립할 수 있다. 모든 중요한 정치력은 인민의 의지를 형성

---

78) 슈미트(Schmitt), *The Crisis of Parliamentary Democracy*, 15.
79) 같은 책, 16.
80) 같은 책, 28.

하고 인민의 의지와 동일시 되기를 바랄 수 있다.81)

죠셉 슘페터Joseph Shumpeter는 이와 유사하게 인민의 의지가 통합될 수 있는 공공의 선 개념이 필요하다고 지적했다.82) 집단의지가 공공적이 되므로, 집단의지는 반드시 대표 되어야 하며, 그 점에서 확실한 대상을 필요로 한다. 여기서 민주주의에 관한 문제는 그러한 공공의 선 개념이 결여된 것으로 나타난다는 것이다. 자유민주주의의 메커니즘은, 발언의 자유, 언론의 자유, 집회의 자유, 토론의 자유를 포함하여, 거리낌 없는 의견충돌을 발생시킨다. 매개mediation의 기능은 다시 한번 힘이 된다. 추상적 발언의 자유를 가지는 것과 효과적으로 듣는 것은 별개이다. 의견충돌에 있어, 만약 의견이 진리를 말한다면 의견들은 더 분명하게 들리지 않는데, 왜냐하면 분명한 의견의 확증에 의해서만 진리가 입증되기 때문이다. 그 대신, 의견은 마음을 끌도록 청중에 아첨해야만 한다. 의견은 열정과 즉각적 관심에 호소해야 한다. 이 경쟁의 해결책자유민주주의 메커니즘이 다수에게 무게를 두는 곳은 최대 다수의 최대 행복, 공공의 선의 공리주의적 개념이어야 한다. 이것은 자유적 이상의 승리가 아니라 갈등과 경쟁의 메커니즘의 효과이다. 나아가, 이런 공리주의적 개념은 부의 창조로서 공공의 선의 물질적 개념과 다를 바 없는데, 어떤 다른 개념도 자유로운 토론의 시험에서 살아남을 수 없기 때문이다. 부의 창조만이 당면한 관심에 대한 보편적 호소를 가진다.

자유민주주의의 안정성은 부의 개념의 안정성에 달려 있다. 자유민주주의에서는 소비자가 주체적이다. 소비의 공익이 가져다주는 비전이 인민을 통치하여, 인민은 부의 형성을 추구할 운명에 놓여 있다. 이 비

---

81) 같은 책, 29.
82) 슘페터(Schumpeter), Capitalism, Socialism and Democracy, 252.

전은, 수많은 광고선전과 제도적 조건 없이, 자유의지에 부응하지 않을 수도 있다. 다른 결과물이 나오는 것은 불가능하다. 자본주의는 소비를 극대화하기 위한 지속적 혁신의 과정이다. 물론 소비는 생산에 기반하며 생산은 설비, 자원, 사람, 그리고 기구에 기반한다. 소비의 주체성은 생산의 종속을 낳는다. 각각의 소비활동마다 생산에 참여하는 생산자의 확장된 네트워크가 존재하며, 이것이 민주국가의 범주를 넘어서는 일도 잦다. 자유민주주의의 불가피한 산물은, 더 나은 상품에 대한 집단적 결정collective determination 없이, 소비자의 욕구에 의해 좌우된다. 생산은 소비처럼 더 이상 보편적 표상을 갖지 못한다. 생산은 공익에 관한 협정을 위한 기반을 마련하지 못한다. 부는 필연적으로 이원론적이며 불평등하다. 부는 지배와 가난을 수반한다. 민주주의의 안정성은 정치적 의지로 표현하는 한계를 넘어서 이러한 빈곤을 유지하는 것에 달려 있다. 슈미트가 말한 것처럼, 만약 민주주의가, 예를 들어 국가의 회원을 기반으로 한 동종의 평등을 필요로 한다면, 필수적으로 정치적 표상representation에서 나온 이종을 제거해야 할 필요가 있다.83) 더 높은 가치나 신출귀몰한spectral 힘뿐 아니라 이질적이고 불평등하면서도 또한 동물적이고 비인간적인 것은, 정치적 표상에서 배제된다. 민주주의는 그것이 호소하는 집단의지의 동질성을 마련한다. 요약하면, 민주주의의 개념은 정체를 감춘다. 민주주의가 내세우는 그 이상들 아래에서, 민주주의는 소비욕구와 돈이 사람들을 지배하게 한다.

민주주의는 순전히 격론적인 원칙, 즉 정치적 내용이 없는 조직적 형태이다.84) 역사적으로, 민주주의는 상대방을 설득하거나 자신을 어떤 진실이나 정의에 설득되도록 하는 토론과 개방성의 자유적 개념으

---

83) 슈미트(Schmitt), *The Crisis of Parliamentary Democracy*, 9.
84) 같은 책, 24-25.

로 보강되어 왔다. 그 가정은 진리나 정의가 자유롭고 개방된 토론에서 우세를 점할 것이라는 것이다. 표상의 문제는 여기서 다시 한 번 떠오른다. 표상은 필수적으로 환경에서 개인을 고립시킨다. 표상은 환경에서 대상을 분리한다. 표상은 대상과 환경 사이의 계급적 이원론을 강요한다. 환경은 대상의 가치에서 배제되어 배경으로 취급되고, 대상과 고정관념, 그리고 동일화로 정의되고 설명된다.85) 모든 표상은 불완전하고 진실을 가리며 불의를 표방한다. 모든 표상은 그릇된 진술이다. 모든 진술은 이미 자신의 가치를 강요한다. 표상은 진리와 정의를 선전하려는 특징이 거의 없는데, 진리와 정의가 의견과 표상과는 독립적이기 때문이다. 표상의 역설은, 비록 진실이며 옳은 문제가 표상화된다 할지라도, 그런 문제의 진실이나 정의가 표상에서 독립적 방식으로 나타날 수 없다는 것이다. 진리와 정의는 모든 표상을 뛰어 넘는다. 만약 누군가 그 표상들을 나타내고자 한다면, 사고가 그 표상들을 만들어내서 더 이상 표상에서 독립적일 수 없다. 만약 누군가 순전히 표상들의 독립성에 호소한다면, 그 표상들은 전혀 나타날 수 없다. 요약하면, 민주적 토론은 실패할 수밖에 없다. 사람들이 자신들의 관심을 희생하면서 진실을 추구하고자 충분히 금욕적이지 못해서가 아니라, 이성의 관심이 이미 표상의 조건을 결정하는 것으로 존재하기 때문이다. 실제로 민주주의에 관한 공동의 불평이 다음과 같은 구조적 문제에서 나온다: 정당의 이익다툼으로 말미암은 민주주의의 퇴보, 진부한 논쟁, 인성정치politics of personalities, 인간 행동의 비합리성, 선전에 의한 의견의 작용, 공공토론을 거치지 않은 실제적 결정의 비밀, 경제적 현실에 의한 정치의 결정. 이런 실패들 가운데 새로운 것은 없다. 민주주의가 그 발생에서부터 변질된 이유는 불가능한 이상을 지지하기 때문이다.

---

85) 플럼우드(Plumwood), *Feminism and the Mastery of Nature*, 47-55.

유사하게, 자유의 정치적 이상은 근대 휴머니즘에 반향을 불러 일으켰다. 그것은 신성한 명령이나 신성한 공공선의 공공적 표상에서 나온 자유다. 그것은 시장에서 계약체결에 의한 누군가의 의지를 결정하기 위한 자유다. 그것은 사람이 바라는 것처럼 자신의 재산을 처분하거나 자연의 몫을 지배하기 위한 자유다. 대중적 표상이나 공공선을 드러내지 않은 채, 자유롭고 개방된 토론은 가장 낮은 공통분모로서 개인적 자유를 필수적으로 정해야 한다. 일단 개인이나 재산에 대한 위협에 맞서는 보호가 공공선의 본질이 되면, 공포의 조종이 훌륭한 통치수단이 되며 국가의 절대적 지배가 비상사태에 대응하도록 승인 된다. 이런 위협우선의 개념perception of the primacy of threat과 이에 뒤따르는 절대주의는 존재론적 출발점으로서 자유와 재산을 갖는 것에서 나오는 것이 아니다. 대신, 자유와 재산을 근간으로 두는 것이 표상과 토론 자체의 메커니즘에서 나온다. 자유와 재산은 보편적으로 당면한 관심에 호소하기 때문이다.

민주주의의 집단적 의지가 그것을 가능하게 하는 대상으로 부의 창조를 필요로 하는 것처럼, 그것은 또한 이런 의지의 주체로써 자유로운 개인의 상정을 필요로 한다. 하지만, 진리와 자유의 대중적 표상이 실패를 거두면서, 의견의 조종은 설득의 형태로만 존재한다. 소비할 자유가 다른 이들의 생산을 제한하는데 달려 있는 경제의 영역에서처럼, 정치에서도 표현의 자유는 설득되어야 할 다른 이들을 제한하는데 달려 있다. 보편적 자유는 오직 상황이 없는 이상적 세계에서만 가능할 뿐이다. 부에 대한 현대적 추구와자연 세계에 대한 지배력이 커지는 자유사회적 의무에서 자연적 제한을 구분하는는 표상과 추상에서 태어난 환영과 같은 불가능한 이상이며, 인간이 생존하거나 번창할 수 없는 이상화된 조건의 투영projection이다.

마지막으로, 표상은 유토피아적 신앙에 근거한다. 자연이나 이성이 아니라 바로 세속적 신학이 현대적 가치를 지원한다. 신학적 질문은 사람이 시간에서 이끌어낸 표상을 시간 속으로 되돌리자마자 재도입될 수 있다. 시간 절약은 해방의 현대적 구상의 본질을 형성한다. 우리의 생명을 단축시킬 수도 있는 자연적 필연natural necessity의 제약에서 사람이 자유로워질 때만, 그리고 우리의 시간을 점유하는 사회적 의무의 제약에서 자유로워질 때만, 사람은 자신이 원하는 것이 될 자유를 누릴 수 있다. 하나님이나 자연이 마침내 사람을 자유롭게 하는 곳에서, 열망은 무신론의 조건을 지지한다. 기술을 통해 자연을 최대한 지배하고 돈을 통해 사회적 의무를 최대한 지배하는 동안, 경제적 합리성은 시간의 상징화에 의존하며, 그리하여 상대적 비용을 최소화시키는 계산이 이루어질 수 있다. 경제적 합리성에 첨부된 확실성은 사실상 그 증거물에서 나온다. 기술적 발명과 부의 획득이 바로 그것이다. 지식과 힘, 그리고 획득한 부는 항상 지역적이고 불완전하다. 자유가 완성될 때, 미래를 투영하는 경제적 합리성은 이해를 구하는 신앙이다. 이러한 종합적 미래에, 자연적 필연이나 사회적 의무가 더 이상 시간의 흐름을 제약하지 않는 영광스러운 천상의 미래에서, 시간의 추상적 상징은 결과적으로 시간을 개방되고 공허하며 미결된 것으로 나타낼 것이다. 사람이 결국 과학적 확실성을 요구하는 완전한 반복성과 보편성을 얻을 때, 그리고 모든 지식이 증거에 기반할 때, 초월적 신뢰는 소멸될 것이다. 흔히 말하는 세속적 영역이 지속될 것이다. 현 시대의 영역은 미래의 심판의 불안한 기대 혹은 과거를 반복하는 의무가 속박하지 않는 공간이며, 모든 원인이 지식에 의해 자신의 결과에 중재되는 곳이다.

그러나 그런 조건을 얻으려면, 기대를 줄이고short-circuit 그것이 지금 그리고 여기에 있는 양 세속의 시대를 다루는 것이 필요하다. 가설을 시험하고 바로잡기 전에 사람은 자연세계에 대한 가설을 기획한다. 유사하게 가치의 영역에서도, 사람은 다른 상품, 필요, 그리고 관심과 관련된 상품의 가치를 추정한다. 바로 이러한 예상과 신앙이 왜곡을 해방의 실천에 끌어들여 무지와 노예제도를 양산한다. 사람이 자연세계나 가치의 영역을 건설하면 이미 가진 세속적 유토피아를 기획해야 한다. 그 결과는 현실의 정식적이고 실제적 포섭 양쪽 모두에 영향을 주는 전체주의화totalization이다. 마치 교환의 체계와 세상을 구성하는 관계가 보편적인 것처럼, 자연, 가치, 사회, 필연성, 힘, 부, 자유, 심지어 돈의 개념은 이전의 전체주의화에 의존하는 관념이다. 각각의 경우마다, 사회적 상호작용의 매개체로 기능하는 물질적 삶의 표상은, 그것이 본래 존재하는 것으로 상정되자마자 사회적 상호작용에서 나온 자율성을 추정한다. 그것은 스스로를 실현하고자 함으로 그런 자율성을 유지하는데, 먼저는 형식적 포섭formal subsumption에 영향을 주고 그것이 조직하는 범주 아래 있는 물질적 삶의 실질적 포섭real subsumption에 영향을 준다.포섭이란 개념은 생산의 사회적 관계가 노동과정 자체를 관통하는 과정을 의미한다. 마르크스는 이를 자본에 의한 노동과정의 형식적 포섭과 실질적 포섭으로 구분했다. 자본이 돈을 주고 노동력을 구매하지만, 노동 자체를 지배할 수는 없기에 노동과정에서는 노동자의 관리와 자율이 포함되어 있다. 이런 의미에서 노동에 대한 자본의 포섭은 형식적일 뿐이므로 마르크스는 이를 '형식적 포섭'이라고 불렀다. 그러나 산업혁명으로 노동방식에는 커다란 변화가 찾아왔다. 자본가들이 기계의 작동을 장악하게 되고, 노동까지 실질적으로 장악할 수 있었다. 노동자의 노동력뿐 아니라 그 사용가치까지 확보하게 된 것인데 마르크스는 이를 '실질적 포섭'이라 불렀다-역주 간단히 말하자면, 물리적, 세속적, 자연적, 그리고 사회적 세계는 존재론적으로 구매하지 않는다. 스스로를 현실화시키는 시도를 하는 한, 그들은 존재하는 표상이다. 그들은 현실에서는 절대로 이루어질 수 없는 추상적 통일성을 가진다.

자연의 세속적 질서의 구조를 위한 메커니즘, 혹은 1달러 지폐에 새겨진 "새 세계의 질서"novo ordo seclorum는 돈으로 설명할 수 있다. 예비적 설명을 위해 돈의 구체적 힘의 문제로 돌아가 보자. 이런 메커니즘, 즉 근대성의 지배적 정치 '에너지'는 여기서 간략하게 요약할 수 있다. 자세한 설명은 추후 이루어질 것이다. 보편성의 도래, 즉 세속적 유토피아의 몰락으로, 사람은 보편을 내다보고 특정한 것을 보편으로 대체한다. 그룬드리세Grundrisse에서, 마르크스는 보편적 계산의 단위unit of account로서의 돈과 교환 가능한 특정한 상품으로서의 돈 사이에 일어나는 "모순"을 지적한 바 있다.

> "돈예를 들면 보편적 상품과 같이 모든 상품이 교환가치로 변형되는 형태은 다른 것들과 함께 특정한 상품으로서 스스로 존재해야 하는데, 머리에서 그것에 대응하여 측정될 뿐만 아니라 실제 교환과정에서 바꾸고 교환될 수 있기 때문이다. 그것 때문에 만나는 모순은 다른 곳에서도 전개되어야 한다."[86]

자연, 사회, 혹은 심지어 역사와 같은 것들이 더 이상 존재하지 않는 것이 그런 모순의 결과물이다. 그런 보편적 용어는 성취되거나 설명되지 않는다. 이를테면 전체로서의 자연의 경우에는 자연적 과정, 사회의 경우에는 사회적 제도, 역사의 경우에는 역사적 사건과 같이, 사람은 항상 보편성을 특정성으로 대체해야 한다. 자연의 모든 질서를 알 수가 없어서 사람은 보편을 대체할 부분적이고 특정한 이미지를 투영해야 한다. 증거와 정보에 근거하여, 상품화되고 자연적이며 세속적 존재론

---

86) 마르크스(Marx), *Grundrisse*, 165.

속에서 시각적으로 구현되는 것들은 단순히 사회적 힘이 아니라 현세적temporal 힘이다. 시간을 절약하기 위한 행동으로 사람은 완전히 시간을 잃는다. 세속적 지식, 즉 "현 시대"의 지식의 건설에서, 사람은 완전한 지식의 상상된 종말을 위하여 과거와 미래를 배제시킨다. 종말에 앞서 완전한 지식의 부분적 모습을 얻음으로 시간을 아끼고자 하는 것은 진정한 시간의 지식의 모든 가능성을 일거에 소멸시키며, 인간의 사고 속으로 사악한 힘을 들여온다.

투영된 보편을 특정한 것으로 대체하는 결과는 현대성의 시작과 끝 모두에 해당하는 중요성을 가진다. 먼저, 보편성을 대체해야 하는 특정성을 지배할 필요가 없기 때문에, 이런 사고의 구조는 모든 욕망을 사로잡을 수 있다. 보편을 대체할 특수성이 순전히 공식적 구조이기 때문에, 모든 시각이 여기서 나타날 수 있다. 보편을 향하는 과정은 무제한적 가능성을 약속한다. 세속적 종말에서는, 일단 과정이 성취 되면, 자연적 필연이나 사회적 의무에 더 이상 얽매이지 않아도 되므로 사람들은 자신의 시간과 돈을 원하는 대로 쓸 자유를 가질 것이다. 그러면 상품으로서 돈은 어떤 구체적 의지나 욕망을 대신한다. 돈은 보편적 형태의 물질적 구현이다. 하지만 두 번째로, 보편의 영역을 차지하기에 가장 적합한 그런 요소들은 자신들을 보편화시킬 수 있는 것들, 예를 들면 최상의 힘으로서 사람의 개념, 자기인식으로서의 인간정체성의 개념, 경험적 근거에 기반을 둔 진실의 개념, 혹은 최상의 가치로서 돈의 개념이다. 그러한 자기생산적 이상autopoietic idea을 인간의 행위를 규제하는 것에까지 확대하는 것을 고려하는 것은 놀라운 일이다. 그런 발상의 특징은, 관계를 열어 나머지 세상을 자신들의 관점으로 판단하는 것, 그리고 자기지시가 낳은 폐쇄된 내면세계에서 자신들의 유일한 척도가 되는 것 모두를 포함한다. 돈의 경우에는, 돈이 지불과 계산단위

unit of account, 어떤 상품이나 서비스, 자산의 가치를 측정하는 화폐단위의 기준-역주의 수단이기 때문에 사람이 원하는 것을 얻는 가장 좋은 방법은 먼저 돈을 버는 것이다. 동시에, 경험적 진리가 실제로 여겨지는 것을 결정하는 것처럼, 혹은 자기의식이 경험으로 여겨지는 것을 결정하는 것처럼, 또는 사람들의 의지가 역사의 진행에서 일어나는 것을 결정하는 것처럼, 돈은 가치 있는 일로 간주되는 것을 결정하는 에워싸는 세포막 형태가 된다. 세 번째로, 일단 중대성이 보편화된 특정성으로 대표되면, 돈은 모든 혜택, 부, 그리고 의미의 근원이 된다. 시간을 절약하며 미래 세속적 유토피아에서 특정한 가설postulate을 빌려옴으로써, 사람은 은덕을 빚진다. 사람은 세속적 유토피아에서 실제로 나타나게 될 우상을 논증할 의무가 있다. 이런 점에서는, 통화제도의 극단적 취약성이 그 힘의 근원이 된다. 경제단체가 현재의 채무를 갚기 위한 미래 이익을 마련하는 일에 전념할 뿐만 아니라 정부도 모든 사회적 행동의 조건으로서 취약한 통화제도를 보존하고 회복하는데 온 힘을 다한다. 재정적 위기의 파괴적 효과는 "실제 경제"가 얼마나 통화제도에 의존하는지를 보여준다.87) 게다가, 국제단체들은 재건이 어떤 정치적 행동을 위한 전제조건으로서 국제적 자본을 위해 통화제도의 재안정the re-stabilization of the monetary system에 큰 중요성을 부여한다는 것을 보장하지만, 그런 파괴적 효과는 평범한 사람들을 빈곤하게하고 힘을 떨어뜨리는 경향이 있다.88) 변동성과 불안정성, 즉 자본의 "내적 모순"의 결과는 전체 제도를 강화시킬 뿐이다. 비유는 다른 보편적 특정성에 동의한다. 사람들의 의지에 분명함이 없으면 대중적 의견의 결정을 더

---

87) 세계은행은 69개 국가가 심각한 은행위기를 겪고 있으며 87개국이 1975년 이래로 부정적인 역환 투기(adverse currency speculation)로 고통 받고 있다고 지적한다. 리테이어(Lietaer), *The Future of Money*, 321.
88) 이 과정의 기술은 다음을 보라. 하비(Harvey), *The New Imperialism*, chap. 4.

욱 필요로 한다. 인간의 자기의식의 실패는 자기지식을 더욱 중요하게 한다. 오류와 선입견은 진리의 경험적 확증을 더욱 시급하게 필요로 한다. 근대성의 자유는 그것이 만들어 낸 미래에 무한한 빚을 수반한다. 근대성의 환영 속에서, 종말론이 삶을 결정한다.

경제적 불안정성

근대성의 종말은 표상의 위기이다. 일단 자연이 더 이상 안정되지 않으면, 자연을 효과적으로 나타내고 지배하지 못하게 된다. 관념이 더 이상 안정적이지 않으면 더 이상 원칙이나 실용적 성찰에 따라 정치적 결정을 내리지 못하게 된다. 두 종류의 힘몸과 의지의 인간적 표상이 환상이라고 판명난다. 인간은 다른 원칙과 힘에 항상 휘둘려 왔다.

경제와 정치 사이의 관계 문제는 표상의 위기와 관련된 것으로 고려해야만 한다. 정치적 힘이 자연과 사회의 질적 표상에 의존하는 곳에서, 경제력은 교환가치의 양적 표상에 의존한다. 표상에서 이런 차이점은 결정적이다. 경제적 세계화가 "정치의 종말"을 이끄는지 혹은 금융자본의 힘에 국민국가가 종속될지에 관한 논쟁이 존재론적 수준에서 해결될 수도 있다. 만약 국민국가의 주요한 힘이 주체적 입법행위나 혹은 자유의 제한이라면, 그 힘은 제한적이다. 힘을 통해 몸의 움직임을 제한하거나 위협을 통해 의지의 결정을 형성할 수도 있지만, 사람은 더 이상 교환가치의 비율로 법률을 제정할 수는 없다. 비록 국가가 이자율을 조정하고 돈을 공급하고, 세율, 대출, 그리고 소비로 경제분야에서 행동을 취하려 할지라도, 여전히 다른 것들과 함께 하는 하나의 경제기구로 남게 될 뿐이다. 국가는 오직 경제적 간섭의 힘만을 가진다. 물론 경제가 국가에 의해 부여되는 일련의 시장규제와 국가가 후원하는 통화 없이 효과적으로 움직일 수는 없다. 국가는 부와 힘의 자원이 되는 경제 없이는 효과적으로 운용할 수는 없다. 경제적 힘과 정치적 힘 사이의 상호의존이 존재한다. 이런 신뢰는 중요한 하나의 관점에서 비대칭적이다: 국가의 힘이 사람과 영역에서 지역화 되는 곳에서, 경제적 힘은 돈으로 지역화 된다. 하나는 정적이고 다른 하나는 유동적이다. 국가는 이질적일 수 있지만, 자본은 상대적으로 동질적이다. 자본이 함께 사업할 국가를 선택할 수 있는 곳에서, 국가는 어떤 자본이 정치적 조직체에 이득을 가져다 줄 것인지 쉽게 결정을 내릴 수 없다. 현재 통화의 헤게모니를 고려하는 것은 차치하더라도 이론상 과거에 국가는 자본의 이동을 규제할 수 있었으며 경제력을 정치적 목적에 종속시켰다. 하지만, 일단 자본의 이동을 규제할 수 없게 되면, 유리병을 벗어난 가스와 같다.89) 내부투자에서 손을 떼도록 강하게 이끄는 어떤 힘 없이는 자본이 회복될 수는 없다. 일단 자본이 자유를 얻으면, 자본은 특정 국가와 통화의 경제적 운명에 영구히 전념하는데 주저하게 된다. 더 나은 가격과 이익을 찾는 교환은 돈의 본질적 힘이다. 이런 관점에서, 경제적 세계화는 운송, 커뮤니케이션, 은행, 혹은 에너지 공공기반시설 면에서 볼 때 되돌릴 수 없는 사실이 되었다. 자본이 움직일 수 있도록 풀어놓은 국가는 다른 모든 정치적 목표를 투자의 매력에 종속시키는 것 또는 그 힘의 근원을 잃는 위험을 감수하는 것 외에는 별다른 선택의 여지가

---

89) 역사적으로, 그런 규제완화의 가장 중요한 사건이 1970년대 초기 미국대통령 리처드 닉슨 정권 아래 일어났다. 그것은 달러의 환율을 떠받치는 "황금창(gold window)의 폐쇄였으며, 뉴욕증권거래소의 외국자본투자에 대한 규제철폐가 이어졌다. 비록 국제수지적자의 금융압박에 반응한 것이었다 할지라도, 이 사건이 우발적인 정치적 선택이었다는 것은 의심의 여지가 없다. 그 결과는 피터 고완(Peter Gowan)이 "달러 월스트리트 정부(Dollar Wall Street Regime)"로 잘 묘사해 놓았다. "달러 월스트리트 정부" 아래 미국정부는 화폐주조세의 독특한 장점, 즉 마음대로 돈을 발행할 능력과 국제금융정권의 제어를 통해 경제전쟁을 추구할 능력을 누렸다. 이것이 수반하는 정치활동의 향상에도 불구하고, 미국정부는 정부가 직접적으로 제어할 수 없는 금융의 힘을 풀어 놓음으로써 도박에 뛰어들었다. 고완(Gowan), *The Global Gamble*을 보라. 신자유주의에서 신보수주의로의 전환은 지구촌에 대한 미국의 지배력의 붕괴가 임박했다는 사실과 마주할 때, 제국주의를 향한 회귀라기보다는 힘을 향한 필사적인 시도를 뜻한다.

없다. 돈은 근대성에서 가장 우월한 정치적 권위를 갖는다, 돈은 사람들의 의지를 구성하거나 표현한다. 돈은 정치적 화두의 환영적 자율성을 형성하며 동시에 그런 자율성은 약화된다.

돈은 본질상 표상의 위기에 반응한다. 정부조직 안의 표상이 진리나 권리의 관념, 관찰 혹은 습관, 관습, 그리고 법에 반응하는 곳에서, 돈은 교환가치의 표상을 위한 중재를 한다. 돈이 표상하는 가치는 순전히 그것이 교환될 수 있는 가치이다. 다른 말로 하면, 이것은 다른 이들이 나타낸 가치이다. 이것은 결국 다른 가치와 다른 표상의 가치를 나타낸다. 표상이 다른 표상을 표시할 수 있는, 반영하는 표상의 영역 밖에서는 교환가치의 기반이 존재하지 않는다. 모든 것이 확실한 장소와 가치를 가지고 있는 곳에서 정치적 표상이 문화에 대해 내부적으로 구성된다면, 경제적 표상은 일련의 외부적 평가행위를 반영한다. 교환가치는 절대로 본질적으로 대상의 가치, 또는 특정한 인물이나 문화에 반대하는 사용가치가 아니다. 그것은 교환에서 대상을 위한 대체물이 될 수 있는 가치이다. 그것은 정부조직이나 문화의 내부적 관계가 재산의 이전에 의해 파괴될 때 남아있는 가치이다.

만약 정치가 표상의 공공부분 건설에 관련된 것이라면, 경제는 다른 종류의 공공부분시장 건설과 관련된 것이다. 시장에서는, 상품이 멀리 떨어진 생산 현장에서 왔다는 것을 알게 된다. 그런 시장은 물물거래로 비능률적으로 가동한다. 시장은 돈을 사용함으로 더 효과적으로 운영한다. 돈의 발명에 관한 아리스토텔레스의 단락에 보면, 이동성과 운송의 용이성 덕분에 철이 선택되었으며, 장거리 거래를 위한 목적으로 무게의 문제를 덜고자 기호 도장이 찍혔다.90) 그런 거래에서 가치는 도시와 가치의 표상을 넘어 운반되었다. 동전에 통치자의 도장이 찍혀있지만, 단순히 도시 내부가 아니라 다른 시장에서의 교환 가능성이 돈의 가치를 결정했다. 정치적 영역에서 사용되었을 때조차 돈은 외부에 속하는 가치를 표상한다. 돈은 모든 내적 표상이 허물어졌을 때도 계속 기능하는 가치의 표상이다. 교환할 수 있는 특정한 상품과 가치를 무시하며, 돈은 교환가치의 추상적 수량을 표시한다. 돈은 분명히 교환에 있어 중립적이고, 사고파는 행위, 생산이나 소비에 무관심하다. 돈은 자신의 계좌에 관해 본질적으로 흥미가 없으며 그저 가치를 재고 저장함으로 교환을 용이하게 할 뿐이다. 돈은 정치적이며 윤리적 중립체이다. 돈은 아무것도 만들어 내거나 파멸시키지 않는다. 돈은 서비스를 얻으려고 수행되는 어떠한 착취나 폭력, 도용, 혹은 배타에도 무관심하다. 돈은 정치적 위기와 허무주의를 통해 가치를 계속하여 창출해 낸다.

아리스토텔레스는 여기에 선견지명이 있었다. 돈을 벌고자 돈을 사용하는 것, 즉 이자를 낳는 돈과 자신을 위해 이익을 추구하는 것은 확실한 가치가 없었으며 그리하여 도시 내부에도 그것을 위한 자리가 없었다. 고리대금업은 이런 원리로 말미암아 비난 받았다. 돈이 돈을 버는 것은 정치적 본질이나 제한 없는 힘을 획득하는 것으로 이어진다. 축적된 돈의 힘은 모든 현존하는 가치를 제압함으로 혼돈과 허무주의를 위협한다. 그것은 책정appropriation, 대용substitution, 그리고 교환을 통해 하나씩 사회질서를 해체하겠다고 위협한다. 경제적 세계화는 사람과 사람, 사람과 땅, 그리고 땅과 그 산물이나 자원 사이를 소외시키는 수많은 세세한 행위로 세상 곳곳에 나타나는 반정치적 과정의 완성이다. 그것은 대용과 교환을 통해 공공적 표상의 세계를 산산이 부숴낸다.

그럼에도, 교환가치는 표상의 공공적 영역을 재구성하지 않고는 이

---

90) 아리스토텔레스(Aristotle), Politics, 1권, 1257a-b, 12-13.

전의 사회적 관계를 용해시키지 않는다. 아담 스미스Adam Smith가 『국부론』*The Wealth of Nations* 서두에서 설명했듯이, 무역은 노동분업의 가능성과 경제적 상호의존의 조건이다.91) 돈은 공공적 표상의 사회적 네트워크의 성장을 용이하게 한다. 시장은 공공적 표상을 대체하는 사회적 형태이다. 시장의 확장된 체계에서 가치는 지역적, 가변적, 그리고 순전히 수량적인 것이 된다.

　돈은 표상과 실재를 매개한다. 교환가치가 통화량의 용어로 표시된다면, 돈의 양은 또한 수요를 표시한다. 어떤 상품이나 서비스를 원하는 사람이 지닌 열망의 정도는 공개적으로 그 사람이 지불하고자 하는 돈의 총액으로 표현된다. 물론 사람의 열망이 자신이 지불할 수 있는 돈의 양을 넘어설 수도 있지만, 그런 열망은 공개적으로 표시되지는 않는다. 시장사회에서 정치적 가치는 상관없다. 만약 공공적 표상이 오직 추상적 수량의 형태로만 나타난다면, 평가는 열망의 정도를 나타내는 수량적 형태로만 표시될 수 있을 것이다. 열망의 정도로 표시할 수 없는 효과적 대중적 표상은 없다. 시장에서는, 모든 평가에 공공적 열망의 정도를 부여해야 한다. 모든 평가는 반드시 돈의 총액에 의해 뒷받침 되어야 한다. 효과적으로 수요를 제공하는 돈은 열망을 실현하는 현실적 원리이다. 돈은 상호교환을 가능하게 한다. 하지만, 돈은 스스로 가치 있는 것이 됨으로써 상호교환을 가능하게 한다. 돈은 그 자체로 교환의 방법이기 때문에 교환 시에 받아들여진다. 어떤 것과도 교환 가능하기에, 돈은 열망을 중재하고 조정한다. 열망의 실현을 위한 방법으로서, 돈은 지극히 열망되는 것이다. 지극히 열망되기 때문에, 돈은 교환 시에 받아들여지며 그리하여 열망의 실현에 접근하는 수단이 된다. 이는 돈에 대한 신뢰에 기반 한 악순환이다. 돈은 표상에서 이중적 기

---

91) 스미스(Smith), *The Wealth of Nations*, 117.

능을 갖는다. 한편으로, 돈은 교환 시에 얻을 수 있는 객관적 사회가치를 표현한다. 다른 한편으로, 돈은 그런 가치를 위한 주관적 열망의 정도를 표시한다. 돈은 표상에서 스스로 만족하고자 하는 열망에 동참한다. 그런 식으로, 돈은 시장사회의 구조texture를 구성한다. 그러므로 시장사회는 단순히 교환에 의해서 구성되는 것이 아니라 욕구를 만족시키는 교환의 표상에 의해 구성된다.

표상은 시장에서 발견되는 것과 정치에서 발견되는 형태가 다르다. 정치에서는, 표상이 형태나 관념을 재현한다. 경제에서는, 표상이 가치나 수량을 재현한다. 그럼에도, 이미 균열된 것은 돈에 있는 표상이지 돈 그 자체가 아니라는 의미가 있다. 경제학자들에 따르면, 돈이 지불의 수단, 가치의 측정, 그리고 가치의 저장이기 때문이다.92) 교환가치는 동시에 돈을 통해서, 돈으로 표시되며, 그리고 돈으로 보존되어 획득된다. 다른 상품들이 자신의 교환가치를 표시하는 것으로 여겨질 수 있지만, 돈은 수많은 관점에서 다른 상품들과는 구별된 형태로 남는다. 돈은 법화legal tender로서의 신분과 임금, 세금, 이자, 배당금, 그리고 대출상환금 지불을 위해 요구되는 독특한 형태로 표현되며, 사회적으로 등가의 독점monopoly of equivalence을 입증해 왔다. 게다가, 다른 상품들이 자신의 교환가치를 실현하고자 팔려야 한다면, 돈은 교환될 필요가 없는 자신만의 교환가치를 나타낸다. 그런 방식으로, 돈은 축적을 위한 무제한적 욕망의 대상이 된다. 나아가, 돈이 투자를 통해서만 수익을 창출할 수 있으며 교환을 통해서 드나들지만, 돈은 수익의 척도이다.

그러므로 가격으로서의 교환가치를 돈으로 표시하는 것은 세 가지

---

92) 후지급(deferred payment)을 위한 기준으로서 흔히 돈의 네 번째 기능이 포함되지만, 가치의 측정이나 계산의 단위로서 그 역할을 보완하는 것으로 간주될 수도 있다.

다른 고려를 하나의 수량으로 합치는 것이다. 우선, 가격은 돈의 총합을 표시하는데, 돈을 통해 얻는 다른 모든 종류의 상품가치를 표시하는 것이다. 가치는 교환의 상상을 통해 형성되며 모든 종류의 욕구에 의해 발생된다. 두 번째로, 가격은 돈의 총합을 표시하는데, 돈을 요구하는 특정한 정도를 나타낸다. 세 번째로, 가격은 돈의 총합을 나타내는데, 투자를 통해 이윤을 남기기 위한 힘의 어떤 정도를 표시한다. 이 모든 세 가지의 욕망상품에 대한 욕망, 돈에 대한 욕구, 그리고 이익을 위한 욕구은 가격으로 공공적 표현을 찾는다. 돈은 끊임없는 위장과 모호함의 근원이다. 동시에, 돈은 교환을 통해 욕구를 충족시키는 것이자, 축적을 통해 욕구를 성취하도록 하는 것이며, 아울러 이윤을 통해 욕구를 더욱 효과적으로 만드는 것이다. 지불의 수단으로서, 돈은 순환을 통해 객관적 실재의 영역에 참여한다. 돈은 가치의 척도로서, 욕구의 정도로서 주관적 영역에 참여한다. 가치의 저장으로서, 돈은 신용의 비인격적 영역이나 욕구표현의 가능성, 그리고 가치를 현실화시키는데 참여한다. 보편적 중재자로서, 돈은 모든 사람의 마음에 있는 욕구의 비밀스런 본질로서 스스로의 욕구를 대신한다.

그러므로 돈은 상호의존의 질서, 욕구의 질서, 그리고 신용의 질서로서 사회질서를 재구성한다. 사회적 질서를 실현하는 방법으로서, 상호의존과 욕구, 신용을 가능하게 하는 돈은 현실의 최고원리이다. 돈이 현실의 원리이기 때문에, 시장사회에서 돈을 버는 것보다 더 높은 목표는 없다. 시장사회 내에서는 이윤을 내기 위한 무한적 수요가 존재한다. 이런 현실의 힘과 수요는 순전히 사회적 힘이며, 사회 그 자체 속에 있는 인간의 의지 바깥에 존속하고 있다. 돈은 쾌락 원리를 넘어선 비인격적이고 추상적 힘이다. 실제로 쾌락을 얻는 방법으로서, 효과적으로 욕구를 만들어내는 수단으로서, 돈은 이윤이나 비축을 통해 얻어야만 한다. 쾌락을 얻으려면 사람은 본질적으로 바라지 않는 돈을 벌어들이는 일을 해야 한다. 자본주의와 오이디푸스 콤플렉스의 구조 사이에는 심오한 연결고리가 있다. 이것보다, 시장사회를 건설할 수 있는 유일한 평가 방식으로서 돈은 욕구를 부른다. 돈은 현존하는 정치적 질서의 작은 틈, 결점, 그리고 붕괴 속에서 추상적이고 비인격적 정치를 건설하는데, 그것이 바로 욕망의 정치이다. 경제적 흐름은 책정, 대용, 그리고 교환으로 존재하는 관계를 분열시킴으로 정치를 불안정하게 한다. 근대성은 언제나 이미 시대착오적이며, 경제적으로 불안정한 근거 위에 비효율적 표상을 건설한다. 그리하여 경제흐름은 욕망의 경제 속에서 정치적 관점에서는 비효율적일 수도 있는 표상을 사용하며 시장사회를 재안정화 한다.

따라서 집단의지의 합리성에 따라 의도적으로 지시된 현대정치사회의 자기표현과, 욕구와 돈의 비합리적 흐름으로 형성된 시장사회를 구분하는 것이 필수적이다. 물론, 이 두 가지 형태는 함께 존재하며 공동의 상정presupposition 속에 있다. 비록 현대 정치사회가 순전히 형식적이긴 하지만, 경제사회는 실제적이다. 만약 합리적 정치적 기획 아래 실제사회의 성공적 포괄 사례가 있다면, 그것은 규칙이라기보다는 예외일 것이다. 그것은 불안정성의 바다 위에 있는 안정의 섬이다. 그 놀라운 결과는 정치적 판단국가의 것이든, 시민의 것이든, 혁명적 소수의 것이든이 주로 무력하게 남는다는 것이다. 돈 앞에서는, 심지어 주권조차 힘을 잃는다. 근대성은 종말에 이른 것이다.

시장 불안정성

물론 경제사회는 자신의 고유한 불안정성을 갖는다. 순수한 시장사회에서, 부의 정도는 사람이 축적해 놓은 자산으로 측정 가능하다. 자산은 교환으로 자신의 가치를 얻는다. 이와는 반대로 자본가층이 시장 사회에 거주할 때, 자산은 자본금으로 간주될 수 있고, 따라서 가치의 생산을 위한 요소로 여겨질 수 있다. 더 이상 교환만이 자산에 가치를 부여하지는 않는다. 오히려, 수익률에 대한 투기가 자산에 가치를 부여한다. 가치는 더 이상 욕구에 대한 축적된 자본을 측정하지 않는다. 그것은 차등적 수익률을 측정한다. 정량fixed quantity은 이익률의 기저가 됨으로 불안정해진다. 자산가치는 걷잡을 수 없이 변동을 거듭하여 투기의 대상이 된다. 투기는 더 나아가, 불안정성과 재안정성의 형태로서 투기의 단기성공을 보장하며, 영속가능한 순환 속에서 가치를 부풀린다. 한편으로, 돈은 한정된 단위에서 순환하며 은행명세서와 대차대조표를 얻은 한정량이다. 다른 한편으로, 자본은 수익률이거나 신용, 차등률, 이동가치이며, 자본이 추정하는 물질적 형태와는 관계가 없는 것이다. 자본은 내부에서 돈으로 가치의 표상을 불안정하게 한다. 자본가 표상의 일반적 조건 아래, 모든 지식은 수량화 할 수 있는 정보이다. 과학과 관리는 마치 세계가 합리적 주체의 통치권 아래 있는 것처럼 순수하게 부기bookkeeping의 문제가 된다. 모든 이동과 창조, 그리고 선택은 다른 곳에서 발생한다. 지식을 건설해 나가는 각각의 단계는 합리적이지만, 상호의존과 욕구의 흐름, 신념, 투기와 신용으로 형성된 모든 기업은 전적으로 혼탁하다. 하지만 대중적 상정에도 불구하고, 투기는 불안정에 영향을 끼친다. 왜냐하면 그것은 음의 피드백negative feed-back을 안정화시키면서 불안정한 양의 피드백positive feedback을 드러내는 경향이 있기 때문이다. 만약 가격이 너무 높게 올라가면 팔 때가 된 것이고, 가격이 지나치게 떨어지면 살 때가 된 것이다. 경제적 불안정의 주요한 형태는 다른 곳에 자리 잡고 있다.

　먼저, 이것이 정치지배를 넘어서는 한, 통화의 상대적 강점과 약점이 존재한다. 불안정은 평가절하의 형태 속에서 다른 통화와 비교되거나, 인플레이션이나 디플레이션의 형태로 시간을 뛰어 넘어 동일한 통화와 비교되어 설명할 수 있다. 그런 효과는 돈의 정치학을 경제적으로 분석하는데 중심이 된다. 그런 위기는 지리적으로 정해진다. 위기는 자본의 절대적 한계가 현실화됨을 통해 주로 표현되는 형태가 될 수 있다. 위기는 현시대 전쟁을 위협하거나 발발하는 것을 통한 형태로 나타날 수도 있다. 무력사용의 위험은 다른 국민국가의 경제적 지배를 받음으로 피할 수도 있다. 미국군대 조차도 미국 재무성채권의 구매자와 판매자 앞에서는 속수무책이다. 통화 평가절하는 즉시 그 나라의 구매력과 생산적 저력의 부분적 상승을 절하시키는 것이다. 또한, 전 국가의 자산이 평가절하 되어 투자된 외국 자본의 즉각적 탈출이 일어나며 헐값으로 국가 자산의 구매가 이어져 결국에는 과실송금repatriation of profits 속에 지속되는 경제고갈을 낳게 된다. 통화위기는 이익을 몇 배나 더 챙기고자 하는 투기적 투자자들에게 좋은 선택이다.

그렇지만, 우리의 목적에서 가장 중요한 것은 절대적 경제위기이다. 두 번째로, 증가하는 소비의 요구와 함께, 자본가 사회의 수익특성을 무제한적으로 추구하는 것이다. 앞서 언급한 것처럼, 부의 창조를 위한 메커니즘은, 배타나 가난의 위협으로, 힘의 최고전달자로서 돈의 자기 정립으로, 상습적으로 돈을 획득하는 그러한 기관들의 강화된 힘으로, 그리고 호구지책으로 노동을 하게 된 사람들을 착취함으로 얻어지는 금전적 가치를 추구하는 것에 달려 있다. 이런 지속적 성장 혹은 경제 식민지화 과정은 생산과 소비 양쪽 모두에서 증가하고 있다. 이것은 소비가 자원을 전부 소모하며 물리적 한계에 도달할 때 불안정성을 양산한다. 앞서 논의한 것처럼, 경제위기가 물리적 불안정성을 야기하는 것이다.

비록 자본주의 자체가 GDP를 급격하게 축소시키는 환경에서조차 살아남고 번영을 누릴 수 있을지라도, 생산수단으로서의 자본 속에서 성장에 이르는 물리적 한계는 절대적이다. 여기서 다시, 투기자들은 주식시장을 축소시킴뿐만 아니라 상품가를 상승시킴으로 수익을 낸다.

세 번째로, 돈은 점진적으로 신용으로 대체되고, 신용은 돈 자체의 형태를 갖기에 이르는데, 그 이유는 상품과 돈 모두를 생산해 낼 필요성이 있기 때문이다. 이윤을 무제한적으로 추구하는 것은 산업과 기업을 통한 가치의 생산으로 가능하며, 유통과 비축을 위해 돈을 만들어 냄으로도 가능해진다. 교환가치가 만들어지는 매 수량마다, 그것을 대체할 수 있는 충분한 돈이 필요하다. 대부분 이런 문제는 재유통으로 해결 되는데, 그 이유는 돈은 계속 유통할 수 있지만, 생산된 것은 곧 소비되기 때문이다. 하지만, 상품과 서비스의 생산과 분배 타이밍은 소비의 타이밍과 완전히 맞아 떨어지지 않을 수도 있기 때문에, 경제성장은 돈을 더 많이 요구하는 결과를 가져온다. 실제로, 그렇게 축적된 주식은 어마어마할 수 있지만, 그런 비효율성은 다양한 금융적 중개로 완화된다. 금융적 중개는 시장교환의 일시적 과정을 용이하게 하고자 순수하게 명목상의 재산에 가치를 둔다. 여기서 신용은 돈으로서, 완벽한 유동성을 가지며 마음대로 교환되는 가치의 저장으로서 효과적으로 기능한다. 그러므로 생산증가는 신용의 성장과 맞아 떨어지거나 심지어는 그것을 넘어서기까지 한다. 자본가 경제는 신용경제로 보완된다. 돈 자체는 신용으로 대체될 수 있다. 사실상, 교환가치의 토큰에 불과한 것으로서, 돈 자체는 본질상 가상적이고, 무제한적 교환의 과정보다는 신용에서 나온다는 것이 밝혀졌다.93) 제프레이 잉햄Geoffrey Ingham이

---

93) 돈에 대한 마르크스의 시각은 돈과 신용에 대한 엄격한 구분을 유지하는데, 금융긴축이나 시장붕괴 속에서는 "현금"(real money)에 대한 갑작스러운 쇄도가 있기 때문이다. (이 점은 브루노프의 책에서 강조되었다. de Brunhoff, *Marx on Money*, 80–86.) 그런 쇄도는

결론 내린 것처럼, "자본가의 신용화폐는 외환시장과 전세계신용등급협회가 신용 체계로 날조한, 은행과 국가의 지불약속으로 후원 받는 청구claim 네트워크에 불과하다."94)

신용의 창조는 더 높은 단계의 신출귀몰한 금융의 힘이 등장했음을 표시하기 때문에, 상품에 특이한 효과를 가진다. 신용으로서 돈은, 지폐 형태이든 은행계좌의 전자기록이든, 동시적 자산과 부채로서 창조된다. 돈은 자산청구로서 대출의 모양새로 만들어 진다. 그런 대출은 부동산과 같은 투기적 자산에 적용하는 인플레이션 효과를 제한해 왔다. 대출은 빚을 갚을 만한 충분한 돈을 벌겠다는 책임으로 보증된다. 경제에 들어가는 돈은 인출 되어야 한다. 대출 받는 경제적 대리인은 경제에서 돈을 인출하고자 하며 경제적 가격수정인자deflator로서 행동해야 하는데, 융자가 순수교환가치가 아니라 자신들이 발행한 통화로 상환되기 때문이다. 만약 그들이 이자를 갚는다면, 원래 더해진 것보다 많은 돈이 결국 경제로부터 인출될 것이 틀림없다. 돈이 근래에 만들어 졌기 때문에, 돈은 융자의 형태로 다른 곳에서 더 만들어진 돈으로 대체될 것임에 틀림없다. 총체적 경제체계는 전체체계 속에서 종합적 채무를 증가시키는 개인, 비즈니스, 그리고 정부와 함께, 빚을 증가시키는 소용돌이 역할을 한다. 비록 빚의 집중이 항상 국한되어 왔다 할지라도, 그런 것은 근대성의 역사를 통해 나타난 사례들이 되어 왔다. 그 결과는 이윤추구가 열망이라기보다 의무가 된다는 사실이다. 자본주의 아래서 이미 내부 환경과 가능성의 조건으로서 기능하는 신용경제는

양의 피드백효과에 의해 발생한다. — 국가의 신용은 단순히 다른 기관에 의해 발행된 신용보다 더 안정적인 것으로 여겨진다. 마르크스의 이론은 금과 같은 주조된 상품의 형태로 된 일반적인 등가물의 존재에 달려 있다. 하지만, 특정한 표상이 실제적 등가물이 없으면 가치의 측정으로 대체되는 것은, 통화가 금본위법(gold standard) 없이 기능할 때 역사 속의 모든 시기에 의해 증명되었듯이 필수적이다.

94) 잉햄(Geoffrey Ingham), "Fundamentals of a Theory of Money", *Concepts of Money*, 136.

세계경제를 불안정하게 했다. 경제성장의 물리적 한계에 다다를 때까지, 빚의 소용돌이는 무한정, 무제한으로 민주시민이 계약적 빚을 지도록 노예화할 수 있다. 인플레이션, 평가절하, 그리고 거대한 빈곤화의 정도에 의해 빚이 청산될 필요가 있을 것이다. 부를 쌓는 환상은 빚이 쌓이는 현실로 바뀐다. 흔히 지방에서 극심한 결과로 나타나는 경제 붕괴는 현대성의 종말의 결과다.

네 번째로, 또한 그 속에서 경제가 내부적으로 약화된 더욱 미묘한 형태가 존재한다. 시장사회가 자본주의를 낳고 이것이 신용사회에 의해 움직인다면, 신용사회는 더 나아간 경제형태의 가능성을 연다. 이것은 탈금융중개화disintermediation의 매력 없는 지시 아래 고려될 수도 있다. 탈금융중개화는 자본주의 안의 생산역할과 시장 내의 중개역할에서 신용형태와 투기가치를 구별하는 것이다. 파생물derivatives 거래가 위험에 대비하는 방법을 제공함으로 시장활동을 촉진시킬 수 있지만, 그 자체가 독립적으로 이윤추구의 수단이 될 수도 있다. 주식매입은 투자에 기여할 수도 있는 반면, 주가의 움직임에 돈을 거는 것은 생산에 제한적 효과를 가져온다. 파생상품과 통화에 투기하는 것은, 커다란 이윤과 총액이 포함되었기는 하나, 전문가의 행동 전문가 투자펀드의 특권으로 고려될 수 있다. 아마추어 거래자들이 시장에서 자본이익률을 억제하는 것은 거의 불가능하다는 것이 일반 상식이다. 그들 가운데 약 90퍼센트는 이익을 내지 못한다. 그처럼, 파생상품 거래가 광범위한 사회에 거의 영향을 미치지 못하지만, 성공을 거두는 소수에게는 수익성이 높을 수 있다. 하지만, 인터넷 커뮤니케이션의 도래와 차액거래, 매매선택권option, 3자 보증을 위한 계약과 같은 투기적 수단의 도래는, 큰 위험을 감수하고자 하는 평범한 투자자들에게 중개인 제거가 가져다주는 기회를 부여한다. 도표 작성, 혹은 가격이동의 기술적 분석, 단기거래, 높은 자금 조달률, 복리이자의 도움으로, 엄청난 투기성 이익률이 특권을 가진 일반인에게도 곧 가능해 질 것이다. 거래를 성공적으로 이끌려면 상당한 전문성이 요구되기는 하지만, 그런 전문성은 이미 알맞은 가격에서 팔리고 있다. 이런 과정이 중요한 많은 이유가 있다. 공매의 방법으로즉, 현재 가지고 있지 않은 자산을 팔아 추후 인도(delivery) 이전에 더 낮은 가격으로 자산을 사도록 하는 것 시장하락 시 많은 이익을 챙길 수 있다. 이윤을 남기는 것은 생산경제에서 분리된다. 일단 이런 식으로 생계를 꾸리는 방법이 생산경제와 관계없는 수많은 사람에게도 가능하게 되면, 자본가 생산관계를 넘어선 새로운 경제계급이 등장하게 된다. 이 계급은 다른 계급들이 그러지 못할 때 번창할 수 있는 무제한적 힘을 가진다. 그러므로 자본주의는 파생상품거래의 성장과 함께 내부에서 스스로 기반을 약화시킨다. 급격한 가격변동에서 나오는 수익률은, 자금 조달과 복리이자로 말미암아 확대되는데, 생산과 투자로 얻어지는 수익률을 크게 웃돈다. 생산적 자본경제는 카지노 자본주의 casino capitalism, 투기적 자본활동에 의해 좌지우지되는 자본주의-역주의 투기적 경제에 종속되어 간다. 자본주의는 다시 한 번 진화해 간다. 자본주의는 투기 사회가 되어가며, 이윤에 접근할 수 있는 기생계급에 소속된 신용거래의 사회가 되어 간다. 그런 진화가 무엇을 암시하는 지는 아직 분명하지 않다. 그런 계급은 소비 수요를 충족시킬 수 있으며 이익을 거둘 수 있는 예측 가능한 가격이동을 마련할 수 있는 충분한 규모의 전통적 경제만을 필요로 한다. 그렇지 않으면 그런 계급의 존속은 자율적인 것이다.[95]

---

95) 투기자 계급의 그런 부와 힘이 어떻게 "실현될" 것인가에 대해 의문을 제기할 수 있다. 신용은 상품과 재산만큼이나 실제적이다. 비록 사치재산과 투기적 자산의 초인플레이션(hyperinflation)이 있다 해도, 투기적 수익을 이끄는 것은 바로 이 초인플레이션이다. 전통적인 자본가 주주를 포함하여, 투기자와 다른 계급 간의 핵심적 차이가 남아 있다.

결론

근대성은 절대로 인간의 자연지배나 인간의지의 자유를 이루어내지 못했다. 부와 자유를 추구하는 것은 돈의 비인격적이고 추상적 힘에 인간을 종속시키는 효과를 가져왔다. 일단 돈이 사회의 가능성의 조건이 되면, 그것이 시장거래든, 자본축적, 신용중개 혹은 투기적 중개인제거의 형태든 간에, 쉽게 무너져 버릴 수 있는 돈의 가치는 어떤 비용을 치르더라도 유지되어야 한다. 실제로 재정시스템의 허약함, 즉 흔히 지방적 위기에 취약한 점이 바로 그 힘의 근원이 되는 것이다. 전통적 정치학적 의미는 신출귀몰한 힘에 대항할 힘이 없다. 국가의 형태이든 혁명적 선두이거나 사람들이든, 어떤 기관도 그것을 제어할 수 없다. 귀중한 자산의 한정된 수량이 그것을 할 수 있다 할지라도, 돈의 힘은 물리적 힘으로 잡을 수 있는 것이 아니다. 돈의 가치의 위치는 다른 곳에서 항상 선물환future exchange으로 반영되기 때문에, 돈의 힘은 행정부나 집행부에 의해 저지되는 것이 아니다. 돈을 제어하고자 하는 것은 거울이나 유령의 이미지를 잡으려는 것과 같다. 돈의 신출귀몰한 힘은 덧없지만, 현실이다. 사회적 표상의 방식이 그 힘에서 벗어날 수 없기 때문에, 그 힘은 계몽된 비평에 취약하다. 돈의 망령은 돈의 내적 원리나 진리로서 민주주의를 떠나지 않고 있다. 오직 돈만이 효과적 대중적 표상을 욕망의 표현에 부여한다.

돈은 유일한 사회적 실재의 원리가 아니다. 그러나 동시대 사회에서, 돈은 특유한 권세, 신출귀몰한 힘을 가진다. 돈은 표상과 실재 사이를 매개한다. 그러므로 다른 사회적 질서를 현재와 균형 잡으려고 하는 것은 딜레마에 빠진다. 또 다른 사회질서를 표상하는 것과 그런 질서를 효과적이고 실현되도록 하는 것은 다른 일이다. 대안이 실현되도록 애쓰는 것과 그런 노력이 효과적인 것은 다른 문제다. 정치적 "에너지"를 갖지 않고 정치적 의지가 효과적으로 발현되도록 하는 권위 없이는, 정치가 돈의 문제를 기웃거릴 수 없다. 자연선택의 경제적 세계에서 자본주의는 자신의 내적 역동성, 자신의 신출귀몰한 힘으로 확장된다. 어떤 도전이라도, 자본주의 내에 존재하는 것보다는 생존, 식민지화, 그리고 책정appropriation을 위한 더 거대한 역량을 입증하고자 할 것이다. 돈이 중재하는 사회의 독특한 이점은, 돈이 외부적 환경에서, 다른 사람들에 의해 반영되고 책정되는 형태로 자신의 정치적 성향과 관계없이 가치를 나타낸다는 것이다. 돈은 정치적 표상을 넘어선 외부 요소이기 때문에, 돈은 사회를 조성한다. 새로운 표상의 형태, 새로운 정치체 없이 진정한 정치적 대안은 불가능하다. – 새로운 정치체가 완전히 다른 사회적 질서의 구조를 구성하는 것과 동시에 사람은 빚에서 구제될 수 있다. 오래된 전시장pre-market 사회의 모델로 돌아간다고 진전을 이룰 수 없는 이유는 전시장 사회 모델들이 좀먹는 시장의 힘에 영원히 취약하기 때문이다. 정치적 진보는 돈의 정치체의 내적 논리를 통과함으로만 올 수 있으며, 그것을 새롭게 창조된 종말에 종속시키는 한편 그 영혼과 독특한 힘을 책정한다. 그런 정치적 문제는 돈의 신학의 신중한 분석을 필요로 한다.

첫 번째 급진적 결론은 존재론적이다. 이러한 이원론 사이의 관계들이 항상 실현을 재가하는 신출귀몰한 힘에 의해 중재되기 때문에, 의지와 물질, 표상과 생산, 존재와 생성, 소수와 다수, 초월과 내재를 거부하는 것은 더 이상 충분하지 않다. 그것은 신념과 열망의 문제이다. 신념과 열망은 어디에나 있다. 비록 아무도 돈을 원하지 않는다 하더라도 그것은 항상 수단이며 결코 목적이 아니다 모든 사람은 돈을 믿으며 돈을 열망한다기보다 오히려 돈은 우리가 사는 현실이자 신념과 열망의 내면성이다. 그것은 돈을 추구하는 우리가 아니다. 그것은 우리 안에서 열망하는 돈이다. 표상으로서 사고가 시간, 주어진 공간을 지배하려는 시도에서 나온 관념 곳에서, 신용으로서의 돈은 공간에서 나온 관념, 즉 시간의 책정이다. 신용은 미리 가치를 제공한다. 그렇게 함으로, 신용은 미래 가치의 창조의 조건으로서 기능한다. 신용은 자신을 스스로 신출귀몰하고 일시적 힘으로 상정한다. 물리적 힘을 통한 공간 속의 몸의 결정과, 의지의 힘을 통한 상상 속 관념에 의한 표상 이외에도, 또한 시간을 결정하는 힘이 존재한다. 돈은 아무것도―심지어 욕망조차도― 만들어 내지 않는다. 돈은 신용을 준다. 돈은 미래에 호소한다. 다른 말로 하면, 돈은 기도한다. 존재론은 종말론으로 결정된다. 이러한 실현의 결과가 상상된 미래와 유사성을 가질지라도, 우리 속에서 스스로를 현실화시키는 시도를 하는 실현 가능한 미래가 삶을 결정한다.

　두 번째 급진적 결론은 정치적이다. 자율성이나 자기결정의 이름으로 국가의 정치적 힘을 거역하는 것은 이제 충분하지 않다. 지금은 비인간적이고 생태적인 힘과 수요와 부채의 초인간적 힘이 빠르게 성장하고 있어서, 정치적 활동을 통한 자기결정의 여지가 거의 남아 있지 않다. 인간의 자유의 영역은 좁아져 간다. 이 단계에서, 지배적 신용자본주의에 대한 저항은 군대, 산업, 재정자본, 기업매체, 정보화 된 지식, 그리고 소비화 된 주관주의 사이의 동맹 이전보다 더 어마어마한 힘과 마주한다. 지배적 힘의 구조에 저항하는 것은 외부의 힘, 경제적 제재, 직접적 군사대립에 의해, 혹은 생산의 수단에서 제외되어 불안정화 될 것이다. 근대성의 세계적 역사는, 특별히 20세기의 역사에서는, 거의 단일한 결과를 가지고 세계 도처에서 같은 드라마를 반복해 왔다. 생태학적이고 신출귀몰한 힘을 다룰 때에는, 국가의 힘을 장악하거나 없애려는 노력은 쓸모없는 일이다. 힘은 자신들의 수준에 맞게 맞물려야 한다. 예를 들면, 새로운 환경적 상황에 대한 생태학적 적응이나 새로운 구조의 창조, 그리고 신념과 열망의 실천이다.

　세 번째의 급격한 결론은 정치적 "에너지"가 비인간적이라는 것이다. 그것은 신념과 열망을 통해 인간의 삶에 스스로를 집어넣는 신출귀몰한 힘이다. 그것은 세계종교에서의 정치적 중요성이 될 수도 있다. 그것은 돈의 정치적 중요성일 수도 있다. 문제는 더 이상 자연 속에 개입하는 신성의 초월적 힘이 아니다. 자연 속에서 완전히 만들어지는 내재적 힘도 아니다. "자연" 그 자체는 비결정적이자 미완성된 것이며, 삶의 복잡성이 스스로 수많은 관련성과 결정에 개방하는 곳에서 자연은 현세적이고 신출귀몰한 힘으로 스스로를 열기 때문이다. 현대사상에서는 절대적으로 금지되었지만, 그러한 사실적 힘은 미래의 정치 본질을 형성할 수도 있다. 그러한 정치는 돈에 대한 존재론적, 정치적, 그리고 신학적 질문으로 시작되어야 한다.

2부 돈에 관한 논문 Treatise on money

비유

일반적으로 돈의 본질을 이해할 수 없다. 그것은 오직 예외적 부자들에게서만 가능하다. 우리는 경제적 통치가 돈의 본질에 따라 양심적으로 결정된다고 믿는다. 그럼에도 우리가 그 본성을 이해할 수 없는 본질 위에 우리의 도시를 건설하는 것은 극도로 고통스러운 일이다. 나는 전체가 아닌 소수의 사람만이 돈의 본질과 속임수를 위한 기회를 이해할 때 수반되는 불이익을 생각하고 있지는 않다. 그런 불이익들은 아마도 그리 중요하지는 않을 것이다. 명백한 것은 부자들은 우리에게 해를 끼치도록 돈으로 우리를 기만할 이유가 없다. 왜냐하면 돈의 성질상 이미 애초부터 그들에게 유리한대로 돌아가기 때문으로, 부자들은 상호신용에 의지할 수 있어서 자신들 스스로가 돈의 필요를 능가한다. 이는 왜 돈의 본질을 이해하는 것이 부자들의 손에 독점적으로 맡겨졌는지 보여주는 듯하다. 물론 그 안에 배려도 있지만, 우리의 고초도 있다, 그런 노고는 아마도 피할 수 없는 것이다.

하지만, 돈의 본질에서 나오는 경제법의 존재는 기껏해야 추정의 문제다. 우리 중 일부는 부자들의 행동을 면밀히 조사해 왔으며, 수많은 거래 가운데 원칙에 관한 공식을 가능하게 하는 어떤 주요한 경향을 인식할 것을 요구한다. 이렇게 용의주도하게 시험되고 논리적으로 정돈

된 결론에 따라, 우리가 현재와 미래를 위해 어느 정도 우리 스스로를 조정하고자 할 때, 모든 것은 불확실해지며 우리의 작업은 오직 지적유희intellectual game가 되는 듯하다. 아마도 우리가 풀고 있는 이러한 법들은 아예 존재하지 않을 수도 있기 때문이다. 만약 어떤 경제법이 있다면, 그 경제법은 부자들이 하고 있는 것이라고 주장하는 사람들이 실제로 다소 존재한다. 하지만, 압도적 수많은 사람은 경제과학이 완전하지 않으며 자료가 굉장해 보이지만, 여전히 부족하다는 사실을 가지고 기상예보의 착오와 오류를 설명한다. 경제학이 완전해 지고 돈의 본질이 온전히 이해될 때 결국 그 시간이 도래한다는 신념만이, 현재로서는 불편한 이런 관점을 분명하게 한다. 부는 모든 사람에게 종속될 것이다. 부자들이 경멸을 받는다는 것은 사실이 아니다. 오히려, 돈을 이해하고 돈을 얻고자 노력하지 못하기 때문에 우리가 스스로를 경멸하는 경향이 더 심하다. 경제법의 존재를 의심하는 사람들그들의 교리가 매혹적이긴 하지만이 그리 많지 않은 진정한 이유가 바로 이것이다. 그것은 자신들이 원하는 대로 할 부자들의 권리를 명백히 인식하기 때문이다.

이 문제를 역설로 표현할 수 있다. 경제법뿐 아니라 돈의 필요성에 대한 모든 신념을 거부하는 정당은 모든 시민의 지지를 얻게 된다. 그러나 아무도 돈을 감히 거부하지 못하기 때문에 그런 정당이 존재할 수 없다. 우리에게 부과된 유일하고 명백한 법은 돈을 필요로 한다는 것인데, 그러면 우리 스스로가 그 법을 삼가야 하는가?

《 프란츠 카프카Franz Kafka의 단편모음집 중에서 「우리 법의 문제」를 각색함. 437-38쪽.》

3장 _ 돈의 생태학

자본

3.1.1 자본은 스스로 만들어져 온 생산의 수단이다. 모든 것이 생산된 것이기에 생산의 모든 수단은 자본이다.

생산은 자연적 질서에 내재한다. 예를 들면 별, 행성, 성분, 화합물, 세포, 유전자 코드, 그리고 살아있는 몸은 더 복잡한 형태를 위해 생산의 수단을 만든다. 자연적 자본은 인간행동에서 독립적으로 만들어 진다. 인간행동은 선택과 추출에 의해서, 병렬과 조합에 의해서, 그리고 연료공급과 촉매작용에 의해서 생산의 과정을 수정한다. 모든 경제적 생산은 자연자본과 인공적 자본human-produced capital의 협력을 포함한다.

자본의 생산은 축적, 발명, 그리고 조립assembly을 포함한다. 생산하고 축적하는 것과 생산의 수단을 만들어 내는 것은 다른 일이다. 상품의 축적된 재고는 생산기계가 부품으로서 조립되어 발명될 때까지는 생산수단이 될 수 없다, 재고는 확실한 기계나 생산과정과 관련된 유일한 잠재적 자본이다. 잠재적 자본은 실제로 생산기계로 조립되었을 때만 자본이 된다.

그럼에도 단순히 재고를 쌓고 형태를 만들며 부품을 조립하는 것만으로는 부족하다. 생산적 기계가 되려면 스위치를 켜야 한다. 전기나 연소, 인간기술, 동물의 힘 혹은 태양력에 의해 전원이 들어와야 한다.

생산은 에너지의 흐름을 소비한다. 만약 현대 형이상학자들이 물질과 정보, 시공간, 에너지의 용어로 세상을 표현한다면, 이런 차원은 재고의 축적, 형태의 창조, 부품의 조립, 그리고 에너지의 공급으로서 자본의 생산에서 표현될 수 있다.

돈은 자본의 한 형태다. 돈의 생태학은 다른 방식의 자본과 함께 그것이 형성되는 관계의 측면에서 돈의 역할을 생산의 수단으로 설명한다. 그런데 누군가가 자본과의 관계에서 돈을 나타내려고 할 때 어려움이 발생한다. 돈은 축적된 자본이다. 하지만, 돈은 생산기계의 물질적 부품으로 조립되지는 않는다. 대신, 돈은 축적된 재고, 창조된 형태, 조립에 포함된 노동력, 혹은 에너지의 공급과 교환된다. 돈은 또한 발명된 형태다, 그렇지만, 돈은 부품의 배열을 지배하지는 않는다. 대신 돈은 생산에 사용된 재고, 형태, 노동력과 에너지의 가치를 측정하는 형태다. 돈은 또한 조립에도 결정적 역할을 한다. 돈의 효용성은 자본에서 투자가 일어날 지의 여부를 결정한다. 물론 돈은 부품을 조립하는 노동자들과 나란히 서 있지는 않다. 대신, 돈은 가치를 약속하여 재고, 계획, 노동력, 에너지 등과 교환할 수 있도록 만든다. 나아가, 돈은 이윤을 남기려고 투자된다. 돈이 약속한 가치는 필요와 욕망을 충족시키기 위한 상품의 모양으로 나타나거나 금전상의 이윤의 형태로 나타난다.

그래서 돈은 조립되거나 소모되지 않는 재고로서, 지시하거나 배열하지 않는 형태로서, 그리고 약속을 이루는 행동으로서 자본의 다른 형태와 차별화된다. 순수한 교환의 대상으로, 돈은 사용의 대상은 아니다. 순전한 수량으로서, 돈은 형태에 조건을 부여하지 않는다. 수동적 수단으로서, 돈은 조립에 어떤 능동적 역할도 하지 않는다. 돈은 그 자체로 생산적이지 않은 생산의 조건이다. 돈은 각각의 범주에 이례적 참여를 함으로 표상의 형이상적 범주에 반기를 든다. 돈이 에너지의 범주에 참여하는지에 관한 질문은 더욱 당혹스럽게 한다. 돈은 비활성적이다. 돈은 물리적이나 잠재적 에너지가 없다. 자본생산에서 돈의 역할은 철학적 수수께기로 남는다.

일반적 해결책은 돈을 인간가치와 욕망의 상징으로 여기는 것이다.96) 돈은 공공세계와 물질세계에서 사적 인간의 의지를 대변하는 대사로 여겨진다. 돈은 주권자, 합리적 주체의 효과적 요구를 표현한다. 만약 돈이 축적과 발명, 그리고 조립을 이끈다면, 돈이 인간대상의 대리자를 표현하기 때문일 것이다. 돈은 욕구의 수단이다. 욕구는 에너지와 더불어, 자본생산을 실현하는데 필요하다.

그러한 해법은 그 자체로 재생산, 영양 및 진화 과정의 생산물 인간의 자본이 어떻게 인간의 대상이 되는지에 관한 문제를 해결하지 못한다. 게다가 그러한 대상들은 의식 속에 있는 그들의 물질적, 상징적 표현과 표상을 떠나서는 접근할 수 없다. 그러한 대상의 실재와 자율성을 묻는 철학적 논쟁의 비중이 있다.97) 비록 누군가가 개인적 의식과 물질적이고 상징적 표현 사이의 일치점을 지켜본다 할지라도, 어떤 방향에서건 그들 사이 인과성의 엄중한 순서를 관찰할 수는 없다. 그러므로 사람은 돈이 욕망을 표현하는지, 혹은 욕망이 돈을 표현하는지를 확신할 수 없다. 돈이 욕망을 표현한다는 일반적 생각은 사람이 돈 없이도

---

96) 게오르그 지멜(Georg Simmel)은 존재와 가치 사이의 이분법에 기초하여 자신의 돈의 철학을 발견했다. 가치는 선험적 주체(a prior subject)에서 소외됨으로 인식된다. 그리하여, 같은 방식으로, 우리는 마치 그것이 고유의 성질인 것처럼 경제적 대상들에 가치의 수량을 부여하며, 그것들을 교환의 과정에 넘겨주고 그런 수량에 의해 결정된 메커니즘에 넘겨주며, 가치들 사이의 비인격적 대립에 그것들을 내어준다. 이 가치들에서 경제적 대상들이 궁극적 목적으로 크게 증가하며 더 즐겁게 되돌아온다. 궁극적 목적은 그들의 시작점, 주관적 경험이다. 이것은 경제적 생활의 그 표현을 발견하는 평가의 근본과 근원이 되며 그 결과로 돈의 의미를 표현한다. (Simmel, *The Philosophy of Money*, 78-79).
97) 많은 철학자 가운데 스피노자, 니체, 하이데거, 그리고 비트겐스타인의 저서를 특별히 생각해 볼 수 있다.

욕망할 수 있다는 관찰에서 나오며, 분명히 돈 자체에는 에너지와 질적 형태나 능동적 의지가 없다. 인간 대상은 어떻게 돈이 가치를 축적하고 가치를 측정하며 가치를 약속하는지 설명해야 한다. 돈은 실체이자 기준이고 대상으로 취급된다. 하지만, 여전히 설명되어야 할 문제는, 주체가 돈의 상징을 통해 행동하도록 되어 있는 가치의 객관적 본질이다.98)

그럼에도, 우리는 그러한 가치가 전제조건인지 돈의 생산인지를 미리 결정할 필요가 있다.

이런 문제는 표상과 생산 사이의 차이를 고려함으로 쉽게 풀릴 수 있다.99) 생산 기계는 축적된 재고, 발명된 형태, 그리고 조립된 부품에 관한 상상으로 표현될 수 있다. 조금 더 나아가서는, 어떤 유연성 있는 재료나 상징적 매개 속에서 표시될 수 있다. 하지만, 표상된 기계는 생산하는 기능을 할 수 없는데, 그것의 새로운 매체가 에너지의 자원을 갖지 못하기 때문이다. 표상의 미디어는 실제로 유연성을 위해 정확히 선택되는데, 이 유연성은 활발하지 못함과 열정적 과정의 결핍을 포함한다. 상상된 기계는 상상의 힘 아래에서만 재현된다. 스스로의 에너지를 창출하는 대신, 그것은 상상의 생생함이 가져다 준 에너지를 낳는다. 매력과 선택의 힘을 가져오는 것이 아니라, 그것은 상상의 내용으로 구성된 매력과 선택의 힘에 영향을 받는다. 진화와 발명의 힘을 낳는 대신, 발명은 추후에 비옥한 정신의 산물로 간주된다. 그리하여, 세계가 상상 속에서 재현될 때, 그것은 더 이상 생산적 자본이 아니라 수

---

98) 마르크스가 생각해 낸 "사회"의 개념과 지멜이 생각한 "문화"의 개념은 가치의 객관성의 문제를 풀고자 고안된 것이다. 우리는 그런 개념들이 기본적인지 혹은 관계의 효과가 돈을 수반하는지를 탐구할 필요가 있다.

99) 들뢰즈(Gilles Deleuze)와 가타리(Felix Guattari)는 이 노선을 탐구하여 "욕망하는 생산(desiring-production)은 어디에나 있다"는 결론을 냈다. Deleuze and Guattari, *Anti-Oedipus*, 1.

동적이고 타성적인 것으로 재현된다. 그것은 창조주로서의 인간 대상의 신학의 근원이다. 세계가 오직 표상된 것으로만 알려졌기 때문에, 세계는 인간 대상의 초월적 법령에 의해 보완되어야 한다.

정신이 상상에게 행사하는 힘, 혹은 손이 유연성 있는 물질과 상징 위에 행사하는 힘을 전 세계와 인간이 맺는 관계로 확장시킬 이유는 없다. 자본의 생산이 인간행위의 영역 밖에서 일어난다는 개념은 이러한 현대적 신화를 타파시키기에 충분하다. 에너지, 힘, 인력, 선택, 그리고 창조는 인간 문화가 유일하게 보존하고 있는 것이 아니다. 표상은 스스로 설명되어야 한다. 표상은 물질적 실체 없이 형상을 재현하는 관념의 과정이다. 그것은 그들이 살고 기능하는 상황에서 형상을 분리시킨다. 그것은 시간의 흐름에서 형상을 분리하고 생산적 과정에서 형상을 구분한다. 그것은 그들에게 방향과 지향을 주는 힘과 형상을 구분한다.

돈이 상황에서 구분되어 표시될 때에, 돈에 의미를 부여하는 관계의 축적은 물질이나 상징적 실체의 잔여물을 위해 등한시된다. 돈이 시간에서 떨어져서 표시될 때에, 투자의 대리인으로서의 돈의 기능은 가치의 비축으로서의 기능에 밀려 무시된다. 돈이 신용에서 떨어져 표시될 때에, 가치의 생산자로서의 돈의 기능은 가치의 측정기준으로서의 돈의 역할을 위해 등한시된다. 간단히 말해, 표상이 생산적 자본으로서 돈의 온전한 본질을 가로막는다. 자본생산의 비밀이 설명되지 않은 채로 남아있기 때문에 인간의 상상력은 오직 자신의 힘, 자유로운 상상력을 확대하게 되며, 그로 말미암아 마치 인간 대상이 유연성 있는 돈의 수단을 통해 그 힘을 발휘하는 것처럼 나타나게 된다. 그러한 힘은 오직 상상 속에서만 확대된다. 자신이 돈을 통해서 무엇이든 할 수 있다고 믿는 사람은 돈을 위해 무엇이든 하는 결말에 이르게 된다.

본질에 초월적 형태의 가치가 부과되었다고 생각할 필요는 없다. 가치는 돈으로혹은 적어도, 사고나 표상의 현세적 작업과는 달리, 또한 의지의 주체적 결정에 완전히 수동적으로 영향을 받는, 신중하고 비활성적 단위로 구성된 형태로 본질을 표시하는 것에서 파생된 관념이다. 만약 그러한 형태가 마치 돈에서처럼 평가에 능동적 역할을 한다면, 가장 고귀한 가치조차도 평가절하 될 것이다.

대안은 생산자본으로 본질을 표시하는 것이다. 이것은 환상의 위험을 없애지는 않는다. 그렇지만, 관계적 상황과 일시적 과정, 그리고 미래 지향에 주의를 기울여서 복종에서 표상의 형태로 사고를 자유롭게 한다. 우리가 앞으로 보게 될 것처럼, 돈은 가치의 약속으로서 구체적 결정을 내리는데 기여한다. 그러한 약속의 힘은 에너지와 욕망과 함께 존재한다. 돈을 생산 자본으로 고려하는 것은 존재론, 정치학, 그리고 돈의 신학을 정교하게 한다.

3.1.2 자본은 모든 부의 근원이다. 부는 축적과 발명, 조립에서 나온다. 자본은 또한 에너지의 공급, 욕구로 인한 선동, 돈의 약속에 의한 용이성을 필요로 한다. 부를 상품으로만 고려할 때는 잘 이해되지 않는다. 재고나 자산의 축적은 부의 제한된 개념을 제공한다. 축적된 재고는 소비되고 고갈되기 쉽다. 과정은 엔트로피적entropic이다. 그 과정은 부에서 시작하여 빈곤으로 끝난다. 반대로, 만약 축적된 재고가 생산적 기계로 조립 된다면 생산물은 기계의 온전성을 해치지 않고서도 소비될 수 있다. 기계는 다른 기계들의 출력에서 자신의 입력을 얻는 한 지속적으로 생산할 수 있다. 다른 기계들이 필요한 입력을 만들어 내는 한, 그리고 모든 상품이 또 다른 기계를 위한 입력이 되는 한, 전체 체계가 엔트로피적이라면 태양에서 에너지를 얻으며, 기계는 생산을 지속할 수 있다. 지속적 에너지 생산은 축적된 재고의 소비보다는 자본의

생산에 집중한다. 자본 그 자체는 음엔트로피적negentropic이다. 자본은 부의 고갈이라기보다는 생산이다.

그래서 축적된 재고를 생산기계에 통합될 가능성을 가지기 전까지는 자본으로 간주할 수 없다. 어떤 것도 그 자체로는 생산 수단으로 고려할 수 없다. 그것은 자신을 통합할 수도 있는 기계에 관해서만 생산수단이 된다. 그러므로 자본은 상대적 개념이다. 자본의 가치는 자본이 실행 가능한 생산의 과정으로 들어갈 수 있는 한도까지 인정한다. 새로운 생산 과정의 발명과 생산기계의 조립은 부를 이루는데 크게 공헌한다. 축적, 발명, 그리고 조립을 통해 부의 증가가 일어난다. 자본은 또한 에너지, 욕구, 그리고 약속을 포함한다. 자본은 매개의 과정이다. 자본은 기계부품이 생산적으로 상호작용 하는 장소와 시간이다. 자본은 일련의 물질적 부분, 이상적 형태, 혹은 공간적 접근으로 축소할 수 없다. 자본은 조립된 부분을 활동적 과정으로 변환시키는 불가사의한 힘을 갖고 있다.

그러므로 부의 창조는 가치의 축적으로는 쉽게 이해되지 않는다. 부의 창조는 자본의 창조로 올바르게 이해된다. 부의 창조가 에너지를 쏟을 때, 그것은 자원의 축적, 형태의 발명, 기계의 조립, 욕구의 강화, 그리고 약속된 신용으로 이해될 수 있다.

3.1.3 돈이 자본으로 교환될 수 있듯, 자본도 돈으로 교환된다. 이런 교환의 과정은 자본의 조립을 용이하게 하여 생산 과정에 기여한다. 비록 순환하는 동안 순환과정이 생산과정 속에 있지 않은 상품을 포함한다고 해도, 상호교환성 자체는 생산수단의 한 부분이다. 그러므로 돈은 교환을 용이하게 하여 생산을 촉진하는 한 자본으로 간주될 수 있다.

자본을 돈과 교환하는 것은 또 다른 효과를 가진다. 자본은 교환되는 통화량에 대한 결정적 가치를 가짐으로 표현될 수 있다. 게다가 교환을 위해서는, 다른 것처럼 자본도 확정된 가격을 갖는 방식으로 표현되어야만 한다. 돈의 축적과 같이, 가격은 아무것도 만들어 내지는 못한다. 교환의 고려를 통하여 가격을 매기는 것은 교환과 생산을 용이하게 한다. 표현된 수량으로서, 돈은 생산기능을 할 수 없다. 수량적 표현으로서, 돈은 생산을 촉진한다. 정확히 같은 역할로서, 돈은 비생산적이면서 생산적이다. 돈은 스스로를 표상의 수동적 몸으로 만듦을 통해 능동적이고 생산적이 된다.

이러한 돈의 역설적 본성은 어떤 중요한 환영의 근원이다. 한편으로는 교환가치로서 돈으로 자본을 표상하는 것은 자본으로서 돈의 구체적 본성을 모호하게 한다. 자본이 교환가치로서 돈으로 표시될 때는, 자본은 이미 팔린 것으로 나타난다. 다른 말로, 그것은 불책정disappro-priated 되었거나 소외되어 온 것이다. 자본은 더 이상 생산기계의 부품이 아니다. 그것은 축적된 재고로 축소된다. 자본은 생산과정 그 자체가 아니라 생산 과정의 산물로 표시된다. 자본은 에너지, 욕구, 신념 없이 표시된다. 돈을 자본으로 만드는 독특한 요소는 제거되었다. 생산이나 축적된 재고는 제거되었다. 표상으로 남아 있는 것은 돈의 총액이다. 교환가치의 축적으로 자본을 측정하는 것은 자본으로서 자본이 지닌 결정적 구성요소를 놓치는 것이다.

다른 한편으로, 돈으로 자본을 표시하는 것은 자본으로서의 본질을 가능하게 한다. 자본의 구매자에게, 그러한 표상은 자본을 획득하게 하고 조립하여 생산적이 되게 하는 약속을 지속시킨다. 돈으로 자본을 표상하는 것은 약속, 즉 새로운 집합에 포함시키는 수용력을 키운다. 돈은 생산을 약속한다, 돈은 교환가치의 환상적 표상을 통해 이러한 약속을 전달한다. 돈은 자본으로서 돈의 본질을 감춤으로 효과적으로 기능한다. 그러므로 일반적으로 돈을 축적된 재고로서 생각하는 것은 놀라운 일이 아니다.

3.1.4 자본을 돈과 동일화시키는 것이 필수적이지는 않다. 돈은 그 효과에 대해 자본의 보존과 운용을 표시할 수 있다. 생산률은 자본의 활동을 표시한다. 수익률, 혹은 생산량의 교환가치와 투입량의 교환가치 사이의 차이는 자본의 효과를 가늠한다. 가치의 지난 축적에 따라 자본자산capital assets을 가치화하는 대신, 수익률에 따라 자본자산을 평가하는 것이 더 선호되는 일이다. 자산은 구매가격을 얻고자 들이는 시간에 따라 평가 될 수 있다. 만약 자본이 증가하는 가치나 돈을 벌게 해 주는 돈으로 여겨진다면, 자본의 가치는 수익률로 여겨질 것이다.

그러한 움직임은 환상에서 벗어나기에 충분하지는 않다. 생산량과 투입량은 그들의 교환가치를 따라서만 가격이 매겨진다. 생산과정 속의 그들의 가치는 그것이 전체 시장가격에 공헌하는 것 말고는 중요하지 않은 것이다. 수익률로 측정되는 것은 자본생산으로 창출되는 가치가 아니라 특정한 상품매매 거래전략의 결과이다. 이런 방법으로 자본은 고유한 생산력과 중요성으로가 아니라 교환의 외부적 측정으로 가치가 매겨진다. 수익률이 생산용량의 운영을 표시하는 것으로서 받아들여질 때, 다음과 같은 근본적 위장의 위험이 있다: **수입이 새로운 생산뿐 아니라 자본의 소비에서 나올 수 있다는 것이다.** 기업은 생산 과정에서 그것을 가능하게 하는 조건을 없앨 수도 있다. 자본 그 자체는 생산을 가능하게 하는 우세한 조건들을 포함하여 모든 생산의 방법을 포괄하기 때문이다. 만약 자연과 사회가 이런 조건들을 부여한다면, 조건들은 정기적으로 구매될 필요가 없을 지도 모른다. 만약 조건들이 생산의 내부 비용으로 표시되지 않는다면, 자본은 소비되고 고갈될 것이다. 자본을 독립적으로 측정하지 않고서는, 어떤 특정한 과정에 의해 부가 발생되든 고갈되든, 수익률로 말할 수 없다. 실제로, 모든 과정은 다른 것들을 없애지만, 어떤 형태의 부는 생성해 낸다. 단일 수익률로 축소될 때, 이러한 양면가치는 더 이상 표시되지 않는다. 만약 수익을 낳는다면, 모든 경제활동은 긍정적인 것으로 설명된다. 교환가치의 재고증가는 자본증가의 모든 측정을 대신한다.100)

이런 위장은 현대경제활동의 치명적 오류이다. 현대 경제활동은 오직 수익률만을 측정한다. 단기간에는 생산수단을 보존하기보다는 소비하는 것이 훨씬 이득이므로, 단기간의 경제활동이 지속가능성을 추구하는 경제활동을 능가한다. 그런 경제활동이 더욱 이익이 되기에, 단기간의 경제활동은 살아남고 성장하며 번영을 누리고, 자신들의 지속적 경쟁자들을 순응하게끔 억누르거나 사업을 접도록 강요한다. 그런 환경에서는, 생태학적 용어로 지속가능한 행위는 경제 용어에서는 지속적이지 않다. 유사하게, 경제학 용어에서 지속적 행위는 생태학적 용어로 지속 가능한 것이 아니다. 단기이윤의 극대화에 맞춰 건설되는 경제 체계는 필수적으로 자본을 소모할 것이다. 그런 체계 속에서, 상속되고 축적된 자산의 소모는 오직 부의 증가로만 측정된다. 그런 체계는 생존을 위한 장기적 조건을 반드시 무너뜨리고 만다. 피할 수 없는 위기를 향하는 것이다.

모든 사회체계는 생산수단의 생산을 포함한다. 자본주의는 자본이 가치의 교환으로 축적된 수량으로 측정되는 사회적 체계로 볼 수 있다. 개인이 생산수단을 소유하거나, 혹은 국가가 소유하거나, 혹은 근로자나 구매자의 협동조합이 소유하는 것이 문제되는 일은 거의 없다. 각각은 자본주의의 한 형태이다. 각각은 교환가치에 대한 생산수단을 측정

---

100) 더 깊은 연구를 위해서는 Daly, *Beyond Growth*를 보라.

한다. 각각은 이윤을 극대화하려는 한 자본을 필수적으로 고갈시킬 것이다. 자본주의에서, 투자 그 자체는 이윤의 극대화를 위해 움직이며, 고갈률의 극대화를 향해 직행한다. 그런 과정은 피할 수 없는 자본주의의 모순이다. 그것은 필연적 자기파멸이다.

3.1.5 자연 자본의 생산은 태양 방사선에서 나오는 핵에너지의 흐름의 유한한 비율에 달려있다. 이러한 에너지는 높은 분열 혹은 가용성의 화학요소로 저장될 수 있다. 이 에너지는 또한 화석연료로도 저장된다. 그런 저장량은 제한되어 있다. 일단 고갈되면, 생산을 위한 전체 에너지 비율은 재생 자원에서 얻을 수 있다. 자연자본은 과거의 축적이 지닌 한계와 현재의 공급률resent rate of flow을 어떤 경제의 에너지 사용에 부과한다.

자연자본은 물질의 순환을 위해 이 에너지를 사용한다. 수문학적hydrological 순환, 탄소순환, 그리고 질소순환은 가장 기본적이고 중요한 순환이다. 각 순환의 한 부분 속에서 버려지는 상품은 다른 것의 영양분이 된다. 유사하게, 생물의 신진대사 산화작용은 광합성으로 균형을 이룬다. 그러한 순환 내에서 재순환비율은 어떤 조직적 혹은 경제적 체계가 기능할 수 있는 비율에 한계를 부여한다. 만약 그런 순환이 유지되지 않는다면, 그 결과는 자연 자본의 고갈로 나타난다. 하지만 그런 영역에서, 유기적 체계는 특정한 환경적 틈새에 순응된 형태의 무제한적 확산을 진화시켜 왔다. 에너지와 물질의 흐름에 대한 제한은 형태의 창조에 한계를 부여하지 않는다. 그러한 것은 자연자본의 축적이다.

자본가 경제체계는 그와 반대로 주요한 단일 상품, 바로 교환가치에 초점을 맞춘다. 일단 재투자된 교환가치는 교환가치의 무제한적 수량의 생산을 지향한다. 자본가 번식의 원동력은 복리이자이다. 3세기가

넘도록 연간 4퍼센트의 성장속도를 기록한 국가경제는 10만 배 이상의 규모로 증가할 것이다. 연간 이자율 6퍼센트로 투자된 자본총액은 거의 4백만 배의 규모로 증가한다. 만약 천 불로 시작했다면, 자산 가치의 작은 변동에서 매일 0.6퍼센트의 평균수익을 올리는 거래자는 20년 안에 세계 자산의 전부를 구매할 수 있을 것이다. 재료생산은 그러한 성장률을 따라잡지 못한다.

경제와 생태학은 수학적으로 양립할 수 없는 것이다.101) 경제성장은 생태학적 유한성과 양립할 수 없다. 그것은 필연적으로 한계에 도달할 것이며 쇠퇴의 진동패턴oscillating pattern에서 조금이나마 부활하기 전에 붕괴할 것이다. 자본주의는 지속불가능하다. 세계적 자본주의자의 발달은 불가능하다. 그러한 논리적 사실은 자본주의에서 신앙의 중심에 부딪힌다.

3.1.6 경제와 생태학의 비양립성은 큰 저항을 만난다. 거부의 한 가지 전략은 과학기술적 향상을 통해 효율성 이익으로 에너지와 자원의 고갈을 완화시키고자 한 것이다. 거대하고 불필요한 비효율성이 먼저 없어질 수 있기 때문에, 효율성 이익의 정도는 각각의 연속적 단계에 따라 감소되는 경향이 있다. 복리이자는 그와 반대로, 기하급수적으로 증가한다. 충돌은 오래 연기될 수 없다. 게다가, 효율성 이익은 전체 비용을 감소시키며 이윤을 증대시킨다. 추가수입은 소비와 투자를 위해 사용될 것이다. 소비와 투자 양쪽 모두 생산을 촉진시키며, 이전과 비슷한 비율로 에너지와 자원의 종합적 활용을 야기한다. 효율성 이익은

---

101) 이것은 맥버니(McBurney)와 같은 수많은 저명한 연구가들이 지적해 왔다. 맥버니(McBurney), *Ecology into Economics Won't Go*. 조지 몬비어트(George Monbiot)는 이것을 다음의 저서에서 분명히 설명했다. "Deliver Us from Finity", *Guardian* (London), 31 December 2002.

본질적으로 생태학적 지속성에 아무것도 기여하지 못한다.102)

실제로, 관련 에너지와 자원의 가격 증가가 효율성 이익을 강요한다. 에너지와 자원의 공급자는, 특히 오일, 가스, 그리고 채광부문에서, 적절한 부의 점유율을 얻는다. 다시, 이러한 부는 투자나 소비로 사용될 것이다. 정부지출증대를 위한 예산의 추가자원을 마련해 주는 정부과세에서도 이것은 사실이며, 경제 전반에 걸쳐 승수효과multiplier effect를 이끈다.103) 단언하면, 효율성, 가격 혹은 세금도 에너지 사용을 크게 떨어뜨리지는 못한다. 에너지 소비는 경제침체를 통한 "수요파괴"demand destruction에 의해 전체 체계 속에서 감소될 수 있다.

거부의 두 번째 전략은 물질생산과 비물질 생산을 구별하려는 시도이다. 이상적 형태의 생산에 절대적 제한은 없다. 경제성장은 투기적 자산의 명목상 가치의 성장을 통해서뿐만 아니라 이상, 지식, 그리고 가상이나 실리콘 기반 기업의 생산을 통해서 지속될 수 있다. 경제성장은 생태학적 기반을 위축시킬 수 있으며 실제로 그렇게 하고 있다. 명목상의 경제성장은 재료생산과 소비 기반을 위축시킬 수 있고, 또 그렇게 위축시키고 있다. 비물질적non-material 기업은 물질적 희소성의 여건 아래 성장을 지속할 수 있다. 그럼에도, 이런 전략은 소비의 물질적 현실을 인식하지 않는다. 소비는 경제성장의 본질적 부분으로 남는다. 돈을 가진 인간 소비자는 자신이 소비하는 것에 대한 자유로운 선택권

---

102) 이것은 "제본스의 역설(Jevons paradox)"로 알려져 있다.

103) 승수효과(multiplier effect)는 경제학 교과서에서 기술되는 중요한 역학이다. 그것은 중앙은행 이자율을 낮춤으로 어떻게 돈의 공급이 증가하는지 혹은 정부의 차용과 소비증가가 어떻게 경제 도처에 파급효과(knock-on effect)를 갖는지를 설명한다. 만약 정부가 지출을 더 많이 한다면, 통합되고 지역화 된 경제 전반에 걸쳐 근로자들과 공급자들에게 더 많은 돈을 지불하게 되어 결과적으로 이들은 계속해서 더 많은 돈을 쓰게 된다. 투기적 수익도 또한 승수효과를 가진다는 것에 주목해야 한다. 만약, 주식시장의 한 부분이 투기적 수익을 발생시켰다면, 이런 수익은 다른 주식을 사는데 사용하게 되며 마침내는 가격을 올리고 더 많은 수익으로 이어진다. 주식시장은 배당금에서 나오는 내재가치(underlying value) 속의 성장을 앞지를 수 있다.

을 가질 것이다. 물질적 존재가 되어, 사람들은 물적재material goods를 소비하고 싶어 하게 될 것이며 물적재는 완전히 구할 수 있어야 한다. 감모율depletion rate에서 나온 가격표시는 물질 소비를 제한할 어떤 일을 할 수 있다. 가격은 종합수요뿐 아니라 생산가를 반영한다. 가격은 절대적 감모율을 직접적으로 시사하지 않는다. 게다가, 만약 경제성장의 복리가 지속된다면, 복리는 개인소비지출력의 복리와 맞아 떨어질 것이다. 소비를 줄이려면, 물적재의 가격이 수요를 파괴시킬 수 있을 만큼 충분히 올라야 한다. 실제로, 이것은 소비력이 강한 사람들이 비슷한 비율로 소비를 지속하는 동안, 소비력을 거의 가지지 못한 사람들은 생활필수품을 구입할 능력이 되지 않는다는 것을 의미한다. 수요파괴는 또한 전체 생산을 낮춰 경제성장을 떨어뜨리는 것과 다름없다. 이는 경제붕괴를 의미한다. 경제의 어떤 비물질적 부문들이 이론적으로 번창하는 동안, 이들 부문은 실제로는 경제의 나머지 부분에서 부의 결핍에 의해 억제될 것이다. 요약하면, 경제의 비물질화에 대해 두 가지 근본적 제한이 있다. 구체화된 인간 소비자는 물질소비가 소비의 다른 형태보다 더 중요하다는 점을 발견하며, 그것을 수요파괴로 고통당하는 마지막 형태로 둔다. 아울러, 비물질적 생산의 실제적 형태는 몇 개 되지 않는다. 연산computing, 오락, 연구, 그리고 교육 분야조차 비물질적 생산을 지속시키기 위한 물질적 자원의 처리량throughput 증가를 필요로 한다. 위축되는 물질기반에 명목적 경제성장을 지속시키는 것은 대다수의 물질적 빈곤을 수반할 수 있다.

거부의 세 번째 전략은 시장이 가격신호를 통해 경제학적 한계를 감안할 것이라고 논증하는 것이다. 가격은 절대적 고갈률이 아니라 공급의 부족에 반응한다. 가격은 공급이 지속 가능한 생산에서 오느냐 아니면 유한한 비축의 고갈에서 오느냐를 구분하지 않는다. 예를 들어 천연가스는 압력을 받는 땅에서 배출되는 한, 싼 가격을 유지할 수 있다. 고갈을 통해 압력이 떨어지면 생산은 급격히 떨어지고 종착에 다다른다. 가격신호는 수요가 공급을 넘어설 때, 고갈의 위기단계에서만 발효된다. 그때는 천연가스를 아끼기에는 너무 늦다. 실제로, 지속된 수요에 의해 생산수준이 떨어지고 가격이 오를 때는, 남아있는 재고의 급격한 고갈에 참여하는 것이 더욱 이익이다. 궁극적 결과는 수요파괴이며, 이로 말미암아 경제위축이 함께 따라오게 된다.

시장경제는 필연적으로 자본성장의 적자deficit를 가져온다. 시장경제에서는, 자본이 가격으로 측정되며 그렇기에 돈으로 표현되는 유효수요와 관련된다. 측정되는 유일한 수요는 돈을 가진 자들에게서 나온다. 돈을 가장 많이 지배하는 자는 이익을 내려고 돈을 투자하는 자다. 그러므로 자본은 수익성과 관련되어 가격이 매겨진다. 자본은 위험에 대비하여 측정되며, 수익률의 단일수량으로 일련의 경쟁투자와 관련되어 가격이 매겨진다. 자본의 측정은 자본의 독특한 다양성과 관리필요를 고려하지 않는다. 예를 들면, 물리적 한계가 고갈된 자원의 재활용과 폐기물 재활용을 중요한 측면에서 제한할 수 있다. 무한히 강력한 기술 없이는, 가격신호가 대체와 재순환을 이루기에는 부족할 것이다.

나아가, 자본의 불안정화에서 일어나는 양의 피드백효과positive feedback effective, 어떤 제품이나 기업이 일단 시장에서 우위를 차지하면, 그 우위성은 더욱 확대되고 해당 제품이나 기업은 계속해서 시장을 지배해 나가는 현상—역주는 그러한 변화에 반응하는 경제활동과 관련된 형태로 성장을 앞지를 수 있다. 공급이 수요를 충족하도록 늘어나는 것은 오직 한정된 상황에서만이다. 예를 들면, 훌륭한 통치와 사회적 안정성을 크게 요구하는 것은, 극단적 불안정성의 경우에, 국가경영 속에서 투자를 위해 사용할 수 있는 돈으로 스스로를 표현할 수 없다.

게다가, 시장은 무임승차 문제를 다룰 수 없다.104) 폐기물이 방출되고, 그것의 독성효과는 그것을 발생하게 하는 경제적 기업에 한정되지 않는다. 폐기, 재활용, 그리고 폐기물 소독은 공익이지만, 폐기물 비용은 공공에게 널리 분배된다. 폐기물을 만들어내는 어떤 경제적 기업에게는, 폐기물 처리 비용이 유독한 공정의 생산품으로 얻을 이익과 비교했을 때 상대적으로 더 적을 수 있다. 미시경제학적 단계에서 비용편익분석은 유독성의 외부비용을 설명할 수 없다.105)

마지막으로, 가격신호는 유독성이 이익을 줄인다는 점에서 해독활동에 가치를 부여한다. 해독을 위해 필요한 총 금액은 민간부분에 의해서든 정부든, 그 유독성이 지속될 경우 나타나는 잠재적 수익 감소에 국한된다. 그것은 자본을 유지하도록 필요한 해독의 실제적 작업비용과 전혀 관계없다. 실제로, 고갈을 자본의 새로운 영역으로 대체해서 유사한 이익을 얻게 되는 한, 고갈된 자본과 오염된 생태계를 남겨 두면서, 시장경제는 필수적으로 해독을 향한 노력보다는 그런 대체를 하려고 한다. 고갈과 대체는 유지보다는 훨씬 이윤을 남길 수 있다. 간단히 말해, 시장경제는 반드시 지속되며 점점 증가하는 독성효과를 만들어 낼 것이다.

경제성장과 생태적 유한성 사이의 충돌 문제가 항구적 성장을 기반으로 한 자본가 체계에서 파생된다. 모든 성장은 이윤으로서 긍정적으로 나타난다. 보존과 자원재활용을 하자는 요구는 거의 고려되지 않는다. 시장경제는 이윤 성장만을 목표로 한 단일문화다. 시장경제는 상품을 재활용하는, 상호보완적 체계의 발전을 촉진시키지 않는다. 시장경제는 필수적으로 독성이 있다. 정치체계가 그러한 시장경제를 지원할

---

104) 하넬(Hahnel), *The ABCS of Political Economy*, 100.
105) 같은 책, 105.

것인가 혹은 부의 재분배 수준을 지원할 것인가는 그리 문제되지 않는다. 일단 자본주의가 한계에 다다르면, 기본적 자원의 한도상실para-meters bereft 외부에 있는 사람들을 내버려 둔 채, 자본주의는 순환의 영역으로서 필연적으로 위축될 것이다.

단순한 환상에서 오류가 나온다. 만약 자본주의가 축적의 대상으로서 교환가치의 용어로 측정 된다면, 자본은 차별화되고 상호의존적 생산수단으로서 고려되지 않을 것이다. 급격히 위축되는 생산의 자본가 방식의 외부에 있는 사람들이 대안경제를 얻게 될 것이다.

3.1.7 생산수단은 다음의 네 가지 근사치적 범주로 나뉜다: 재고의 축적이나 물질적 자본에 기여하는 것들, 공정을 창안하거나 창조적 자본에 기여하는 것들, 공정의 조합이나 건설적 자본에 기여하는 것들, 그리고 주로 과정의 실행이나 동적 자본에 기여하는 것들. 생산을 위한 물리적 수용력은 자연자원과 인공자원을 포함한다. 자연자원이란 이를테면 물, 햇빛, 공기, 비옥한 토양, 화석연료, 광석, 씨앗, 가축 등이며 인공적 자원이란 길, 빌딩, 기계와 같은 것들이다. 생산을 위한 창조적 역량은 인적 자본을 포함하는데, 인적 자본은 건강, 지식, 기술, 적응성, 그리고 동기에 의존하는 것이다. 생산을 위한 건설적 역량은 인간 노동력, 협력을 용이하게 하는 제도, 공유문화실천, 공동의무와 상호의존성을 포함한다. 동적 자본은 물리적 에너지, 욕구, 그리고 신용을 포함한다. 복잡하고 상호의존적 세계에서, 축적과 창조, 조립과 실행은 경제생산을 위해 모두 필요하다. 물리적, 창조적, 건설적, 동적 자본은 결합되어야 한다.

자본은 자본가 표상을 필수적으로 넘어선다. 표상은 표상의 매개로서 물리적 자본과, 표상의 형태의 발명으로서의 창조적 자본, 표상의 실행으로서의 건설적 자본, 그리고 표상의 힘으로서의 동적 자본을 모두 결합하는 과정에서 나온 산물이다. 표상은 그 자체가 생산된 부의 형태다. 표상은 자신의 자본생산이 아니다. 표상은 통합의 복잡한 과정이 만들어 내는 단순한 상품이다. 표상은 그것이 드러내는 실체, 형태, 건설, 그리고 에너지에 주목하기 때문에, 자신의 실체, 형태, 건설, 혹은 에너지를 드러내지 않는다. 게다가 표상의 대상이 지닌 힘이 드러날 때조차, 표상의 힘은 나타난 힘과 동일하지 않다. 자본은 중개의 능동적 힘으로서 본질적으로 드러날 수가 없다. 이런 이유로, 돈의 진정한 본질은 모든 가능한 표상을 뛰어 넘는다. 그것은 지식의 대상이 아니라 동적 힘이다.

자본은 필연적으로 측정을 넘어 선다. 자본이 지속되고 향상되고 개발되는 것보다는 측정되어야 한다는 것은 그리 중요하지 않다. 만약 부가 주로 자본, 축적, 발명, 조립의 능력을 특징으로 한다면, 부는 자산의 투자적 가치, 수요에 의해 결정된 가격, 또는 수입이나 수익률에 있지 않다. 자산의 투자적 가치는 자본의 축적을 반영하기보다는 시장에서 거래자의 행위를 반영한다. 가격이 창조의 가능성을 반영하기보다는 소비를 위한 수요를 반영한다. 수익률과 수입은 그것이 지닌 구조보다는 자본의 소비를 더욱 반영한다. 드러나는 돈은 돈 그 자체가 아니다. 간단히 말하면, 부는 누릴 수 있는 쾌락의 경험에 의해서나 자산, 수입, 혹은 가격의 평가에 의해서 적절하게 평가될 수는 없는 것이다. 자본은 가격과 쾌락을 발생시킨다. 가격은 그것들로 측정될 수 없다.

다른 상품들의 가격이나, 문제 있는 어떤 것을 대체할 수 있는 자산과의 비교를 통해 가격은 시장 속에서 형성된다. 그러한 표상은 위장에 달려 있다. 그것은 자본이 책정될 수 있고, 교환될 수 있으며 대체될 수 있음을 상정한다. 그것은 물리적 자본, 인적 자본, 건설적 자본, 동적 자본 사이의 복잡한 관계가 시장관계의 논리에 의해 재생산될 수 있음을 의미한다. 그것은 대안적이거나 대체 가능한 것이 항상 있음을 의미한다. 표상은 그것이 대체 가능한 한, 오직 가치만 나타날 수 있음을 의미한다. 표상은 무한히 처분가능한 세상을 의미한다. 그것은 부에 기여하는 모든 것이 가격으로 주어질 수 있음을 의미한다. 즉, 그것이 책정되고 교환되며 대체될 수 있다는 것이다.

그럼에도 책정, 교환, 그리고 대체는 물리적, 인격적, 사회적 관계의 그물망에서 사물을 제거하는 것을 포함한다. 그것들은 자본의 해체를 내포한다. 교환 가능한 재산의 형태로 모든 것을 표현함으로써 시장에 적응하는 것은 자본의 생산과 본질적으로 정반대되는 것이다. 시장관계는 조립과 발명의 새로운 형태를 위한 조건이 될 수 있다. 시장관계는 항상 현존하는 생산관계를 대가로 찾아온다.

그러므로 부의 시대는 수량과 가격의 시대로 축소될 수 없다. 부는 인간 경험의 전체를 구성하는 자연적, 인간적, 사회적 과정의 집합에 의해 발생되기 때문이다.

교환

3.2.1 경제적 표상에서, 돈은 가치로 고려된다. 평가의 주관적 과정은 합의된 우선권이다. 돈은 주체적 선택에 의해 주어진 가치만을 드러낸다. 게오르그 지멜Georg Simmel에 따르면, 가치의 주관적 측정은 교환을 통해 드러나게 된다.

"대상의 가치는, 그것이 한 대상이 다른 대상을 위해 제공된다는 사실을 통해 갖는 것처럼, 가시성과 확실성 같은 것을 얻는다. 이런 상호적 균형은, 각각의 경제대상이 다른 대상 속의 가치를 표현

함을 통해, 단지 주관적 중요성에서 나오는 양쪽의 경제대상을 제
거한다. 가치평가의 상대성은 그 객관성을 의미한다."106)

돈은 상호교환성의 가치를 표현한다.

"만약 대상의 경제가치가 상호교환성의 공동적 관계에 의해 구성
된다면, 돈은 이런 관계의 자율적 표현이다. 돈은 추상적 가치의
대표다."107)

사람은 돈이 그러한 가치를 세 가지 의미로 나타낸다는 것을 알 수
있다. 돈은 교환수단으로서 기능 할 때 실제 가치를 나타내거나 상징한
다. 돈은 기준 계산단위로서 기능할 때 이상적 가치를 표시하거나 측정
한다. 돈은 가치의 저장으로 기능할 때 잠재적 가치를 나타내거나 약속
한다.

시장, 혹은 교환기관은 대상이나 상징적 매개와 같은 것으로 표시되
는 주관적 선택 없이는 어떤 기능도 하지 못한다. 하지만, 사람은 그러
한 주관적 선택이 시장의 운영과는 관계없다는 것을 예상할 수 없다.
비록 욕망이 가격이나 교환의 표현으로 선재한다 할지라도, 주관적 평
가도 가격으로 자신의 표현을 선재 시키는지의 여부는 의심스럽다.108)
가치가 욕망을 표현해야 하는데 어떤 표상의 상징적 매체 없이는 의식
으로 들어갈 수 없기 때문이다. 돈은 그런 비교의 규모를 제공해 준다.
시장효과는, 마치 언어가 사고의 훈련과 질서에 영향을 주는 것처럼,
생각하는 것을 위한 조건을 제공하며 자신의 욕망의 규율과 명령에 영

---

106) 지멜(Simmel), *The Philosophy of Money*, 79.
107) 같은 책, 120
108) 니체(Nietzche)의 *Daybreak*, 79, 129를 보라..

향을 준다. 시장에서 나타나지 않는 욕구들이 존재하는 이유는 소지인 bearer이 수요를 충족시킬만한 충분한 돈이 없기 때문이다. 욕구를 실현하는 것이 완전히 비현실적이라면, 아무도 그것에 주목하지 않을 것이며, 의식에서도 전혀 생각하지 않을 것이다. 복권을 사는 어떤 사람은 어떻게 자신이 당첨금을 쓸 것인지를 상상할 수 있으며, 그런 부의 혜택으로 자신의 욕망을 길러낸다. 시장이 어떤 욕구의 실현가능성을 제공하기 때문에, 그것은 욕구와 주체적 선택, 표시된 가치에 영향을 가진다. 돈으로 표시된 가치는 그 자체로 독립된 것이 아니다. 돈은 어떤 가치평가들을 효과적으로 만든다. 돈이 가진 이런 효과적 힘은 표상 속에 있는 돈의 역할을 다시 고려해 볼 것을 요구한다. 경제학 교재들에 나오는 교환에 관한 돈의 표준기능을 비판적으로 조사하는 것이 필요할 것이다.

3.2.2 지불수단이나 교환 매개체로서, 돈은 물물교환의 형태로 이미 존재하는 교환의 과정을 촉진시킬 것이라고 알려져 있다.109) 돈은 다른 장소에 존재하는 다른 수요들을 중재할 수 있다. 돈은 구체화되지 않은 수요를 표시할 수 있기 때문에, 돈은 두 당사자 사이의 거래를 가능하게 한다. 돈이 받아들여지는 이유는 나중에 특정한 수요로 바뀔 수 있기 때문이다. 돈은 모든 가능한 욕구의 대상을 표시한다. 돈은 모든 것으로 교환될 수 있다. 하지만, 돈으로 구매하는 것과 물물교환 사이에는 메울 수 없는 차이가 존재한다.110) 물물교환은 두 그룹 사이에서

---

109) 칼 멩거(Karl Menger)의 "On the Origin of Money", 잉햄(Ingham), *Concepts of Money*, 3-17를 보라.

110) 존 메이너드 케인스(John Maynard Keynes)가 역설한 근본적인 차이는, 물물교환이 언제나 쌍방의 것이라면, 돈의 사용은 대규모적이고 다자간의, 분권적인 시장에서 가격표와 비교의 사용을 가능하게 한다는 것이다. 잉햄(Ingham), "Fundamentals of a Theory of Money", 같은 책, *Concepts of Money*, 133.

일어난다. 물물교환은 선물을 바로 돌려줘야 하는 곳에서는 상호적 선물에 비견될 수 있다. 각 선물은 이중적 의미가 있다. 선물은 영예와 의무로서 동시에 주어진다. 주는 것은 물리적이고 사회적 중대성을 지닌다. 그런 영예는 상대적 지위에 의존하며, 감사의 표시tribute, 후원, 혹은 다시 돌려줘야 할 의무를 가지는 채권으로 간주되기도 한다. 실제로, 만약 상대적 지위가 확실하지 않거나 유연하다면, 본성과 타이밍timing을 포함하여, 선물을 되돌려주는 선택은 정치적 전략 요소일 수있다.111) 선물의 상호교환은 힘의 관계와 구별할 수 없다.

가치의 사회적 형태와 영예의 사회적 형태 사이에 중요한 차이점이여기 있다. 가치는 자율적 대상이 만들어낸 추정이다. 비록 대상이 가치를 수용하거나 모방한다고 할지라도, 가치 평가 작업은 여전히 대상이 지닌 힘의 표현이다. 영예와 의무는 이와는 반대로 마땅히 해야 할자리에서 주어지거나 인식되어야 한다.112) 이들은 대상의 합병을 현존하는 표상의 사회적 형태로 표현한다. 이들은 경건함의 정도를 표현한다. 힘은 사회적 관습 속에 있는 대상의 외부에 놓여 있다. 비록 사회적관습이 약간의 유연성을 인정한다 해도, 어떤 범죄는 징계처분, 배타, 혹은 신의 진노를 각오해야 한다.

선물과는 반대로, 물물교환에서는 되돌려 줘야 할 의무가 즉각적으로 발효된다. 물물교환은 상대적 평등성의 관계를 전제할 수도 있다. 그렇지 않으면, 상대적 평등관계를 마련하려고 물물교환이 실시되며, 잠재적 적대성을 방지한다. 만약 각 선물이 다른 선물과 동급으로 간주된다면, 그러한 동등성은 잠재적 차이가 발생함을 통한 협상과정의 한

---

111) Bourdieu, *The Logic of Practice*.
112) 마셸 헤나프(Marcel Henaff)는 선물이 경제적 교환과 구별되는 것이 무관심성
(disinterestedness)에서가 아니라 그것이 상품의 즐거움보다는 대중적 인식을 지향하기
때문이라고 설명했다. Henaff, *Le prix de la verite*, 154.

계만큼이나 사회적 차이의 부재를 시사하지 않을 수 있다. 실제 교환은 상대적 힘과 지위에서 나오는 차이의 결과가 될 수 있다. 선물이 실제로 서로 간에 교환 되므로 사건이 일어난 후에야 선물은 가치 면에서 동등한 것으로 간주될 수 있다. 하지만 교환의 동의에 앞서, 물물교환의 해결은 힘의 차별화된 정도의 표현이 될 수 있다. 물물교환은 사회적 힘의 다른 체계와 관련해서 중립적이지 않다. 그런 힘이 교환에서 최대한 발휘될 때, 물물교환은 그 힘의 표현이 될 수 있다. 비록 양쪽이 물물교환에서 자신들이 원하는 것을 얻는다고 해도, 자신들이 얻는 상대적 수량은 사회적 힘의 발휘에 따라 많아지거나 줄어들 수 있다.

힘과 지위의 사회적 요소는 양쪽 당사자 사이 단순한 관계의 외부 요소를 요구한다. 같은 방식으로, 화폐구매는 단순히 상품의 물리적 교환이 아니다. 가치의 관념 그 자체가 사회적 차원에서 압축적으로 협정된 진정한 가치를 가리는 현상도 나타난다. 교환이 양쪽 당사자 사이에서만 일어나는 일은 없기 때문이다. 물물교환은 오직 보충수요의 희귀한 우연 속에서만 가능하다. 화폐교환은 이것을 크게 변화시킨다. 가능한 교환의 발생을 널리 증대시킴으로, 화폐교환은 그것을 대체할 수 있는 대안적 거래와 비견될 수 있다. 양쪽 외에도, 양쪽 가운데 하나가 추구하지 않는 제3자와도 가능한 교환관계의 범위가 존재한다. 이것들은 그들이 합의된 가격을 결정하는 한, 실제적 교환에 영향을 준다. 교환논리는 양방향 거래로서 이루어지지 않는다. 그것은 또한 비교와 대체를 포함한다. 각각의 금전교환마다 결과를 결정하는 제3의 수동적 당사자가 남아있다. 이런 관점에서, 화폐교환은 사회적 관계로 남는다. 제3자에게 자신의 비즈니스를 양도하는 것은 사회적 힘의 효과를 무효화시키는 경향이 있다. 하지만, 사회적 힘은 완전히 없어지는 것은 아니다. 가장 높은 이동성을 가지거나 비즈니스를 이전시킬 선택을 가진

자들이 지금 그것을 가정하기 때문이다. 가장 거대한 시장에 접근할 수 있는 사람들, 자산이 가장 유동적이거나 수요가 많은 자들은 큰 수준의 비교와 대체를 위한 기회를 가진다. 그들은 가장 큰 사회적 힘을 소유한다.

비즈니스의 양도 가능성은 구매하는 자들이 가장 약한 수준의 사회적 힘을 가진 파트너를 선택하도록 하여 가장 이득이 되는 거래를 제안하고자 할 것이다. 그 결과로, 모든 거래파트너는 힘이 없어져 시장에서 가장 약한 자들이 될 것이다. 교환은 투자된 사회적 힘을 벗겨내는 효과를 발휘하여 이전의 불평등을 해소한다. 비즈니스를 양도할 힘을 가진 사람들과, 이뤄지는 거래에 대한 가장 다급한 수요를 가진 자들 사이에 하나의 주요한 불평등이 남는다. 힘은 돈과 함께 구매자의 손에 들어간다. 그러므로 돈은 다른 사회적 힘을 해체하지만, 자신만의 사회적 힘은 유지한다. 영업양도transfer business할 힘이것이 판매상품의 사회적 재산을 반영하든 혹은 명성, 이동성, 시장 액터(market actor)의 지식과 관련되든은 교환에서 모든 다른 사회적 관계를 능가한다. 그것은 분해나 탈출flight 의 힘으로서, 다른 곳에서 동등한 것을 설립하고자 일련의 상호의존을 포기한다.

그렇다면 교환의 총체적 효과는, 교환 시의 동등성을 떠나 단순히 예전의 모든 사회적 힘을 해체하는 것이 아니다. 그것은 사회적 힘에서 상호적 균형을 제거하여, 우월한 이동성 때문에 거래에서 가장 이윤을 챙기는 한쪽이 지속적으로 제한을 덜 받도록 행동하게 하는 것이다. 시장교환은 사회적 평등이라는 허상을 만들어 내면서 동시에 사회적 불평등의 실재를 가져온다. 사회적 힘은 교환을 통해 순환한다. 판매자는 유동성의 사회적 가치와 돈의 교환가치 양쪽 모두를 얻는다. 그리하여 순환과 재순환의 패턴은 어떤 때는 돈의 축적보다는 돈으로 표현되는 전체적 힘의 균형을 결정하는데 있어 더 중요성을 가진다.

하지만, 돈은 교환의 본질에서 상당한 효과를 지닌다. 물물교환 내의 세세한 사회적 협상으로 간주될 수 있는 것은 시장 내에서 단순한 교환의 모습으로 나타난다. 하지만, 돈은 단순히 교환을 촉진하지는 않는다. 돈은 의무, 호혜, 그리고 상호의존과 함께 이전의 사회질서를 해체시키며 그것을 시장의 사회적 질서로 바꿔 버린다. 돈은 시장을 만들면서 동시에 교환을 촉진한다. 그러므로 돈의 기능은 교환의 매개체 노릇으로 전락하는 것이 아니다. 돈은 사회적 변화의 능동적 원칙이다. 돈은 고안된 기능으로 축소되지 않는 효과가 있다. 돈은 교환 매개체의 기능이나 지불의 수단으로서 온전히 나타날 수는 없다. 돈은 단순히 가치를 상징화하는 것 이상이다. 돈은 모든 다른 종말을 향해 가는 사회적 힘과 수단의 근원으로서, 다른 활동보다 더욱 높이 가치매김 되는 수익적 행위를 통해 가치의 정도를 부여한다.

3.2.3 돈은 계산단위로서 그 기능으로 표시될 수 있다. 돈은 교환가치의 표상을 촉진시킨다. 이런 기능과 관련하여, 돈은 또한 시장의 조건과 시장의 상품으로서 움직인다.

시장은 미리 주어지지 않는다. 모든 건설적 자본의 모습처럼, 시장은 발명되고 조립되며 축적되어야 한다. 특정한 장소가 어떤 자산, 상품이나 자원의 매매를 위한 명성을 획득할 때 시장은 축적될 수 있다. 그런 시장은 자산, 상품 혹은 거기서 거래될 수 있는 자원뿐 아니라 그곳에 접근 할 수 있는 자들에게 개방되어 있다. 그리하여 단일적 세계시장 같은 것은 존재하지 않는다. 시장들은 위치, 명성, 그리고 매매되는 것들에 의해 차별화된다.

또한 그곳에서 거래되는 다른 모든 물품의 교환에서, 단일 상품이나 자산의 수용성이 시장을 촉진시킨다. 돈은 시장의 상품이 서로 직접적 가격으로 비교되도록 한다. 게다가, 돈은 시장과 시장을 중개하며, 거래되는 물품의 종류와 지역의 범주를 넘어 선다. 돈은 거리, 시간, 명성, 그리고 범주로 차별화된 시장들 사이에서의 교환을 촉진시킨다. 시장을 상호작용하게 하는 한 가지 원칙으로서, 돈은 다른 시장에서의 가치와 관련하여 시장 속 가치들을 측정하게 만든다. 시장들 사이의 거래와 비교를 가능하게 함으로써, 돈은 시장의 고안the invention of markets을 위한 중개자로서 기능한다.

딜러가 팔거나 사고자 하는 사람에게 어떤 자산이나 상품을 사고 팔 책임을 맡을 때, 시장은 더욱 활성 될 수 있다. 모든 거래자가 돈을 사거나 팔 때, 몇몇 거래자는 스스로 다른 자산이나 상품을 판매할 책임을 떠맡는다. 그런 딜러들은 가격을 제어함으로 판매 수량의 균형을 맞추려고 한다. 그런 딜러들은 시장 조성자market maker이다. 시장의 처리량throughput을 촉진시키고, 입찰 가격과 판매 가격 사이의 적은 가산금리를 통한 이윤을 늘리고자, 그 딜러들은 불확실한 자산의 예비금을 유지해야 할 필요가 있다. 딜러는 준비금과 가산금리, 그리고 가격을 제어함으로 시장을 조성한다.

실제로는, 시장이 단순히 수많은 양방향 물물거래로 이루어진 것이 아니다. 시장에서 일어나는 교환으로 시장의 형성을 완전히 표현할 수는 없다. 시장은 자신만의 독특한 사회생산기반으로 이루어진다. 그런 사회생산기반은 그 자체가 시장 내부에서의 수요의 대상이 아니다. 시장의 위치와 명성은 거기서 거래되는 것과는 다르다. 시장에서 사용되는 돈은 자신의 본질적 사용을 위해서가 아니라 더 나은 교환의 목적으로 얻게 되는 것이다. 그리고 딜러의 예비금은 종합적으로 유지되어야 하지, 축적되거나 고갈되어서는 안 된다. 명성과 돈, 그리고 예비금은 시장을 촉진시키는 요소들이다.

시장 사이의 교환을 발생시키는 돈은 건설적 자본의 필수요소로서 작용한다. 다른 상품들과 달리 소모되는 것은 아니라서, 돈은 순환의 지속적 수단을 제공한다. 이런 방식으로 돈이 명성과 예비금과는 다르다. 명성은 양도할 수는 없지만, 축적되며 예비금은 예비금으로서 순환하지 않는다. 교환가치는 명성이나 주식저장보다는 돈으로 표시된다. 실제로 돈이 그것들과 교환될 수 있기 때문이다. 이렇게 돈은 계산단위가 된다.

하지만, 돈은 단순히 순환만 하지 않는다. 명성과 저장이 돈은 아니므로 돈은 명성과 저장의 기능을 스스로 내포한다. 돈은 움직이는 명성이거나 움직이는 저장이다. 실제로, 돈은 계산단위로서 기능하도록 이러한 재산을 유지해야만 한다. 돈은 어떤 평판 있는 측정의 기준으로 측정되어야만 한다. 가치들은 또한 저장되거나 비축되는 가치와 관련하여 측정되어야 한다. 쌍방교환이나 순환만으로는 돈의 진짜 본질을 설명할 수 없다.

돈의 진실 된 본질에 관한 논쟁은 돈의 특징 가운데 하나만 강조해서 나온 것이다.113) 만약 돈의 가치가, 돈의 금속주의자 이론metalist theory에서처럼, 돈의 고유한 함유물에서 나온 것으로 받아들여진다면, 가치의 비축으로서 돈의 기능은 다른 기능의 희생으로 과장된다. 만약 돈의 가치가 순환수단으로서 돈의 명성에서 나온 것으로 받아들여진다면, 은행과 신용에서 돈을 끌어오는 사람들이 그러는 것처럼, 돈의 명성은 다른 기능을 희생하면서 과장된다. 만약 돈이 가치를 비축할 수 없다면, 돈은 교환에서 받아들여 질 수 없으며 실제 가치를 소유한다.

---

113) 돈의 본성에 대한 유용한 시각의 정리를 위해서는 다음을 보라. 잉햄(Ingham), *The Nature of Money.*

돈은 교환에서 받아들여지지 않고는 실제 가치를 비축할 수 없다. 명성과 비축은 상호 의존적이다. 돈이 어떻게 가치를 얻고 시장을 이루는지는 하나만으로 설명할 수 없다.

돈의 가치를 설명하는데 있어 두 가지 주요한 접근방식이 있다. 돈은 상품이나 계산단위로서 간주된다. 돈의 상품이론은 물물교환의 급매물emergent product로서 돈을 끌어온다. 물물교환에서 우리는 신속한 사용을 위해서 뿐 아니라 환금성이나 교환성으로 상품을 얻고자 한다. 교환에서 가장 널리 수용되는 상품은 돈의 역할을 한다. 수용성을 믿는 것은 돈이 가치의 효과적 저장이 되게끔 한다. 여기서 논리순환이 존재한다. 돈은 가치의 저장이기에 지불수단이 되는 것이고, 지불수단이기 때문에 가치의 저장이 되는 것이다.114) 가장 널리 교환되는 상품은 다른 환경 속에서 복합적 교환비율을 가지고 있다. 돈은 기준적 계산단위가 되지는 않는다.

돈의 계산단위이론은 국가와 같은 정치적 단체가 시장에 주는 외부적 부담으로 돈을 설명한다. 돈의 국가이론에 따르면, 국가는 지불의 형태로 돈을 발행하며 세금의 형태로 돈을 가져간다.115) 끊임없는 시장의 순환흐름은 유출과 환류efflux and reflux의 모델로 대체된다.116) 돈은 힘과 위신, 그리고 발행하는 국가의 신중함에 따라 자신의 명성을 지탱한다. 돈은 법화legal tender로서 권위의 지원을 받으면서 교환에서 받아들여진다. 돈이 어떻게 국가의 영토범위를 넘어 자유롭게 순환하는지 설명하기에는 여기서 어려움이 있다. 정치적 범주를 넘어서, 돈은 각각의 국가의 경제적 위신을 상징한다. 돈이 그 명성에 가치를 저장하기 때문에 지불수단이 되는 곳에서만, 그리고 지불 수단이기 때문에 그

---

114) 이 문제는 같은 책 23페이지에 언급되었다.
115) 다음을 보라. 레이(Wray), *Understanding Modern Money*.
116) 샹시니(Cencini), *Money, Income and Time*.

명성이 가치를 저장하는 곳에서만 돈은 시장가치를 지닌다.

상품과 돈의 계산단위이론은 서로 비교할 수 없다. 실제로, 이들은 상호보완적이며 각각이 다른 쪽의 결점을 보완해 준다.117) 각 기관이 다른 쪽 없이는 불완전하므로, 돈은 시장이나 국가에만 속하지는 않는다. 질문은 이것이다. 양쪽 모두가 어느 정도까지 계산단위로서 돈의 기능을 설명하는가? 시장과 국가에 더하여 세 번째 요소를 불러올 필요가 있겠다.

교환의 매개체로서, 돈의 가치는 시장 전체의 규모와 속도와 관련하여 순환되는 물량에서 나온다고 생각해 왔다.118) 명성을 가지고 있기 때문에, 돈은 또한 순환에서의 교환과는 별개로 가치를 축적하거나 절하한다. 실제로 "전체 시장"은 추상적 개념이다. 전체 시장과 관련하여 가격을 측정할 방법이 없다.119) 돈의 가치는 순환에서의 수량에만 의존할 수는 없다. 돈은 측정의 절대적 기준도 아닐뿐더러 폐쇄체계closed system 내부를 측정하는 것도 아니다. 돈의 가치는 또한 시장과 관련된 돈의 영역을 넘어서 나온다. 나아가, 돈은 미래에 가치의 특정한 수량을 전달해 줄 것을 약속하는 가치의 비축이다. 비축으로서 돈의 가치는 미래적 예측에 달려 있다. 그것은 신용의 정도를 내포한다. 그러므로 돈의 본질과 가치는 시장 속의 요소나 국가가 제공하는 요소에서만 나오지 않는다. 계산단위로서 돈의 가치는 외부 시장과 미래 시장에서 돈

---

117) 영국은행이 만들어낸 돈의 구조는 돈의 가치 속에서 신뢰의 근거가 되는 국가와 시민사회 사이의 상호의존을 만들어 낸다.

118) 이것은 수량이론(quantity theory)으로 알려져 있다. 그것은 경험적 증거에서 실증된 것이 아니다. 그런 가정은 돈의 수량이 가격이동을 일으키는 것이지 그 반대가 아니라는 것이다. 그럼에도, 대출을 통해 돈의 공급을 늘림으로 가능해지는 자본투자는 가격과 순환 속 상품 수량에 직접적인 영향을 끼친다. 게다가 돈의 증가는 가격에 일반적인 영향을 갖지 않는 경제의 제한적 순환을 통해 순환할 수 있다. 대출이 예금을 결정하고 예금이 대출을 제한하기 때문에, 돈의 공급은 인플레이션과는 달리 가변적이다.

119) 만약, 모든 가격이 오직 비교에서 나온다고 가정할 때, 상품이 실제로 정해진 가격이라는 사실은 전체 시장과의 비교가 일어나는 것처럼 나타난다. 하지만, 만약 다른 요소들이 가격형성에 포함되어 있다면, 이 요소들은 시장 속의 구역성(localities)에 구체화 될 수 있다.

을 받아들이느냐에 달려 있다. 계산단위로서 돈의 사용은, 보편적 등가
로 시장에서 다른 상품들에 맞서는 상품을 단순히 가치 매김 하는 수단
이 아니다. 보편적 시장은 없다. 순수한 시장 그 자체는 유토피아적 추
상이다. 그런 비교의 과정은 결코 완성될 수 없다. 상품은 돈의 매개를
통해 서로 직접적으로 가치로 비교되지 않는다. 대신, 상품은 돈으로
가치가 매겨진다. 즉, 외부적이고 미래적 시장에서 평가의 기대와 관련
된 것이다. 돈은 명성과 신용을 포함하기 때문에 단순히 계산단위는 아
니다. 돈의 본질은 폐쇄시장의 계산단위로는 적절히 설명되지 않는다.
돈이 계산단위로 기능할 수 있지만, 또한 돈은 외부적이고 미래적 요소
에까지 평가를 연다.

3.2.4 돈은 또한 가치의 저장으로서 기능을 통해 가치를 표현한다.
돈은 상품, 자산, 그리고 서비스의 교환가치를 저장하거나 비축하는 것
으로 간주된다. 가치의 비축으로서, 돈은 인간 제어의 수동적 대상이
다. 돈은 재산의 형태 아래에서 이해된다. 돈을 가진 자에게는 돈이 욕
망의 수동적 도구이다. 돈을 추구하는 자에게는 돈이 명령의 능동적 힘
을 가진다. 가치의 비축으로서 돈의 가치는 능동적 힘을 표현할 능력
속에 놓여 있다. 다시 말하자면, 이런 능동적 힘은 돈이 교환의 수동적
대상으로서 취급 받을 때는 이해되지 않는다. 돈은 가치의 비축을 위해
고안된 기계 이상이라는 것이 판명된다.
　실제로는 가치가 교환의 상황으로 절하되지는 않는다. 교환에서는,
가치가 순환한다. 현실에서 상품, 자산, 그리고 서비스의 가치는 교환
외부에서 중대한 변화를 겪을 수 있다. 소비를 위해 얻은 상품과 서비
스, 그리고 소유할 자산을 구분하는 것이 중요하다. 비축된 자산은 재
산이나 주식일 수 있으며 차후 교환될 수 있다. 자산은 추가적 가치를

생산하는 자본이 되기도 한다. 혹은 공급을 능가하는 수요로서 값이 오르기를 기대하는 투기적 자산이 될 수도 있다. 소비가 생산의 가치를 상쇄하는 반면, 책정appropriation은 가치를 비축하거나 심지어 늘리기도 한다. 교환에서 가치가 정의定義에 의해 비축되기도 하는데, 시장가치가 그것을 지불하는 가격으로 결정되기 때문에 그러한 교환은 소비, 생산이나 투기의 목적으로 대체된다. 시장가치는 가치에 영향을 주는 다른 과정에 종속된다. 교환에 이르는 가치는 가치의 미래적 과정에 관한 의도와 기대에 달려있다. 돈은 돈으로 교환되는 상품, 자산 혹은 서비스의 가치와의 관계 속으로 들어간다. 돈은 또한 소비, 생산, 그리고 돈이 가능하게 만드는 투기 행위와 관련된다. 교환과 관련하여, 돈은 가치의 수동적 저장이다. 소비, 생산, 그리고 투기와 관련하여, 돈은 건설적 자본이다.

건설적 자본으로서 돈의 진정한 본질은 돈이 순수하게 가치의 비축을 위해 기능하다는 환상의 덮개를 벗겨야 한다. 능동적 힘으로서 돈은 그 명백한 기능을 넘어선다. 돈을 상품이나 서비스를 구매하려고 사용하거나 생산 혹은 투자를 위해 사용하는 것 사이에는 차이가 있다. 만약 돈이 구매를 위해 사용된다면, 돈은 단순히 지불수단이다. 만약 돈이 상품을 지불하려고 사용된다면, 돈이 물리적 자본, 노동임금 혹은 대출이자의 형태이든 간에, 생산을 능동적으로 촉진시킨다. 생산과 분배 사이에는 커다란 차이점이 있다. 생산은 절대적 가치, 즉 상품의 재고를 더하지만, 분배는 가격이 증가됨으로 나타나는 상대적 가치를 보탠다. 모든 가치가 교환가치로서 표현될 때, 이런 구분은 숨겨진다. 게다가 분배는 그 자체로 건설적 자본의 한 행위가 되는데 분배가 생산수단의 조립을 촉진하기 때문이다. 그럼에도, 상대적 가치가 동질적이며 가격으로 표현되지만, 절대가치는 이질적이며 상품의 다양한 재고로 표현된다. 돈이 존재하는 상품과 서비스로 교환될 때, 돈은 순수하게 분배의 수단으로 기능한다. 이와는 대조적으로, 돈이 임대료, 임금, 혹은 이자로 사용될 때는 가치의 창조를 자극한다. 그런 가치는 돈이 지불되지 않고서는 만들어지지 않는다. 그러므로 돈은 생산 과정에서 능동적 역할을 한다. 그것은 동적 자본dynamic capital의 방식이다.

생산을 북돋는 것은 돈이라기보다는 수요라고 생각해 왔다. 돈의 생산적 힘은 수요의 전달에서 단순한 도구일 것이다. 사람은 사람들에게서 나오는 수요와 그런 수요의 신호가 되는 돈을 구별할 수 있다. 그럼에도 사람들의 수요가 얼마나 강하든 간에, 그것들을 돈으로 후원 받기 전까지는 효과를 발휘 할 수 없다. 수요는 돈으로 표현되는 정도까지만 효과적이다. 돈은 유효수요를 만드는 독특한 힘이 있다. 돈의 능동적 힘은 구매의 힘이며 유효수요를 만드는 힘이다. 이런 능동적 힘은 그것이 임대료 지불로 자본으로서 물리적 자본이 될 때, 그것이 임금의 형태로 노동으로서 인적 자본을 통솔할 때, 그리고 이자형태로 건설적 자본을 강화할 때 다른 본질을 갖게 된다. 이런 지불형태의 교환비유는 유효수요를 만들고 생산을 촉진하며 돈의 능동적 힘을 감춘다. 돈이 잠재력의 분출을 촉진시키기 때문이다. 만약 돈이 준비가 되었다면 발산될 수 있는 생산능력의 과잉은 항상 존재한다. 교환이라기보다는, 관계가 계약이나 상호간의 의무에 더 알맞다. 만약 자본이 생산을 위해 마련된다면 임대료가 지불된다. 유효수요를 넘어선 잠재적 수요의 과잉은 항상 존재한다. 노동은 구매하는 것보다는 계약하는 것이다. 만약 지시를 받아 노동한다면 임금이 지불된다. 이와 유사하게, 화폐자본은 구매하는 것보다는 빌리는 것이다. 화폐자본은 약속된 이자지불을 위해 투자하고 사용하도록 주어진다. 실제로 이런 과정 속에서, 돈이 그렇게 할지라도 자본은 엄밀하게 본래 소유자를 떠나지 않는다. 자본은 돈을 점유, 채권 혹은 대출과 같은 자산으로 변형시키기 때문이다. 그런 자본은 굉장히 유동적이며 돈처럼 쉽게 교환할 수 있다. 그러므로 투자는 교환의 용어가 아니라 자산과 부채의 계약으로 간주해야 한다.

교환과 계약 사이에는 본질적 차이가 있다. 교환은 사유재산의 즉각적 교체swap이다. 계약은 일정 시간 동안 가져야 할 공동의무의 협약이다. 재산 그 자체는 영구적 함축적 계약이나 분명한 계약에 달려있다. 상품이 재산으로 교환되는 동네 시장은 경제적 행위를 이해하기 위한 좋은 패러다임을 보여주지 않는다.120) 대부분의 경제행위는 연속되는 즉각적 거래로 이뤄지기보다는 오랜 시간을 견딘 것이다. 대부분의 경제행위는 계약협약을 수반한다. 교환이 선물증여의 물리적 차원을 유지하는 곳에서, 계약은 사회적 힘과 의무의 영역에 속해 있다. 교환이 재산소유자나 소비자의 주체적 선택의 영향 속에 있는 곳에서, 계약은 의무를 부여한다. 동적 자본으로서 돈은 상품이 교환되는 동네 시장과 관련해서가 아니라 계약적 의무의 사회적 영역에서 이해해야 한다.

3.2.5 생산적 경제에서는 자본이 이질적이면서 상호의존적이다. 땅, 노동, 그리고 금융은, 임대료, 임금, 그리고 이자의 지불을 위해 돈의 중개로 생산되기 전에는 자본이 되지 않는다. 자본은 절대적이고 이질적 가치로 구성되었지만, 동질적 가치로 지불된다. 땅과 노동, 그리고 자본의 기여가 상대적이기보다는 절대적이므로, 임대료, 임금, 이자 사이의 지불분리division of payments를 결정할 방법은 없다. 생산은 그들 하나하나 없이는 일어날 수 없다. 대신, 수요와 공급에 따라 비율과 비례가 교환과 대체의 방법으로 시장을 통해 결정될 수 있다. 그래서 실

---

120) 따라서, 왈라시안 평형(Walrasian equilibrium)에 기초한 신정통적 경제학 속의 행동모델은 경제적 실재와의 연관성이 거의 없다. 이들은 계약보다는 교환모델에 전재하기 때문이다.

제로, 자본에 지불된 가격은 고유한 능력이나 생산성과 거의 관계없다. 그것은 창립자본original capital이 더 이상 자본으로 여겨지지 않는 교환과 관련하여 결정되는데, 대안이 그것을 대체하기 때문이다. 자본이 가격을 측정하는 도구가 되지 않으며 비교와 대체로 사용되는 정도의 현상까지 나타났다. 상대적 가치는 절대적 가치에 우선한다. 상대적 가치는 확정적 위치에서 자본의 미래 구조에서 예상되는 이익을 이미 구성된 자본의 방식과 대체함으로써 형성된다. 상대적 가치들은 예상되는 것이다. 상대적 가치들은 예상과 관련한 것을 제외하고는 실제로 존재하는 가치를 측정하지 않는다.

돈의 힘은 돈이 수동적 교환의 도구로 간주될 때 효과적으로 중립화된다. 자산이 돈의 수치로 교환될 때, 자산교환가치와 통화량은 같아진다. 자산이 어떤 가격의 가치가 되는 이유는 특정한 통화량으로 교환될 수 있기 때문이다. 돈은 또한 같은 통화량으로 교환되기 때문에 그 가격의 가치가 있다. 순수한 유동성으로서, 천 달러는 똑같은 천 달러다. 여기서의 환영은 계산단위를 상품으로서 취급하는 것이다. 상품이나 교환대상으로서, 돈은 교환에서 두드러진 힘을 갖지 않는다. 돈은 중립화된 것으로 보인다. 계산단위로서, 돈은 가격을 매기는 능동적 힘을 가진다. 돈이 능동적 중개의 힘을 가지므로 교환에서는 중립적이지 않다. 돈은 교환을 가능하게 한다.

교환가치를 가격으로 축소시키는 효과는 교환한 상품의 수량가치와 다른 상품의 수량가치를 동일한 것으로 축소시키는 것이다. 여기서의 지배적 관점은 요구되는 통화량과 관련하여 모든 것을 판단하는 판매자의 시각이다. 비록 자본이 구매자에 의해 자본으로 재구성되기도 하지만, 판매에서 자본은 자본으로서 유동적이 된다. 판매자의 관점은 교환에서 다른 쪽 관점을 배제하는 것이다. 구매자는 제시되는 구매를 다른 대안적 구매와 비교해야만 한다. 동등한 것보다는 최고의 것을 찾고자 서로에 맞서며 이런 점을 중요시해야 한다. 아울러 교환이 다른 참여자들의 태도를 바꾸지 않았다 할지라도, 어떤 교환은 항상 많은 다른 참여자들을 포함한다. 그런 참여자들 중에는 자신들의 상품이 거부된 대안적 판매자들이 있을 수도 있다. 대안적 구매자들은 너무 조금 내놓았거나 너무 늦게 도착한 사람들이다. 양도자들conveyancer은 한 소유자에서 다른 소유자에게로 재산의 양도를 촉진하는 사람들이다. 시장 조성자들은 교환을 가능하게 하는 사람들이다. 비록 중개인이 필요하지 않더라도, 돈이나 은행은 교환을 용이하게 하며 중개한다. 교환을 촉진시킴으로, 중개는 교환을 가능하게 한다. 그러므로 그것은 가격에 영향을 끼친다.

교환가치의 형성에서, 판매자의 지배적 관점을 강요하는 것이 이런 복잡한 사회적 상황을 가린다. 구매자의 손에 유동성의 힘이 있으면서 가격에 중대한 영향을 갖는다고 해도, 가격 결정에 우세한 관점은 판매자의 눈에 속해 있다. 교환가치는 자본이 해체되고 판매되는 상상의 조건에서 형성된다. 열망이나 예상이 전적으로 그것을 구성한다. 교환가치는, 과거의 축적이나 현재의 생산성을 반영하기보다는, 미래지향을 상징한다. 만약 가격이 돈으로 표현된다면, 돈 그 자체는 미래의 예상을 나타낸다. 그러므로 돈은 신용을 대신하며 신용을 나타낸다. 신용을 기반으로 제공된 선금처럼, 돈은 가격의 측정처럼 본질적으로 신용이다.

돈

3.3.1 돈의 본질은 교환을 설명한다. 교환의 본질은 돈을 설명하지 않는다. 그러면 어떻게 우리가 돈의 기능을 이해할 수 있을까? 애덤 스

미스Adam Smith는 돈이 "거대한 순환의 바퀴"great wheel of circulation 라는 유명한 말을 했다.

> "거대한 순환의 바퀴는 그것에 의해 순환되는 상품과는 완전히 다르다. 사회의 수익은 전적으로 그런 상품에 있지, 그것들을 순환시키는 바퀴에 있는 것이 아니다."[121]

어떤 단순한 차량이나 교환 수단처럼, 돈은 사회의 전반적 결과물에 아무것도 기여하지 않는다. 돈은 가치를 나르지만, 돈이 나르는 가치는 상품의 가치일 뿐, 돈으로서 고유한 가치는 아니다. 여기에서 코페르니쿠스의 혁명적 시각이 나온다. 돈은 단순한 가치의 표시가 되어 왔다.[122] 돈의 사용은, 가치의 신호처럼, 돈의 실체보다도 더욱 존재론적이며 경제적 중요성을 지닌다. 그래서 스미스는 돈 자체와 돈의 가치를 확실히 구분한다. 만약 돈이 단순히 수단이라면, 스미스는 종이를 금과 은으로 바꾸는 것은 매우 값비싼 도구를 값싼 것과 바꾸는 것이라고 주장했을 것이다. 돈의 가치는 도구나 수단으로서 그 가치이다. 그것은 구성된 물체의 가치가 아니라 교환 시에 가질 수 있는 상품의 가치이다.

스미스의 순환 바퀴 이미지는 폐쇄경제를 전제한 것이다. 돈은 다른 곳에서 사용되지 않고 한 경제 속에 남아있을 때에만 재순환한다. 상품과 순환의 바퀴 사이의 구분은 순환이 존재하는 정도까지만 지속된다. 그러나 실제로, 상품은 순환하지 않고 생산되고 소비된다. 유사하게, 만약 돈이 생산되고 소비된다면 지속적으로 재순환하지 않는다. 재순

---

121) 스미스(Smith), *The Wealth of Nations*, 385.
122) 다음을 보라. 데이비스(Davies), *A History of Money from Ancient Times to the Present Day*, 230.

환하는 만큼만, 돈은 추상적 가치로 대체될 수 있다. 돈이 순환의 바퀴로서 효과적으로 기능한다고 가정하면, 그 바퀴가 부러질 때까지 추상적 가치를 고려하는 것이 돈을 대체할 수 있다. 돈이 순환의 효과적 수단으로서 기능하지 못할 때만 경제학이 돈을 고려할 필요가 있다. 효율적 순환바퀴가 존재하려면 적정량의 돈이 필요한 것으로 보인다. 만약 돈이 거의 없다면, 그것을 지불할 만한 것이 없기 때문에 교환은 일어나지 않을 것이다. 만약 돈이 너무 많다면, 가격은 초과량이 흡수될 때까지 오를 것이다. 만약 너무 많거나 적다면, 인플레이션으로 말미암은 순환의 수단 속에 있는 재력부족lack of means이나 신뢰상실을 통해 교환이 제한될 것이다. 화폐경제는 최적통화량과 관계있다. 화폐경제학은 그런 돈의 축적과 관계있는 것은 아니다. 경제행위의 대상은 돈을 얻는 것이 아니라 교환가치를 쌓는 것이다.

하지만, "거대한 순환의 바퀴"는 경제행위의 이미지를 충분히 보여주지는 못한다. 종종 지적되었듯이, 순환의 바퀴로 돈을 이해하는 스미스의 방식은 돈을 벌려고 애쓰는 것과 돈을 모으고 싶어 하는 욕망과 같은 일상적 경제생활의 사실을 설명하지 못한다.123) 교환가치는 축적되지만, 이것이 발생하려면 교환가치가 돈으로 전환되어야만 한다. 돈은 임대료, 임금, 이자와 세금을 지불하도록 필요하다. 자본투자는 돈의 형태로 일어나며 수익은 돈의 형태로 현실화된다. 생산의 순환이 있지만, 돈으로 시작하고 돈으로 끝난다. 교환의 순환이 상품으로 시작하여 상품으로 끝나지만, 상품의 순환은 돈에서 시작하여 돈으로 끝난다. 각각의 순환은 다른 순환 속에서, 그리고 다른 순환을 통해 작용한다. 각 순환은 독립된 원칙에 따라 움직인다. 상품의 수요는, 교환을 통해

---

123) 인네스(Innes), "The Credit Theory of Money", 잉햄(Ingham), *Concepts of Money*, 354.

표현되어 생산을 이끌어 낸다. 수익의 수요는 생산을 통해 표현되어 교환을 만들어 낸다. 각각은 다른 쪽이 더 큰 잠재력을 갖도록 만들어 준다. 생산에서의 투자는 더 많은 욕구를 발견하고 만족시키도록 이끈다. 소비의 증가는 더 큰 수익으로 이어 진다. 경제활동은 쾌락욕구원칙Pleasure principle, 고통을 피하고 쾌락을 추구하려는 본능-역주과 권력의지와 같은 상호보완적 요인에 원인이 있다. 비록 돈과 상품이 서로를 통해서만 작용한다 할지라도, 돈과 상품의 다른 순환들은 존재한다. 가격이 임의적이므로, 상품과 돈의 순환은 오직 나머지의 흐름을 위한 시기와 수단만을 제공할 뿐이다. 이들은 이동률을 결정짓지 못한다.

폐쇄경제에서 스미스의 순환수단은 순환 속의 금과 은의 제한된 양의 가정에 달려 있다. 순환 속에서 금과 은의 제한된 양은 경제규모에 관련하여 조정하는 양이다. 그럼에도, 순환에서 돈의 총량의 변동성이 인정되자마자, 그런 변화는 교환의 내생적 필요의 외부요소에 의해 영향을 받는다. 특별히, 만약 돈이 전자은행기록의 형태나 종이로 발행된다면, 생산을 촉진시키도록 만들어질 수 있을 것이다. 대출의 형태로 만들어진 돈은 상환될 때 무효화되기에 앞서 자신의 생명의 순환Life cycle을 거쳐 간다. 여기서 돈은 생산의 능동적 자극제가 된다. 그러므로 수량이 교환을 최대한 촉진시키도록 조정될 수 있는 교환의 기술적 도구로만 돈을 파악하는 것은 충분하지 않다. 교환가치가 상품에 의해 나오든 돈에 의해 나오든, 교환가치의 순환의 영역으로 경제를 보는 것은 충분하지 않다. 대신 상식적 시각이 더 무게를 갖는다. 한편으로, 상품이 생산, 분배, 소비되며 한쪽 방향으로 흐른다. 다른 한편으로, 돈이 만들어지고 순환되고 취소되며 역방향으로 흘러간다. 비록 돈이 교환되는 상품보다 더 오래가고 재순환된다고 할지라도, 경제는 생산량과 어울리는 돈의 생산을 필요로 한다. 순환의 양쪽 방향 모두 고려되어야 할 필요가 있다. 하나는 상품의 순환에 영향을 주고, 다른 하나는 사회적 힘의 순환에 영향을 미친다.

하지만, 더욱 미묘한 순환을 고려해야만 한다. 지불수단으로서, 돈의 총액은 그것으로 얻을 수 있는 상품의 가치로 표현되는 특정한 구매력을 갖는다. 상품 자체는 이질적이다. 상품의 상대적 가치는 상품과 교환할 수 있는 돈의 합으로 상품을 비교해야만 확립할 수 있다. 상품의 가격은 돈으로 표시되지만, 돈의 가치는 상품 자체가 아니라 상품의 가격으로 표시된다. 여기서 상호적 전제의 악순환이 존재한다. 돈이 물리적으로 판매와 구매행위에서 지불수단으로 순환하는 것처럼, 돈은 또한 정신적으로도 교환 가능한 행위와 관련되어 가치의 측정으로 순환한다.

악순환 효과는 가격이 실제적이고 결정적이지만, 임의적이라는 것이다. 데이빗 리카르도David Ricardo가 찾고자 했던 것처럼, 경제학을 과학으로 설립하고자 한 가치의 독립적 혹은 절대적 기준 없이, 가격은 임의적으로 변동을 거듭하기 쉽다. 돈의 구매력, 즉 돈으로 교환할 수 있는 상품의 수량은 완전히 상대적이다. 우리가 돈과 돈의 가치를 구분하는 것처럼, 또한 본래 돈이 가진 절대적 구매력과 구매되는 상대적 가치돈의 교환가치를 구분할 수도 있다. 돈은 절대적이고 상대적 구매력을 동시에 가진다. 상대적 구매력은 교환의 수동적 대상이다. 게다가 교환 시 가격이 얼마에 협의되든, 상대적 구매력은 교환행위 속에서 변하지 않은 채 남는다. 상품의 가치와 교환되는 돈의 가치는 서로서로 동등한 것으로 정의되기 때문이다. 교환가치는 상품으로 표시되든 돈으로 표시되든, 교환 시의 정의definition에 의해 변하지 않는다. 상품의 축적이든 가격의 증가appreciation든, 교환가치는 교환의 영역 밖에서 항상 일어나는 가치의 오르내림을 측정하지 않는다. 그런 관점에 따라서는 돈을 따로 분리하여 생각할 필요 없다.

돈은 절대적 구매력을 가지며, 상품에 대해 반대방향으로 순환하는 힘이다. 문제는 얼마만큼의 가치로 구매되었는지혹은 상대적 구매력가 아니라 그만큼의 가치를 구매하는 힘이다. 그것은 수요를 효과적으로 만드는 힘, 즉 가치를 얻기 위한 잠재력이다. 상대적 구매력이 교환을 이미 일어난 것처럼 보고 돈과 물량이 동량이라고 규명한다면, 절대적 구매력은 가치를 획득할 힘으로서, 미래의 관점으로 교환을 보는 것이다. 교환가치 혹은 상대적 구매력이 일시적이라면, 절대적 구매력은 교환에 이르기까지 지속된다. 건설적 자본이나 절대적 구매력으로서 돈은 본질적으로 가치의 약속이다. 그것은 교환이나 계약상의 합의로 들어가는 힘이다. 그것은 사회적 힘을 상징한다.

약속의 힘은 회계장부로 표시되지 않는다. 그것은 회계와 경제학의 경험적 조사를 벗어난다. 약속으로서 돈의 힘은 불확실성, 신중함, 그리고 심지어는 전략에 영향을 받는다. 절대적 구매력이 약속의 힘에 있기 때문에, 그것은 경제학이 아니라 아마도 신학을 통해 가장 잘 이해할 수 있을 것이다. 약속의 힘은 신용에 있다. 약속은 가치의 유예, 거기에 결정까지 포함한다. 그러므로 약속된 것혹은 상대적 돈의 가치과 약속 그 자체혹은 돈의 절대적 구매력를 구별할 필요가 있다.

3.3.2 돈은 가치를 약속한다. 돈은 그런 가치가 가지게 될 형태를 명시하지는 않는다. 소비를 위해 사용되는 돈은 쾌락을 약속한다. 교환을 위해 사용되는 돈은 재산을 약속한다. 투자를 위해 사용되는 돈은 더욱 많은 돈을 약속한다. 돈의 가치 혹은 약속된 가치는 정확하거나 고정되게 측정되지 않는다. 그것은 막연한 잠재력이다.

돈이 제공하는 약속은 단순히 살 수 있는 상품과 서비스의 가치 이상이다. 돈은 다른 시장에 접근하는 것을 약속한다. 돈은 미래의 수익을 약속한다. 돈은 구매력을 먼 곳과 미래에까지 확장시킨다. 그것은 순수하고 적정한 잠재력이다. 돈은 시장을 만들 능력이 있다. 돈은 쾌락을 얻고 재산을 책정하고 자본을 구성하고 노동을 통솔하며 이자와 대출을 상환한다.

이런 구매력의 타당성이 상품과 서비스의 판매를 움직인다. 돈은 시장 속에서 선택하고 거절할 자유를 준다. 돈은 현재 상호의존의 관계를 해체시키고 미래에 있을 더 나은 상호의존 관계와 바꿀 수 있는 자유를 준다. 자유의 약속으로서 돈은 돈의 수요를 발생시킨다. 자유는 사회적 엔트로피의 한 종류다. 일단 돈과 자유, 그리고 재정적 독립을 소유하면, 돈을 더 버는 것이 아니라면 무거운 채무를 지려는 사람은 거의 없을 것이다. 그러므로 돈은 위대한 해방자다. 자유와 독립성의 약속은 돈에게 힘을 부여한다. 그것은 교환할 때 교환의 수단으로 돈을 더 선호하게 한다. 교환 시에 받아들여지므로, 그것은 돈에게 상대적 구매력을 준다. 약속에 포함된 돈의 절대적 구매력은 상대적 힘을 넘어서는데, 상대적 힘이란 확실한 일련의 상품으로 표현되는 것이다. 돈은 제한되지 않은 미래로 가치를 연다. 돈은 한정된 교환의 영역에만 머무르지 않는다.

이것은 돈이 주로 매점hoarding, 독점을 목적으로 상품을 대량으로 사들였다가, 그 물자가 부족하여 가격이 올랐을 때 매각하여 폭리를 취하는 일—역주의 주요한 대상이라는 것이 아니다. 돈을 가지는 것은 본질적인 것은 아니다. 오직 돈에 접근하는 것만이 본질적이다. 이는 약속된 돈의 본질과 일치한다. 교환가치는 아주 잘 팔리는 수익적 자산의 형태로 축적될 수 있다. 높은 수준의 유동성으로, 수익적 자산은 돈에서 한 걸음 멀어진다. 수익적 자산은 돈의 약속을 낳으며 돈으로 가능한 약속을 표시한다. 교환가치가 일반적으로 수익적 자산 형태로 비축되므로, 이윤을 추구하는 힘을 가지려는 의지는 자산과 상품이 주는 기쁨에 대한 분명한 요구 아래 감춰진다. 돈 그 자체는 도외시된다. 그런 환상은 경제학자들에게도 남아 있을 수 있다. 실제로, 약속한 돈의 수량과 교환을 위해 제안되는 돈의 수량이 자산을 평가하는 것은 분명하다. 쾌락원리로 살아가는 소비자들에게 돈은 상품의 약속이다. 힘을 얻고자 움직이는 투기자들에게는 자산이 돈의 약속이다.

3.3.3 분명한 욕구drives는 분명한 가치의 관점을 연다. 비록 쾌락의 생산에 불과하다 할지라도, 생산 활동으로 합병될 수 있는 자본이 되는 한, 경제생활에서 모든 것은 다른 것을 통해 자신의 가치를 지닌다. 예를 들어 생명체들은 자신의 필요에 맞는 환경 속에서만 효과적으로 기능한다. 생명체가 혼자서 생존할 수 없으므로 고립 속에서는 가치가 없다. 이와 마찬가지로 재산, 상품, 서비스는 욕망과 사용의 대상으로서만 가치를 지닌다. 형태의 창조 없이는 가치도 없다. 표상 속에서조차, 사용가치는 요구되는 어떤 과정과 관련하여 상상될 수 있다. 사용가치의 상상된 세계는 생태학적 맥락에서 이전 가치와 대체된다. 사용은 인간적 요인과 관련된 가치이다. 나아가, 그런 형태의 창조와 상상은 생산적 경제활동의 전제조건이다. 욕망은 사회의 구조를 설립한다.

다른 시각은 교환에서 표현된다. 교환과 관련해서 생각해보면, 어떤 물품은 가능한 대체와 연관되어서만 가치를 가진다. 그것이 생태학적 환경과 관계있든 인간의 사용과 관계있든, 그 물품의 본질적 재산은 무시된다. 사람은 형태와 사용의 영역을 교환과 가격의 영역으로 대체한다. 이것은 본질적으로 관점의 변화이다. 사용과 교환은 세계를 어떻게 보는가를 통해 관점을 달리 한다. 사용과 교환은 중립적이 아니라 결정적 시각효과를 가진다. 만일 누군가 세계를 사용의 관점에서 본다면, 전 세계는 자신의 수요, 요구, 바람에 따라 채색되고 왜곡된다. 또 세상을 교환의 관점에서 본다면, 물품 자체 대신에 그것과 교환될 것을 본다. 나아가 이런 것들은 결국 보이지 않지만, 다른 교환이 그것들을 대체한다. 그것은 마치 사람이 그림자를 보는 것과 같다. 오직 그림자의 강도만이 교환가치로 표현된다. 계산단위로서의 돈은 모든 그림자가 만들어지는 스크린이다. 물건에서 확증을 찾는 사람의 수요, 필요와 욕구의 모든 것은 일시적으로 연기된다. 즉시 보이는 만족은 없다. 교환의 관점에서 보면, 세계는 스스로에게 단일 욕망수익을 증대하려는을 부여한다. 교환 가치 속에서 표현되는 다른 욕망이나 사고는 없다.

세상이 투영되는 스크린으로서 돈의 사용은 독특한 시각효과를 가진다. 모든 수요, 필요와 욕구는 긴장감 속에서 유지된다. 이들은 사적이며 사회적 관계에 직접적으로 영향을 주지 않는다. 사회적 관계는 단일한 공공수요로 구성되는데, 바로 돈을 갖는 것이다. 그것은 다른 수요가 이뤄질 수 있는 돈을 가짐으로만 가능하다. 사회의 구조는 돈으로 표현되는 가치의 약속으로 구성되는 것처럼 보인다. 게다가 돈은 교환가치의 투영을 위한 단순한 스크린이나 공급 이상으로 기능한다. 돈을 구하는 것은 교환가치가 보임을 통해 그런 관점을 유지한다. 상대적 의미로, 상품의 교환가치는 돈으로 측정된다. 절대적 의미에서, 교환가치는 그것을 보는 관점, 즉 화폐수요 같은 것을 통해 구성된다. 돈의 욕망은 마침내 돈이 제공하는 약속으로 구성된다. 교환에서 사회의 구조는 신용으로 구성된다.

사용이나 교환에 관한 그런 관점들은 특정한 필요나 욕구, 수요에 그들이 대답할 때만 유지된다. 여기서 대답이란 약속을 제공하는 것을 의미한다. 어떤 관점은 수요가 만족가상의 만족이나 상상을 통한 만족을 찾는 것을 통해 이미지를 생산해야만 한다. 돈의 힘은 궁극적으로 약속된 가치를 전달할 능력에 있는 것이 아니다. 돈은 이미지가 이루어질 수 있다는 신념을 준다. 돈의 힘은 정신 속에서 어떤 관점을 갖고 그것을 유지하기 위한 능력이다. 약속으로서, 돈의 힘은 그것이 약속하는 힘에 관심을 기울인다. 스크린으로서, 그것은 사회적 상호작용의 모든 방식에서 나온 관심을 숨기며 철수시킨다. 그것과 맞서는 관점들 중 어느 것도 돈을 가진 사람에게 유동성, 유연성, 그리고 자유를 약속하지 못한다. 돈의 힘은 관심을 조절하고 정신적 에너지를 흡수하며 시간의 소비를 이룰 힘이다. 약속으로서 돈의 힘은 주의와 욕구를 얻기 위한 능력에 있다. 돈은 자유와 힘을 약속한다. 스크린과 전망으로서as a screen and a perspective, 돈은 그 자체가 아니라 그것으로 얻는 자유와 힘에 주의를 기울인다. 스스로에 관심을 기울이지 않지만, 그 관심에 대한 영향력은 더욱 확실하다. 수요를 효과적으로 하는 원리, 즉 자유와 힘의 최고 수단처럼, 돈은 현실 원리이다. 돈은 다른 모든 욕구와 가치를 깨닫게 하는 힘을 약속한다. 돈은 스스로 보편적 사회적 수단이 된다. 가치에 접근하는 최상의 수단으로서, 돈은 가장 사회적 가치 가운데 하나이다. 돈은 다른 모든 목표의 실현을 위한 전제조건이다. 다른 모든 목표는 실현을 위한 충분한 돈이 모일 때까지 연기해야 한다. 그리하여 돈은 최상의 존재, 즉 관심과 욕구의 초점으로서 스스로를 자본기획을 이루기 위한 원칙으로 여긴다. 돈은 스스로를 신, 즉 모든 창조의 원리로 여긴다. 관심에 대한 영향력은 그것이 요구하는 경배다. 세상이 교환의 관점으로 간주되는 한, 돈의 힘은 절대적이다.

3.3.4 단순한 신호이든 토큰이든, 돈이 힘의 최고 원리가 된다는 것은 명백한 역설이다. 그것은 약속의 신학적 힘을 통해 이루어진다. 돈

의 힘은 교환을 통해 표현된다. 시장 사회에서, 돈은 시장을 가능하게 한다. 사회가 교환에 의해 구성되는 한, 돈은 노동분리와 상호의존 같은, 사회의 가능성의 조건이다. 게다가 교환이 해체를 통해 이전의 사회적 힘의 형태를 소멸하고 재조립을 통해 새로운 형태의 구조를 포괄하기 때문에, 그것은 다른 사회적 형태를 교환과 대체시킨다. 교환가치는 외부적 혹은 미래적 가치와 관련하여 측정 되므로, 현존하는 힘의 질서가 교환가치를 제한할 수는 없다. 돈은 도피하는 힘을 가진다. 돈을 억누르려는 시도는 돈을 그 영역 밖으로 몰아낼 것이다.

교환가치는 비교에서 나온다. 가격은 더 싼 대체물이나 대안물이 없음을 표시해 준다. 가격은 또한 더 효과적 수요의 부족을 말해 준다. 그런 비교의 조건에서, 사람은 항상 경쟁자들에게 위협 받는다. 돈으로 촉진된 모든 교환에서, 일어나지 않는 수많은 잠재적 교환이 존재한다. 경쟁은 승자와 패자를 필요로 한다. 돈을 더 지불하거나 더 낮은 가격에 팔 수 없는 사람들은 항상 존재할 것이다. 그런 경쟁이 상대적으로 가격균형의 효과를 주지만, 절대적으로 빈곤의 위협의 효과를 준다.

절대적 부의 신호로서 돈은 부의 약속을 빈곤의 위협과 결합시키는데, 돈이 약속하는 부가 일시적이기 때문이다. 오직 자본만이 부를 지속시킬 수 있다고 약속한다. 돈과 구매자가 있는 사람에게는 수요를 만족시킬 수 있는 자유가 부의 약속이다. 하지만, 일단 구매가 발생하면 그 조건은 돈의 부재 중 하나로 대치된다. 빈곤의 위협은 부의 약속을 따른다. 돈을 얻으려고 파는 자들에게는, 돈이 수요를 충족시키기 위한 자유의 약속을 지속시키는 것이다. 판매의 실패는 가난의 위협을 지속시킨다. 가난의 위협은 부의 약속에 앞선다.

그러므로 시장 사회에서는 상호의존 관계가 불투명하고 불안정하며 언제라도 끝날 수 있다는 위협에 시달린다. 믿을 수 있는 소득 원천을 가질 때에만 사람은 그런 사회 속에서 안정감을 얻는다. 돈이나 신용에 다가가는 만큼만 사람은 사회에 참여할 수 있다. 돈이 시장의 자유를 약속하지만, 또한 독점규제constraint of exclusion를 위협하기도 한다. 돈의 힘은 그 약속에만 포함된 것이 아니다. 시장 사회 속에 현존하는 위협에도 포함되어 있다. 교환하고 이윤을 내며 수요를 충족시킬 무제한의 기회가 있는 시장에서 경제 대리인보다 더 자유로운 사람은 없을 것이다. 실제로 그런 경제 대리인들은 어마어마한 훈련에 시달린다. 교환할 자유는 노동을 통솔할 자유이기 때문이다. 그런 자유는 오직 노동을 통솔할 수 있을 때만 현실화 될 수 있다. 부자들의 자유는 일하는 사람들의 속박이라는 대가를 지불해야만 얻을 수 있다. 자유를 약속하는 것처럼 보이는 시장 사회는 자신에게 엄격한 규율의 체계를 부여한다. 사람은 항상 돈을 얻기 위한 의무감 아래 있다. 그런 의무는 쾌락이나 권력의지와는 별개다. 사람은 돈을 벌려면 물건을 팔아야 한다는 의무 아래 있기도 하다. 사람은 신뢰받는 사람이 되도록 빚을 갚아야 할 의무 아래 있다. 사람은 투자하여 수입을 창출해야 한다는 의무 아래 있다. 부의 안전을 약속하는 것이 노동분업을 통해 얻어지지만, 시장사회는 일반적 불안의 조건을 회원들에게 부과하여, 회원들 각자가 상호의존의 관계에서 제외될 수도 있다는 위협에 직면하게 한다.

전체 시장실패market failure:시장이 최적의 자원배분의 메커니즘으로서 기능하지 않는 것-역주의 공포가 시장공황market panic:경제적 공황으로 증권의 시세가 한없이 폭락하는 장세를 의미함-역주의 출발에서 유동성으로서 화폐수요를 발생시키는 것처럼, 시장 속 실패의 공포 또한 화폐수요를 발생시킨다. 시장사회의 근원으로서 돈은 약속을 선언하지만, 위협도 가져온다. 이런 위협은 마침내 화폐수요를 강화한다. 시장으로 구성된 사회가 더 넓어질수록, 시장으로서 화폐수요와 사회 구성도 더욱 강화된다. 그런 힘에 대항할 만한 물리적 힘은 거의 없다. 돈이 할 수 있는 방식으로 자본의 생산력을 동원할 수 있는 정치적 힘도 거의 없다.

돈의 가치는 화폐수요에서 나온다. 돈은 교환에서 받아들여지기 때문에 가치를 유지한다. 폐쇄시장으로서 단순한 사회의 이미지에 따르면, 추상적 교환가치는 보편적 등가물에 대한 대체와 비교에서 나온다. 사회는 가능가치possible value의 비교과정을 제한함으로 설립된다. 물건은 교환가치를 가지며 그렇기에 다른 모든 가치와 비교되는 만큼 사회적 중요성을 가진다. 물론 실제로는 보편적 비교의 과정이 많은 수의 치환을 완성시키지 못한다. 상대적 가격은 가장 근접한 대안물과 관련하여 측정된다. 그런 가격은 또한 측정될 수 있다. 그러므로 이상적 시장조건 아래서 균형에 이르는 대신에, 가격은 다른 측정과 비교되어 끊임없는 변동과 동요의 과정으로 이어진다. 각각의 측정을 수정하는 것이 다른 상대적 가격의 수정으로 이어지기 때문이다. 가격이 측정되는 것을 막는 절대적 기준은 없으며 가격이 결정되는 보편적 시장도 없다. 그러므로 돈의 가치가 전반적 가격수준과 관련하여 수정되는 일이 없는 이유는, 가격이 절대로 전체적 수준에 이르는 일은 없기 때문이다. 돈의 가치는 외부에서 결정된다. 그것은 어느 부분 화폐수요의 표현이다. 화폐수요는 약속과 위협에서 나온다. 돈이 교환에서 받아들여지는 이유는 수요의 대상이기 때문이다. 돈이 수요의 대상이 되는 이유는 교환에서 받아들여지기 때문이다. 돈은 돈으로 하는 신뢰에서 가치를 얻는다. 돈은 모방을 통해 가치를 유지한다. 즉, 돈은 교환에서 널리 받아들여진다.124) 비록 그런 모방이 전염되어 퍼져나갈 수는 있지만, 초반 추동력initial impetus으로 설명할 필요가 있다. 돈에게 가치를 부여하는

---

124) 돈의 구조 속의 모방(mimesis) 기능은 다음의 책에서 강조되었다. 앙리에타와 오를레앙 (Aglietta and Orlean), *La monnaie entre violence et confiance.*

초반 추동력은 바로 약속과 위협이다. 시장화 된 사회 이전에, 만약 위협보다 그 약속에 무게를 실었다면, 시장화 사회 이후에는 약속과 위협이 모두 강화되었을 것이다. 시장을 통해 이전보다 더욱 많은 관계가 만들어 질 수 있다. 시장 밖에서는 관계가 거의 형성되지 않는다. 돈의 중개인을 통해, 시장은 사회의 점진적 식민지화를 가져온다. 사회의 식민지화를 통해, 시장은 돈의 수요를 강화시킨다.

건설적 자본으로서 돈의 사회적 실재는 자기 충족적 약속이다. 돈은 그것과 교환할 수 있는 상품의 가치로 표현되는 상대적 구매력을 가진다. 돈은 절대적 구매력을 가지는데, 이는 약속의 힘이다. 게다가, 돈은 약속으로서 자신을 충족시키는 힘으로 표현되는 사회에 돈 자신을 강요할 절대적 힘을 가진다. 돈이 힘을 얻는 이유는 힘을 가졌기 때문이다. 돈은 역동적 힘, 순수한 약속, 무無에서 나오는 신출귀몰한 실재이며 무엇이든 명령한다. 돈에 저항할 수는 없다. 돈은 무제한적 교환을 받아들인다. 돈은 다른 모든 사회적 힘을 능가한다. 그런 것은 근대성의 엔진이다.125)

빚

3.4.1 경제적 생산은 에너지와 욕구, 그리고 신념에 의해 발생한다. 근대시대의 독특한 특징은 생산의 직접적 목적을 위한 자연적, 사회적, 종교적 퇴적에서 에너지, 욕구와 신념의 방대한 양의 자유가 나온 것이다. 근대성의 종말에 와서야 경제적 생산을 위한 에너지의 접근성에 한계가 있음이 밝혀지고 있다. 무제한적 축적, 발명, 그리고 조립에 대한

---

125) 이런 생각들은 현대 경제에서 단순히 명목화폐(fiat money)나 부채(debt money)에 적용되지 않는다. 이들은 모든 돈에 적용된다. 따라서, 단순히 법화(legal tender)의 토큰이나 가치 있는 상품으로 돈을 되돌리려는 어떤 화폐개혁은 돈의 힘을 무효화시키지 못할 것이다. 게다가, 법화로서 국가가 주조하고 분배한 돈은, 세금지불에 유효하며, 그 고유한 금속 함유량(metal content)이 아무리 값진 것이라도, 이미 부채로서 만들어진다.

가능성을 고려해 볼 때, 투자를 위해 사용해야 할 돈이 부족하여 당면한 생산이 제약되는 결과를 가져왔다. 시장 사회에서는 물질과 전문지식, 그리고 건설적 노동력이 돈을 통해 얻어지므로, 부족한 건 항상 돈이다. 만약 돈이 더 있다면, 항상 자본의 생산력이 증가할 가능성이 있다.

동시에, 각 경제는 무제한적 잠재적 수요를 가진다. 한계효용 이론과 같이, 어떤 상품의 수요가 한계에 도달하면, 원칙상 무제한적 다른 수요가 있다. 소비와 책정의 수량에는 한계가 있지만, 요구되는 상품과 서비스의 품질이 개선될 제약은 없다. 만약 돈이 긴급히 사용될 곳이 없다면 더 많은 수익을 위해 투기적으로 투자될 것이다. 항상 돈의 무제한적 수요가 있다. 그러므로 과축적의 일반적 문제가 없을 수도 있다.126) 만약 사용할 수 있는 돈이 생산적 투자를 위한 즉각적 기회를 초과한다면, 돈은 더 나은 상품과 서비스에 사용될 수 있고, 가격을 올리거나 투기적 자산에 사용될 수도 있으며, 또한 가격을 올려서 투기적 수익으로 이어진다. 특정한 투기시황 속에서 신용 부족의 위험, 혹은 특정한 부문에서 과생산의 위험이 있다. 돈의 유용성 부족은 다시 한번 수요의 실질적 한계를 마련한다.

그러면 각 경제는 생산의 무제한적 수용력과 수요의 무제한적 수용력을 갖는다. 심지어 경제성장과 생태학적 유한성 사이의 충돌은 희귀자원의 채굴예를 들면 광물, 석유와 가스 부문과 적응기술에서 오는 수익을

---

126) 자본의 과잉축적 문제는 자본주의의 모순에 대한 마르크스의 설명의 주요 요소가 되어 왔다. 만약, 수익률이 떨어진다면 과잉화폐자본(excess money capital)은 투자를 위한 적절한 수단을 찾지 못한다. 다음을 보라. 하비(Harvey), *The Limits to Capital*. 그런 경향이 그것 자체로 의심스럽다면, 과잉화폐자본은 항상 자본투자를 위해서보다는 재산이나 금융상품에 투기적 투자를 위해 사용될 수 있다. 부채로서의 돈의 생성은 근대성의 엔진을 설명하는데 더 효과적이다. 반대로, 제프리 잉햄(Geoffrey Ingham)은 신용화폐(credit money)공급의 탄력성을 통한 가치의 확장과 신뢰상실을 통한 화폐안정성의 붕괴 사이의 긴장은 근대자본주의자 체계의 핵심적인 역학이라고 논증한다. 다음을 보라. Ingham, "Fundamentals of a Theory of Money", 같은 책, *Concepts of Money*, 142.32.

낼 기회로 이어지기도 한다. 통화절하가 금과 같은 믿을 수 있는 가치보장에서 이윤을 낼 기회로 이어진다. 심지어는 주식시장의 하락이 공매에서 오는 이윤을 얻을 기회로 이어지기도 한다. 경제성장의 한계는 항상 돈의 유효성의 한계로 경험된다. 사회적으로 유용한 일의 수량은 무제한적이다. 기꺼이 그것을 하고자 하는 많은 실업노동자가 있다. 항상 돈은 부족하다. 돈은 역동적 자본이다. 돈 없이는 생산적 가능성들이 현실화 되지 못한다. 만약 수요를 충족하는 노동력을 조직할 국가의 역량에 한계가 있다면, 이런 한계는 신뢰성의 역량일 것이다. 돈은 국가가 결여한 신뢰성을 제공한다. 돈은 자유의 힘을 제공한다. 돈은 자신을 소유로 내어 놓는다. 이런 명령에 대한 반응으로, 돈은 명령할 힘을 준다. 국가가 약속할 수 없는 것은 돈이 약속하는 것과 일치한다.

돈의 공급증가는 생산과 수요를 모두 증가시킬 수 있다. 나아가 추가적 돈이 있으면 승수효과multiplier effect로 경제를 자극시킨다. 개인이 돈을 쓸 때, 수익을 내려고 돈을 거래하거나 투자하지 않는다면 잃은 것이다. 하지만 전체 경제에서는, 같은 돈이 되풀이 되어 사용될 수 있다. 만약 투자가 소비에 맞춰 균형을 이룬다면, 추가적 돈의 공급은 잠재적 생산의 공급뿐만 아니라 잠재적 수요의 공급까지 이뤄낼 수 있다. 효과적으로 성장하는 경제를 위해서는 그것이 상품과 서비스의 생산뿐 아니라 수요를 표현하는 돈의 창조도 필요로 한다. 폐쇄된 시장사회에서는 돈의 공급증가가 단순히 비활성 비축inactive reserve만을 증가시킨다. 과도한 돈은 재순환되지 않으며 비축될 수 있다. 그것은 해외에서 사용되어 돌아오지 않거나 가격의 일반적 증가로 이어지기도 한다. 반대로 자본가 사회에서는, 돈의 공급증가가 생산투자와 소비증가로 이어진다. 돈은 경제성장을 자극한다. 이윤을 내기 위한 자본에 돈을 투자하는 것은 자본가 사회에서 가장 근본적 전략이다. 그것은 구매, 임대료, 임금, 그리고 이자를 통한 투자에 돈을 축적하고 창조할 것을 요구한다. 그것은 수익의 형태로 돈의 축적을 생산한다. 돈의 최적 수량optimum quantity of money에 대해서는 의문의 여지가 없다. 돈을 사용하는 문제가 있을 뿐이다. 만약 생산이 빠르게 성장하지 않는다면, 투자로 사용된 돈은 소비로 사용되어 가격증가로 이어진다. 만약 돈이 너무 많아 소비로 직결되면 인플레이션의 위험이 따른다. 만약 많은 돈이 생산과 직결된다면 공급과잉의 위험이 있다. 이런 균형을 막론하고, 돈은 생산적 힘으로 남는다.

3.4.2 돈의 수요는 무제한적이다. 사람은 결코 충분한 수익, 충분한 경제안정, 충분한 투자 혹은 충분한 소비를 가질 수 없다. 일반적으로 돈은 희소하지만, 돈의 공급은 무제한적이다. 그런 수요에 응하여, 은행은 비즈니스, 정부, 그리고 개인에게 돈을 대출의 형태로 만들어 준다. 대출수요는 무제한적이지만, 효과적 대출수요에는 항상 제한이 있다. 대출원금과 이자은 돈으로 상환되어야 하기 때문이다. 자산의 처분을 통해서나 미래의 수입이나 투자를 통해서 갚을 수 있다는 보장이 있을 때만 대출은 발효된다. 대출을 해 주는 것은 매우 간단하다. 사람이 능력과 수익을 내는 활동에 임하겠다는 의무를 보여줄 때만 돈의 자유를 자신의 주머니에 넣게 된다. 대출은 계약이지 교환이 아니다. 돈이 소비되는 곳에서, 그리고 그것이 갖는 힘과 자유가 타인에게 양도되는 곳에서, 빚을 갚아야 할 계약적 의무가 대출자에게 남겨진다. 돈이 수동적이고 중립적 실체나 교환에서의 신호로 보이는 곳에 계약상의 의무가 있다, 돈은 양도되는 빚으로서 기능하며 수많은 손을 거쳐 자유롭게 전해지지만, 그것을 인수한 가치는 대출에서의 이자를 갚을 계약적 의무이다. 그런 빚이 세금으로 이자지불을 보증한 정부에 인수되었는

지, 이윤으로 이자지불을 보증한 비즈니스에 인수되었는지, 혹은 미래적 수입으로 이자지불을 보증한 개인에 인수되었는지는 중요하지 않다. 각각의 경우에서 돈은 빚으로 만들어졌다.

본질적으로 그 가치가 비축되는 용돈pocket money, 은행과 같은 중앙지점에서 보관하는 지폐, 그리고 미래의 세금, 이윤이나 수입에서 선불된 비축 가치 돈 사이를 구분하는 것이 중요할 것 같다. 예를 들면 마르크스는 돈과 신용을 분명히 구분했는데, 재정 위기에서 신용이 절하되어 돈이나 금을 비축하고자 하는 쇄도가 있었기 때문이다.127) 그럼에도, 신뢰의 대상으로서 금은 가치를 유지한다. 모든 돈은 신용이다. 재정 위기가 닥치면, 은행시스템을 통해 유지되는 중앙집중적 비축에서 개인적으로 유지되는 비축으로 바뀌는 단순한 신용의 변화가 있다. 재정 위기는 건설적 자본으로서 신용의 해체를 의미한다. 양도할 수 있는 자산으로서의 돈투자나 구매를 위해 자유로이 사용될 수 있는 교환가치의 전형과 계약적 빚으로서의 돈을 구별하는 것이 더 중요하다. 자산으로서의 돈은 양도 되지만, 자산은 부채를 떠안은 사람이 지닌 빚으로 보증된다. 돈은 양쪽 면을 가진다. 힘과 자유를 주는 주체적 머리이며 사회적 의무를 말하는 반대쪽 면이다. 자산은 사회적 요구를 포함한다. 자산은 항상 부채를 수반한다. 그러므로 돈을 자산으로만 취급하는 어떠한 돈의 작용분석도 충분하지 않다. 돈을 자산으로 축적하는 사람, 즉 돈과 자유를 가진 사람은 이미 부채와 돈의 수요로 가득 찬 시장에 들어온다. 더욱 중요한 것은, 돈이 이미 빚으로 만들어졌기 때문에 축적된 돈을 가지고 시장에 들어오는 사람은 단순히 판매자 집단과 마주치는 것이 아니라, 구매자가 축적한 것보다 많은 액수로 이미 빚을 진 판

---

127) 이런 관점은 다음의 책에서 강조되었다. 브룬호프(de Brunhoff), *Marx on Money*, 80-86.

매자 집단과 만나게 된다. 판매자들은 그런 구매자들에게 판매해야 할 의무를 가지며, 구매자들을 주체적 명령의 근원으로 대해야 한다. 빚을 진 판매자는 그런 구매자들 사이에서 같은 조건을 가질 수 있지만, 어떤 주인에게 어떤 서비스를 제공해야 할 의무를 지닌다.

돈의 신용창조 효과는 전체 경제에서 중립적이지 않다. 돈으로 상환되기 전에 대출이 지출되었으므로, 대출은 그런 돈의 수요를 압박한다. 대출은 순환 속에 있는 전체가치에 더하지만, 또한 대출은 이자율로 전체 체계에서 돈의 수요를 압박한다. 신용에 쉽게 접근할 수 없는 사람들에게는 화폐수요의 압박은 항상 쓸 수 있는 돈의 부족을 의미한다. 신용에 쉽게 접근하는 사람들에게는 빌린 것보다 더 많은 돈을 갚아야 할 필요가 있다는 것은 항상 쓸 수 있는 돈이 부족하다는 것을 의미한다. 대출을 통해 돈을 빌리는 이유는 끊임없이 사용할 수 있는 돈이 없기 때문이다. 돈을 더 많이 빌릴수록, 쓸 수 있는 돈은 더욱 줄어든다. 돈의 부족이 늘어날수록, 전체 경제체계에서는 돈을 버는 행위를 우선시 하는 의무도 커질 것이다. 축적된 부의 정도가 커질수록 빚의 노예가 되는 정도도 더 커져간다.

현재 세계 경제에서 부채보다 더욱 중요한 사회적 힘은 없다. 요구나 욕구를 어느 정도 채우는 것이 경제행위를 이끈다. 또한 생존을 위한 고군분투도 경제행위를 이끈다. 이익을 위한 투기적 수요나 권력의지도 어느 정도 경제행위를 움직인다. 더 나아가서는, 사회적 부채의 의무도 경제행위를 이끈다. 그런 일은 서로 간의 경쟁 속에 있는 것이 아니라 서로를 통해 실현된다. 그러므로 각각의 힘의 정도로 그것들을 나누는 것이 불가능하다. 각각의 경제가 다른 경제들의 효과를 확대시키므로, 경제에 영향을 주는 정도를 각각 비교하는 것은 어렵다. 생존은 원하는 것을 이룸으로 가능해진다. 원하는 것은 시장교환을 통해 얻어진다. 시장은 수익을 위한 탐구에서 나오는 행동 때문에 상품으로 채워질 수 있다. 임대료, 임금, 그리고 이자 속의 수익투자는 소비에서 사용할 수 있는 돈을 벌어 유효수요를 증가시킨다. 빚은 수익을 위한 탐구를 이끈다. 그런 동력은 상대적으로 독립된 질서를 가지는 것처럼 보인다. 생존을 위한 고군분투는 욕구의 실현 없이도 지속될 수 있다. 욕구의 실현은 수익을 위한 탐구 없이도 지속될 수 있다. 수익을 위한 탐구는 대출이나 빚 없이도 지속될 수 있다. 그러므로 우선순위를 역사적으로, 논리적으로 이전에 있는 것에게 돌리는 것이 자연스러워 보인다. 빚은 수익의 끝을 의미하며 수익은 욕구의 실현을 의미한다. 욕구는 생존을 위한 사투 가운데 있는 수단이다. 그럼에도 이런 것들을 "수단"으로 다루는 것은 그들을 이전의 동력drive에 온전히 종속된 도구로 다루는 것이다. 실제로 시장은 복잡한 공동의 의존을 가능하게 한다. 생존을 위한 고군분투는 어떤 사람들을 임금을 받도록 일하게 하여 다른 사람의 욕구에 헌신하게 한다. 쾌락을 위한 욕구는 어떤 사람들이 구매하도록 하여 다른 사람들의 이익을 창출하게 한다. 이익은 자신을 위해서 만들어지는 동시에 그 이익의 일부는 이자를 지불하는데 사용된다.

빚은 목표end가 되는 수단이며, 대출에서 이자를 갚기 위한 것이기 때문에 돈을 얻기 위한 판매에서 교환가치를 생산할 필요가 있다. 대출이 상품과 서비스의 형태가 아니라 돈으로 상환되므로, 경제 시스템에게 대출을 갚으려고 상품과 서비스의 형태로 부를 생산하는 것은 충분하지 않다. 대출이자를 갚으려면, 누군가가 어딘가에서 돈을 빚으로 만들어 내야만 하고, 그리하여 원래 대출금이 상환되어 빚이 없어진다. 경제에서 빚의 양은 가장 높게 급증한다. 빚의 힘은 이전보다 더욱 강해진다. 바람직한 공공서비스에 돈을 쓰는 대신, 대출금을 갚도록 수익을 낼 돈을 쓰는 것이 더더욱 필요해진다. 수익을 내기 위한 돈의 유용성은 더욱 커지는 반면 가치 있는 행위를 위한 돈의 유용성은 더욱 빠듯해 진다. 재정적 탈중개화disintermediation로, 수익창출의 순환은 오직 투기를 통해 일어나며, 높은 수준의 차입을 통해 얻은 빚을 상환한다. 돈은 얻을 수 있는 최고 수준의 이익을 제공하는 생산적 순환에서 투기로 점차적으로 후퇴한다. 부가 증가하는 세상에서, 돈의 유용성은 더욱 빠듯해 진다.

3.4.3 두 종류의 빚 사이의 차이를 명확히 하는 것이 중요하다. 사적 부채는 존재하는 자산의 일시적 대출로 합의 당사자들 사이에서 계약이 성립될 수 있다. 그런 부채는 순환 속에서 돈을 늘리지 않는다. 부채는 단순히 예비금의 효과적 투자를 촉진시킨다. 은행 시스템은 그런 부채를 위한 시장 조성자로서 기능하며, 대출자와 빌려주는 사람 사이의 총액 양도transfer of sums를 용이하게 한다. 하지만, 은행들이 예비금을 유지할 때 신용의 체계는 본질적으로 변화한다. 부분지급준비제도에서는, 은행이 자신에게 예금된 돈을 빌려주지 않는다. 부분지급준비제도는 예비금에 있는 그런 돈을 유지한다. 대신, 수표나 은행계좌의 형태로 대출금을 발행한다. 대출된 돈이 사용되고 다른 은행에 입금될 때, 두 은행의 예비금 사이에서 이동이 일어난다. 중앙은행이 몇 개나 되는 큰 경제에서는, 대다수 그런 이체가 매일 일어날 것이다. 이런 거래들의 대다수는 상쇄될 것이다. 만약 일시적 불균형이 있다면 예비금은 오버나이트 론overnight loan:대출은행의 증권에 대한 소유권을 인정하는 방법으로 전액 보증하는 최단기 신용—편집자주을 위한 은행 간 금리로 은행들 간에 대출될 수도 있다. 즉, 각 은행은 예비금 형태로 발행하는 대출의 작은 부분만을 유지할 필요가 있다는 것이다. 이런 돈의 대다수는 새로이 탄생된다. 결국 이자를 붙여 갚아야 할 돈과 상쇄되는 돈은 일시적 부채이

다. 그런 신용은 그렇게 해야 가능한 생산 활동을 촉진시킨다. 그런 신용은 또한 새로운 모든 생산 활동을 수익의 추구로 묶어버린다.

빚은 공동의존을 가능하게 한다. 상호의존은 부를 증가시키는 동시에 취약성도 증가시키는데, 그 이유는 돈으로 예금된 가치가 다른 사람의 주머니로 들어갈 때, 경제의 전 영역으로 안전하게 흩어지기 때문이다. 돈으로 예금된 가치가 중앙은행에 보관될 때는, 애덤 스미스가 지적한 것과 같이 그 가치는 적대감에 취약하다. 어떤 침략에서도 핵심적 전략의 대상은 돈의 보관소와 금 보유고이다.128) 돈으로 예금된 가치가 더 이상 물리적 장소에 보관되어 있지 않고 대신 은행 간의 사설 신용망 속에 있을 때, 그것은 명성만큼이나 쉽게 부서질 수 있게 된다. 가치는 화폐위기에 취약하다. 이런 빚의 취약성은 힘의 근원이다. 빚이 가치절하와 인플레이션으로 감소된다면, 그런 움직임은 건설적 자본으로서 신용을 약화시키며 부의 생산을 감소시킨다. 복합경제 속에서는, 돈, 신용, 그리고 은행시스템의 안정성이 다른 관심사보다 우선순위를 차지하는데, 건설적 자본은 협동과 부의 근원이기 때문이다. 복합경제에서는, 상호의존이 자기의존을 대신한다. 에너지 공급, 유통, 커뮤니케이션, 그리고 은행업무의 붕괴는 전체 체계를 정지시킨다. 그리 부유하지 않은 사회가 통화위기에 쉽게 영향을 받는다면, 부유한 사회는 그런 붕괴에 가장 취약하다. 시장이 독점적으로 자본의 분배를 중재하면, 사회의 다른 건설적 자산이 없기 때문에 만약 그 시장이 무너졌을 때의 자본분배는 이루어질 수 없다. 금융금리에게 최고의 정치적 힘을 주는 신용 시스템의 취약성이 바로 이것이다. 만약 신용이 실패한다면, 신용도 쉽게 무너질 수 있으며, 사회전체도 함께 실패할 것이다.

---

128) 스미스(Smith), *The Wealth of Nations*, 420.

약속

3.5.1 돈은 가치의 약속이다. 결정되어야 할 본질적 이슈는 그런 약속이 가치에 의존하느냐 혹은 그런 가치가 약속에 의존하느냐이다. 결정되어야 할 문제는 그런 약속의 가치가 수요와 공급에 따라 교환에서 결정되느냐 아니면 교환으로 축소되지 않는 초월적 범주냐 하는 것이다. 돈과 돈에 의해 약속된 가치 사이의 구분은 잘 정립되었지만, 돈과 돈에 의해 약속된 가치 사이의 관계는 그렇지 않다.

지금까지 논의한 것처럼, 돈이 약속된 가치는 돈에서 독립된다. 돈이 약속하는 가치는 돈으로 살 수 있는 상품, 자산, 그리고 서비스에 구현되어 있다. 그런 상품, 자산, 그리고 서비스의 가치는 가격으로 측정되며, 그것을 지불하는 돈의 수량으로 구현된다. 가격은 상품, 자산, 그리고 서비스를 시장 내에서 각각 비교함으로 결정된다. 시장은 명성, 돈, 그리고 중개자나 예비금이 있음으로 가능해 진다. 시장 안에서는 다음의 두 종류의 비교가 가능하다. 하나는 상품이 상당히 차이가 나는 곳에서 판매되는 상품들의 품질 비교, 그리고 다른 하나는 비교했을 때 가격 차이가 있는 곳에서 서로를 대체할 수 있는 상품의 가격 비교이다. 가격차에 의한 수량적 비교의 표현은 여기서 매우 중요하다. 수량의 차이는 절대적 기준과의 관계가 아니라 돈이 포함된 약속과의 관계로 정립된다. 다른 시장에서든 미래시장에서든 가격의 차이는 정해진 액수의 돈이 갖는 모든 가능성을 나타내기 때문이다. 모든 상품이 서로서로 비교함을 통해 보편적 등가가 되는 것이 아니라, 돈은 다른 시장들에서 얻을 수 있는 가치의 약속을 나타낸다.[129] 보편적 등가나 보편

---

129) 마르크스는 보편적 등가물로서 돈의 본질을 상품형태에 대한 그의 분석에서 가져왔다. 다음을 보라. 마르크스(Marx), *Capital*, 1: 124–77. 이 분석은 다른 것들과 교환할 수 있는 상품, 즉 일반적 등가물에서 가격이 측정되는 보편적 등가물로 이동하는 것이 가능하다는 것을 전제한다. 하지만, 가격의 보편적 비교는 결코 이루어질 수 없는 유토피아적 이상이다. 대신, 모든 상품이 돈을 약속하지만, 돈은 다른 미래의 시장에서 유효수요의 힘을 약속

적 시장은 없다. 전체 시장에 합당한 거시경제적 관점은 없다. 시장에는 오직 중개인의 관점만 존재하는데, 시장은 주택소유자, 상인, 지주, 노동자, 자본가, 은행가, 투자자, 혹은 그 외의 사람들이 있는 곳이다. 모든 시장 및 비교들은 지역적이고 제한적이다. 가격은 약속과 기회와 관련하여 측정 되지, 절대적 기준으로 측정되는 것이 아니다. 일반적으로 가격이 상품의 세계와 관련하여 고정되지 않는 이유는, 그런 세계가 오직 약속으로서만 존재하기 때문이다, 가치는 약속에 달려있는 것이지 그 반대가 아니다.

돈은 그것이 약속이라는 점에서 상품 사이에서 뚜렷하다. 상품의 가치를 돈과 비교할 때, 상품의 가치는 외부 시장에 들어갈 한정된 힘과 비교된다. 가격을 결정하는 것은 항상 전략적이며, 외부 시장의 불확실성 및 기회와 관련된 지역 시장에서의 지식과 확신과는 대조된다. 모든 외부적 시장 속에 있는 모든 상품과의 비교작업은 결코 완성될 수 없기 때문에, 특정한 가격이 보편적 가격의 자리와 대체되어야 하며 보편적 가격에 앞서 대체된다. 아마도 수요와 공급 속의 변동을 통해, 그런 외부적 비교가 언젠가는 이루어질 수 있다는 것에서 보편적 가격이 나올

한다. 이런 의미에서, 돈은 본질적으로 잠재적 미래수요를 현실화시키는 힘의 약속이다. 그 본질은 상품들 사이의 관계로 주어질 수는 없다. 돈은 지역적이고 일시적이지, 보편적인 것이 아니다. 돈의 가치는 불확정적이며 불확실하다.
교환가치나 가격에 대해서는, 마르크스가 잘 설명했다:

그러므로 상품형태의 기이한 특징은, 상품이 노동 생산의 객관적 특징으로서, 그리고 이런 것들의 사회자연적 특성으로서 인간노동의 사회적 특징을 반영함에 있다… 그것은 여기서 사물 사이 관계의 환상적인 형태를 가늠하는 사람들 자신의 사회적으로 확고한 관계일 뿐이다. 그러므로 유추를 찾으려면, 우리는 반드시 안개 자욱한 종교의 영역 속으로 달아나야 한다. 거기서 인간의 두뇌라는 상품이 그들만의 천부적 생명을 가진 자주적인 모습으로 나타나 서로에게 그리고 인류와의 관계 속으로 들어간다(같은 책 164-65).

음악이 소리의 진동의 산물이고 말이 입의 산물인 것처럼, 돈은 자신의 삶에 수여된 자율적인 특성이 되는 인간 두뇌의 산물이다. 음악이 그렇게 쓰였기에 악기는 그렇게 진동한다. 말의 의도가 그렇기에 입은 그렇게 움직인다. 사람은 부채를 변제하고자 계약에 들어가며 사고판다. 실제로 "안개 자욱한 영역"은 "확고한 사회적 관계"의 영역이다. 사회적 관계는 오직 후판단(hindsight)으로만 분명하게 된다. 경제생활 속에서는, 모든 것이 불확실하다.

수 있다는 희망일 것이다. 수요와 공급이 지역적이고 제한적인 시장과 연결되는 곳에서, 돈은 지역 시장의 한계를 넘어설 수 있는 수단을 제공한다. 가치는, 비교와 교환의 효과이다. 가치는 돈의 총액을 결정하고자 이미 일어난 것처럼 교환을 다룬다. 가격은 시간에 따라 변동을 거듭하는 변수이지만, 항상 사건이 발생한 이후 결과로 나타난다. 가격은 일시적 약속의 측면을 깎아 내린다. 가격이 형성되는 평가 과정이 진행되는 동안, 가격은 경쟁하는 약속이 가진 모든 불확실성을 가진다. 가치는 책정되거나 소유되는 대상이 아니다. 가치는 교환에서만 오직 가치가 된다. 대상이 소유될 수 있는 것이라면, 가치는 그렇지 않다. 가치는 항상 어딘가 다른 곳에 속한다. 가격은 제시되거나 받아들이는 것이지, 소유하는 것이 아니다. 그래서 가치는 상대적이고 일시적 독립체이다. 가치를 대상의 품질이나 단위의 축적에 기초해서는 결코 이해할 수 없다.

    3.5.2 빚으로서 만들어진 돈은 다음에 따라오는 구분요소로 분석할 수 있다. 자산, 부채, 그리고 예비금. 이런 요소들은 차별화 된 당사자 사이에서 순환할 수 있는 정도까지 구분될 수 있다. 자산은 가치의 약속이다. 채무는 가치를 제공해야 할 의무이다. 예비금은 가치를 보증하는 담보이다. 또한 예비금은 보통 자산으로서, 돈, 재산, 혹은 자본의 형태를 가진다. 실제로, 돈은 3중 분할을 가능하게 하는 계약에서 나온다. 돈은 가치의 약속이다. 그런 약속은 약속을 만드는 사람들에게는 아무런 가치도 없다. 기껏해야 차용증서의 반납이 채무에서 벗어났음을 말해줄 뿐이다. 그러므로 돈이 약속으로서 가치를 창출하는 것은 오직 다른 사람이 그 약속을 믿고 가치가 그런 약속 위에서 진행될 때만 가능하다. 돈은 오직 관계에서만 존재한다. 돈의 특징은 약속에 있다.

약속된 가치는 약속을 신뢰하며 신뢰의 기초 위에서 진행된다. 게다가 약속 자체로는 신뢰를 낳지 못한다, 신뢰는 약속 자체가 아니라 가치의 보증으로서 예비금 위에 기반을 둔다. 자산, 채무, 그리고 예비금은 각각 가치를 표시한다. 전형적으로 은행이 예비금을 소유한다. 채무는 일반적으로 대출금을 가진 사람에게 주어진다. 그리고 대개 자산은 현재 돈을 소유한 사람이 가지는 것이다. 다른 관점에서 보면, 가치는 신뢰를 기반으로 하여 돈을 받는 사람에 의해 상품의 형태로 진행된다. 가치는 교환 시에 돈을 받는 사람에게 돈의 형태로 약속된다. 그리고 예금된 가치는 돈의 형태로 나타나는데, 은행 예비금의 존재와 대출금을 떠안는 사람의 특정한 담보에 의해 인수된다.130)

돈의 이러한 복잡성은 비인격적 사회 구조라는 것을 이해하는 것이 매우 중요하다. 돈의 가치는 돈으로 약속된 객관적 가치 속에 원래부터 내재된 것이 아니며, 약속에 의해 영향을 받은 주관적 신뢰 속에 본래 있던 것도 아니었다. 돈의 가치가 교환가치와 신뢰에서 나오며 교환가치와 신뢰로 표현되는 반면, 돈의 가치는 돈의 사회적 힘 그 자체에 달려있다. 돈의 가치와 신뢰의 기원 문제보다는 돈의 궁극적 방향과 목적이 더 중요하다. 어떤 방식으로 돈이 가치를 얻는지는 그리 중요하지 않다. 어떻게 돈이 가치를 유지하고 강화시키는지가 문제일 뿐이다. 여기서 기원의 문제, 보편성의 문제, 필요성의 문제는 약속의 초월적 힘에 종속된다. 약속의 분명한 영적 힘은 돈의 신학의 대상이다.

실제로 돈은 약속에서 가치를 얻는 것도 아니고 약속 안에 있는 신뢰의 존재에서 얻는 것도 아니라, 그것의 신뢰 여부가 사실이건 아니

---

130) 채권자와 부채자의 측면에서 이중적 증권담보제도에 대해서는 다음을 보라. 하인손과 스타이거(Gunnar Heinsohn and Otto Steiger), "The Property Theory of Interest and Money", 스미신(Smithin), *What Is Money?* 67-100. 우선은 계약에 착수하려는 이유로서 약속의 기능에 중요성을 두는 한, 내가 그들의 이론에서 벗어나 있다는 점을 참고하라.

건, 가치가 그런 약속의 기초 위에서 진행된다는 사실에서 가치를 획득한다. 사람은 돈을 구하고 쓰고자 돈의 가치를 믿을 필요는 없다. 그저 돈이 교환에서 받아들여 질 것이라고 믿어야만 한다. 돈의 가치의 근원인 교환에서 돈을 사용하는 것에는 여러 가지 이유가 있다. 만약 돈이 시장 사회에 참여할 능력을 약속한다면, 돈이 없어서 참여할 수 없는 사람들에게 그것은 자본에 접근할 기회에서 배제된다는 위협이다. 돈을 신뢰하는 것과 관련하여 채택된 어떤 결정은 다른 사람들의 결정에서 독립적으로 받아들여 진 것이 아니다. 돈에 대한 결정은 시장에 대한 결정이다. 또한 그것은 시장의 존재현실을 받아들이는 것이며, 다른 사람들이 받아들여야 하는, 시장이 제공하는 기회를 무시할 위험성을 받아들이는 것이다. 일단 새로운 지역과 사회생활부문으로 시장을 확대하도록 결정이 이루어졌다면, 시장과는 별개 그런 지역과 부문들 속에서 사회생활을 재건하도록 남은 자원은 얼마 되지 않는다. 화폐 중개의 진행은 모방과 배제의 위협으로 진행되는, 거스를 수 없는 과정이다. 돈의 진행은 엔트로피 과정이며, 이전의 의무를 없애버린다. 돈이 자유와 유효수요의 힘을 해체시키므로, 그런 자유와 힘이 환상에 불과하다는 것을 일깨워 주지 않고는 돈을 포기할 수 없다. 시장이 어떤 특정한 환경에서 사회적 협약을 조직하기 위한 효과적 기관을 제공하는 것을 추상적으로 결정하는 것과 제공된 돈을 받아들이는 것은 별개이다. 사람이 전체 시장관계를 생각한다 할지라도, 실제로는 돈의 수용이 결정을 이룬다.

그와 같이 돈의 존재는 시장관계에 특유의 역동성을 부여한다. 가격은 수요와 공급의 관계에 따라 지역과 제한된 시장 속에서 오르 내릴 수 있다. 가격은 또한 미래의 예상이나 외부 시장의 관계에 따라 결정되기도 한다. 외부와의 이러한 관련은 가격변동이 일어나는 경사면과 비교할 수 있으며, 항상 어떤 방향으로 진행하는 경향이 있다. 그것은 엔트로피 속에서의 증가를 위한 경향과 비교될 수 있다. 경사면이 미래 시장의 예상을 반영하지만, 경사도는 돈의 실제적 힘에 의해 만들어 진다. 돈은 돈의 부족으로 위협받는 생존의지에서 그 가치를 이끌어 낸다. 돈은 돈의 부족으로 위협받는 쾌락추구에서 그 가치를 이끌어 낸다. 돈은 수익의 투기적 예상으로 만들어 지는 발전의 약속에서 그 가치를 이끌어 낸다. 돈은 부채생성에서 가치를 이끌어 내며, 가치를 대출과 이자를 상환할 돈으로 변환해야만 하는 의무에서 그 가치를 이끌어 낸다. 유효수요를 만드는 중개의 원칙으로서, 돈은 생성, 획득, 유지와 돈의 투자가 다른 수요에 우선하라고 요구한다. 이런 모든 수단에 의해, 돈은 최상의 사회적 힘이 된다.

3.5.3 돈은 유효수요를 만들 힘을 가진다. 모든 경제적 힘과 같이, 수요는 이중성을 가진다. 한편으로 수요는 대상의 실현을 위한 수요, 즉 어떤 상품이나 서비스의 소유 혹은 소비와 같다. 다른 한편으로, 수요는 가치의 표현이다. 그것은 관심을 필요로 하는 것이다. 공급되는 상품이나 서비스는 사회적으로 타당한 시간, 노동, 그리고 자원의 가치가 요구되는 것이다. 수요가 돈을 통해 효과적으로 될 때까지 개 사이에서 충동으로 남아있는 것처럼, 평가도 평가나 사회적 인정이 되기까지는 개 사이에서 개인적 사유로 남아 있다. 그러므로 돈이 부족한 것은 투표할 기회, 대중 앞에서 말할 기회, 그리고 출판할 기회를 잃는 것과 같다. 사회적으로 타당한 평가로서, 수용을 위해 누군가는 평가를 제공할 기회를 잃는 것이다.

돈의 경제효과는, 다른 모든 경제행위보다 이윤창출을 우선시하는데, 유사한 정치적 효과를 가진다. 그것은 이윤창출을 다른 모든 정치적 가치보다 우선시 한다. 다른 정치적 가치가 시장에 인정될 때까지는 오랜 시간이 걸릴 수도 있다. 하지만, 일단 시장의 규제완화에 의해 승되면, 돈의 정치력의 발전은 거의 불가항력적이다.

　돈은 이중적으로 자유를 약속한다. 돈은 누군가의 수요를 효과적으로 만들 힘을 약속하며, 자연과 사회적 의무에서 누군가를 자유롭게 한다. 돈은 또한 다른 사람의 평가를 표현할 자유를 주며, 사회적으로 입증된 평가로서 그것들을 받아들이도록 제안한다. 양쪽 모두의 경우, 그런 자유는 가격으로 구매된다. 만약 다른 사람들이 의무를 수행한다면, 사람은 자연적 의무와 사회적 의무에서 자유로워질 수 있다. 다른 사람들이 그 영향력을 받아들인다면, 사람은 사회에 정치적 영향력을 가질 수 있다. 시장이 사회를 더 많이 중재할수록, 사회 전체에 부여된 부를 가진 사람들이 만드는 평가는 더욱 광범위해진다. 영향력의 중재는 돈을 통해 이루어지기 때문이다. 게다가 부를 가진 사람들은 꼼짝없이 수익을 창출하고 빚을 갚아야 하기 때문에, 빚의 존재는 자신의 정치적 요구를 부과한다. 흥미로운 결과는 비록 부유한 계층이라 할지라도 시장, 자본, 그리고 신용에 기반을 둔 사회에서 가치 중의 가치를 제어할 힘이 거의 없다는 것이다. 왜냐하면 일단 긍정적으로 행동할 자유는, 누군가의 평가를 사회적 힘으로 표현하면서, 사고 파는 행위에 제한되고, 그리하여 그런 자유는 제한된 효과를 가지기 때문이다. 부를 통해서, 사람은 다른 사람의 시간 위에 군림하는 자유를 얻을 수도 있다. 하지만, 사회가 사람의 상품과 서비스를 제공하는 시간을 소모하는 경우 외에는, 사람은 그런 사회적 시간을 통솔할 권한이 거의 없다. 구매를 통해 표현되는 사람의 평가는 단순히 자신의 평가로만 남아 있다. 다른 사람들이 그 평가를 받아들일 이유가 없는 것이다. 가치 가운데 가치가 개인을 넘어 기반을 두거나 인식되지 않으므로, 누군가의 가치평가는 개인에게 그리 중요성을 가지지도 않는다. 또한 다른 선택으로 쉽게 대체할 수 있어서 전반적 경제에 큰 영향을 주지도 못한다. 가치평가에 그리 무게가 있는 것은 아니므로, 가치평가는 패션이나 광고를 통한 사회적 조종에 쉽게 영향을 받는다. 가장 가벼운 이유로 빈번하거나 큰 지출이 만들어 질 수 있는 까닭은, 그것이 "소비자가 원하는 것"이기 때문이 아니라 단순히 소비자가 돈의 가치와는 별개로, 가치에게 가치를 부여할 근거가 없기 때문이다.

그렇다면 부유한 자본가 사회에서 얻어진 자유의 유토피아가 효과적 자유를 주지는 못한다는 것은 역설이다. 모든 사람은 그 자신의 가치평가를 다른 사람에게 부여하고 싶어 하거나, 자신의 가치평가가 얼마나 가치 있는지 증명하고자 하지만, 정작 이를 성취할 수 있는 사람은 소수다. 돈은 없지만, 공식적으로 자유로운 사람이 효과적 행동의 힘을 별로 가지지 못한 것처럼, 돈은 있으나 사회적으로 입증된 가치평가가 없는 사람은 표현할 자유의 힘이 거의 없다. 모든 사람이 유명해지고 싶어 하지만,사람들은 배우, 작가, 예술가 혹은 음악가를 꿈꾼다 충분한 청중을 불러 모을 수 있는 사람은 거의 없다. 청중을 찾았다 하더라도 가치 가운데 가치를 함께 약속하기보다는 단순히 기분전환을 하고자 할 뿐이다. 만약 돈이 주체적 개인들로 구성된 사회적 질서를 촉진시킨다면, 주체는 없다. 부의 창조를 넘어선 가치 가운데 가치에 관한 협약이란 거의 존재하지 않는다. 경제적 자유는 공유하는 가치평가를 위한 공유기반을 건설하는 가능성을 배제한다. 경제적 자유는 진정한 사회활동의 가능성을 배제한다. 그런 사회활동은 여론과 공개질의를 통해 지속할 수 있지만, 만약 돈의 후원을 받지 않는다면 힘을 잃을 것이다. 실제로, 만약 그런 공공적 가치평가가 힘을 잃는다면, 그것이 받아들여지거나 아니거나 차이가 별로 없기 때문에, 공공적 가치평가는 별로 받아들여지지 않을 것이다.

경제적 자유는 깊숙히 제한하고 있다. 잃어버린 것은 인간의 의사소통에서의 어떤 깊이, 즉 그런 평가의 가치를 공동으로 질의하는 것이다. 가치는 책정하거나 소유하기 위한 대상이 아니기 때문이다. 가치평가는 단순히 의견처럼 소유할 수 있는 것이 아니다. 가치는 오직 관계에서만 소중한 것이 된다. 어떤 문제는 반드시 누군가에게 문제가 되어야 한다. 돈은 가치와 자유를 약속하지만, 정작 가져다주는 것은 가치의 부재와 자유의 부재다. 돈이 제공하는 약속은 근본적으로 그릇되고 기만적이다. 돈의 구조는 그와 같이 사회적 약속의 구조를 드러낸다. 돈의 구조는 공동적 평가를 위한 구조를 드러낸다. 돈의 구조는 신용의 생태학을 드러낸다.

4장 _ 돈의 정치학

계약

4.1.1 교환의 도구로서, 돈이 시장 제도와 떨어질 수 없는 이유는 돈이 시장에서 교환될 때만 돈이 가치를 가지기 때문이다. 거꾸로, 자유교환을 가능하게 하는 시장은 돈이 있는 곳에서만 가능하다. 경제학이 부를 축적하고자 시장에 참여하는 자의 행동을 교환가치의 수량으로 측정하는 곳에서, 시장에서 일어나는 힘의 관계는 정치학적 경제의 질적 용어로 측정 되어야만 한다. 애덤 스미스가 지적했듯이, "홉스 씨가 말한 것처럼, 부는 힘이다." 돈은 "모든 노동 위에 군림하는 어떤 명령, 혹은 모든 노동의 생산 위에 군림하는 어떤 명령을 주며, 그것은 시장 속에 있다."131) 그것은 시장의 기관을 통해, 그리고 돈을 통해 표현되는 힘의 관계를 결정짓는 문제이다.

시장에서 거래하는 사람은 다음의 세 가지 본질적 특징으로 묘사할 수 있다. 교환할 수 있는 상품의 주인, 계약할 수 있는 노동력의 주인, 그리고 자발적 교환과 계약으로 들어갈 수 있는 자유중개인. 모두가 자발적 계약이라는 동일한 자유를 가졌기 때문에, 그리고 계약을 지키고 재산을 존중할 동일한 의무를 지녔기 때문에, 모든 사람은 시장에서 동등하게 간주될 수 있다. 실제로는 독재와 비견될 수 있다 할지라도, 이런 순전히 공식적 힘을 평등하게 분배하는 것은 민주주의에서 정치적

---

131) 스미스(Smith), *The Wealth of Nations*, 134.

힘을 공식적으로 배분하는 것에 상응한다. 모든 참가자가 유형에 대한 동등한 힘을 가졌기 때문에, 그들 사이에서 재산, 네트워크, 혹은 이윤을 창출할 능력에 관해서, 어떤 차이점들은 순전히 경제적인 것으로 나타난다. 시장에 관한 그런 경제적 측면은 미리 힘을 고려하지 않는데, 왜냐하면 그런 것들은 시장에 나타나지 않기 때문이다.132)

그럼에도, 시장에 도착하기 전과 시장을 떠난 후에, 사람은 세 가지 대조적 특징으로 구분할 수 있다. 1) 재산의 명목적 소유권에 반反해, 장소, 조세보호구역, 부양sustenance, 그리고 향유enjoyment를 위해 자신의 물질적 환경에 의존하는 사람, 2) 노동의 소유권에 반하여, 출생, 성숙함, 질병, 그리고 죽음에 영향을 받아 자신이 감당할 수 없는 신체적 과정을 견딜 필요가 있는 사람, 3)계약으로 들어갈 자유에 반하여, 부모, 자녀, 친척, 친구, 교육자 및 교환에 의해 중개되지 않는 관계의 그물망에 연결된 다른 모든 사람에 일련의 의존성과 공동 의무를 가진 사람.

하지만, 그것은 단순히 시장 속 자유 중개인의 개념이 추상적이라는 사례는 아니다. 그런 자유는 적어도 일시적으로, 혹은 시장이 교환의 매개를 통해 부양, 건강, 그리고 동료애를 제공하는 한, 실제로 존재한다. 일시적 기간 동안 이것을 이룬 사람은 사실상 시장에 거주하며 일반적으로 부유한 성 남성이 그런 사례 사회적 기관 속에서 권리의 양산자로 여겨지게 된다. 권리의 소지자로서 그 사람의 이러한 개념은 그런 사람들

---

132) 사람의 이 공적인 동등성은 존 로크(John Locke)가 하나님이 사람에게 공통적으로 부여한 세상의 선물로 묘사했다. 로크가 사유재산권을 주어진 노동의 참여행위에 두며, 돈이 발명되지 않았다면 사람들은 자신이 사용할 수 있는 만큼만을 가질 수 있다고 지적한 것은 주목할 만하다. 돈은 가치를 훼손되지 않게 둘 수 있으며 불평등한 소유를 가능하게 한다. 그러므로 "암묵적이고 자원적인 합의"로서 사람들은 세상의 불균형하고 불평등적인 소유에 동의한다. 돈 없이는, 세상은 거대한 황무지와 함께 비효율적으로 사용될 것이다. 땅을 이용하여 더욱 거대한 소유권을 가진 사람들은 돈을 사용하는 사람들이다. 다음을 보라. 로크 (Locke), *Two Treatises of Government*, 286, 293, 299-300.

과 함께 공존하고 규범으로 존재하는 자신들의 방식을 취하는 것으로, 그것은 사람이 교환을 통해 발생한 이익을 주장한다는 권리에 의한 것이기 때문이다. 교환행위에서, 재산은 어떤 당사자에게서 멀어지며 다른 당사자에 의해 책정된다. 한 그룹은 재산권에 대한 지속적 사용권을 포기하며, 다른 그룹은 재산의 사용과 처분권을 마음대로 행사한다. 시장은 사유재산에 기초하며, 그 속에서 요구가 이루어지거나 전달되는 기관이다. 자원의 물질적 이동은 시장이 되지 않는다. 대신, 시장은 순수하게 이상적이다. 시장은 자원의 물질적 분배 위에 가로 놓 청구를 기록하는 제도로서, 절도, 증여, 폭력과 교환의 물리적 관계뿐 아니라 노동, 임금, 그리고 소비의 습관적 실천을 포함한다. 시장은 표상의 사회적 실행이다. 그러나 시장은 모든 물리적 과정을 표시하는 것이 아니라 단지 분명하거나 혹 암시적 계약으로 표시되는 시장 속에 참여하는 사람들이 하는 합법적 청구다. 그런 청구와 재산권은 사실 뒤에 따라온다. 청구와 재산권은 재산의 분배를 결정하는 것이 아니라, 오직 어떤 물리적 수단으로든 이루어져 온 압도적 분배가 법의 명령으로 인가되는 것을 보장한다.

그렇다면 시장에서는, 모든 사람이 법 앞에 평등하다. 재산에 대한 그들의 합법적 청구는 동등권으로 인가된다. 만약 시장이 순전히 표상의 기관이라면 시장에서 실제로 일어나는 것은 아무 것도 없을 것이다. 정치적 힘의 관계를 포함한 모든 중요한 사건은 다른 곳에서도 발생한다. 시장은 발생하는 일에 아무런 영향이 없다는 말이 아니다. 반대로, 시장의 존재는 최종적으로 결정되고 있다. 이것은 시장이 계약을 강요하고 재산을 보호할 주체적 힘의 위협에 호소하기 때문이다. 사유재산은 순수하게 사회적이거나 대중적 중요성을 가진다. 재산은 소유권을 인가하기 위한 주권적 기관을 필요로 한다. 대중적 주권 없이는 재산권이 존재할 수 없다.133) 유사하게, 교환되고 청구되는 것을 통한 시장의 공적 기관 없이 재산의 처분권도 존재할 수 없다. 그리하여, 돈 혹은 신용이나 계약의 형태로 돈을 대신할 만한 다른 것 없이는 재산의 처분권 재산의 사용과는 구분됨도 없다.

주권적 힘은 재산 청구를 보호한다. 만약 시장이 재산청구가 권리로서 존중되는 기관이라면, 시장은 힘을 사용하는 주권적 위협과는 불가분의 관계에 있다. 시장 외부와 시장 내부의 상호작용 사이의 차이는, 시장 내에서 사람은 주권적 힘에 호소함으로 재산을 보호하기 위한 청구권을 주장하는 것이다. 다른 말로, 권리는 폭력의 위협으로 시장에서 청구된다. 시장은 폭력으로 위협하는 방법으로 스스로를 구성하는 사회적 기관이다. 사람은 폭력의 위협을 내면화함을 통해 시장으로 들어가고, 다른 사람의 재산청구가 부당하면 무력에 직면할 수도 있다는 사실을 받아들인다.134) 일단 시장 속에서 사유재산을 존중하는 사람들의 공동체가 있다면, 사람은 신뢰의 관계가 가능한 평화로운 공동체에 있는 것이다. 계약에 들어갈 수 있는 신용과 의지로 표현되는 그러한 신뢰는 폭력의 위협에 기초한다.

4.1.2 기관으로서의 시장은 외부적이고 이질적 사회적 구성형태와 더불어 일련의 다른 관계를 유지한다. 먼저, 시장에 있는 사람들은 전체 시장 물질적, 인간적, 그리고 사회적 의존으로 유지된다. 이들이 재산이라기보다는 관계이기 때문에, 그리고 그 사람이 이전하거나 처분할포기한다는 것과는 정반대의 개념 자유를 갖지 못했기 때문에, 그러한 의존성은

---

133) 홉스(Hobbes), *Leviathan*, 125.
134) 이것이 로크가 "정부 아래의 자유"라고 의미한 것이다. 사유재산의 자연법을 위반하는 사람은, 모든 사람 그리고 그들을 벌할 임무가 있는 사람들과의 전쟁에 자신을 참여시키는 것이다. (로크, *Two Treatises of Government*, 272).

시장에서 권리로서 표시될 수 없다. 권리로서 강요될 수 없기 때문에, 그런 의존성은 아무 것으로도 표시될 수 없다. 시장은 오직 인력human agency과 제어의 영역만을 표시한다. 사람들은 자신들의 관계를 지배하는 정도까지만, 시장에서 존재한다. 시장사회는 재산의 소유자들 주권적 개인들로 구성된다. 시장사회는 단순히 다른 관계와 의존성을 부인하거나 공급하지 못한다.135) 그런 관계와 의존성은 시장에서 거래하는 사람들의 유효수요에 의해서만 유지되며, 그런 것들을 알아채게 된다.

두 번째로, 사람들이 원하는 대로 자신의 재산을 처분할 수 있는 자유를 제한하는 시장을 넘어선 사회적 기관이 존재하는데, 이 사회적 기관은 사람의 시간이나 노동력을 요구하거나, 혹은 자발적이지 않은 의무와 계약을 부과한다. 이런 것들은 지방 토착적 공동체, 제국적 형태, 사회주의 독재 혹은 종교적 전통과 같은 다양한 형태를 가질 수도 있다. 역사적으로, 자본가 시장사회는 스스로 이룩되었으며, 자신이 가진 부를 제한할 능력과 물물거래에 기반을 둔, 점점더 강해지는 군주와는 대조된다.136) 그런 결과로서, 재산권을 제한하는 어떠한 사회적 청구는 시장 내에서 자유에 대한 압제적 침해로 간주된다. 그런 청구는 재산, 노동, 그리고 계약의 자유로서 개인혹은 기업의 절대권에 도전하는 한, 시장과 정의의 개념에 모순된다. 시장은 이런 청구들이 추상적 자유를 제한하는 한, 원칙적으로 이런 청구들과 대립하는 성향이 있으며, 그 결과 시장은 자유, 민주주의, 권리, 평화, 그리고 정의의 적으로서 그러한 사회적 기관들과 싸울 주권적 힘을 부를 권리를 요구한다.137)

---

135) 그런 의존성의 본질에 대해서는 다음을 보라. 미스와 벤홀트 톰슨(Mies and Bennholdt-Thomsen), *The Subsistence Perspective.*
136) 다음을 보라. 브레너(Brenner), *Merchants and Revolution.*
137) 영국내전에서 의회는-대다수의 농업자본가 지주로 구성됨- 군주에게서 효과적으로 통치권을 점유했다. 이것이 공공복지의 끝에서 반전된 것이라면, 1688년의 명예혁명은 진행

반대로, 시장은 재산과 거래의 권리를 존중하는 독재와는 충돌하지 않는데, 왜냐하면 시장이 강한 국가를 필요로 하기 때문이다.

세 번째로, 시장교환의 본질은 재산과 노동에 대한 권리의 이전을 포함한다. 만약 시장에 속한 각 개인이 자유로이 계약할 수 있는 자신의 재산이나 노동을 통치하는 주체라면, 사람은 계약의 어떤 특정한 측면에서 그런 주권과 권리를 다른 사람에게 이전한다. 개인적 권리는 스스로 고립되어 존재하지 않는다. 그런 권리는 이전될 수 있는 한 청구되는 것이다. 시장의 사회적 기관은 계약, 고용, 그리고 빚과 같은 다른 사회적 관계에서 떨어질 수 없다. 그런 사회적 관계에서는 재산, 상품, 그리고 노동에 대한 자유가 유예되며 다른 사람들의 노동이 요청된다. 자유로운 주체적 개인들의 사회적 위치는 실제로 명령의 사회적 관계로 보완되어야 한다. 시장의 평등성과 더불어 필수적으로 부채, 계약, 그리고 고용의 불평등성이 존재한다. 이런 것들은 자유와 민주주의와 대조되는 것으로 여겨지는 독재적 명령관계를 지닐 수 있다. 시장은 이런 명령들과 싸울 수 없는데, 그런 권리들이 시장 교환 그 자체를 통해 설립되기 때문이다. 시장은 그리하여 원칙적으로 전제정치와 반대되지 않으며 심지어는 폭정에 의존하거나 폭정을 재가하기도 한다. 실제로 자유는 계약의 형태로 된 유예 없이는 존재하지 않는다. 요구되는 모든 것은 권리가 적법절차에 따라 공공적으로 표현되어야 한다는 것이다.

네 번째로, 시장에서의 책정활동act of appropriation이 권리를 주장한다. 누군가 절도나 사기로 타인의 재산을 횡령하려 할 수 있다. 이런 때에는 사회가 우선권을 보호할 필요가 있다. 선행하는 요구가 존재하지 않는 곳에서즉, 시장에서 인정된 기록절차에 의해 제출된 선행하는 요구가 없는 곳

을 완성했다. 가부장에 대한 로크의 비판과 전쟁상태의 논의 속에서 로크가 그런 이동을 이념적으로 정당화했다.

에서 누군가는 발견, 창안, 혹은 건설과 같은 것을 통해 권리를 주장함으로 재산을 책정하려 할 수도 있다. 만약, 우선청구권prior claims 혹은 승인된 권리가 없다면, 재산을 책정하기 위한 청구를 거절할 이유가 없다. 무에서 창조되는 것은 돈이 아니라 재산이다.138) 이것은 비시장non-market 사회와 관련한 매우 중요한 암시다. 시장의 사회적 제도가 오직 녹음절차 속에 위임된 청구만을 인정하기 때문에, 시장의 사회적 제도는 그 자신의 것을 넘어선 아무런 권리도 인정하지 않는다. 나아가, 권리를 승인하는 것에 대한 어떠한 저항도 절도로 간주되어야 하며 폭력과는 맞서야 한다. 시장의 사회적 제도는, 오직 그 자신의 것 외에는 어떠한 권리도 인정하지 않으며, 재산, 자유, 그리고 민주주의의 이름으로 우주적 식민지화를 향해 진행된다.139) 생계 수단에 대한 책정의 도용으로, 시장에서 새로 기업을 설립한 사람들은 시장교환 주위에 자신들의 삶을 재건설하는 것 외에는 선택의 여지가 없다. 살아남고자, 그들은 시장에서 자신들에게 허용된 최고의 기회를 잡아내야만 한다. 그런 기회들은 보통 자신들의 재산의 권리 이전과 타인의 노동을 포함한다.

생존을 위한 필요에 압박을 받으며, 그들은 더 이상 조건을 협상할 수 없으며 무엇이든 제시하는 것을 받아들여야만 한다. 재산의 절도와 노동착취는 그것이 자발적으로 계약 될 때 합법적이다. 그것은 굶주림의 위협을 받을 때 자발적으로 계약된다.

시장은 정의에 근거한 평화적 사회기관으로 나타난다. 시장은 자유와 재산에 대한 모든 참여자의 권리를 인정한다. 시장은 구성원들 사이

---

138) 하인손과 스타이거(Heinsohn and Steiger), "The Property Theory of Interest and Money", 스미신(Smithin), *What Is Money?* 79, 81.
139) 로크의 정치이론은 노예제도와 식민지화에 대한 보호였다. 다음을 보라. 두크로와 힌켈아머트(Duchrow and Hinkelammert), *Property for People, Not for Profit*, 44-70.
140) 슈뢰더(Jeanne L Schroeder)는 계약(선물이 아니라)을 "가장 기본적이고 원시적인 형태

의 잠재적 갈등을 법과 계약, 그리고 교환으로 조정한다.140) 사람들은
자신들이 시장체계의 주권을 인정하는 범위 내에서만 시장의 참여자로
서 자신들의 지위를 유지한다. 그들은 재산권과 계약 종속을 요구할 수
있는 어떤 사회기관을 만들 자유를 포기함으로 시장에서 자유로워진
다. 시장은 폭력에 기반한 전제적 사회기관이다. 평화와 정의의 이름으
로 그런 폭력이 행해지므로 그 효과는 무제한적이다. 시장은 상계청구
countervailing claim를 인정하지 않기 때문이다. 시장은 전체적이고 보
편적 전쟁을 선언한다.141) 다른 갈등의 형태가 제한적 곳에서 적의 권
리와 힘을 인정하며, 시장은 상충하는 권리를 승인하지 않는다. 시장은
상충하는 사회적 형태의 완전한 소멸을 지향할 수 있다. 시장을 보호하
는 주권적 국가는 현존하는 사회적 형태의 자리에 자신들이 설립한 자
유와 민주주의, 그리고 과정의 이름으로 자신들의 적에 무제한적 폭력
을 가함으로 스스로를 정당화시킨다.

시장에서 권리의 절대적 청구는 균형, 측정, 그리고 정의의 체계를
시장의 내적 관계에서 온전히 고려될 때 변증법적 상대방dialectical opposite,
즉 총력전의 절대적 체계로 변형한다. 물리적 폭력은 시장이 추구하는
부정의 유일한 전략이 아니다. 독립의 부정, 계약이 체결될 때 자유의
유예, 그리고 책정appropriation은 시장체계가 실제적으로 추구하는 일
상적 거부 전략이다. 교환과 계약의 자유는 전체 시장체계에서 사회생
활의 제한된 부분을 이루는 동시에 긍정적으로 나타나는 유일한 부분

의 진정한 사랑관계"로 찬양했는데, 계약은 공동의 인식과 주관성의 탄생을 포함했기 때문
이다. "잠깐 사이, 빛나는 순간에, 각 당사자는 상대방을 자유롭고 동등한 법적 주체로 인식
하며, 그리하여 주체가 되는 자신의 목표를 이루었다. 이것은 사랑의 순간이다." 슈뢰더
(Schroeder), *Triumph of Venus*, 13, 54.
141) 맥머트리(John McMurtry)가 언급했듯, "사람들이 '중립가치' 법을 따르도록 강요당할
때 (전세계를 통틀어 토착민에게 침략, 대량학살, 개간과 저항에 대한 범죄적 기소가 500년
이상이나 지속되어 왔다) 나머지 사람들은 마침내 항복을 강요당했다" 맥머트리
(McMurtry), *The Cancer Stage of Global Capitalism*, 14. 더 깊은 연구를 위해서는 같
은 책, *Value Wars*.

이다. 하지만, 정말 중요한 것은 시장이 표상의 전략을 독점하는 정도이다. 왜냐하면 어떤 대안적 표상이라도 자발적 행동의 과정에 대해 자유롭고 주권적 주체에게 조언하도록 작성되는 경향이 있기 때문이다. 시장의 사회적 기관에서 인간 지배의 개념은 이미 인정되어 왔다. 그런 표상은 시장을 통해 부의 축적으로 개인에게 약속된 혜택과 직접적으로 경쟁해야만 한다.

시장의 폭군과 대항하여 싸우는 것은 쉽다. 시장은 재산이 없는 이들에게 왜곡과 폭력을 행사하지만, 재산이 있는 자들의 자유는 보호한다. 사람들이 물리적이고 사회적 의존성을 갖는 한 시장은 사람들을 무시하고 파괴하거나 전용하지만, 사람들이 상품, 노동, 자유의 주인으로서 사람의 추상적 개념을 따르는 한 시장은 사람들에 의존하기 때문이다. 하지만, 저항만으로는 충분하지 않은데, 시장의 기관이 존재하는 한, 그것이 부를 얻기 위한 기회의 약속을 붙잡기 때문이다. 그것은 교환으로 각 개인에게 비교할 수 없는 자유와 재산을 약속한다. 돈은 단순히 시장을 만들지는 않는다. 돈은 사람들의 욕구를 약속함으로 이전의 사회적 제도와 의존성에서 개인들을 불러낸다. 돈의 힘은 영적인 것이지 순전히 사회적인 것은 아니다. 돈은 개인을 시장에 참여하는 사람의 주관성의 상태로 불러들인다. 돈은 개인을 재산, 노동의 자기훈련, 그리고 자유와 재산의 향유에 대한 폭력적 청구를 하는 사람이 되도록 한다. 그러므로 시장사회의 파괴적 효과를 지적하고 사람들로 하여금 지방적, 혹은 전통적 경제행위로 돌아가도록 조언하는 것으로는 부족한데, 시장을 통해 개인에게 가능해지는 생산성 향상과 재산의 축복이 항상 전통적 생활의 저주와 제한에 대비되기 때문이다. 시장의 도덕성은 항상 도덕성을 위한 다른 기반보다는 그것에서 나오는 이익에 서 있는 자들에게 더욱 매력적이라는 것이 입증될 것이다. 돈의 신학은, 그 약속, 가치의 최고 기준과 측정으로서 자기애적 자기정립, 현재 조건에서의 투기적 분리, 그리고 빚으로 표시되는 전제적 힘과 더불어 더 강한 영적 힘에 의해서만 변화될 수 있다.

반反시장이나 반反세계화 정치가 추구하는 협상전략이 이런 과정을 밟는 일은 좀처럼 없다. 부정이나 망각의 전략은 우리로 하여금 시장을 떠나라고 권고하는데, 시장에서 중개인이 되려고 선택된 사람들이 소외의 전략을 재생산한다. 마치 시장에 대한 물질적이고 사회적 의존성의 관계에서 우리가 이미 살고 있지 않은 양, 그리고 마치 그런 의존성을 단순히 부정할 수 있는 양, 그런 전략은 자발적이고 집단적 선택으로서 추천되기 때문이다. 비록 집단적 형태로 표현된다 할지라도, 그것은 우리의 삶을 결정하는 방법을 자유롭게 선택하는 주권적 자유의 시장개념에 달려있다.

반대로, 직접적 전략은 제국적 정복에 항의하는 대안적 사회제도와 실천의 이름으로 행해지는 폭력적 대치로서, 시장제도의 주체성 속에 포함되는 전략이다. 그런 제국적 모험의 성공은 군사력에 달려있고, 군사력 그 자체는 부에 달려있으며, 부는 책정과 축적, 그리고 교환을 통해 얻을 수 있다. 만약 누군가가 수적 측면에서 거대한 힘을 모을 수 있다고 하더라도, 세계화 아래에 있는 힘과 군사적 대치를 위해 거대한 힘을 축적한다는 것은 생각하기 어렵다.

자본의 힘을 제한하며 인간의 권리를 보장하는 새로워진 입법전략은 시장사회 속에서 만들어지는 주권성의 청구를 재생산한다. 그런 주권적 힘은 사람들의 의지에서 힘을 얻는다. 어떻게 사람들의 의지가 형성되는지의 문제는 아직 결정되지 않은 채로 남아 있다. 만약 다른, 부분적 진리와 정의가 쉽게 전파되며 우위를 점한다면, 이성에 호소하고 진리와 정의를 요구하는 것으로는 충분하지 않을지도 모른다. 주체적 입법의 선택은 주권적 행동이 자본 도피capital flight의 위협에도 불구하고 가능하다는 것을 전제한다. 언론과 교육기관을 지배한 자본가를 고려할 때, 그것은 또한 진리와 정의의 기초 위에 대중적 의식의 형성이 가능하다는 것을 가정한다.

4.1.3 만약 시장이 사회 질서의 기록이라면, 그것은 오히려 부분적 기록이다. 사회 질서는 자신의 정해진 재산에 대해 주장할 수 있는 자주적이며 독립적 개인의 집합으로 나타난다. 스냅샷snapshot은 전체 사회를 담을 수 있는 것으로, 그 곳에서 각자는 확실한 정도의 부를 가진다. 사회는 주체적 개인의 원자화된 집단으로 나타난다. 교환이 이루어진 후에, 재산의 다른 분배가 있으며 사회는 일련의 재산청구로 나타난다.

그런 개념의 절대성은, 재산청구를 포함하여, 영원함atemporality에서 나온다. 일련의 재산권이면서, 동시에 시장은 복잡한 노동분업과 구분된 상호의존성의 네트워크를 가능하게 한다. 사유재산의 영원함과 동시적 기록 아래, 땅, 노동, 자본, 그리고 계약의 생산적 행위가 일어난다. 그런 통시적 행위, 즉 모든 부의 근원은 재산과 가격의 영원한 형태로 직접적으로 기록될 수는 없다. 그 가치는 단순히 측정될 수 있고 할인될 수 있지만, 기록될 수는 없다. 폭력의 위협에 기초한 사유재산의 영원한 형태가 제거해 버린 사회적 관계는, 생산이 고려되는 순간 경험에 다시 출현한다.

그러므로 시장이나 시장사회의 개념은 영원한 추상이다. 그것은 재산청구와 그런 청구를 집행하는 위협 외에도 모든 사회적 관계에서 사회를 추상적으로 상상한다. 실제로, 경제사회는 결코 단순히 시장을 구

---

142) 로빈슨(Joan Robinson)의 의견을 주목할 것. "경제가 시간 속에 존재한다는 것을 인정

성하지 않는다. 그것은 결코 교환으로 축소되지 않는다.142) 재산의 교환과 더불어 토지 임대료, 노동 임금, 화폐자본, 이자, 그리고 세금 지불이 존재한다. 그런 관계들은 단순하고 즉각적 교환이 아니라 지속되는 힘을 가진 계약이다. 경제사회는 단순히 교환의 네트워크가 아니다. 경제사회는 시장이 아니다. 경제사회는 지속되는 계약의 네트워크로 구성된다. 그러므로 정치경제학의 주요 대상은 재산의 분배와 생산적 자원이 되어서는 안 되며, 오히려 계약의 형태 사회적 힘의 해결이 되어야 한다. 게다가 돈이 교환으로 분석될 때는 돈의 일시적 본질과 기능이 모호해 진다. 교환의 매개로서 돈의 기능은 계약대금후불을 위한 기준의 촉진자로서의 기능에서 온다. 시장이 기록의 형태이기 때문에, 계약은 물리적 교환이 아니라 주요한 현상이다.143) 돈의 정치경제학은 교환에서의 역할보다는 계약에서의 역할로 추론되어야 한다.

4.1.4 재산은 재산에 관한 계약보다는 계약으로 설명될 수 있다. 사유재산은 동의하는 당사자들 사이에서 이루어진 소유와 배제에 관한 내포적 계약이다. 그런 계약은 표상의 형태로 대단히 선택적이다. 그런 계약이 보통 두 당사자들 사이에서 이루어졌지만, 그 결과는 다른 사람들과 물리적 환경, 심지어 사회적 환경과 중요하게 관련된다. 재산은 의무가 없는 권리에 대한 계약이다. 재산은 계약에 있어 수동적이고, 침묵하는 파트너이며 권리, 요구, 혹은 힘을 주장할 수 없다. 이것은 특히 문제 되는 재산이 노예, 가축, 또는 집안일이나 성적 서비스를 하는 여성의 노동일 때, 혹은 필요한 노동의 정확한 본질이 계약상에 완전하

하면, 역사는 한 쪽 방향, 되돌릴 수 없는 과거에서 미지의 미래로 진행하며 공간 속에서 앞뒤로 흔들리는 진자의 기계적 유추에 근거한 평행상태의 개념은 새로 심사숙고 되어야 할 필요가 있다" 다음에서 인용됨. 알트파터(Altvater), *The Future of the Market*, 75.
143) 상품 페티시즘(fetishism)에 대한 마르크스의 돈 분석은 그것이 비판하는 같은 환상에 빠져든다: 경제 사회는 교환으로 분석될 수 없다.

게 명시되지 않는 곳에서 명확하다. 실제로는, 힘이 수동적 교환 exchange passive의 대상을 표현하도록 사용되어야 한다는 암묵적 협약 아래, 계약은 합의 당사자들에 의해 작성된다. 계약이 단순히 두 당사자 사이에서만 이루어지는 일은 드물다. 사회의 남아있는 구성원들이 계약에 침묵하는 증인으로 남으며, 계약 당사자가 자신들의 재산을 처분할 권리를 간섭하지 않아야 한다고 암묵적으로 동의한다.

시장거래는 그런 교환의 공공기록을 형성한다. 재산은 단순히 지정된다. 재산의 광범위한 중요성, 생산과 생계를 위한 조건, 힘, 그리고 그 의지는 계약상에 나타나지 않는다. 실제로 이런 것들이 소유주의 의지와 갈등을 일으키며, 그것들이 소유주나 소유주의 이익을 대변하는 사회에 의해 억압될 수 있다는 암묵적 동의가 있다. 시장거래는 분배를 결정하는 것과는 달리, 필수적으로 편파적이다. 시장거래는 오직 합의 당사자들 각각의 요구만을 고려한다. 나아가, 전체 사회는 그런 불의에 연루되어 있다. 반대의 목소리는 짓눌린다. 사유재산은 힘으로 왜곡되거나 위협받는 의무가 없는 권리로 이루어진 계약이다. 이와 유사하게, 재산의 교환은 어떤 구체적 시간과 장소에서 재산을 전달하기 위한 계약상의 협정이다. 모든 교환은 계약의 형태로 되어 있다. 물론 모든 계약이 상호교환의 형태로 이루어진 것은 아니다. 재산의 예가 명확히 보여주는 것처럼, 권리는 의무 없이 존재한다. 각각의 교환이 수많은 당사자에게 영향을 주지만, 이런 집단 모두가 교환에서 나타나는 것은 아니다.

4.1.5 마찬가지로 돈은 상품이라기보다는 내포된 계약이다. 재산소유권처럼 돈은 단순히 가치의 표시token이다. 시장 사회의 사회적 계약은 다른 사람들이 돈으로 지급받을 것이라는 신념에 기초하여 돈으로

받고자 한다. 돈은 이체 가능하며 내포된 계약의 형태인데, 그 계약의 가치는 일련의 다른 계약에 기반을 둔다. 계약은 물리적 자본, 노동행위, 그리고 유용성과 건설적 자본의 사용의 분배에 영향을 미친다. 계약은 사회적 협약을 인수한다.

다른 금융자산처럼, 돈은 쉽게 책정되고 교환되는 계약이다. 돈은 사유재산이 되는 공공계약의 형태다. 사유재산으로서, 돈은 실체도 없고 힘도 없으며 자신의 생명도 없다. 돈은 유지를 위한 조건을 필요로 하지 않는다. 돈은 소유주에게 직접적으로 행사하는 일시적 힘도 없다. 비록 돈이 상대적 시장가치와 인플레이션 비율에 따라 집단적 재협상에 계속 영향을 받는다 해도, 이런 이유는 돈에 포함된 암시적 계약이 개인적 재협상에 휘둘리지 않기 때문이다. 돈을 순수하게 재산으로서 취급하는 것과 가격으로 돈의 교환가치를 결정하는 것은 가치의 영원한 표상을 이루는 것이다. 그런 가격이 잠시 변동하는 것은 큰 문제가 되지 않는다. 또는 가치적 기대변동expected variation이 가격에서 깎이는 것은 별로 문제가 되지 않는다. 교환가치는 사유재산 형태로 되어 있는 일시적 계약들과는 별개로 사회적 관계를 보여준다. 마치 지속되는 계약들이 반대라기보다는 영원한 재산의 효과 것처럼, 교환가치는 계약과 재산의 우선순위를 뒤바꿈에서 나온 관념이다.

그러므로 교환가치의 연구는 경제사회의 불완전한 표상을 제공한다. 계약의 형태로 된 사회적 의무와 계약의 동의로 나타난 사회적 힘은 직접적으로 나타나지 않는다. 이들은 먼저 교환가치를 측정하여 영원한 형태로 나타나야만 한다. 이들의 효과는 가격변동에서 추론되며 일시적 기능의 형태로 만들어진다. 시간은 운동방정식equation of motion의 형태로 된 초월적 모델로서 추가되기 이전에, 먼저 사회적 표상에서 제외된다. 경제관계의 정치적 실재는 숨겨지고 배제되는데, 사

회적 실재가 실제로 수많은 일시적 계약과 질적으로 정해진 상습적 상
호의존성으로 구성되기 때문이다. 이들은 교환가치의 단일추상규모
single abstract scale, 혹은 균일한 시간의 단일추상규모와는 정확히 비
교될 수 없다.

많은 이가 사유재산으로서 돈에 대한 권리를 청구하지만, 실질적으
로 그런 청구는 돈을 재산으로 축소시키지는 않는다. 약속이나 빚으로
서 돈은 계약으로 남기 때문이다. 시장은 더 이상 경제관계의 충분한
이미지를 제공하지 않는다. 대체로 경제가 동네시장처럼 행동한다는
가정 아래 만들어진 어떤 경제이론도 대체로 쓸모없다.144) 만약 계약
이 교환가치로 평가된다면, 재산으로 그들을 평가하려는 시도가 있을
것이다. 다른 말로 하면, 계약은 책임 없는 권리를 가진 사람들의 관점
에서 이행된다. 다시 말해, 돈으로 모든 선행하는 계약이나 협약을 무
효화시킬 능력이 있다는 추상적 관점에서 보는 것이다. 교환가치로만
사회를 해석하는 것은 모든 의존성이 시장에서 항상 일어나는 대안적
거래로 대체될 수 있다고 상정하는 것이다. 그것은 시장이 마음대로 모
든 현실의 측면을 포용하고 나타낼 수 있다는 생각이다. 시장의 자유에
따라서라기보다는 물리적 자본, 인간자본, 그리고 사회 자본이 자신들
만의 의존의 법에 따라 운영되기 때문에, 그런 표상은 필수적으로 실패
할 것이다. 대신, 공급, 노동, 서비스 혹은 계약의 일시적 과정이 마치

---

144) 하인손과 스타이거의 판단에 주목할 것. "경제학자들은 재산과 타협한 적이 없기 때문에
　　그 이름에 어울리는 경제이론은 없다…. 그들은 물에서 나오기 전까지는 물을 모르는 물고
　　기와 비슷하다"(Heinsohn and Steiger, "The Property Theory of Interest and
　　Money", 스미신(Smithin), *What Is Money?* 71-72). 이 저자들에게는, 사용으로서의 재
　　산과 소유 사이의 적절한 구분은 재산이 부채로 저당 잡히고 담보로 보증될 수 있다는 것이
　　다. 실제로, 그들은 돈을 재산의 공동담보에서 나오는 것으로 생각한다. 채무자는 채권자에
　　게 자신의 재산에 대한 청구로서 계약을 발행한다. 채권자는 채무자에게 자신의 재산에 대
　　한 청구를 발행한다. 그러면 돈으로 순환하는 것은 후자의 청구다. 그러므로 돈은 무에서
　　창조될 수 없는데, 돈은 재산비축(property reserve)의 공동담보를 필요로 하기 때문이다.
　　하지만, 여기서 우리의 관심사는 그런 청구에 투자하고 활기를 불어 넣는 사회적 힘과 기대
　　에 관한 것이다.

상품이나 노예 것처럼 취급된다. 비록 그들이 그런 식으로 취급된다 할지라도, 생산, 노동, 계약, 그리고 돈은 결코 사유재산이 아니기 때문이다.

교환가치에 관련하여, 추상적 시장이 순수하게 경제적 곳에서는, 계약 사회는 국가의 정치적 형태에서 구별될 수 없다. 그런 국가는 세 가지 본질적 기능을 가진다. 먼저, 국가가 재산을 보호해 주어야 하거나 더 정확하게는, 국가가 현존하는 계약들이 존중된다는 것을 확증해야만 한다. 둘째로, 국가는 책정에 대한 권리와 청구를 합법화하여 그런 청구의 적절성을 합법적이거나 행정적으로 결정을 내려야 한다. 세 번째로, 국가는 우세한 통화의 가치를 보증함으로 계약의 가치 속에서 신뢰를 지속시켜야 한다. 국가가 자신의 통화를 발행한다는 것은 본질적이지 않을 수도 있지만, 국가가 적절한 화폐와 회계정책을 추구함으로 통화의 안정성을 이끌어 내는 것은 필수적이다. 국가의 이런 세 가지 기능은 권리, 자유, 그리고 신용혹은 경건과 관련 있다. 일반적 사회적 신념을 지니는 국가를 유지하는 부담을 떠안으며, 국가는 세속적 근대성 속의 종교적 기관으로 남는다.

분배

4.2.1 교환의 면에서, 모든 것이 교환 가치를 낳는다. 계약의 측면에서, 준 것과 받은 것 사이의 균등성은 없다. 어떤 방식으로 시간이 소모되었든 혹은 상품을 전달하는데 쓰였든 제공된 것은 항상 시간이다. 사람은 확실한 방식으로 시간을 사용할 의무 속에 들어간다. 받은 것은 항상 어떤 욕망 혹은 과정을 위한 영양이다. 만약, 사물들이 생활의 "필수성, 편의성, 그리고 재미"를 마련한다면, 사물들은 상대적 가치를 낳는다. 그러므로 교환 시 구매자와 판매자를 고려하는 대신, 영양과

시간을 고려하는 것이 필수적이다. 이것은 경제에 관한 전반적 시각을 변화시킨다. 원칙적으로 교환가치와 돈은 무제한적이지만, 영양과 시간은 항상 제한적이다. 그래서 정치경제학은 교환가치의 분배가 아니라 영양과 시간의 분배와 주로 관련되어야만 한다.

영양가nutritional value 그 자체는 광합성과 같은 근본적 물리적 과정에서 파생된다. 자연은 훌륭한 정원사이다. 자연의 무제한적 증식형태는 종들의 존재를 각 환경적 틈새 속에 끼워 넣는다. 인간의 노력은 영양가를 만들어 내지 못한다. 단순히 인간을 포함하지 않는 생태적 순환에서 인간을 포함한 순환으로 영양가의 생산을 바꿀 뿐이다. 비록 관개의 사용, 농장 설비, 그리고 비료와 농약으로 그리고 신선한 물과 화석연료의 제한적 재고를 고갈시킴으로 인간을 위한 영양가의 생산을 일시적으로 늘릴 수는 있다 하더라도, 전체적으로 보면 삼림 파괴와 토양 퇴화, 그리고 사막화를 통해 인간의 농경활동은 영양가의 주요한 생산에 부정적 효과만을 가져다 줄 뿐이다.

영양가 이론은 애덤 스미스의 저서에서 유래했을 수 있다. 생계수단의 공급은 부족하다. 영양가의 계약 공급이 노동을 지휘하는 이유는 노동이 생존을 위한 영양가를 필요로 하기 때문이다. 노동가치설은 노역과 노동문제에 대항하는 욕구를 만족시키는 혜택에 무게를 실음으로 매입acquisition을 고려한다. 그래서 스미스는 노동이 가치의 유일한 보편적이고 정확한 척도이며, 노동의 동등한 양은 항상 그리고 어디에서나 노동자에게는 동등한 가치가 된다고 제시했다.145) 더 많은 노동력을 얻으려면 많은 돈이 든다. 싼 것은 비용도 덜 들어간다. 물론 실제로는 가치가 노동으로가 아니라 돈으로 직접 측정된다. 스미스가 말하는 노동의 종류를 이해하는 것이 중요하다. 스미스는 지주와 세입자의 수

---

145) 스미스(Smith), *The Wealth of Nations*, 136-40.

익에 대한, 최저생계비로 지불된 농업 노동과 주로 관련해 있다. 그런 노동의 유일한 혜택은 임금이다.146) 나머지는 모두 노역과 문젯거리다. 그런 가치의 노동이론은 기계가 주는 효율성 이윤에 의존하는 인간의 노동이 모든 생산적 가치를 발생시킨다는 환상을 유지할 수 있다. 인간의 노동에 의해서라기보다는 화석연료와 핵연료가 작업을 위한 대부분의 에너지를 제공할 때, 이 환상은 더 이상 신뢰할 수 있는 것이 아니다. 게다가, 이것은 실제 애덤 스미스의 관점이 아니다.

"농부의 것보다 더 거대한 수량의 생산적 노동을 움직이게 할 수 있는 동일자본은 없다. 일하는 하인뿐 아니라 일하는 가축들은 생산적 노동자들이다. 역시나 농업에서도, 자연노동은 사람과 맞물려 있다. 비록 노동의 대가가 비싸지 않더라도, 가장 비싼 노동자의 가치만큼이나 농산물은 가치 있다. 농업에서 가장 중요한 작업은 생산량을 늘리는 것보다는 사람에게 가장 유익한 식물을 생산하도록 자연의 비옥성을 이끌어 내는 것이다."147)

여기서 자연은 가치의 근원이며 노동은 척도다. 노동은 임금이 최저생활 수준에서 유지될 때에만 보편적 기준이 될 수 있다. 노동을 포함해서 부의 근원은 식품이다.

"다른 동물들처럼 사람이 자연적으로 최저생활수단에 비례하여 번성하는 것처럼, 음식은 언제나 많든 적든 수요가 있다. 음식은 항상 노동의 크고 작은 노동량을 구매하거나 지휘할 수 있으며 누

---

146) 같은 책, 226.
147) 같은 책, 462

군가는 항상 음식을 얻으려고 무언가를 하려는 사람들을 찾을 수 있다."148)

스미스는 최저생활수준뿐 아니라 임금도 국가의 부와 관계되어 달라지는 문제가 있다고 하면서도, 그는 노동계급 사이의 높은 유아사망률 기준에 대하여 다음과 같이 적었다. "낮은 생활 수준은 자녀라는 결혼의 큰 열매를 파괴한다."149) 일관적 가치의 단위는 영양의 최저생활 수준이다. 비록 옥수수 가격이 계절과 수확에 따라 크게 달라질 수는 있지만, 스미스는 돈으로 지불되는 임차료보다 어떻게 콘 렌트corn rent:밀이나 곡물로 바치는 소작료-역주가 더욱 성공적으로 가치를 유지할 수 있었는지에 대해 설명한다.150) 만약, 토지임차료가 독점가를 끌어들여 노동자들이 최저생활 수준에서 임금을 받아야 한다면, 그리고 만약 노동자들의 수량이 식품의 생산에 비례하여 유지된다면, 스미스는 노동가치설에 기초한 가치의 노동이론의 윤곽을 그려냈다.

"하지만, 다른 모든 상품은 그 당시에 구매할 수 있는 최저 생활수준의 양에 비례하여 특정한 시간에 노동의 크고 작은 양을 구매할 것이다."151)

이런 공식에서는, 영양가의 꾸준한 수량과 노동자의 생활 사이의 자연적 관계를 측정함으로 가치의 기준단위가 형성된다. 가치는 단순한 교환이 아니라 영양과 시간 사이의 관계에서 발생한다. 영양의 혜택이

148) 같은 책, 250
149) 같은 책, 182
150) 같은 책, 137-39
151) 같은 책, 138

시간의 소비와 비교될 때, 가치의 또 다른 공식이 발생하는데, 그 이유는 시간이 제한되어 있음에도, 그것이 비축될 수가 없기 때문이다. 시간은 소비되어야 하며 시간 소모의 또 다른 방식은 인류의 다른 욕구와 다른 관점을 윤택하게 한다. 소비할 시간과 에너지, 욕구가 있는 사람은 일을 노역과 문제로 여기지 않는다. 여가가 수많은 품질저하debilitating qualities를 가져올 수 있는 것처럼, 일도 인류를 위한 무수한 영양적 품질을 가져올 수 있다. 만약 세상살이art of living가 더욱 당면한 물리적 욕망과 더욱 미묘한 사회적 욕구를 포함하여 영양의 형태로 균형 잡히고 다양한 식습관diet을 이루는 것을 잘 포함한다면, 노동의 대가는 다른 형태의 영양을 위한 기회의 희생과 과도한 영양 투입의 위험 양쪽 모두일 것이다.

영양가의 경제는 자연과 인간경제 곳곳에 작용한다. 실제로 영양가의 인간경제는 주로 공급과 분배의 지역적이고 비공식적 경제 속에서 계약의 공식적 범위 외부에서 작용한다. 공급은 다른 모든 경제활동처럼 이중적 본질이 있다. 신체에 영양을 마련해 주는 음식처럼, 보살핌은 영혼을 윤택하게 한다. 물리적 영양의 형태가 제한되고 배제되는 곳에서 사회적 영양의 형태는 고유한 제한이 없다. 다른 사람을 돌보는 것은 모두의 정서적 건강에 영양을 공급하는 것이며 관용과 신뢰, 상호의존의 문화를 이루는 것이다. 비공식적 사회 자본에 본질적 한계는 없다. 하지만, 그런 공급이 확산되는 정도까지 한계가 있다.

공식적 경제는 영양, 시간, 공급, 돌봄에 관련된 비공식적 경제의 배경과 대조하여 더욱 완전히 이해될 수 있다.[152] 신뢰와 상호의존의 연대가 아직 존재하지 않는 곳에서는, 공식적 경제는 사회자본의 혜택을 이방인에게까지 확장시킬 수 있는데, 돈이 영양가를 요구할 권리를 표

---

152) 다음을 보라. 허친슨(Hutchinson) 외, *The Politics of Money*, chap. 8.

시하기 때문이다. 비록 돈의 사용이 사회적 돌봄과 공급의 유대로 대체
될 수 있다고 해도, 돈이 그런 유대의 창조를 배제하지는 않는다. 교환
을 위한 계약의 형성이 그런 가능성을 열어둘 수는 있지만, 공식적 경
제 속에서 다른 사람과 거래하는 사람들 사이에서는 로열티와 우호가
필요하지 않다. 비록 돈이 그것과 상호의존하는 정서적 관계를 가져오
지는 않는다 해도, 돈을 위해 교환하거나 노동하는 것은 공급의 구체화
되고 몰개성화 된 유대를 갖는 것이다. 상업에 기초한 사회는 바른 신
앙의 일반적 문화와 상호작용을 위한 개방성을 건설하고 집단적 선의
로서 사회자본의 진정한 수준을 마련한다. 시간의 희소성을 고려해 볼
때, 모든 관계가 인격적이고 친숙하게 되기란 불가능하다. 돈은 공식적
으로 아무것도 없는 곳에서 공급의 관계를 가능하게 함으로, 그리고 비
인격적 상호의존과 더불어 인격적 상호의존을 강화시킴으로 전체적 효
율성을 증대시킨다.

4.2.2 영양가의 희소성을 고려하면, 생계수단의 소유권은 균형 환율
보다는 독점임차율을 끌어들이는 경향이 있다. 생계수단의 책정은 경
제적 불평등을 이끈다. 로크Locke가 보여준 것처럼, 개인사용에 자연적
제한이 있으면, 돈의 축적은 불평등으로 이어진다.153) 만약 생계수단
이 부족하여 땅을 경작할 사람들이 없다면, 사람이 스스로 사용하는 것
보다 많은 땅의 책정은 비효율적이다. 일단 돌봄과 공급의 비공식적 경
제가 생계를 꾸려나가는데 충분하지 않다면, 희소성의 조건에서 영양
을 결핍한 사람들은 독점적 임대료를 통해 착취될 수 있다. 축적의 효
과는 이중적이다. 한편으로는, 생계수단이 책정되어 다른 사람들이 생
계수단에 접근하지 못하도록 한다. 반면, 생계수단이 만들어진다 해도

---

153) 같은 장 n.2를 보라.

오직 사유재산으로서만 가능해진다. 영양의 분배는 더 이상 공급의 전통적 사회구조로 결정될 수 없다. 재산은 공식경제의 방식을 가능하게 하는 사회적 자본의 비공식적이고 전통적 방식보다 더 중요하다. 공식경제에 참여하는 것은 축적의 약속과 배제의 위협 모두에 의해 이루어진다. 그래서 시장사회에서 독점은 표준norm이고 균형이 예외에 해당된다. 애덤 스미스는 이 점을 잘 알고 있었다. "모든 분야마다, 가난한 사람들을 억압함으로 부자들의 독점이 만들어지며, 부자들은 모든 거래를 독점함으로 큰 이익을 가질 수 있을 것이다."154) 영양가의 희소성은 땅의 희소성으로 표현되며 땅의 독점임차차율을 가져온다. "임대료는 땅의 사용을 위해 지불되는 가격이며, 현실적으로 세입자가 땅의 실제적 상황에서 지불할 수 있는 가장 큰 액수이다."155)

부의 중요한 불평등성은 독점임대료 형태로 잉여가치를 축적한다. 비공식적 경제에서는 부가 명예, 신뢰, 돌봄, 그리고 공공의무의 사회적 유대에 있다. 주식의 축적은 공급의 수단, 불행에 대비한 예비금, 후원의 수단, 혹은 의무의 네트워크를 갖추는 수단 외에는 그 자체로 가치가 없다. 이런 배경에 반하여, 잉여가치의 추출은 공식적 경제를 비공식적 경제로 대체한다. 그것은 의무의 계약적 관계를 돌봄이나 후원의 상호유대로 대체한다. 그것은 비인격적인 것을 인격적 유대로 대체한다. 인격적 유대가 돌봄, 의무, 그리고 사회적 힘으로 복잡하게 짜 곳에서, 비인격적 유대는 힘만으로 보증된다. 계약적 유대는 전체 사회에 의해 강요되며 국가의 형태로 구현된다. 계약적 유대는 다른 힘들 사이에서 지속되는 협상과정을 우월한 힘에 의해 강요된 고정된 협약으로 대체한다. 계약에서 합의된 정확한 조건은 계약하는 당사자들의 상대

---

154) 스미스(Smith), *The Wealth of Nations*, 198.
155) 같은 책, 247.

적 지위에 달려 있다. 공급의 수단이 재산에서 나오든, 혹은 현존하는 공공의무나 계약의 네트워크에서 나오든, 공급의 수단이 유지된다는 것을 확신하는 사람들과 더욱 유리한 조건으로 대안적 계약에 접근할 수 있는 사람들은 생계수단을 구하는 사람들과는 정반대로 상대적 힘의 조건 속에 있을 것이다. 여기서 "고리대금업"이라는 용어가 적절할 것이다. 중세시대에 "고리대금업"은 다른 사람의 불행을 착취하는 경제관계에서 널리 사용되었다.156) 하지만, 개인적 이득을 추구하여 자발적으로 계약하였든, 혹은 불행의 조건 아래 남아있는 유일한 대안으로서 계약하였든 간에, 부채는 부의 차이를 만들어 냈다. 진정한 고리대금이 되는 조건은 후자이다. 생계수단의 독점 위에 합의된 계약은 무제한적 시간의 수량을 추출하는 조건에 동의하며 다른 사람의 삶에 소유권을 주장한다. 이것은 사실상의 노예제도 부채구속debt bondage:부채 상환을 할 때까지 노예가 되는 것-역주의 근원이다. 자신의 땅에서 쫓겨난 사람들과 생계수단이 박탈된 사람들에게는 고용계약에서 양면적 거래가 제공된다. 생계를 위해 일할 기회가 시장의 독점률로 책정되는 것이다. 그런 "관대한" 용어는 고리대금업의 진정한 의미를 나타낸다. 다른 사람의 필요를 자신의 기회로 삼는 것이다.

공식 경제에서, 재산은 교환되기 전에 축적되어야만 한다. 교환가치는 수요로 표현되는 욕구에서 나오며, 욕구는 교환될 것 속에서 영양가를 계속해서 찾을 것이라는 보증에서 나온다. 욕구의 대상으로 지속적으로 남는다는 점에서 영양가 속에는 어떤 보증이 있다. 그것들이 폭력과 배제의 위협으로 사회에 의해 강요된다는 점에서 계약상에는 어떤 보증이 있다. 생산과 가치의 축적은 궁극적으로 고리대금에서 보증된

---

156) 적절한 시간과 하나님께 속한 시간을 나타내는 돈으로서 그런 모호한 기반 위의 돈과 이 자에 관련된 고리대금에 관련된 더욱 공식적인 정의들.

다. 그것은 노동고용을 찾고자 공급의 수단에 접근할 수 없는 사람들의 필요에 의해 보증된다.

이것이 바로 무역의 세계화와 자유화를 판단하는 정치적 측면이다. 무역의 자유화는 계약을 위한 기회의 자유화이다. 그것은 시장에서 힘을 가진 사람들이 자신들의 잠재력을 극대화시킬 기회를 열어 놓는다. 자유무역은 노동분업을 통해 생산증가를 촉진하는데, 활용할 수 있는 자원, 기술, 세관, 그리고 교육에 따라 노동이 질적으로 달라지기 때문이다. 그럼에도, 자유무역이 부를 낳는다는 바로 그 원칙노동분업을 통해 효율성을 극대화시킴은 또한 노동에서 자유무역을 막는 원칙이다. 오직 노동이 돈 그 자체로서의 생산을 넘어서는 시장과 유용성 사이의 동일한 수준의 이동성을 가질 때만, 노동은 시장에서 균형가격을 찾을 수 있다. 노동이 종종 지역성이나 일련의 기술과 묶여있기 때문에, 시장에서 수요를 맞추도록 자유롭게 움직일 수가 없다. 노동에는 항상 불균형이 있기 마련이다. 숙련된 노동은 항상 수요가 있으며 높은 임금을 불러오지만, 다른 형태의 노동은 임금이 낮거나 전혀 없다. 실제로 자유무역은 어떤 고용시장 내에서 최저생계수준으로 임금을 끌어 내리는 실업자들의 산업예비군에서 이윤을 얻는다. 그런 자유무역은 모두를 위해서가 아니라 불평등에 기반을 둔 성장하는 소수를 위한 경제성장을 촉진시킨다. 자유무역은 지대추구rent seeking:경제 주체들이 자신의 이익을 위해 비생산적 활동에 경쟁적으로 자원을 낭비하는 현상, 즉 로비·약탈·방어 등 경제력 낭비 현상을 지칭하는 말, 독점, 착취 그리고 고리대금의 자유화에 이른다. 그 결과로서, 불평등은 증가된 생산성의 이름으로 더 나아간 생계수단의 전용으로 이어진다. 무역의 자유화는 불평등의 사악한 소용돌이 속에서 더 나아간 전용, 극빈, 착취, 그리고 불평등에 이르고 만다. 자유시장에서는 교환가치가 전용된 고리대금을 나타낸다. 교환가치는 필요성의 힘을 나타낸다. 전체적 효과는 크게 양면적이다. 먼저, 무역의 자유화는 전용에서 사회자본의 전前자본가적 형태를 보호하는 제약을 제거한다. 두 번째로, 무역의 자유화는 인간자본과 사회자본의 자본가 형태의 성장으로 대체되며 생산성을 향상시킨다. 그리고 세 번째로, 그런 생산성이 얻는 최고의 혜택은 다시 한번 추출되어, 생활의 전자본가적 형태를 위한 대체물로서 잔여 이익을 남긴다.157)

4.2.3 영양가치는 상대적이다. 영양가치는 그 자체로 가치를 가지는 것이 아니라 오직 어떤 특정한 욕구와 관련하여 가치를 지닌다. 나아가 욕구의 형태와 상대적 영양이 무제한적이라면, 영양가치는 그렇지 않다. 게다가, 부패과정에서 미생물에 의해서만 사용된다 할지라도, 영양가치는 널리 사용된다. 영양가치는 엄밀히 말해 쌓이거나 축적되지 않는다. 영양가는 단순히 다른 순환의 대가로 소비의 어떤 순환에 의해 책정된다. 영양가는 재산과 달리 계속적 흐름 속에 존재한다.

시간은 영양가치와 유사하다. 시간은 상대적이고 유한하며, 소비된다. 시간은 소유하거나 축적할 수 없다. 시간은 자신을 어떤 것에 주목하게 한다. 엄밀히 말하여, 시간은 주거나 빌릴 수 있는 것이 아니다. 시간은 수여자에게 돌아간다. 시간 그 자체는 가질 수 없지만, 관심은 끌리거나 흡수될 수 있다. 그것은 경계나 더 좁은 순환을 통해 흘러간다. 그런 지불적 관심은 주의의 대상뿐 아니라 근원의 삶을 형성한다. 시간은 영양과 같이 허비될 수는 없다. 영양이 더 넓은 생태계에 보탬이 되지 않는 욕구를 먹이는데 반해, 시간은 더 넓은 사회영역을 평가하는데 별 도움이 되지 않는 가치의 표현에 주목한다. 시간과 영양의

---

157) 만약 이자율이나 평균수익률이 GDP 성장률보다 높다면, 전체적으로 투자를 통해 경제에 들어가는 것보다 더 많은 돈이 경제에서 빠져 나온다. 그런 식으로, 직접적인 해외투자는 그것을 투자하는 경제에서 부의 유출로 이어진다.

지출은 경제적 엔트로피의 형태다. 이런 지속적인 지출 과정은 영양과 관심을 재구성하는 욕구와 가치의 음엔트로피적 형태이다. 그런 영양과 주의의 경제는 유출과 환류reflux에 의해 작용한다. 생태체계에서는, 환원수return flow의 보장 없이도 지속적 소비가 있다. 만약 그것이 일어나면, 복귀return는 생태체계를 지속 가능한 순환으로 만드는 보완적 삶의 형태에서 나온다.

누군가는 사회 자본과 관련한 영양과 관심의 환류를 생산하는 경제 제도를 생각할 지도 모른다. 스스로 지속하며 네트로피적 생명 형태가 있는 것처럼, 스스로 지속하며 스스로 창조하는 사회적 형태도 있다. 그런 형태는 자본의 축적, 창조, 그리고 건설을 통해 부의 창조를 촉진시킨다. 계약사회의 공식적 경제는 사회 자본의 방식으로 측정될 수 있다.

사회자본은 영양과 관심의 유출과 환류를 지시한다. 공식경제도 온전히 다른 표상을 통해 그렇게 한다. 공식경제는 가치의 순환을 나타내고 붙잡으려 한다. 가치를 교환의 기초 위에 나타내면서, 각 경제의 중개상들은 비율과 수량에서 소유의 증가를 통해 가치의 순환을 향하는 축적의 중심으로서 기능한다. 교환가치는 수량적으로 차별화 된 영양가와 관심의 시간과는 달리, 관계없는 순수한 수량이기 때문이다. 교환가치는 오직 축적되고 소비될 수만 있다. 교환가치는 축적의 중심을 통해 그것이 더 빠른 속도로 지나가는 것을 보장함으로 책정된다. 유출속도의 측정은 다른 축적의 중심을 통한 흐름의 감소와 더 넓은 순환을 통해 향상된 흐름을 구분하지 않는다.

교환을 통한 가치의 축적이 경제활동을 위한 방향을 제공하는 곳에서 계약협정은 수단을 구체화한다. 계약은 시간의 경영과 분배뿐 아니라 제공된 영양의 본질도 결정한다. 비록 계약이 이런 목표가 어떻게 충족되어야 하는가에 대해서 구체적으로는 명시할 필요가 없음에도, 계약은 반드시 충족되어야 하는 한계나 조건을 나타낸다. 구체적 시간에 어떤 금액을 준다고 약속하는 것은 그런 금액을 얻기 위해 시간을 어떻게 사용할 것인지를 구체화하는 것은 아니다. 계약은 시간을 결정하지만, 계약이 허락하는 자유의 정도에서는 다르다. 다른 사람이 노동시간을 지휘하도록 약속하는 것은 어떤 금액의 전달을 약속하는 것보다는 자유를 훨씬 덜 갖는 것이다. 자유와 힘은 구매자에게 속해있다.

그래서 공식경제의 효과는 사회자본의 분배를 공식적 계약의 순환으로 구체화하는 것이다. 사회를 통해 흩어지는 대신에, 자유와 사회자본은 크게 집결된다. 많은 사람에게 생계수단을 구하는 우선순위는 공급과 돌봄의 관계 형태로 사회자본의 건설을 막는다. 만약 사회자본이 신용과 돈이 있는 사람들에 의해 축적된다면, 이것은 다른 곳에서 사회자본의 형성 대가로 일어날 수도 있다. 축적, 발명, 그리고 자본의 건설을 위한 기회를 줄임으로, 축적이 쏠리는 것은 사회의 많은 부분을 빈곤하게 한다. 사회자본이 돈의 형태로 집결될 때, 유출과 환류의 중심은 생존을 위해 성장해야 한다. 영양가와 시간의 제한된 재고가 돈의 흐름을 따라가는 한, 영양가가 중심에 집중해서 축적되는 되는 것은 결과적으로 방대한 주변부의 결핍을 가져온다.

4.2.4 영양가와 시간이 희소하며 제한된 자원이기 때문에, 사회의 건강은 분산으로 향상된다. 프란시스 베이컨Francis Bacon의 격언은 여기서 아주 적절하다. "돈은 배설물과 같아서 흩어지지 않으면 좋지 않다."158) 공급과 돌봄은 영양과 주목의 환류보다 우선순위를 가진다. 지출은 축적보다 유용하다. 반대로 사회자본은 제한된 자원이 아니다. 어

---

158) 잭슨(Jackson), *The Oxford Book of Money*, 11.

떤 곳에서의 사회자본의 축적은 다른 곳에서의 축적으로 진행될 수 있다. 처음에 사회자본은 성공적 상호의존 관계에 의해 분산되어 만들어진다. 사회자본은 공급의 행위로 만들어진다. 그것은 돌봄, 신뢰, 협력, 그리고 관용의 문화다. 사회자본은 영양과 관심의 네트워크를 확장시킬 능력을 부여한다.

그러므로 정치경제학에서는, 분배의 형태를 고려할 때, 단순히 분산이나 축적에 특권을 줄 수는 없다. 영양가와 시간과 같은 제한된 상품의 분산은 사회자본의 무제한적 상품의 축적을 향상시킨다. 사회자본의 축적은 결국 제한된 상품의 확산을 향상시킨다. 정치적 필요조건을 차별화하면서, 영양, 시간, 그리고 사회자본은 표상의 방식을 차별화할 것을 요구한다. 영양이 주어진 곳에 시간이 소비되며, 사회자본은 축적된다. 비록 그것이 상품으로 나타나며 교환될 수 있다고 하더라도, 각각 교환으로 측정될 때는 모호함이 발생한다. 그런 것은 돈의 사용이 낳은 근본적 환상이다.

돈 그 자체는 세 가지 본질이 있다. 돈은 구현의 특정한 형식으로서 영양, 시간, 그리고 사회자본의 영역에 참여한다. 돈은 책정되고 소외되고 교환될 수 있는 상품으로 활동할 때, 영양가치를 나타낸다. 돈의 유동성 덕분에, 돈은 이전이 가능한 재물로서 활동한다. 돈은 영원한 교환가치를 위한 기초를 이룬다. 돈은 시간처럼 주어지고 사용되지만, 약속으로서 근원자에게 돌아간다. 자산이 이체될 수 있는 것이라면, 부채는 남는 것이다. 자산이 소유될 수 있다면 부채는 계약된다. 자산이 축적된 부를 나타낸다면, 부채는 지속되는 의무를 나타낸다. 자산이 대차대조표 상에서 부채를 상쇄하는 것으로 나타난다면, 그런 등가는 모호함에 기초하며 순환의 완성과 자산에 의한 부채의 청산을 상상한다. 그렇지만, 경제 현실은 불균형의 간격에 개입하는 순환의 해결들 사이에서 이뤄진다.

돈이 사회자본을 나타낸다는 이유가 바로 이것이다. 돈은 빚의 형태로도 나타난다. 부채는 청산될 필요가 없다. 정부와 기업, 그리고 개인은 빚이 일반적 현상이며 결코 변제할 수 없고, 영구적 재융자 덕분에 유지된다는 것을 배워 왔다. 근대에 돈의 존재를 가능하게 한 것은 정확히 바로 그러한 조건이다. 순환은 경제가 빚의 소용돌이로 기능할 때는 결코 완성되지 않는다. 사회자본은 신뢰와 보증의 네트워크 속에서 보존된다. 신용은 전체 사회의 부를 상징한다. 역사가 증명하듯, 신용에는 다소 낯선 힘의 불균형이 있다.159) 채무불이행의 위협은 채무자뿐 아니라 채권자에게도 위험하다. 채무불이행은 채무자를 파괴할 수도, 해방시킬 수도 있으며, 상호의존과 신뢰의 네트워크에 달려 있다. 반대로, 모든 빚이 변제된 사회와 모든 계약이 이행된 사회는 시장 사회 속에서 원자적 개인의 관념으로 돌아간다. 그런 조건 아래서는, 사회 자본이 사라진다. 실제로 평형상태로 돌아가고자 하는 엔트로피적 경향은 사회자본을 파괴하는 경향이 있다. 그런 추상적 사회는 반드시 사회를 재창조해야만 한다. 반대로 빚에 기초한 사회는 이미 공동의 의무로 움직인다. 부채의 존재는 건강한 경제를 표시할 수도 있다.160)

사회자본의 역설은 축적을 가능하게 하는 축적이라는 것이다. 만약 이자가 대출을 발행한 은행에 상환된다면, 은행 예비금은 축적의 중심이 된다. 어떤 의미로, 공동의 부채를 합법화하는 이런 예비금이 대출금을 위한 기초로 기능하는 한, 이자가 만들어낸 은행 예비금은 공공의 선 노릇을 할 수 있다. 예비금을 소유한 사람이나 그런 예비금의 형태는 예비금이 부의 창조를 위해 사용될 수 있다는 것보다는 중요성이 떨

---

159) 다음을 보라. 킨들버거(Kindleberger), *Manias, Panics and Crashes.*
160) 코울리지(Samuel Taylor Coleridge)의 언급에 주목할 것. "

어진다. 다른 의미로, 축적의 중심에서 예비금의 집중은 시간과 영양을 축적하는 수익의 종말을 향해 나아간다. 그것은 결과적으로 관심과 영양의 집중을 가져온다. 전체 사회를 더욱 효과적으로 섬기려면 돈으로 표현되는 영양, 시간, 그리고 자본의 기능 사이를 구별하는 것이 필수적이다.

계급

4.3.1 경제계급은 영양, 시간, 사회자본의 경제적 관계 아래 있는 계약적 책정에서 나온다. 영양가에 대한 보편적 욕구는 전체 경제 과정의 기본 동력이다. 주택 소유자는 자신과 자신들의 돌봄과 가정에 다양한 형태로 영양가를 공급하는 자원을 위해 영양가를 구하는 사람으로 생각할 수 있다. 이런 돌봄과 의존의 관계는 그것이 사유재산의 형태 아래 표현될 때 수정될 수 있는데, 일단 그런 돌봄과 의존의 관계가 위협받으면 영양가를 위한 욕구가 그들을 보존하고자 하기 때문이다. 사유재산에 대한 청구는 살아남으려는 의지의 표현이다. 그런 노력은 존재로 남으려는 의지로서, 반동형성reactive formation이다. 그것은 잠재적 위협에 대응한다.

돌봄과 의존의 영양관계의 유예에 대한 위협은 피할 수 없는 일시적 생명의 조건이다. 더 나아가 그것은 죽음에 이를 수밖에 없다. 그런 위협에 직면했을 때 두 가지 상반된 방법이 있다. 죽음에 저항하는 것이 아니라 생활을 향상시키는 영양자본의 돌봄, 그리고 생활을 향상시키는 것이 아니라 죽음에 저항하는 외부 위험에 대한 방어이다. 이것들은 두 가지 다른 정치적 전략을 위한 기초다. 능동적 정치는 협력과 생산을 위한 새로운 기반을 창조하고자 삶의 형태의 발생을 가능하게 하고 풍요롭게 한다. 반응적 정치는 외부 위협에 대응하여 만들어진 것을 방어하고자 한다.161) 영양에 반대되는 것으로서, 재산은 반응적이다. 사유재산을 책정하기 위한 요구는 외부 위협에 대항하기 위한 사회적 공동사업의 연합된 힘에 호소한다. 위협은 여기서 기회보다는 강조로 주어진다. 그것은 또한 위협에 대응한다. 그것은 신뢰, 신용, 그리고 사회적 자본이 발생할 수 있는 원칙으로서 기능한다. 이는 신용의 기초로서 영양자본이 제공하는 기회를 신뢰하는 것이라기보다는 전적으로 다른 사회 질서의 원칙이다.

그것은 계급차이가 나타나는 돌봄과 위협 사이의 근본적 구별의 기반에 있다. 세대주가 영양자본의 돌봄과 주로 관련되어 있고, 소유주는 주로 위협에 대응하는 방어와 관련된다. 같은 개인들이 보통 다른 관점에서 양쪽 전략을 모두 실행하는 것은 그리 문제 되지 않는다. 문제 되는 것은 어떤 전략이 공동관계에서 우세한가 하는 것이다. 세대주는 영양자본을 위한 돌봄을 표현한다. 소유주는 힘을 발휘하는 의지를 표현한다. 불평등은 그들의 공동 관계 속에 있는 이런 상반되는 전략에서 나온다. 소유주는 책정하기 위해 행동의 자유를 증대시킨다. 세대주는 관계하고 키우고자 한다. 책정 과정이 위협에 의해 각 단계마다 보호되기 때문에, 소유주는 영양수단에 더 접근할 수 있다. 사유재산이 합법적 책정으로 제공된 기회를 옹호하는 한편, 외부 사회형태에 대항한 부정의 전략을 유지하는 부산물을 가지게 되며, 그리하여 영양과 사회자본을 크게 감소시킨다. 결과적으로, 세대주는 영양수단에 접근할 소유주가 되어야만 하며 그리하여 지속적으로 영양자본을 돌보아야 한다. 그럼에도, 세대주와 소유주 사이의 관계는 엄격하고 공동의 적대감을 가진 이해관계가 아니다. 사유재산이 항상 다른 사람의 희생으로 얻어

---

161) 능동적 힘과 반응적 힘 사이의 차이점에 대해서는 다음을 보라. 들뢰즈(Deleuze), *Nietzsche and Philosophy*, chap. 2.

지는 곳에서 갈등은 홉스주의자Hobbesian의 야생상태state of nature:홉스에 따르면, 야생상태에서 모든 개인은 서로 투쟁상태에 놓여 있으므로 내가 안전을 확보하려면 남보다 큰 힘을 가져야 한다-역주 속에서만 경제계급을 정의하게 된다. 실제로, 갈등은 계급 차별화의 소멸을 시사하는데, 우리 모두가 지금 소유주로 인식되기 때문이다.

하지만, 자산계급Proprietary classes은 여전히 다양한 책정방식으로 구분할 수 있다. 모든 책정 방식이 영양자본의 생산적 힘, 영양가의 추진drive, 그리고 생산과 소비 사이의 관계를 중재하는 사회 자본 형태의 동일한 세 가지 힘에 달려있는 반면, 각각은 생산적 과정과 특별한 관련을 가진다. 상인은 교환형태로 사회자본을 제공하고자 스스로 영양가를 책정한다. 자본가는 건설되고 실현된 생산의 형식에서 사회자본을 제공할 노동시간을 책정한다. 은행가는 교환, 자산, 그리고 부채를 기록하고 촉진함으로 스스로 사회자본을 책정한다. 영양, 시간, 그리고 사회자본은 다른 책정 수단으로 가는 길을 연다. 각각의 계급은 세대주부터 책정한다. 상인, 자본가, 그리고 은행가가 자신들의 계급 내에서 투쟁하지만, 각각은 다른 계급에 의존한다. 계급은 경쟁에 의해서보다는 상호의존과 상호보완에 의해 정의된다. 희소성의 위협이나 영양결핍은 다른 계급에서가 아니라 시장 내에서의 실패 혹은 전체 경제사회의 실패에 대한 전망에서 나온다. 모두는 사회적이고 경제적인 붕괴의 일반적 위협에 저항함으로 하나가 된다. 그리하여 소유주로서, 각 계급은 사유재산을 보호하고 책정을 합법화하며 돈의 가치를 보증하는 강한 국가에 관심을 가진다. 실제로, 세대주 자신이 재산, 노동, 그리고 돈의 소유주가 되는 정도까지, 그들은 강한 국가에 대한 관심을 공유한다. 물론 국가의 경제정책은 특정한 계급의 주요한 관심을 추구하기도 하고 정책결정에 대한 민주적 대립이 따를 수도 있지만, 그런 대립이

폭력에 이르거나 국가 자체를 위협하는데까지 이를 이유는 없다. 경제
계급이 국가에서 폭력의 독점을 장악함으로 이익을 얻는 몇몇 상황이
있다.

4.3.2 영양가의 유한성과 시간과 노동력의 유한성은 상인과 자본가
들이 생태 체계의 상호 의존성에서 벗어나지 못하도록 한다. 귀중한 자
산이나 추상적 부의 형태로 책정된, 오직 사회적 자본만이 무제한적 증
가를 가능하게 한다. 이것을 가능하게 하는 원칙은 예비금을 넘어선 부
채의 창조다. 대출을 받는 소유주, 상인, 자본가, 그리고 정부가 부채의
추가적 동기에 의해 자신들의 책정을 늘리고자 한다면, 대출을 발행하
는 은행가는 이런 계급관계의 상호적 위치를 차지한다. 은행가들은 자
산과 부채의 균형을 잡을 의무 아래 있을 수도 있지만, 대출은 이런 면
에서는 중립적인데, 그 이유는 부채대출이 소비될 수도 있음는 완전히 자
산부채는 상환되어야 함에 의해 균형 잡히기 때문이다. 한편으로, 은행가
는 다른 계급과 관련된 힘의 위치에 자리하는데, 은행가들이 이자를 통
해 자신들의 재산을 책정하기 때문이다. 다른 한편으로, 은행가들이 다
른 계급의 재산에 민감한 이유는 대출에 대한 채무불이행은 예비금을
잃고 신용을 떨어뜨리기 때문이다.

돈의 정치학에서 근본적 문제는 예비금을 넘어서는 부채의 발행능
력이다. 그것은 능동적 경제력으로서 신용의 창조이다. 신용의 독점은
국가의 손 안이나 어음교환협정은행 안에 대부분 존재해 왔다. 국가가
통화발행과 과세의 권한을 갖는다면, 은행가는 재정적 중재자가 되는
특전을 누린다. 계층구조의 이점은 어음교환소 안에서 취소되는 은행
들 사이의 대부분의 거래로 이어져서, 은행가들이 자신들의 위치를 조
심스럽게 확장하여 "보조를 맞추는" 한 부채가 예비금을 크게 넘을 수

있게 한다.162) 회사들 사이에 협의된 상업신용은 돈과는 질적으로 다
르다. 그런 부채의 기록은 자유로이 순환된다. 상업신용은 더욱 나은
신용의 발급을 위한 보증으로 기능하는 한, 순환을 제한할 수도 있다.
하지만, 상업신용은 오직 공동인식과 신뢰를 기초로 하는 회사 네트워
크 내에서 순환할 수 있다. 어떤 관점에서 그것은 교환을 하는 이전 시
장방식으로 퇴보하는 것이다.

정부처럼 은행도 쓸 돈을 창조하기 위한 자원이 제한되어 있다. 신
용은 관계이지 소유가 아니며 은행도 대출을 발행하는 사람들에 의존
한다. 은행으로 부가 집중되는 것은 단순한 힘의 집중화가 아니다. 특
별히, 재정적 투기가 가장 수익적 행동이라는 한, 은행은 돈의 창조와
상환을 위해 투기자의 성공에 의존할 수도 있다. 누군가가 재산의 소유
자로서 부동산에 투기하거나, 통화, 자기 자본equity, 채권, 그리고 파
생물의 거래를 통해 금융시장에 투자하거나, 그리고 돈이 주택담보대
출로 만들어지거나 차입으로서 만들어지거나, 대체로 효과는 같다. 은
행처럼 투기자도 예비금을 넘어서는 부채를 가질 수도 있는데, 그런 부
채는 그들이 갖고자 했던 자산의 가치에 의해 보증되기 때문이다. 이런
자산이 거대한 가치를 갖는 이유는 투기에 의해 폭등되었기 때문이다.
은행에 의해 만들어진 은행화폐와 같이, 만약 그들이 앞으로 함께 움직
이며 발맞춘다면, 투기자들에 의해 창조된 교환가치의 양에는 제한이
없을 것이다. 만약, 투기의 수익이 거대한 이윤으로 수수료와 이자의
비용을 넘어간다면, 투기자들은 은행에 대가를 지불하며 예비금을 얻
으려 할 수도 있다. 투기자들이 은행에서 자신들의 예비금을 계속하여
유지한다면, 예비금이 유지되는 장소는 궁극적으로 투기자들에 의해
결정된다. 투기는 가장 수익성 높은 금융활동으로서, 가장 높은 수준의

---

162) 케인스(Keynes), *A Treatise on Money*, 1:26.

힘을 가진다. 투기자들이 실제로 영양을 위해 상인들에게 의존하고 다양한 수익률을 위해 자본가들에게 의존하며 재정적 중재와 차입을 위해 은행가들에 의존하지만, 다른 계급이 쇠퇴할 때조차 투기자들은 수익을 얻는다. 그러므로 투기자들은 상인, 자본가, 그리고 은행가들과는 구별된 계급을 나타내기도 한다. 투기자들의 관심은 동일하지 않다. 투기자들에게 시장은 보험과 공급에 의해 더 이상 보호받지 못하는 승패의 장소, 기회와 위협의 장소, 그리고 탐욕과 두려움의 장소이다. 그것은 가장 인공적 "야생 상태"이다. 만들어지는 모든 것이 이윤이기 때문에, 창조성이 나타나는 것은 거의 불가능하다. 그렇지 않으면, 투기는 오직 정보, 전략, 훈련, 그리고 위기관리의 수단일 뿐이다. 투기는 다른 것보다 돈과 부채의 권위에 더 직접적으로 복종한다.

　은행처럼 투기자도 예비금을 훨씬 초과하여 부채를 가질 수 있다. 하지만, 이런 부채가 자산을 얻는데 사용되기 때문에 투기자들은 단순히 부채를 짊어지지만은 않는다. 자산이 시장조건에 따라 가치가 달라진다면 부채는 그렇지 않다. 이런 이유로, 투기자는 가치가 조금 높아지는 자산에 고차입형투자high leveraged investment를 함으로 큰 이윤을 얻을 수 있다. 불행은 큰 피해로 이어진다. 그런 피해는 효과적 재정관리 전략과 자동화된 지급정지명령증권이나 상품을 매매할 때 상한이나 하한을 정하는 것-역주에 의해 조절되고 제한된다. 위기가 이런 식으로 제한될 수 있으므로 제한된 위기와 함께 고차입형 자리를 받는 것은 불가능하다. 투기자들은 계약과 부채에 종속되어 있으며 정확한 가격예측으로 빚에서 해방된다. 시장의 역동성은 새로운 의존성역동성과 시장의 예측성에 의존하는 것의 수단으로 빚에서 투기자들을 자유롭게 해 준다. 그것은 구별된 경제계급으로서 투기자들을 구성하는 새로운 의존성이며 역동성의 원칙이다.

4.3.3 투기자들은 상품보다는 돈의 흐름을 위한 중재자들이다. 투기자들의 행동은 표상적으로 상인들의 행동과 닮아 있다. 공시적 관점에서, 투기자는 차익거래로 이윤을 창출한다. 즉, 한 시장에서 구매한 것을 다른 시장에서 더 높은 가격으로 파는 것이다. 투기자들은 정보와 이동성의 이점을 착취해야만 한다. 그러나 실제로는 구매와 판매 사이의 시간적 지연이 있다. 상업이 멀리 떨어진 시장 간의 거래에서 이윤을 얻는다면, 투기자들은 같은 시간에 떨어진 시장에서 가격차를 통해 이윤을 얻는다. 신용과 빚으로서 돈의 창조는 상품과 서비스의 생산에 대한 부의 대안적 자원이다.

투기는 자신을 스스로 대상으로 받아들임으로 다른 경제과정에서 객관성의 힘을 얻는다. 미래의 조건을 알 수 없는 것처럼, 투기는 특권적 지식의 요소전통적 투자 전략으로서를 덜 가지며 더욱 많은 불확실성의 요소를 가진다. 투기의 수익성은 주로 가격에 미치는 자신의 영향에서 나온다. 투기는 모방과 군집행동에 의해 작용한다. 투기는 무리가 어디로 움직일 것인가를 추측하는 문제이며 상당부분 앞서 있어야 하는 문제다. 이런 관점에서, 모든 투기자는 서로 경쟁하며 승패를 주고받는다. 그런 경쟁은 단순히 피상적이다. 집단에서 기인한 가격변화는 자산인플레이션의 형태로 된 이윤의 주요 자원이다. 투기의 부는 은행예비금에 대항한 청구로서 만들어 진다. 모방의 결과는 가격에 대한 양의 피드백 효과이다. 즉, 가격상승은 또 다른 구매 및 가격 상승으로 이어지고, 가격하락은 판매로 이어지는 것이다. 그런 양의 피드백은 가격수준의 불안정성을 낳으며, 투기자들이 얻는 이윤에서 아래위로 들논다. 흔히 불확실성에서 오는 음의 피드백 효과는 그런 양의 피드백 효과를 제한한다. 집단이 언제 방향을 바꿀지 아무도 모르기 때문에 미리 방향을 바꾸는 것이 투기자들의 관심이다. 손실위험보다는 빠른 수익을 얻는 것이 낫다. 이런 불확실성은 실제로 전환이 일어날 것이라는 것을 보증한다. 그런 방향전환은 모방에 의해 확산된다. 양의 피드백으로 말미암아 발생되는 변동은 대개 음의 피드백의 넓은 봉투에 의한 한계 속에 머무르게 된다. 대체적으로 그런 넓은 봉투는 투기자들이 결과를 예측하고자 사용하는 자기확증적 동향 채널self-confirming trend channels을 구성한다. 만약 예상이 이루어지면, 위기는 다양화를 통해 최소화될 수 있으며, 작고 빠른 수익은 재투자에 따라오는 차입을 통해 극대화되고 성장의 복리로 이어진다.

투기자들은 가격에 영향력을 발휘하려고 생산적 경제 속에 있는 사건들에 의존하는데, 이것이 영구적 불균형과 재조정으로 이어진다. 투기적 시장은 같은 시장 속에서의 투자자들의 거래에 의해 강화된다. 투자자들이 "경제기초" 또는 생산경제 속의 사건과 가격에 미치는 영향력과 관련 있다면, 투기자들은 시장과 관련 있다. 작고 빠른 변동이 동향과 전체적 패턴으로 자리 잡은 곳에서, 가격이동표는 거래자들과 투자자들 사이에서 시장 분위기를 확실히 보여주며, 도표와 기술적 분석의 기술은 공정한 미래행동의 예상을 제공한다.

투기를 통한 돈의 창조는 인플레이션적이다. 그것은 투기적 자산의 일반적 가격상승으로 이어진다. 하지만, 그런 인플레이션은 투기적 자산 시장에는 제한적인데, 투기적 자산에 투자하기 위한 대출로 창조된 돈이 돈의 형태로 상환되어야 하기 때문이다. 그리하여 투기자산의 인플레이션이 바로 그 수익성의 이유가 된다. 생산에 기여하지 않는 투기자산은 소비상품보다 더욱 빠르게 팽창하여 부의 격차로 이어진다. 인플레이션은 항상 특정한 시장과 관계된다. 어느 특정한 시장이 언제 과팽창할 것인지를 말하기는 어렵다. 사실상, 원칙적으로는 왜 어떤 자산이 무기한적으로 팽창되어선 안 되며, 더욱 지속적이며 예측적으로 올라가는 거대한 가치를 얻는지에 대한 이유는 없다. 근본적 투자자들의 자기완성적 기대와는 별도로, 왜 자기자본이 다른 어떤 가치보다 역사적 기준으로서 약 15:1투자비용을 회수하는데 15년이 걸림 비율의 소득으로 가격이 매겨지는 지에 대한 이유도 없다. 하지만, 실제로 모든 가격동향은 끝이 난다. 이유는 간단하다. 투기 인플레이션을 통해 얻은 가치는 돈으로 환산될 때까지는 안전하지 않다. 모든 투기자는 결국 팔아야 하며, 대다수 사람들보다 먼저 팔고자 할 것이다. 붕괴는 수익을 이루려는 시도나 손실을 최소화하려는 시도에 의해 발생한다. 유동성을 선호하는 것은 일반적 가치의 실현을 선호하는 것이다. 투기적 인플레이션이 꾸준히 계속되는 곳에, 투기적 붕괴는 갑작스럽고 극명하게 일어난다. 붕괴는 단순히 투기거품에 의해서만 일어나는 것은 아니다. 실제로 그런 "거품"은 오랜 기간 동안 안정적일 수 있다. 대신, 붕괴는 추세 trend 경로에서 단절을 일으키는 "주식팔이"bear, 주가하락을 예상하고 주식을 파는 사람-역주 투기자와 투자자들의 활동이 일치함에 원인이 있다. 일단 추세 경로가 깨지면, 거래자들은 시장의 방향을 벗어나며, 그들이 거래하는 순간은 분할되어 확실한 가격의 등락으로 이어진다. 그 결과로 생긴 불안정성은 투기적 투자자들의 신념을 약화시켜서 시장에서 철수하도록 만든다. 그 결과로 나타나는 판매는 붕괴를 일으킨다.

　실제로, 비록 시장의 우세적 동향이 지속적 인플레이션을 향해 있다 하더라도, 가격 하락에 대한 투기는 똑같이 수익성이 있다. "주식팔이 거래자들"bear traders이 시간을 뒤집을 능력이 있기 때문이다. 공매나, 혹은 현재 갖고 있지 않은 자산을 나중에 넘기는 것을 예상하여 그 자산을 사들이고, 다른 사람이 그 자산을 더 나은 가격에 원한다면 판매를 통해 시장이 하락할 때 큰 수익을 올릴 수 있다. 은행이 예비금을 초과하는 돈을 만드는 것처럼, 공매하는 투기자들은 예비금을 넘는 자산을 창조할 수 있다. 비록 그런 수익이 다른 사람의 희생으로 이루어졌다 해도, 그리고 숙련되지 않은 거래자들이 큰 손실을 입는다 해도, 대부분의 참여자들에게는 전체적으로 수익이 돌아간다. 어떤 순간에 주어진 모든 가격에 대해서는, 시간이 지나 그 가격이 높을 수도 있고 낮을 수도 있다는 것을 예상해 볼 수 있다. 그러므로 모든 사람이 가격변동에서 수익을 얻을 수 있으며, 심지어 그것은 아무것도 생산되지 않는 제한된 시장에서도 가능하다. 가치는 자산변동과 은행 대출 모두에 의해 만들어지기 때문이다. 그런 축적의 중심은 수익의 창조를 유발한다. 그들은 또한 사회자본의 축적을 유발한다. 생산과 분배에 관한 투기의 영향은 어떤 복잡성의 주제다.

4.3.4 부의 창조는 세 가지 독립적 자원에 의해 유발된다. 먼저, 생산은 자본의 축적, 발명, 그리고 건설에 의해 결정된다. 그런 생산적 역량이 사용될 것이라는 보증은 없다. 불충분한 돈으로는 수요가 효과적일 수는 없을 것이다. 건강한 경제가 생산적 잠재력을 극대화시키고자 하는 것처럼, 또한 효과적 수요도 극대화시키고자 한다. 신용은 돈의 근원적 힘으로서, 계약에 들어가게 하는 힘이다. 영양가치를 시간과 결속시키는 것은 신용이다. 부의 세 번째 근원은 신용이다. 투기자들에 의해 표현된 힘 신용이 무제한적이기 때문에, 책정의 역동성은 영양과 시간의 책정과는 크게 달라질 수 있다.

자본, 유효수요, 그리고 신용은 분배의 정도를 다양화시키기도 한다. 극대화하려면 자본을 발명된 형태에 따라 조립해야만 한다. 이런 관점에서 자본의 집중은 부의 증가를 가져온다. 반대로 유효수요에 집중하는 결과는 영양의 일반적 근원에 대한 수요에서 투기적인 것이나 비생산적 자산뿐 아니라 호화스러운 물품이나 서비스의 수요로 그 형태가 바뀌는 것이다. 유효수요의 집중은 과다수요나 생산능력을 충분히 활용하지 않는 것일 뿐 아니라 전체 사회에서 수요를 위한 역량을 충분히 활용하지 않는 결과로 이어진다. 유효수요에 집중하는 것은 좁은 순환으로 성장을 제한하고, 불평등을 심화시키며 가난한 사람 대다수를 극소수 부유층의 하인으로 전락시킨다. 유효수요에 집중하는 것은 경제성장을 제한한다. 그것은 환경에 모호한 효과를 가질 수 있다. 그것이 생산과 소비의 전체적 수준을 제한한다면, 가난은 생존을 위한 즉각적 수요의 필요성을 통해 빈약한 생태학적 지속성을 가진 실천으로 이어질 수도 있다. 그것은 또한 인구성장에도 기여하는데, 인구성장은 가난과 긴밀하게 연결되어 있으며, 환경에 대한 부담증가로 이어진다. 그래서 전체적으로, 자본형성과 유효수요가 과생산과 인플레이션의 위험을 피하도록 균형을 이루는 것이 중요하다. 또한 유효수요가 널리 분배되는 것과 유효수요가 단순히 생산수단의 소유권의 기능이 아니란 사실이 중요한데, 생산수단의 소유주들은 유효 소비자에 달려 있기 때문이다. 부의 창조는 생산만이 아니다. 유효수요가 어떤 부가 필요하고 어떤 것이 진정한 부인지 결정하는 한, 그것은 특별한 의미가 있다. 비록 그것이 거대한 연간매출로 표현된다 할지라도, 소수에 의한 사치품의 소비를 부의 측정으로 생각할 수는 없다. 나아가, 유효수요를 가능케 하는 조건은 신용이다. 생산자, 소비자, 은행가, 그리고 투기자들이 모두 부의 창조를 위한 역할을 담당한다.

자본의 축적, 발명, 그리고 건설로부터 부가 발생하는 곳에서는 생산수단의 주인이 주로 이윤을 목표로 하기 때문에, 생산수단의 사적 소유권이 부의 창조에 긍정적 기여를 하는 것은 결코 아니다. 비록 민간부문이 상품과 서비스를 생산하지만, 수익성의 기준은 자연, 인간, 그리고 기관적 자본의 소비와 고갈에 대항할 방법을 제공하지 못한다. 공공부문은 그와는 반대로, 환경, 인간, 그리고 사회자본에 주로 투자하는 것으로 간주된다. 공공부문은 교환의 개인적 계약이 크게 필요 없이, 시장에 상품과 서비스를 가져오는 민간부문에 의해 나중에 사용되는 자원을 축적한다. 존 메이너드 케인스John Maynard Keynes의 관점은 여기서 본질적이다. 만약 사회가 원하는 것보다 더 소비하는 것을 피하려면, 사회는 사적 수익보다는 공적 소비에 우선해야 한다. 만약 세금에서 충당된다면, 정부지출은 경제에서 사용할 수 있는 돈의 수량에 영향을 주지 않는다. 정부지출은 유익한 이중적 효과를 가진다. 그것은 환경, 인간, 그리고 사회자본을 동시에 갱신하며, 힘의 사용을 재분배하여 투자, 임금, 이자, 그리고 수익의 사적 순환을 넘어선 부문에까지 미치도록 한다. 민간부문은 부를 이루는 부분적 공헌에 불과하다. 민간부문은 상품과 서비스를 생산하고 임금과 이자를 통해 어느 정도 돈의 재분배를 이행하지만, 자본의 갱신과 부의 재분배에 까지 기여하지는 못한다. 게다가 세금으로 민간부문을 통해 얻는 돈은 결과적으로는 공적 사용과 공적 지출을 통해 다시 돌아간다. 공적 지출이 생산을 직접적으로 지향하지는 않기 때문에, 위험이나 낭비의 가능성도 없다. 복지혜택을 받는 사람들이 자신의 수입을 민간부문 생산자에 의해 생산된 상품이나 서비스에 사용할 때, 복지에 지출하는 것은 전체 사회에는 아무런 비용도 들지 않는다. 반대로, 그런 지출은 경제성장에 공헌할 수 있다.

　사적 투자나 공공지출 사이의 차이는 능력 활용에 있다.163) 실업자

---

163) 애덤 스미스(Adam Smith)에게, "사람은 수많은 제조사를 고용함으로 부를 키운다. 그는 수많은 천한 하인을 관리함으로 가난해진다." Smith, *The Wealth of Nations*, 430. 스미스는 이것을 비즈니스, 정부, 그리고 국가에 일반화시키며 "비생산적" 공공부문을 가능한 한 작게 유지하기 위한 논거를 제공한다. 그럼에도 이런 논거는, 공공 서비스가 사설 서비스보다 국가에 더 가치 있고 혜택을 주지만, 오직 수익을 창출하는 그런 행위들만 생산적

들의 노동은 훈련되어 있지 않다. 그들의 노동은 공급과 돌봄의 비공식적 경제 속에서 상품과 서비스를 생산할 수도 있고, 게으름 속에서 시간을 낭비할 수도 있다. 반대로 사적 투자는 적어도 최대한 능력활용을 이끌어 낸다는 장점을 찾을 수 있다. 차이는 전혀 간단하지 않다. 이익을 극대화할 목적으로 고용된 사람들은 자본의 축적, 발명, 건설과 운영에서 효과적으로 고용되지 않을 수 있다. 그들의 노동이 훈련은 되지만, 사회적으로 유용한 목적을 위해 훈련되지 않을 수도 있다. 공공분야의 지출에서 나오는 결과와 마찬가지로 민간부문의 지출에서도 능력과 시간을 허비할 수 있다. 경제는 단순히 순환의 단일영역이 아니라 상품, 서비스, 자산, 그리고 돈이 축적의 차별화 된 밀도에 따라 순환하는 시장의 네트워크이기 때문에, 작업시간은 구분되지 않은 생산적 전체가 아니라 자연, 인간, 그리고 사회자본의 비율에 따라 달라지며 자본, 상품, 그리고 서비스와 돈에 관해 다른 결과가 나오게 한다. 건강한 경제는 좁고 자기재생적 순환에서의 부의 축적을 비판할 필요가 있다.

그것이 신용의 분배에 이를 때, 사람은 수익을 얻고자 하는 생산적 형태와 비생산적 형태 사이자본 투자와 금융투기의 구별을 먼저 할 수 있다. 사실 상황은 조금 더 복잡하다. 돈은 모든 시장을 통해 순환할 능력이 장점 유동성을 지닌다. 상품과 서비스가 전혀 순환하지 않는 곳, 빨리 생산되고 소비되는 곳, 그리고 자산이 제한된 시장 내에서 재순환되

이라는 것을 가정한다. 하지만, 스미스의 지적을 다르게 파악하는 시각도 있다. 스미스는 임대료와 주식 수익이, 생계수단을 얻는 비생산적인 손을 발생시키는 주요한 근원이라고 언급했다(같은 책, 433). 그래서 지주와 자본가 투자자들은 아마도 능력을 충분히 활용하지 않도록 하는 국가보다는 훨씬 중요하다. 18세기의 천한 하인들의 후예는, 흔히 웨이터나 청소부로서 부자들을 위한 여가서비스를 제공했다. 호화로운 상품과 서비스의 공급이 진정으로 생산적인가를 물어야 한다. 스미스에게는 "산업이 아니라 구두쇠가 자본증가의 즉각적인 원인이다… 검소한 사람이 매년 절약하는 것에 의해, 그는 수많은 생산적인 손을 관리할 수 있을 뿐 아니라, 그 해나 그 다음해에는, 공공강제노역소(workhouse)의 설립자처럼, 다가올 모든 시간에 같은 숫자의 유지를 위한 영구적인 자금으로서 마련할 수 있다"(같은 책, 437-38). 이것은 능력 활용의 중요한 문제가 된다. 모든 생산적 역량은 다른 사람의 관리와 혜택을 보증하고자 가장 효과적으로 일하도록 마련되어야 하는가?

는 곳에서는, 돈이 시장의 네트워크를 연결한다. 하지만, 그 효과가 지리적으로 중립적이라고는 가정할 수 없다. 만약 투자가 수익성이 있다면, 특정한 시장이나 순환의 영역에서 돈의 투자는 수익의 환원을 통해 그 시장을 떠나면서 더 큰 수량의 가치를 가져올 것이다. 그 결과로, 그런 처리율은 증가하여 더 큰 수익이 실현될 확률이 크다. 한 지역의 경제는 투자에 의해서 부하게 될 수도 가난하게 될 수도 있다. 이것은 특별히 생활필수품이 지역에서 생산되는 것보다 더 낮은 가격으로 다국적 기업에 의해 팔리는 경우이다. 그들지역경제의 돈은 지역경제를 떠나서, 그로 말미암아 그들의 생산능력을 충분히 활용하지 못하게 되는 결과를 가져 온다. 빠듯한 유통의 순환에 돈이 집중되는 것을 고려해 보면, 전체적 효과가 부의 고갈일 때, 늘어나는 순환을 통해 지역은 점진적으로 빈곤하게 될 수 있다. 게다가 수익을 가져다주고 이자가 붙는 예비금을 보충하도록 돈이 필연적으로 부의 집중을 향해 흘러나가는 한, 사익은 경제의 효과적 배수로로서 작용한다. 자본투자와 금융투기는 모두 전반적 생산을 하락시킨다.

투기는 부의 배수draining wealth:제국이 식민지의 자원을 착취하는 것-역주의 경제효과를 가진다. 자산가격 인플레이션과 늘어나는 수익성은 돈을 생산적 경제에서 더욱 빠듯한 유통순환으로 이동시킨다. 신용의 집중이 다소 양면적 효과를 가지는 이유는 신용이 예비금으로 기능하기 때문이다. 그것이 투기자들이 소유한 현금 예비금이든지, 아니면 융자금에 대한 채무불이행에 대비하여 은행이 보유한 예비금이든지, 투기활동은 근본적 예비금에 의해 담보 되어야 한다. 투기적 자산의 보증을 위한 예비금은 기업과 정부의 채권의 훨씬 덜 불안한 형태로 소유된다. 실제로, 축적된 부의 거대한 집중은 기업투자와 정부대출을 할 자금을 댈 것을 요구한다. 비록 그들이 서로에게 직접적으로 도움을 주지는 않지만, 축적된 예비금의 도움으로, 투기자들은 생산적 투자와 공적 지출 모두를 위한 서비스를 제공한다. 실제로, 자본가 신용경제에서는, 생산은 오직 비생산적 예비금의 기초 위에서만 일어난다. 기업투자와 정부 지출 양쪽 모두는 승수효과multiplier effect를 통해 돈의 공급을 늘린다. 공적 지출이 유효수요를 자극한다면, 사적 투자는 자본형성을 자극한다. 부채의 대단한 본질은, 비록 그것이 비축되거나 쌓일 때조차, 한 번에 한 곳 이상 존재하며 다른 시장들을 통해 순환한다는 것이다.

하지만, 투기적 자산으로 신용이 집중되는 것은 부정적 효과를 가질 수도 있다. 투기는 통화가격에 영향을 줄 때 불안정성으로 이어진다. 투기적 자산 속에서의 변덕스러운 가격이동은, 그 이동이 가격으로 책정되는 통화가치에 영향을 주는데, 다른 통화 속에서 자산이나 채권을 사고 팔 통화를 교환하는 것이 필수적이기 때문이다. 투기는 그 양과 음의 피드백의 고리를 국제통화 가치에 적용하며 불안정성을 양산한다. 그런 불안정성의 균형을 잡아주려면 강한 통화 속에서 예비금을 유지하는 것이 필수적이며, 이것은 곧 강한 통화의 가치를 보증한다. 그래서 투기는 다양한 위험과 불안정성을 가지고 통화의 체계에 기여한다. 취약한 통화를 갖는 사람들은 외부경제적 힘에 휘둘린다. 유사하게, 투기는 간헐적 붕괴의 위험을 유발한다. 은행은 주식시장이나 통화 붕괴 속에서 빚, 소극적 적립금negative reserve 공급, 유동성 문제와 불안정성에 노출된다. 그런 사건들의 위험성은 투기적 도구에 의해 완화될 수 있다. 만약, 주류 은행들과 투자자가 자신들의 위치를 효과적으로 대비해 놓았다면, 붕괴가 소액투자자들에게는 영향을 줄 지 몰라도 거대한 재정운영자들에게는 그리 심각한 문제는 아닐 수 있다. 실제로 증가하는 붕괴의 불안정성은 추락과 회복의 기간에는 더욱 많은 수익을 올릴 수 있는 이상적 기회가 된다. 사실상 대비책이 마련된 안정성은 신뢰, 위험, 그리고 투기적 노출이 증가하는 동안 팔아야 할 부담이 적다는 점에서 붕괴가 덜 할 수 있다.

신용의 집중이 분산과 반대되는 것이 아니기 때문에, 투기효과와 신용의 집중에 관한 간단한 법칙을 만들어 낼 수는 없다. 자본, 수요, 그리고 신용이 부를 이끄는 곳에서는 이 모든 세 개의 분배가 부를 증가시킨다. 하지만, 자본과 신용의 넓은 분배는 자본과 신용에 집중함으로 촉진될 수 있다. 그러므로 평등은 정치경제학에서는 주요한 고려대상이 아니다. 분배와 시간, 그리고 유효수요의 희소적 자원의 분배가 유익하다면, 또한 고려할 중요한 다른 점들이 있다. 생산적 능력과 활동을 지향하고 시장 사이에서 돈의 흐름을 지향하며 신용과 계약의 유효성을 지향하는 것은 또한 굉장히 중요하다. 돈의 정치경제학이 그런 지향성들을 실제로 제어한다.

부를 극대화하기

4.4.1 모든 부는 자본의 축적, 발명, 그리고 건설에서 나온다. 즉, 자연적이고 인위적 모든 물리적 자본, 건강과 교육 양쪽 분야의 인간자본, 그리고 비공식적 사회적 유대와 공식적 기관 협약 마련의 사회자본이다. 사회는 그런 자본의 관리와 형성을 향해 영양과 관심을 지향하는 만큼 성장할 것이다. 사회는 또한 여러 가지 자본 사이에서 유지될 수 있는 균형과 관계를 개발하는 만큼 풍요로워질 것이다.

이런 관점에서, 전통적으로 생산과 비생산적 노동 양쪽을 구별한 것처럼, 자본의 형성 속에서 영양, 주의 그리고 신용 투자의 신중성의 정도를 구별하는 것도 필수적이다. 자본의 비생산적 소비전쟁이나 사치향락 같은 것는 비생산적 노동보다 더욱 나라의 부강에 위협을 준다. 신용의 비생산적 투자는 더욱 복잡한데, 신용이 제한적 자원이 아니며 또한 신용이 자본의 형성에서 나온 것이기 때문이다. 정치경제학은 영양, 주목, 그리고 신용의 신중하고 지속 가능한 분배를 제공해야 한다. 하지만 실제로는, 만약 부채를 상환할 의무가 경제를 좌지우지한다면, 수익에 대한 무분별한 추구는 자본에 대한 신중한 심사숙고 없이, 숙련노동자 계급에서 나온 무분별한 과다소비를 자극할 수도 있다. 늘 그랬던 것처럼, 시장교환의 도움으로 경제의 비적합한 표상에서 환영이 나오게 된다.

영양의 신중한 투자를 막는 주요한 장애물은 사유재산권과 영양의 필요를 넘어서는 국가의 방해이다. 돈과 재산을 가진 사람들의 개인적 관심은 다른 모든 관심보다 우위에 있다. 이와 비슷하게, 신중하게 주의를 배분하는 것을 막는 주된 장애물 역시 사적 개인의 기관을 강화하는 문화적 관습을 지속시키는 사리사욕을 도덕적으로 합법화하는 것이다. 사리사욕의 도덕적 기반을 살펴볼 필요가 있다.

사회가 사유재산의 분배와 교환으로 간주될 때, 경제행위를 위한 모든 동기는 사리사욕과 인류애 사이의 대안으로 축소되는데, 재산은 오직 자신과 다른 사람에게만 속하기 때문이다. 그것은 오직 획득하거나 주어질 뿐이다. 재산의 패러다임으로 고려해 보면, 다른 사람과의 관계는 사리사욕과 자선 사이의 이분법으로 격하된다. 그런 것은 애덤 스미스의 유명한 현혹적 격언의 기원이다.

인간은 항상 동료의 도움이 필요한데, 오직 동료의 자비심만을 기대하는 것은 헛된 일이다. 그보다는 오히려 자기의 이익을 위해 동료의 이기심을 자극하고 자신의 요구를 들어주는 것이 그들에게 이익이 된다는 것을 보여주는 것이 훨씬 낫다. 남에게 어떤 거래를 제의하는 것은 내게 필요한 것을 달라, 그러면 네가 원하는 것을 주겠다는 것을 의미하여, 이러한 방법으로 우리는 필요한 다른 사람의 호의 대부분을 얻는다. 우리가 식사를 할 수 있는 것은 정육점, 술집, 빵집의 자비심이 아니라 자신의 이익에 대한 그들의 관심 때문이다. 우리가 호소하는 것은 그들의 자비심이 아니라 그들의 이기심이며, 우리가 말하는 것은 우리의 필요가 아니라 그들 자신의 이익이다.164)

자신의 호의를 행하기 위해 계속 설득을 필요로 하는 사람은 비효율적이며 성공적이지 못한 도살업자, 양조업자, 혹은 제빵사일 것이다. 대가 지불은 그런 이행을 위한 조건으로 간주될 수 있지만, 지속적 설득으로서 간주될 필요는 없다. 실제로, 오직 제한된 양의 경제행위가 그런 교환에 있다. 대부분의 노동은 양방향 교환에서 나오는 것이 아니라 제3자에 의한 지불에서 나온다. 제3자가 수익을 구하여 이자와 배당금을 지불하고자 하는 종업원이든, 혹은 과세의 기반 위에 공익을 도모하고자 하는 국가이든, 개 노동자는 자유로이 자신의 역할을 탁월하게 수행하고자 한다. 사리사욕은 일하기 위한 수많은 동기 가운데 하나일 뿐이다. 그것은 공공부문에서 공익윤리와 비견될 수 있으며 민간분야에서의 탁월성 윤리와 비견될 수 있다. 사람은 선을 추구하려고 일한다. 계약은 단지 사리사욕의 기반 위에서 마무리될 필요가 없다. 실제로, 복잡하고 부강한 사회에서는 그런 사리사욕을 채울 수많은 대안적 방법이 있다. 그래서 계약을 위한 결정적 요인은 탁월함의 추구 혹은 공공의 선의 추구일 수 있다. 인간은 사회적이고 사회화된 동물이며, 전체 사회에서 건강과 부의 몫과 함께 자신의 사욕을 함께 인식한다. 그러므로 자기애와 선행 사이의 대안은 그릇된 것이다.

---

164) 같은 책, 119.

사회가 교환보다는 계약으로 간주될 때, 이런 그릇된 대안은 사라진다. 일단 노동을 필수적 편의성의 희생보다는 가치의 능동적 추구로 간주한다면, 계약의 성립을 사회자본의 공헌으로 인지하는 것이 가능해진다. 계약은 상호의존과 협력을 향상시킬 수 있다. 사리사욕이 계약의 형성에 필수 조건이지만, 주어진 특정한 계약에서 그것이 더욱 중요한 관심이 될 필요는 없다. 계약은 항상 이중적 차원을 가진다. 시간이 제공되며 영양을 받는다. 만약, 계약을 영양으로만 간주한다면, 사람은 영양을 극대화하는 것들을 선택할 것이다. 만약 그것을 시간으로 간주한다면, 사람은 시간을 개선시키는 계약 속으로 들어가고자 할 것이다. 사람은 일의 결과가 아니라 일의 경험과 관련 된다. 영양적 가치에서 일의 결과는 어떤 사람에게는 혜택을 주는 반면 어떤 사람의 혜택은 앗아가며, 같이 혜택을 받더라도 조금 더 많이 받는 사람이 생겨난다. 시간의 경험은 공유된다. 그것은 사회자본의 형성을 돕는다. 계약은 그것이 만드는 영양가치의 기초 위에서, 그것이 요구하는 시간경험의 품질 위에서, 그리고 지속되는 사회적 유대의 형성에 기여함으로 평가될 수 있다.

사리사욕을 추구하는 것은 한계가 있다. 계약에 들어가기 위한 자발적 역량을 통해 표현될 때, 영양가치 수요는 사리사욕이 동기를 부여하는 듯하다. 그런 수요는 충족될 수 있으며, 더욱 복잡한 수요를 위한 여가를 남긴다. 일반적으로 "사리사욕"은 중요한 계급차별과 관계를 모호하게 한다. 살아남기 위한 가장의 분투, 자본가의 무제한적 수익추구, 채무자의 환급의무, 그리고 이상주의자의 공공선 추구는 경제행위를 위한 동기를 차별화한다. 사리사욕의 동기를 위해 주어진 정당화는 수익추구가 부의 창조라는 가정에 의존한다. 우리가 보아 온 것처럼, 이것은 순수한 환상에 불과하다. 애덤 스미스에게 노동과 투자는, 임대료, 이자, 그리고 독점가격의 형태로 된 수익이라기보다는, 진정한 부의 근원이다. 나아가, 영양가치를 찾으며 공공이익을 얻는 세대주와 거래자 사이의 계약은, 고리대금으로 수익을 얻는 투기자와 채무자 사이의 강압과 계약에서 이익을 끌어내는 자본가와 세대주 사이의 계약과는 본질상 다르다. 그 각각 사리사욕의 어떤 측정을 포함하는 것은 흔히 책정의 효과이며 영양, 시간, 그리고 신용에 대한 대안적 접근의 결핍이다.

4.4.2 사리사욕의 윤리는 돈의 논리에서 나온다. 생산적 자본을 포함하여, 재산소유자는 교환에 의해서, 자본을 돈으로 바꿈으로 생산자본을 돌보는 책무에서 벗어날 수 있다. 오직 이런 조건에서만 생산자본에 대한 상호의존 관계가 돈을 지배하는 관계와 대체될 수 있다. 돈은 자유의 전제조건이다. 세대주에게는, 시장보다는 생산자본에 의존하며 영양의 근원을 돌보는 것이 중요한데, 각자가 의존의 관계에서 개별적이 될 수도 없고 분리될 수도 없기 때문이다. 경제 중개인의 개성화는 교환을 통해 일어난다. 시장관계는 이전의 의존관계로 대치될 수 있다. 분리와 책정은 돈의 중재를 통해 발생하는데, 돈의 교환 가능성 없이는, 사유재산에 대한 관계가 지배에서 사용과 의존에 이르기까지 붕괴하기 때문이다.

여기서 돈의 중요한 특징은 세 가지 본질, 즉 가치의 측정, 교환의 대상, 그리고 가치의 약속이다. 사유재산의 원시적 형태는 돈인데, 비록 돈의 사회적 제도가 지속적 관리를 필요로 하지 않는다 할지라도 돈이 개인적 돌봄이나 유지를 요구하지 않기 때문이다. 사람은 의무와 의존보다는 오직 자산으로서 소유된 돈에 대해서만 진정한 지배력을 갖는다. 개인은 돈을 수용하고 소비함을 통해서만 돈을 유지한다. 의존에서 벗어나는 것은 오직 새로운 의존성을 통해서만 일어난다. 돈을 거래하는 사람은 상품 대신 돈에 의존하게 된다. 돈의 고유한 특징, 곧 가치의 측정, 책정의 대상, 그리고 가치의 약속은 돈이 스스로를 대상으로 받아들이는 방식이다. 돈은 돈을 측정하고 돈을 약속한다. 돈이 자신을 측정할 수 있고 자신을 약속할 수 있는 조건은, 교환의 중재를 통해서, 돈이 자신을 대체하는 것이다. 이와 유사한 방식으로, 근대적 주제는 스스로를 반성의 대상과 욕구의 대상으로 삼는다. 자신에게로 돌아가며 자신을 반영하는 주제를 위한 조건은, 삶의 그물망 속에서 일어나는 돌봄과 요구에서 분리되는 것이다. 반성은 자신의 중요성이 관계의 중요성으로 대체되는, 관계의 일시적 유예이다. 사리사욕으로 이해되는 영양에 대한 요구조건은 공동적으로 영양을 제공하는 관계에서 분리되는 것이다. 돈을 소유하는 것이 그런 분리와 일시적 유예를 촉진한다.

사유재산의 절대적 청구, 사리사욕의 절대적 우선, 그리고 폭력의 독점에 대한 국가의 절대적 청구는 모두 돈에 내포된 절대성의 구조에서 나온다. 절대성, 분리, 그리고 돌봄의 유예, 요구, 의무, 그리고 책임은 본질적으로 종교적 문제다. 경건함을 매일 실천하는 것은, 지속되는 돌봄과 요구에서 절대성을 위한 희망으로서 신용을 표현하는 교환과 축적에 포함되어 있다. 세상에 대한 금욕적 분리, 죄인들의 의롭게 됨, 그리고 금융투기는 경건함의 다른 형태를 표현한다. 하지만, 각각은 자본의 관리, 축적, 발명, 그리고 건설을 돌볼 의무에서부터 나오는 절대성을 포함한다. 각각은 주체의 형성 속에 포함되어 있다. 물론 역사는 이런 경건성 각각이 어떤 관점에서는 자본의 형성을 키우는 역설적 효과를 가져왔다는 것을 논증하기도 한다. 생산은 비생산적인 것을 기반으로 일어난다. 하지만, 각각은 신용을 가능하게 하는 조건으로서 기능하여 그렇게 된다. 각각은 자본의 영적 형태를 올바로 구성한다.

정치적 힘에 경제학을 뒷받침하는 것처럼, 정치적 힘 그 자체도 신용에 의존하고, 신용은 올바른 영적 힘에 달려 있다. 시장 제도는 재산의 비축과 계약 이행의 형태로, 책정을 위한 청구의 합법화 형태로, 그리고 신용에서 신뢰 유지의 형태로 정치적인 것을 위한 기능을 발생시킨다. 이런 정치적 개념은 정치경제학의 부분적 시각을 표현한다. 자본의 형성보다는 부, 재산, 그리고 계약의 창조가 덜 중요하기 때문이다. 재산을 책정할 자유는 영양과 주의의 분배보다 중요하지 않다. 금전적 신뢰의 유지는 신용의 창조적 방향보다 중요하지 않다. 신용의 창조와 방향에 대한 책임의 종교적 기능이 돈을 관리하는 기관에 위임될 때, 정치경제학의 무기력하고 지속 불가능한 방식이 그 결과가 될 것이다.

4.4.3 실제로, 대부분의 생태적이고 사회적인 존재는 계약상 표시된 표상의 공식적 영역 밖에 남아 있다. 비록 전세계가 사유재산으로 나눠져 있다고 해도, 화학약품의 흐름, 씨앗, 그리고 동물들은 여전히 경계를 넘어서며 상호작용 할 것이다. 비록 모든 물리적 과정이 기술에 의해 형성되었다고 해도, 심화된 과정과 상호작용의 자연적 발명은 지속적으로 일어날 것이다. 비록 시간 전체가 작업의 결정적 임무에 할당되었다고 해도, 시간의 다른 경험은 여전히 발생할 것이다. 물론 황무지에서와 여가시간에는, 생산적 과정이 실제로 일어날 것이라고 보증할 수 있는 것은 아무것도 없다. 그럼에도, 생산행위의 중요한 형태는 성장과 발생이 일어날 수 있는 비옥한 환경의 공급이다.

사회질서에서도 같은 방식을 적용할 수 있다. 생산적 과정은 계약상에 온전히 드러나 있지는 않다. 영양가치의 공급은, 계약의 공식적 제약을 넘어, 돌봄의 나타남이 되기도 한다. 돌봄은 사회적 유대가 반응으로서 나타나는 환경을 제공한다. 그렇지만, 그런 반응은 필수적인 것은 아니다. 그것은 단순히 돌봄으로 촉진된다. 돌봄은 영양과 시간을 통해 작용한다. 영적인 것은 의미가 말이나 언어를 필요로 한다는 그런 물리적 방식을 요구한다. 영양가치를 극대화하는 문제는 여전히 중요하지만, 돌봄의 안내가 더욱 중요한데, 돌봄은 영양가의 제공을 일으키는 근원이기 때문이다. 그것은 영적 자본, 즉 사회적 자본의 근원이다.

비옥한 환경의 공급은 영양가의 공급이다. 영양은 단순히 욕구를 충족시키지 않는다. 영양은 욕구를 먹인다. 영양은 더욱 성장하게 한다. 사회자본의 형태는 인간의 욕구에 중립적 효과를 가지지는 않는다. 사회자본의 형태는 욕구를 넘어 실질적 존재가 된다. 인간의 본성은 사회를 온전히 선재시키지 않는 넓은 영역의 가능성을 지닌다. 대신, 특징은 환기된 잠재성이며, 특정한 사회적 협약을 창조시키고 키운다. 이런 관점에서, 사회가 스스로를 스스로에게 나타내는 방식은 자신의 특징을 위한 최고의 중요성을 가지게 될 것이다. 스스로를 시장의 형태로 상상하는 사회는 자기애와 인류애 모두를 성장시키는 효과를 가진다. 그것은 사유재산의 분배와 관련된 특질을 일깨울 것이고 시간이 진행함에 따라 상대적으로 미개발된 사회의 공동작업의 형태를 남긴다.

유사하게, 작업이 고용자를 위한 잉여금을 생산할 노동력으로 축소될 때, 작업은 고역이 되고 안락함을 잃게 된다. 착취된 노동자는 자유롭게 자기 시간을 분배할 수 없으며 사회자본의 형성에 기여할 기회뿐 아니라 자신의 건강도 잃게 된다. 효율성은 과잉영양가의 생산에서 얻으며, 그런 조직화된 노동은 인간과 사회자본의 손실에 대한 상쇄가 되어야 한다. 거대한 비효율성과 낭비는 자유공간, 자유시간, 그리고 자유연상을 없앤다.

4.4.4 사회자본을 이루기 위한 능력 영적 자본을 결여한 사회는, 그

것이 이루는 소비단계의 수준이 무엇이든 간에 완전히 빈곤해진 채 남는다. 그런 사회에서 상호의존은 취약성을 높이는 동시에 소비를 증가시킨다. 부가 돈으로 측정되는 사회는 그런 빈곤한 사회다. 가격 격차는 영양을 얻는 것을 표시하는 만큼 시간상으로 효율성 절약을 보여준다. 실제로, 영양가의 각 형태가 제한되어 있기 때문에, 시간에 관한 효율성 절약은 영양의 획득으로 대체되는 경향이 있는데, 이들이 더욱 기술적 다양성을 이용할 수 있기 때문이다.

시간의 효율성은 영양가치의 생산을 지속시킨다. 하지만, 각각의 과정이 이중적이고 물리적이며 사회적 과정 모두를 포함하기 때문에, 시간의 효율성이 사회자본의 생산에 대항하여 그런 효율성 개선을 측정하지는 않는다. 영양생산의 효율성에 힘쓰는 것은 사회자본 형성을 위한 기회를 낭비하는 것으로 이어진다. 제거된 영양가의 생산에 직접적으로 기여하지 않는 모든 순간, 효율적 노동은 굉장히 조직화된다. 시간을 소비하는 경험과 과정이 상품을 위해 가치 절하되는 곳에서, 시간은 노역으로 축소된다. 여가 시간의 과다소비, 증가하는 생산과 수익의 보완은 직장에서 시간의 체감품질을 보상하도록 환기될 수 있다. 일이 사회적 의미가 없으며 노동자들이 돈의 중재를 통하는 것 말고는 사회적 자본의 형성에 참여하지 못할 때, 사회는 여가 시간에 유흥으로 나타날 필요가 있다. 소비의 목적을 위한 물리적 자원에서도, 그리고 상품화된 여가시간 속에 최소한의 기회와 부닥치는 영적 자원의 면에서도, 그런 작업과 여가의 효율적 사용은 거대한 낭비를 수반한다.

상품성이나 타산prudence의 측정은 사회가 인식하는 부의 이미지에 의해 크게 변화한다. 만약 사회의 부가 돈으로 측정된다면, 사회자본의 형성과 시간의 경험은 힘을 사고 투자하도록 가치절하 된다. 돈이 순환하며 투기가치가 축적되므로, 이것으로 전체 사회의 부유한 정도를 측정하는 것은 어렵다. 그런 사회에서 부의 불평등한 분배는, 사회의 최소한의 생존을 위한 필요를 넘어선 소유권의 특정한 교점을 통해 돈이 흐르는 수량과 빈도로 측정될 필요가 있다. 돈의 성향은 비축되거나 스스로 균등하게 분배하는 것이 아니라, 부와 어떤 힘의 위치에 강하게 이끌리는 제한된 순환의 영역을 통해 흘러간다. 그런 측정은 자산과 신용평가의 축적된 가치에 더하여 수행될 필요가 있다. 반대로, 만약 부가 그런 사회의 구성원에 의해 경험된 시간의 질로 이해된다면, 사회는 시간사용과 의미 있는 사회적 상호작용에 관해 자신의 가치를 제공할 필요가 있을 것이다. 그 대신에, 만약 부가 축적, 발명, 그리고 물리적, 인간적, 사회적 자본의 건설로 간주된다면, 이들 각각은 자신만의 측정을 필요로 할 것이다. 정리하면, 화폐적 규모로 평가를 단순화하는 것은 모든 가치를 어떤 외부시장과 미래시장의 상상화 된 기준과 비교되는 가치로 떨어뜨릴 것이며, 현존하는 모든 문화적 자기표상과 자기평가의 형태에서 중요성을 소멸시킬 것이다. 다른 모든 것보다 먼저 요구되는 것은, 수익과 부채의 형태로 된 돈의 힘 아래 있는 그들의 한계에서 표상과 평가의 다른 방식을 자유롭게 하는 것이다.

5장 _ 돈의 신학

회계

5.1.1 우리는 지금까지 시장과 계약의 제도를 통해 표현된 사회적 힘과의 관련성뿐 아니라 생산자본과의 관계에서 돈을 검토했다. 이제는 이것이 영감을 주는 표상과 신념의 방식과 관련하여 돈을 검토할 시간이다. 돈은 그 자체로 아무것도 아니며 오직 표상이기 때문이다.

일반적으로 돈은 가치의 표상으로 취급된다. 만약 돈이 가치의 표시로 간주된다면, 가치를 의미하려고 사용되는 물질적 기초는 문제 될 수 없다. 주화가 금으로 대체되고, 지폐가 주화로 대체될 때, 은행기록이 지폐로 대체될 때, 그리고 전산기록이 통장으로 대체될 때, 신호로서의 돈의 본질은 변하지 않은 채로 남아있어야 한다. 각각의 경우, 표시되는 가치는 같은 것이어야 한다. 그러므로 경제학에서는, 사람이 가치의 과학을 탐구하기 위해 돈의 본질을 재빨리 묵과할 수 있다. 오직 그것이 순환에서 돈의 수량을 결정하게 될 때, 사람은 돈으로서 계산해야 할 것을 결정하는 모든 어려움에 직면한다. 실제로 돈으로 계산될 수 있는 것들의 풀리지 않는 문제는 그러한 표상의 본질에서 나오는 근본적 철학적 문제를 증명하는 것이다.

우리가 알아야 할 놀라운 역설은 교환가치가 그것의 표상 외부에 존재하지 않는다는 것이다. 일반적으로 표상이 이전의 대상이나 견해를 재생산할 때, 돈은 그것이 나타내는 바로 그 가치를 발생시킨다. 가치는 추상이다. 오직 돈만이 실제적인데, 가치는 오직 교환 속에서만 가치가 되며 교환가치는 오직 돈의 총액으로 비교됨으로 결정되기 때문이다. 비교는 물물교환과는 구별된다. 오직 중립적 측정기준이 이미 존재하여 어떤 관점에서 상품을 비교해야 할지 정해졌을 때만 비교가 이루어진다. 우리가 살펴본 것처럼, 가격은 돈으로 결정되며 돈의 가치는 교환에서의 가치에 의해 결정된다. 그 결과로, 경제학에서는 가치의 어떤 절대적 기준이 없다. 모든 교환가치는 상대적이다. 그러므로 가치는 교환을 목적으로 하는 그 표상의 산물이다. 가치는 교환과는 별개로 존재하지 않는다.

외부 혹은 미래시장과 관련된 모호한 예상을 제외하고는, 가치에 대한 언급이나 비교의 외부적 의미는 없다. 비교작업이 결코 완성될 수 없기 때문에, 비교적 혹은 상대적 가치의 보편적 체계는 존재하지 않는다. 진실되고 정당한, 혹은 근본적 가격은 없다. 오직 돈과 관련하여, 그리고 가치를 창출해 내는 방식과 관련된 예상과 비교의 지속적 재조정이 있을 뿐이다. 개인적 중개상은 경제체계를 전체로서 볼 수 없다. 그들은 오직 접근할 수 있는 시장의 현재가격과 최근의 가격이동을 비교할 뿐이다. 일련의 주어진 가격과 일치되어야 할 상품의 궁극적 가격 사이의 필수적 관계도 존재하지 않는다. 가격매김은 과학보다는 기술art이며, 다음과 같은 시장요인들의 모방의 결합으로 진행된다: 비용, 수익, 및 회전율과 수익의 계산; 시장에 자리 잡고자 특정한 차이점에 기반하는 차별. 그것은 그저 아무도 균형가격이 있는 것을 모른다는 사실이 아니다. 균형잡힌 시장이나 진정한 가격은 없다. 그렇지만 진정한, 근본적 혹은 균형가격의 개념이 종종 가격결정에서 필수적 공준公準:postulate이 되기는 한다. 각각의 가격매김의 행위는 예측, 예상 혹은 근사치이다. 근사치를 낼 수 없기 때문에, 가격매김은 항상 신앙의 행위이다. 그것은 본질적으로 신학적이다. 돈은 그 기록의 외부에 존재하지 않는 초월적 가치를 기록한다.

5.1.2 고정가격은 그러므로 항상 다소 독단적 협약이다. 그것은 협약이 이루어진 곳을 표시한다. 가격이 교환보다는 계약으로 이해될 때, 사람은 두 종류의 가격 사이에서 일시적 구분을 할 수 있다. 계약에서 상장quoted price과 주어진 가치로 계약을 제안하는 것, 그리고 협의된 가격, 기록된 가격을 구별하는 것은 필수적이다. 상장이 희망과 기대, 불확실성, 그리고 전략을 반영한다면, 기록된 가격은 단순히 이루어진 것을 반영한다. 상장이 제안한 사람의 신용에 의존한다면, 계약은 사회에서 공적 계약의 신용에 의존한다.

그러면 계약을 측정할 기준이 어디에 있는가? 무엇이 통화가치를 보증하는가? 실제로 통화는 특정한 기관, 국가 혹은 은행에서 나온다. 비록 통화가 시장가치가 있다고 해도, 그런 가치는 그것을 발행하는 기관의 신용으로 결정된다. 그런 기관이 의존하는 또 다른 기관의 신용에 달려 있지는 않다. 돈의 가치는 궁극적으로 전체 사회의 경제행위에 의해 결정되지는 않는데, 이것이 결코 일관된 패턴이나 완성에 도달하지 않기 때문이다. 대신, 돈의 가치는 발행하는 기관의 신용으로 결정되어야 한다. 그러므로 실제로는 돈, 가격 혹은 교환가치를 실질적 상품으로 이해하는 것은 불가능하다. 또한 그들을 전체로서 주어진 확정적 체계와 관련 있는 것으로 생각하는 것도 불가능하다. 국가나 은행에 내포된 어떤 절대적 신용가치와 관련 있는 것으로 그들을 이해하는 것조차 불가능하다. 심지어는 각 국가와 은행의 신용조차 지역적이고 특정한 시장에 의해 결정된다. 각각의 계약에서, 계약단위의 가치는 다른 계약의 네트워크에 대한 예상에 있다. 돈은 그 자체로 존재하지 않는다. 돈은 단순히 계약의 공공회계이다.

5.1.3 화폐거래는 공유된 허구다. 그런 거래가 다른 유사한 거래와 떨어져서 나타나지는 않는다. 일단 허구가 공적인 것이 되면 그것은 세상에 중요한 영향을 미친다. 모든 아이가 아는 것처럼, "역할놀이"는 무엇 척 하는 것이 서로 공유되었을 때, 굉장히 재미있어진다. 그리고 서로 다른 역할을 나타낼 때 더욱 풍요로워진다. 모든 종교적 추종자가 알듯이, 종교적 신념은 그것이 신자들의 공동체에서 함께 공유되었을 때에만 신뢰성을 갖는다. 돈에 대해서, 사람은 합의된 가격이 그 자체보다, 그리고 거래에 의해 직접적으로 영향을 받은 자산과 부채의 네트워크 이상의 것을 표시한다고 말할 수 없다. 돈은 표기하지 않는다.

교환가치는 단순히 공적 회계장부 속의 기록으로 구성된다. 돈은 단순히 은행이 만든 공적기록으로 구성된다. 돈과 교환가치를 예리하게 구분할 수 있는 선은 없다. 오직 자산과 부채, 신용과 빚이 다른 유동성의 수준으로 존재할 뿐이다. 게다가 계좌에 기록된 특정한 거래가 일치된 거래를 표기한다면, 이월된 잔액과 총액은 장부 외에는 아무것도 지정하지 않는다. 교환을 위한 계약은 단순히 어떤 장부를 다른 장부와 연결시킨다. 실제로 돈이 잔액에서 더해지고 차감되기 때문에, 잔액이 교환을 위한 계약총액을 가리킨다고 주장하는 것보다는 교환을 위한 계약이 잔액의 비율을 표기한다고 말하는 것이 더 정확하다.

물론 계약과 잔액 사이에 커다란 차이가 존재한다. 비록 계약이 단순히 확정적 시간에 돈의 총액을 전달하는 것이긴 하지만, 계약은 시간의 확정을 명시한다. 계좌의 잔액은 이와 반대로, 이미 완성된 모든 시간을 나타내야만 한다. 마치 계약이 이미 이루어졌으며 가치가 전달되는 것처럼, 부채와 신용과 같은 진행되는 일시적 계약들은 자산과 부채의 영원한 형태로 기록된다. 비록 회계장부를 사용하는 사람이 그렇지 않다 해도, 회계장부는 계약이 지켜질 것이며 부채와 신용이 완전히 상환될 것을 가정한다. 마치 이미 일어난 것처럼 회계장부는 가능한 미래를 표기한다. 그러므로 회계장부는 합리적 허구를 포함한다.

5.1.4 회계장부가 기업에 관한 사실을 내포한다거나 혹은 통계가 한 국가경제의 증거를 표시한다고 가정하는 것은 범주 오류category mis-take:다른 범주에 속하는 것을 같은 범주에 속하는 것으로 생각하는 오류-역주이다. 돈이 단순히 회계장부와 은행기록을 통해 표시된 집단적 허구로서 잔여 상태residual sttus를 가지기 때문에, 회계가 나타낼 수 있는 것은 아무 것도 없다. 대신, 회계장부는 윤리와 법의 범주에 속해 있다. 회계장부는 신용, 부채, 의무, 그리고 계약에 관련되어 있다. 계약 자체가 법적으로 구속력 있는 의무를 규정한다면, 그런 의무를 계산하고 균형 잡아야 할 필요는 도덕적 의무다. 회계장부는 경제행위를 지시하고자 사회적 의무의 도덕적 개념과 함께 운용된다.

회계장부는 비관계적non-referential이 되기 위한 구속력을 가지며 규제한다. 제1도덕원칙으로서, 수입과 지출은 순환흐름의 모델에 따라 균형을 이루어야 한다. 신용의 대가로 빚을 늘리는 것은 정상적이 아니다. 채권자는 그런 부채가 결과적으로 상환되는 어떤 증거를 보지 않고서는 부채를 늘려주지 않을 것이기 때문이다. 어떤 상황에서는, 또 다른 대출을 재융자하여, 이를테면 정부나 거대기업 같은 강력하고 신뢰할 만한 경제중개상들의 빚을 무기한으로 늘려 주는 것이 가능할 수도 있다. 이는 채권자들이 이자를 받고자 하기 때문이며, 필요한 때에는 그런 투자를 다른 사람들에게로 이전시킬 수 있기 때문이다. 이것은 빚과 신용의 수준이 공유된 허구라는 것을 다시 한번 논증하는데, 이들은

값비싼 허구로 남으며 자신들의 신뢰성을 유지하는 비용은 이자가 된
다.

　두 번째의 도덕적 원칙은, 단순히 돈의 합을 지정하는 대신에, 계좌
가 경제행위를 가시화한다는 것이다. 그것이 신용이 될 때, 누군가의
계좌가 얼마나 신용이 있는가 하는 것이 그가 기록한 돈이 얼마나 많은
가보다 훨씬 문제가 된다. 무엇보다도, 회계장부는 경제행위를 가시화
하며 상세한 정밀조사를 가능하게 한다. 회계장부는 감사와 공개발표
를 통해 기업의 신용을 유지한다. 회계장부가 수입·지출을 맞춰야 할
필요성은 무엇보다 윤리적 필요성이다. 그것은 의무와 부채를 이행하
는 습성으로서 명예로운 행위의 공적 입증이 된다.

　세 번째의 도덕적 원칙은 이전 두 개의 원칙에 의해 전제된 것으로,
계좌가 자기훈련적 행위를 가능하게 한다. 계좌는 사람으로 하여금 수
입과 지출, 신용과 부채 사이의 기록과 균형을 유지하게끔 한다. 기업
은 오직 사적규율private self-discipline을 유지할 때만 공적 신뢰를 유지
한다. 계좌는 희소자원의 제한적 분배 예산을 가능하게 한다. 계좌는
사람으로 하여금 과도한 대출, 소비, 투기 혹은 집중을 피할 수 있게 해
준다. 회계업무는 냉철하고 수수한, 신중한 그리고 판단력 있는 행동을
이끌며 입증한다. 현실 세계 혹은 계약의 기록 속에 있는 단순한 사실
의 묘사에서 벗어나, 회계업무는 도덕적 자기훈육의 체계이다. 만약 계
좌가 다른 사람과 관련된 계약행위를 일컫는 것이라면, 계좌가 기록한
것은 그런 계약의 결과이다. 계좌는 완전히 사회적 상호작용의 도덕적
영역에 속해 있다.165)

---

165) 도덕적 자기훈련으로서 부기에 관해서는 다음을 보라. 푸비(Poovey), *The History of
the Modern Fact*, 11. 제임스는 또한 복식부기의 공식적 관례가 고리대금업의 비난에 방
어하려고 창안되었다고 주장한다. "내가 갖고 있는 신용 때문에 배의 빚은 이만큼밖에 없다
고 복식부기는 선언한다." 같은 책 37-38에서 인용됨. 부기에서, 가치가 전적으로 신용과
부채에 있다는 것은 주목할 만하다. 지폐에서도 같다.

5.1.5 계좌를 공유된 허구로서 생각하는 이유가 더 있다. 계좌가 수입과 지출을 균형 잡는다면, 또한 빚과 신용을 균형 잡기도 하는데, 계좌의 계약기간이 만료된 것처럼 빚과 신용을 처리한다. 만약 신용이 현재 자산으로 취급된다면, 그 가치는 추가 대출을 위한 기초로서 사용될 수 있다. 처음에 사용된 신용이 상환되는 기간 동안, 그 가치는 이미 한 번 더 소비될 수 있다. 같은 돈이 두 곳에서 동시에 존재하는 것처럼 말이다. 실제로, 만약 이것이 지폐발행을 위해서 뿐 아니라 단편적 연방준비은행업무를 위한 기초라면, 신용장이 발행되기 훨씬 전부터 대부분의 돈은 이미 이런 방식으로 증식되어 왔다.

그것이 고정가치의 비축에 의해 뒷받침되므로, 그런 명목화폐fiat money가 허구적이고 투기적이라는 것은 상식의 거부다.166) 실제로, 금으로 상징된 "고정가치"로 그것이 존재한다는 것은 허구다. 금은 오직 가치의 표상을 위한 또 다른 매개일 뿐이다. 금은 회계를 위한 원시적 기술이다. 금이 성취하지 못하는 것은 주화액면가(face value)와 상당가(substantial value)의 구별로 이룰 수 있다. 구별은 기록수단이 더 이상 가치를 비축하지 못할 때 더욱 심해진다. 복식부기 속에서는, 각각의 총합은 신용과 부채로 나누어진다. 돈의 본질은 돈이 동시에 두 곳에 있을 수 있으며 그 자체로 예비금으로 기능한다는 것이다. 더욱 정확하게는, 돈은 계약수단에 의한 시간의 동시적 지속의 조화를 가능하게 한다. 돈은 계좌 외부에서는 존재하지 않는다. 같은 기간을 겪어야 하기 때문에, 돈이 증식을 통해 남기는 것은 단순히 돈의 가치나 시간 그 자체가 아니라 관심의 집중이다.

---

166) 심지어는 케인스(John Maynard Keynes)조차 동전이나 명목화폐(fiat money) 혹은 토큰의 형태로 된 상품화폐(commodity money)와 객관적인 기준에 확실한 관련이 있는 관리통화(managed money)를 구별했다.

돈은 현재적 실재를 가질 수 없다. 돈은 오직 기록된 과거가치와 예상되는 미래가치를 가질 뿐이다. 돈은 오직 회계장부의 기록으로서 기억이나 예상 속에서 존재할 뿐이다. 사람은 돈이 들어오고 나가는 것을 볼 수 없다. 가격이 오르락내리락할 때, 시장을 향한 전자적 접근과 더불어 즉시 가치변화가 일어난다. 사람은 절대로 돈이 돈을 버는 것을 볼 수 없다. 사람은 결코 돈이 번식하는 것을 지켜볼 수 없다. 사람은 먼저 돈을 보내야 하고, 돈은 수익으로 바뀌어 돌아올 수 있다. 돈은 항상 다른 곳에서, 소유의 외부에, 주의의 한계를 넘어서 증식한다. 힘, 무력, 그리고 돈의 활동은 항상 주의를 벗어난다. 돈은 투자되었을 때 떠나며 수익이나 손실로 변화되어 돌아온다.

돈은 과정을 직접적으로 처리하는 것으로 대체된다. 부채가 상환되는 것을 기다리는 대신, 그리고 상품의 작업에 참여하거나 계약을 재협상하는 대신, 돈은 감독하는 눈을 유지한다. 자산으로 여겨지는 신용은 다른 곳에서 더 수익을 올릴 수 있는 관심으로부터 벗어난다. 계약은 당연한 것으로 여겨진다. 계약은, 미래의 행동을 덮는 합의로서, 안전과 자유를 준다. 여기에 더하여 신용과 부채를 균형 잡게 해 주는 회계는 누군가의 신용이 온전한 만큼 수익적 책임으로 들어 갈 수 있게 해 준다. 어떤 면에서는, 회계가 균형과 신중을 위한 필요로 기능한다. 다른 면에서 회계는 성장과 투자를 최대화 시키도록 기능한다. 회계는 이미 동의된 것에 관심을 기울이지 않게 하여 관심으로 하여금 더 나아간 계약을 구축하게끔 한다. 회계는 계약, 안전, 그리고 신용의 증식을 가능하게 한다. 회계는 각각의 계약의무의 무게를 측정하여 의무가 균형 잡히고 보증되며 성취되도록 한다.

역설적으로, 회계는 더 이상 관심을 갖지 않는 것을 측정한다. 회계는 효과적으로 의존할 수 있는 계약, 약속, 그리고 위임을 측정한다. 회계는 위험이나 불확실성을 측정하지 않는다. 회계는 기회의 발생을 측정하지 않는다. 회계는 경험의 질을 측정한다. 회계는 되돌아오지 않을 것이라 예상되는 것을 측정하지 않는다. 회계는 궁극적 중요성이 있어 보이는 것을 측정하지 않는다. 회계는 당연시 되는 것을 측정한다.

회계가 주의를 끌기 위한 체계그것이 전세계적 자본주의 속에 있는 것처럼로서 일상적 도덕적 실천 속에서 궁극적 지침으로 받아들여질 때, 이상한 현상이 발생한다. 수익창출이나 부채상환이 행동의 주요한 동기가 될 때마다 그런 결과가 발생한다. 일단 가격, 균형, 그리고 수익이 주의를 흡수하면 단순한 도덕적 결함이 발생하는데, 이때 회계가 주의를 분산시켜 지금 당장 중요한 곳에 초점을 맞추도록 기능해야 한다. 회계는 시간절약을 촉진시켜야 한다. 일단 회계가 관심을 흡수하면, 더 이상 당연하게 받아들여지지 않는 것에 관련되어, 신중한 행동이 불가능해진다. 그것을 위한 시간이 남아 있지 않다. 그러므로 돈, 회계 혹은 통계가 세계의 완전한 표상을 줄 수 있다고 상정하는 것은 오류다. 항상 진짜 문제는 표상을 넘어서는데, 돈에서조차 그렇다.

5.1.6 돈이 주로 은행에 의해 기록된 수치로 구성될 때, 회계는 돈의 물질적 근간으로서 주화를 대신한다. 나아가 주화가 가치의 토큰으로서 기능하는 것처럼, 그리고 주화의 금속적 가치가 교환에서의 주화의 수용성보다 중요하지 않은 것처럼, 회계 자체도 가치의 양산자가 되며 가격의 진실 또는 기록된 거래에 관해 묻지 않게 된다. 문제 되는 모든 것은 그런 기록들이 심각하게 반박되지 않는다는 점이다.

그리하여 회계는 신뢰성과 신용을 위한 기초를 형성한다. 신뢰성과 관련된 결정은 계좌에 나타난 증거에 달려 있다. 그런 증거는 문서화된 계약의 바깥에 존재하지 않는다. 회계는 그것과 함께 사용되는 일관성으로 믿을 수 있는 증거를 만들어 내는 것처럼 보인다. 게다가 회계는 마치 시간이 완료되어 기록에서 위험, 불확실성, 그리고 전략을 없애는 것처럼 가상의 비전을 보여준다. 비록 각각의 기록된 용어가 단순히 계약으로서 약속된 것이라기보다는 재산으로 설립된 것이라고 해도, 회계는 지배되어 온 세상과 이행되어 온 일련의 계약들을 나타낸다. 만약, 회계가 한 기업의 건강을 보여주는 증거를 제공한다면, 그런 증거는 단순히 수익이 나오는 결정적 활동분야에 대한 지배력뿐 아니라 신중과 극기의 효과를 보여준다. 회계로 이룩한 허구는 그것이 지속되는 계약의 다양성에 자신의 존재를 의존하지 않는 것처럼, 그리고 넓은 경제뿐 아니라 계약상 파트너의 모든 취약성에 노출되는 것처럼, 기업의 지배와 독립성을 가진다. 정리하면, 회계가 지배되고 성취되어 왔다 해도, 회계가 생활을 기록하기 때문에 회계는 담보의 환영을 만들어 낸다.

회계는 모든 핵심적 세부사항을 다 기록하지는 않는다. 특별히, 계약은 계약 당사자 사이의 의무의 교환을 넘어서는 영향을 갖는다. 비용이 계약상에 기록되지 않는다는 외부효과는 당사자 어느 한쪽에 의해 발생되지 않는다. 외부효과는 계약에서 공식화 된 세부사항을 크게 넘어선 것들을 실제로 연장하는 관계를 표현한다. 당연히 해야 하는 측정으로서, 회계는 지배의 환상을 보증하는 효과가 있으며, 돌봄의 필요성 및 비용이나 이익으로 기록되지 않는 관계에 주목할 필요를 남겨둔다.

회계에 의해 만들어진 지식은 매우 선택적이며 상당히 제한적이다. 그것은 단순히 계약 사이의 부채와 신용의 균형을 이루는 부분적 지식이다. 도덕적 규율의 체계로서 신중한 행동을 위한 안내를 제공하며, 그것은 한계를 가진다. 돈과 회계는 사실 자체와 관련 없고 가치에 관해 중립적이므로 결정적 도덕적 효과를 가지며 도덕적 기반 위에서 평가되어야 한다. 회계 업무는 집단적 상상 속의 실천이며, 사상의 강렬함, 신중, 그리고 안전을 향상시킨다. 하지만, 그것은 시간, 불확실성, 그리고 외부효과를 제거하여 균형과 신중을 이뤄 낸다. 그것은 사고의 폐쇄된 체계 속에서 주의를 묶어 둔다. 그것은 지배의 인위적 환영을 만들어 낸다. 그런 식으로, 그것은 위험한 취약성을 노출한다.

회계의 도덕

5.2.1 돈의 획득은 자유와 지배력으로 이어진다. 사람은 돈의 책정을 통해서만 오직 효과적으로 주체적 개인이 될 수 있다. 자기규제나 실천 철학의 체계로서, 회계는 그런 자유와 지배를 얻는 것을 통해 규율의 습관을 주입시킨다. 회계는 의무의 균형을 처리함으로써 사람으로 하여금 정직, 절제, 기백과 정의를 실천하게 한다. 사람은 세상을 지배하기 이전에 먼저 스스로를 지배한다. 그럼에도, 모든 사람이 부를 소유한 주체적 개인이 되기란 불가능하다. 누군가는 다른 사람들이 구매하는 상품과 서비스를 생산하도록 일을 하는 것이 필수적이다. 회계는 자유와 지배를 얻음을 통해서 안내를 제공하는 것 이상의 일을 한다. 회계는 그런 지배력이 이미 존재하는 것처럼 행동을 나타낸다. 마치 자신들이 재산을 지정하는 것처럼, 회계를 관리함으로써 기업은 비즈니스를 완전히 제어하는 것처럼 보인다. 이런 허구는 더 살펴볼 필요가 있다.

실제로 계약에 들어가는 사람들은 자기지배의 허구가 거짓임을 보여주는 많은 제약 아래 있다. 첫 번째로, 그것이 계약이 들어가려는 상대적으로 자유로운 결정이 된다면, 그런 계약은 일단 들어가게 되면 구속력이 있다. 계약이 신뢰를 가지고 부채로 들어갈 수 있는 경제력을 보여줄 수 있다지만, 그것은 자유의 표시가 아니다. 의무를 지우고 계약을 이행할 능력은 그들을 성취할 파트너의 능력에도 달려 있다. 사람은 오직 자신의 부채만큼 강할 뿐이다.

두 번째로, 많은 요소가 계약에 들어가는 것에 영향을 주거나 제한한다. 결정을 해야 할 때 사람은 자유로운 선택을 하는 것처럼 보인다. 하지만, 일이 끝나면 사람은 결정에 영향을 주고 제한을 준 것을 발견하게 된다. 실제로, 자유로운 행동은 지속적으로 작용할 수 있어서 사람은 자유결정을 내리는 사회적이고 역사적 법이나 과정을 가정할 수 있다. 더 나아가서는, 그것이 바로 경제행위를 연구하도록 하며 성공적 비즈니스 전략을 세우게 하는 선택의 패턴이 가진 예측성이다. 그리하여 이론상의 자유는 실제 속의 강한 영향과 결합되어 있다. 사람은 필요, 설득, 모방, 그리고 투기적 열망의 기초 위에서 계약에 들어간다. 계약은 인간의 공동적 영향력에 달려있는 것이 아니다. 소위 합리적 행위자는 어떤 행동의 과정이 자신의 사리사욕을 극대화시킬 수 있는지 알 수 없으며, 그리하여 사회적 영향력과 설득에 휘둘리게 될 것이다. 심지어 그들이 인지하고 있을 때조차, 그들은 오직 회계를 지식으로 오해함으로 그렇게 할 수 있다. 경제는 비록 문화에 영향을 준다 해도 문화에 의존하지는 않는다. 이상적 시장사회에서는 구매되고 판매된 모든 것이 재산으로 남아서 사람이 확정적 사용과 결과를 산출할 수 있다고 한다면, 계약 사회에서는 인간의 행동은 협의에서 나온다. 시간의 행위를 능가하는 공동 영향력은 재산의 수익과 관련하여 개인적 계산보다 우선권을 얻는다. 그것들이 인간의 행동, 관계, 그리고 외부효과에 의존하기 때문에, 결과를 미리 온전하게 이해할 수 없다.

세 번째로, 실천과 계약형성의 관습을 결정하는 이러한 인간관계의 사회적 영역은 다른 제약에 달려 있지 않다. 물리적 지역, 이동성, 그리고 수용력은 사용할 수 있는 계약의 범위를 지정한다. 계급이나 문화

속의 지역을 포함하여, 문화적 결정은 가능한 계약적 관계에 관한 신뢰
의 한계를 실제적으로 결정한다. 또한 문화적이고 물리적인 요소들에
더하여, 강하고 예측 가능한 요인들생존을 위한, 이윤을 위한, 그리고 힘을 위
한이 또한 존재한다. 유사하게, 존재하는 계약을 이행할 의무와 부채의
상환은 이런 지향점을 촉진시킬 더 나은 계약을 만들도록 한다.

비록 이들이 가능성과 나은 계약의 선택에 지속적으로 영향을 준다
해도, 이런 제한들은 모두 회계로 나타나지는 않는다. 그들은 종종 돈
과는 구별된 어떤 것으로 간주되거나 혹은 극복해야 할 장애물로 취급
받는다. 그럼에도, 그들의 회피불가성은 회계체계의 주요한 도적적 힘
이 되는 실제와 이상적 자기지배 모두에 의문을 제기한다.

5.2.2 계약의 형성을 결정하는 사회적이고 문화적 요소에 더하여,
회계 자체는 징계 체계로서 경제 중개인의 행동에 도덕적 필요성과 심
판을 부과한다.

회계는 자산을 통솔한다. 그것이 제공하는 증거는 반복적이고 교환
가능하며 잠재적으로 공적인 것이다. 비록 어떤 특정한 주제 아래에서
계산해야 할 것에 대한 가정이 결과에 차이를 가져온다 할지라도, 회계
장부에 기록한 개인의 사적 판단은 이론적으로 무관한 것이다. 개인적
관점과 단일사례는 배제된다. 회계는 공동적 협의의 범위 내에 들어가
는 것들만 기록한다. 혹은 회계장부에 나타나므로 공동적 협의의 산물
이 되는 모양새를 갖는다. 회계는 측량할 수 없는 것을 제외시킨다. 수
치들이 계약으로 고정될 때, 사람은 쉽게 그 수치들에 관해서 이의를
제기할 수 없다. 평가를 하고 가격을 찾으며 고정시키는 일시적 작업은
기록되지 않는다. 한번 협의된 가격은 재협상 없이는 변화되지 않는다.
계산된 세상the world that is counted은 모든 가격이 이미 고정된 곳에

서, 그리고 회계장부가 모든 거래를 제정함으로 균형을 이루는 곳에서 시장의 유토피아적 이상을 표현한다. 이것은 가격이 결코 멈춰 있지 않는 곳에 있는 지속적 협상의 실제세계와도 다를 뿐만 아니라, 언급의 이상적 틀로서 확정적 가격의 유토피아적 이상을 부여한다.

게다가 회계는 시간을 절약함으로 힘을 증가시킨다. 빚과 신용, 의무와 예상이 균형 잡힌 관계가 성립되면 더 많은 관계를 형성시킬 수 있다. 그것은 각각이 요구하는 관심을 최소화시킨다. 회계는 내면화 된 비용을 계산하고 외면화 된 비용을 제외하여서, 관심이 오직 기회로 지불되도록 한다. 회계가 의무를 증가시키지만, 회계는 각각의 의무로 지불될 관심을 최소화 시켜서 세계관이 완전히 자신을 위한 자유와 기회로 구성되어 건설되도록, 그리고 다른 사람들에게서 나온 의무들로 건설되도록 한다. 그것은 시간의 경험이나 사회적 관계가 없는 세상이다.

미래에 대한 기대가 없다는 것은 주목할 만한 효과를 가진다. 확정적 수치는 불확실한 결과로 들어간다. 언뜻 보기에, 그런 측정은 행위와 관련하여 완전히 중립적인 것으로 보인다. 그런 대체가 지닌 내적 논리는 다른 것을 제안한다. 비율이 모든 불확실성과 지불된 보험할증료를 위해 고정될 수 있기 때문에, 회계는 모든 결과성을 셈하는 것으로 보일 수 있다. 모든 관계가 대체될 수 있는 한, 그리고 화폐보상을 위한 수치가 산출되는 한, 회계는 가장 많은 것을 아우르며, 포함하며, 매력적 실천 철학의 방식이 된다.

통화 결과는 유동성을 가진 불확실성이나 문제가 없다. 돈으로 표현되며 위험이 없는 가치는 위험으로 대체된다. 신용의 실제 수량과 신뢰성의 정도 사이에 차이가 있는 것처럼, 통화가치와 통화평가가치 사이에는 차이가 있다. 통화평가는 미래 가격과 고정가격을 낮추면서 스스로를 가장 효과적 평가로서 여기는데, 왜냐하면 통화평가는 저절로 가장 확실한 것이 되기 때문이다. 확실성을 불확실성으로 대체하며, 돈은 할인할 필요가 없다. 가치 평가를 통해 돈이 바로 그 가치가 되므로 돈은 굉장히 가치 있는 것으로 나타난다.

자신의 관점에서 회계의 효과성은 그것을 잠재적 교환가치로 둠으로써 가능한 한 현실적 식민지화로 이어진다. 재산과 자산이 액면가로 주어지자마자, 그들을 보증으로서 빌리는 것이 가능하다.167) 그런 관점에서 보면, 현실 전체는 소외되고 손실되며 대체물을 필요로 하는 기초 위에서 평가되는데, 교환가치는 대체 비용이기 때문이다. 사물과 사람 사이의 관계는 관계가 깨졌다고 상상되는 기초 위에서만 액면가를 얻을 수 있다. 실제로, 담보로 제출되는 물건과의 관계는 계약적 의무를 지키고자 종종 파괴될 수 있다. 재산과 자산에 액면가를 부여하면서, 사람은 먼저 관계를 그런 자산을 처분할 수 있는 재산소유자의 지배로 바꾸며, 그리고 난 후에는 부채를 상환할 수 있는 그런 처분을 요구하는 경제분야의 지배로 바꾼다. 즉, 회계는 자산을 지배하는 허구적 형태 아래서 먼저 명목적 포섭을 이루고 난 뒤, 나중에는 실질적 포섭을 이룬다.

하지만, 미래에 기대가 없는 것은 모호한 과정이다. 만약 현재의 경제중개인에게 제어를 양도한다면, 이것은 그 중개인이 어떤 사회적 힘을 미래와 맞바꾸지 않고서는 이루어 지지 않는다. 이것은 신에 대한 사람의 의무를 벗어나려는 시도를 통한 종교적 희생과 비견될 수 있다. 사람은 위험을 겪지 않고 혜택을 받으려 한다. 그것은 삶과 죽음을 나누는 과정이며 축복과 저주를 구분하는 과정, 그리고 행운과 불행을 나누는 과정이며, 그리하여 창조적 힘이 즐거움을 누릴 동안 다른 곳에서

---

167) 소토(Hernando de Soto)가 세계빈곤의 해결을 위해 이를 추천하고 있다. de Soto, *The Mystery of Capital.*

파괴적 힘이 떠나가고 끝날 수 있게 한다. 모험의 시작에서 희생을 제공하는 것이 보험약관으로 해석되는 것처럼, 보험에 드는 것은 희생으로 해석될 수 있다. 나아가 미래할인discounting future:불확실한 미래의 이익을 바라기보다는 현재의 가치를 더 크게 여기는 현상으로 미래할인효과라고도 불린다-역주은 희생에 지나지 않는다. 그것은 표상 속에서만 가치를 구분하는 작용이다. 보험은 화재, 홍수, 절도의 위협에서 아무런 보호도 제공하지 못한다. 보험은 단순히 대체를 위한 보상과 기회를 제공할 뿐이다. 실제로, 미래를 할인하는 것은, 희생처럼, 미래에 대한 빚을 지는 것이다. 만약 누군가가 결과가 미래 수입의 기초 위에서 수익을 내며 부채를 얻는 것을 가정한다면, 자신의 가정이 현실이 된다는 것을 확신할 의무로 들어가는 것이다. 주의는 결국에는 회계장부를 균형 있게 한다. 계좌가 계약의 성공을 당연시함으로 비용을 최소화한다면, 계좌는 또한 나쁜 양심을 남긴다. 그런 계약들이 완전히 당연하게 수용되지 않기 때문에, 비록 누군가가 그런 계약들이 당연히 수용될 수 있는 것처럼 행동한다 해도, 사람은 그런 계약들이 당연히 받아들여지는 것처럼 결과도 그러할 것이라고 보증할 의무 아래 있게 된다. 그런 것은 희생적 실천에 의해 요구되는 주의의 흡수absorption of attention이다. 그런 것은 회계장부가 결코 당연히 받아들여지지 않는다는 것을 보증하는 요구이다.

그래서 회계는 세상을 약속하지만, 책임질 수 없는, 혹은 대체될 수 없는 모든 것이 배제되는 곳에서 유토피아를 건설할 의무를 남긴다. 회계는 자유와 지배를 약속하지만, 회계장부를 균형 잡아야 하는 의무를 부과한다. 회계는 일련의 확정적 결과들을 약속하지만, 불완전성과 위험을 가져온다. 회계는 위험에 크게 노출되지는 않지만, 모든 것을 무제한적 수준으로 설명할 필요를 확장시키고 강화한다. 회계는 그것이 약속하는 것을 전달하지 않는다.

5.2.3 글이 말과는 다르고 협정가가 견적가와 다른 것처럼, 계약은 살아 있는 관계와는 다르다. 계약이 문서화되건 아니건, 계약은 글의 본질을 가진다. 글은 저자의 의도와 구별될 수 있다는 점에서 말과는 다르다. 저자의 의도와 주의의 영역을 벗어나서, 글은 후대에 의미를 전달한다. 글은 일시적으로 처음 상황과는 거리가 생긴다. 글은 원래의 말과는 달라질 수 있다. 글이 새로운 상황context으로 들어가는 곳에서 새로운 의미를 얻는다.

돈은 글의 이러한 특징들을 내포하며 완벽하게 보여준다. 돈은 의미가 없는 떼어낼 수 있는 가치의 단위를 나타내지 않는 신호다. 돈은 사회적이고 문화적 거리를 넘고 시간을 지나서 가치를 전달한다. 돈은 시작점으로 결코 돌아오지 않는, 양도가 가능한 부채다. 게다가, 가치가 의미 없이 설명될 때, 돈은 모든 관점에서 의미를 점진적으로 제거한다.

계약은 기이한 양면성을 내포한다. 계약은 사회적 힘의 정도를 표시하지만, 그런 사회적 힘은 모든 것을 무기력하게 만든다. 공적 영역에서 존재하는 계약을 제어하는 것과는 달리, 저자는 현재 무기력하며 원래의 글에 새로운 의미나 가치를 더하지 못한다. 유사하게, 계약의 공적 독자들은 또한 상대적으로 무기력하다. 각각의 단편적 글은 저자의 죽음 이후에도 지속되는 명령이고 의지이자 유언장이다. 실제로 서류상의 계약에서는, 저자의 힘은 글이 되어야 할 단어들을 위해서 희생되어야만 한다. 비록 계약이 무시되거나 이행되지 않는다고 해도, 또 그 의미가 새로운 맥락을 받아들임을 통해서 변화된다고 해도, 계약상 간직된 의무의 무게는 남는다.

일반적으로 글이 유동성이나 이동성에서 제한을 갖는 반면, 돈은 소유자의 요구에 스스로를 적응시키는 카멜레온과 같다. 일반적으로 글이 진리나 가치의 아무런 증거도 제공하지 못함에 비해, 돈은 이전될 수 있고 융통성이 있으므로 효과적이다. 돈은 그것이 이룬 구매를 통해, 그리고 그것이 자극한 상품을 통해 가치를 표현한다. 힘이 그 명령을 선택하는 사람에게서 나온다면, 글의 다른 형태와는 달리, 힘은 그것이 명령하는 사람에게 주어진다. 게다가 돈은 수익의 전달을 통해 그 가치를 설명한다. 성서의 약속과 선언이 증명을 위한 외부적 증인을 요구한다면, 돈은 선금을 제공함으로 자신의 이익을 대변한다. 성서와는 달리, 사람은 돈의 약속이나 가치를 믿을 필요가 없다. 단순히 돈을 사용하고 돈이 제공하는 것을 받기 위해 가치를 가지는 것처럼, 사람은 행동할 필요가 있을 뿐이다. 회계가 부채와 신용을 균형 잡는 계약상의 관계를 늘리는 것처럼, 돈은 어떤 수요의 결정적 형태를 겹치고 둘러쌈으로 가능한 거래를 증식시킨다.

5.2.4 그래서 회계는 기이한 도덕적 양면성을 표현한다. 일단 성공이 수량적 수치로서 대중적이고 객관적 조건으로 측정되면, 효율성과 합리적 관리를 통해 이윤을 극대화하는 기술적 방법은 더욱 분명히 도덕적 관심보다 우선한다. 회계는 분명하게 사실을 다룬다. 회계는 도덕적으로 중립적인 것으로서 질문을 제기한다. 회계는 기술적 합리성이 작용할 수 있는 데이터를 제공한다. 모든 사람은 부의 형성이 가져다주는 혜택에 대해 동의할 수 있다. 부의 분배에 대한 어떤 도덕적이고 정치적 우려는 나중에 와야 한다. 만약 분배할 부가 없다면 부의 분배를 추구하는 것은 무의미하다.

그래서 실제로는, 기술적 합리성은 사실과 가치 사이의 구별을 보증하는 회계의 실천 위에 기초한다.168) 사실들은 공동적 협의를 통해 증거로서 기록된다. 숫자로 표현된 사실들은 축적이나 재산의 단위다. 그들은 자신들을 만들어낸 일시적이고 사회적 관계의 결과물이다. 이들은 집단적 허구이며, 모든 것이 완전한 사실로 이루어진 유토피아적 이상에 기초한다. 나아가 그런 사실들의 기초 위에서 책임을 가지며, 사람은 그런 사실들이 진짜로 증명될 것이라는 것과 그런 사실들이 진정하고 완전한 사실들의 유토피아 속에 참여할 것이라는 것을 기술적 합리성으로 입증해야 할 무제한적 의무를 가진다. 회계는 세계의 형식적 포섭과 실질적 포섭이 합리적이고 기술적 과정으로 들어가도록 영향을 준다.

도덕적 중립성의 가장masquerade은 그 자체로 거부된 도덕적 견해에 기초한다. 돈으로 기록된 사건은 계약적 협의이기 때문이다. 게다가, 미래가 할인되며 수치가 확실한 가치를 가지는 재산으로서 간주될 때, 주제는 그들의 재산에 주체적 자유와 지배를 행사하는 것이다. 회계 속에 내포된 도덕적 태도는 수익을 내며 주체적 자유를 성취하는 것이 경제활동의 목적이라는 것이다. 그런 자유는 종말론적 희망이다. 그것은 결코 효과적으로 이루어지지 않아 왔다. 일단 모든 계약이 이행되면, 장부가 참된 것임을 증명해야 할 자유는 계약상에 간직된 지속적 의무에 의해 위협 받는다. 계속 살펴본 것처럼, 돈은 약속이자 위협자유의 약속이나 배제의 위협이다. 그리하여 합리적 경제행위의 지향점은 사람의 자산과 부채를 구별하는 것이며, 그리하여 부채가 다른 사람에게 양도될 동안 자산이 유지되도록 하는 것이다. 목표는 돈에 내포된 위협을 다른 사람의 경제행위를 가르치는데 사용하여 그들이 부의 창조를 위

---

168) 이것은 다음의 책에서 핵심적인 논쟁이다. 푸비(Poovey), *The History of the Modern Fact.*

해 일하도록 하는 동안, 단독으로 돈에 의해 제공된 약속을 책정하는 것이다.

그러면 회계와 계약은 더 넓은 도덕적 문화 속에서 형성된다. 그들은 한정금액으로서 가치를 나타내는 주체적 개인과의 연관성을 가진 재산을 상정한다. 각 주체적 개인은 자신의 경제적 운명에 궁극적으로 책임을 지는 것으로 간주된다. 각 계약은 사회적 제한과 의무라기보다는 개인의 이익의 기초 위에서 자유로이 시작된다. 경제적 실패는 자본, 기회 그리고 신용의 부족이 아니라 도덕적 약점, 게으름의 결과 혹은 어리석은 선택으로 인식된다. 도덕적 실천으로서 회계는 자신의 도덕적 심판의 정직성을 향상시킨다. 비즈니스에 성공을 거둔 사람은 필수적으로 회계의 기준에 의해 선인과 의인이 된다. 그들은 자신의 계좌에 주의를 기울이며 자신의 활동영역에 지배력을 행사한다. 그들은 계약을 이루며 과도한 지출을 피한다. 그들은 시간과 낭비를 가능한 한 줄이는 세심한 청지기이며 기회를 최대한으로 활용한다. 그들은 다른 이들의 진정한 요구에 헌신한다. 그들은 부의 창조에 기여한다. 그러므로 그들은 그들이 얻는 이익이 무엇이든지 그것을 가질 권리가 있으며, 더 많은 이익을 약속하는 것으로 도덕적 개선을 하도록 동기를 부여 받는다. 그런 결과로, 회계를 통해 표시된 사회에서 번영하지 못하는 사람은 도덕적 실패를 의심받을 수 있다. 그들은 자신의 계좌 혹은 재정적 지위에 무심하거나, 혹은 활동영역을 지배하지 못한다. 그들은 계약을 어기거나 낭비적 소비를 한다. 그들은 게으르게 시간을 허비하며 기회를 낭비한다. 그들은 다른 사람의 진정한 요구에 헌신하지 않는다. 그들은 부의 창조에 기여하지 않는다. 그에 따른 빈곤은 당연하며, 뿐만 아니라 도덕적 개선이 일어날 것이라고 확신할 유용한 교정능력이 된다. 만약 회계가 종말론에 호소한다면, 그것은 개인적 책임에 대해 보상이나 처벌을 받는 것이다. 보편적 자유의 종말론은 보편적 의무의 실재와 조화되지 않는다. 누군가 책임을 떠안지 않고서는 신용도 없다. 약속과 위협 없이는 돈도 없다. 다른 사람의 노동 없이는 자유도 없다.

근대성의 문화는 보편적 위협 가운데 하나이다. 자유는 권리를 청구하는 것이므로, 어떤 의무는 그런 자유를 침해하는 것이라 생각되기도 한다. 그런 위협은 다른 사람에게 책임을 전달하는 희생적 실천으로 방지될 수 있다. 그러므로 영구적 상호적 의무를 회복함으로 주체적 개인의 자유를 위협하는 어떤 도덕적 담론은 거부되어야 한다. 그것은 결코 도덕적이고 정치적으로 중립된 회계가 아니며, 그것은 개인주의의 문화, 위협의 문화, 그리고 정당한 복수의 문화를 창조한다. 그런 종말론은 단순히 경제적 실천에 첨가되는 것은 아니다. 그것은 신용이 기반이 되는 근간이다. 부채가 다른 사람에게 강요될 수 있기 때문에 돈은 가치를 유지한다. 돈이 희소한 것으로 남아있기 때문에 돈은 가치를 유지한다. 다른 통화들이 약하므로, 강한 통화는 가치를 유지한다. 부자가 보답을 받아야 가난한 사람들이 일을 한다. 가난한 사람들이 일을 하면 부자들이 보상을 받는다. 보편적 부와 자유의 환상은 근본적 구별의 작용, 우리와 그들 사이의 구별, 구원받은 자와 멸망에 처한 자들 사이의 구별을 필요로 한다. 마지막 분석으로서, 돈의 가치가 강요되기 때문에 돈은 가치를 유지한다. 주체적 신학, 종말론적 심판이 도덕을 뒷받침한다.

가치의 재평가

5.3.1 평가의 다른 방식을 표현하는 도덕적 실천을 만드는 것이 필수적이다. 모든 가치의 재평가는 회계의 실천을 수정함에서 시작한다. 만약 돈이 가치를 기록하는 실천의 표현이라면, 새로운 돈의 종류가 가

치를 회계하는 새로운 방식에서 나타날 수 있다. 현재 계좌에 나타난 가치에 관한 회의주의에는 여러 가지 분명한 이유가 있다. 가격표시와 계좌는 어떤 지식, 혹은 실천적 행동을 위한 도덕적 안내를 만들지 않는다. 우리가 언급한 근본적 부실표시들은 3중적이다. 가격과 계좌는 계약, 즉 쌍방의 관계에서 나오며, 능동적 중개인과 비용 양산자로서가 아니라 모든 내용과 외부성을 조정의 수동적 대상으로 여긴다. 비록 계약이 지속되는 관계가 아니라고 해도, 가격과 계좌는 관계를 이미 완료된 교환으로 취급한다. 또한 가격과 계좌는 그들에게 신뢰성뿐 아니라 계좌의 단위를 주는 신용조건을 고려하지 않는다. 모든 비시장적non-market 중개인을 환경적 배경으로서, 모든 시간의 경험을 극복해야 할 수단으로서, 그리고 모든 신앙의 형태를 경제관계를 가능하게 하는 신용으로 고려하지 않고, 회계는 경제 중개인들 간에 형성된 경제가치의 내적 환경을 건설한다. 실제로 땅, 노동, 그리고 자본에 시장가치를 부여하면서, 땅, 노동, 그리고 자본의 진정한 중요성이 제대로 이해되지는 않는다. 임대료, 임금, 그리고 이자의 형태로 된 땅, 노동, 그리고 자본을 지불하기 위한 계약은 환경, 시간, 그리고 신용과 직접적으로 교류한다. 그것은 땅, 노동, 그리고 자본이 중요한 요소이다.

경제행위의 평가를 위한 새로운 윤리적 기준을 일깨우는 것이 필수적이다: 이 기준은 생산의 결과물을 평가할 중요성을 가늠하는 것이고, 노동의 과정을 평가할 목적을 가늠하는 것이며, 사회자본의 형성을 평가할 신뢰성을 가늠하는 것이다. 이것이 환경, 인구, 혹은 사회의 건강으로 인식되든 아니든, 이것은 단순히 자본이나 삶을 가장 중요한 문제로 생각하는 것은 아니다. 자본과 삶은 표상을 벗어나기 때문이다. 이들은 계산될 수 없다. 회계로 측정된 것처럼, 사람은 상대적이고 임의적 가치에서 절대적이고 고유한 가치로 단순히 되돌릴 수 없다. 왜냐하면 이것은, 문제들이 그 속에서 유발되는 환경에서 독립적으로 고립될 수 있다는 것을 가정하기 때문이다. 대신, 가치가 대상이나 주체 속에서 마주치는 것이 아니라 주체를 평가하는 지배의 영역을 넘어서는 관계에서 마주치는 곳에서, 일시적이고 상대적 평가 방식을 발견하는 것이 필요하다.

우리가 알 듯, 돈은 아직 귀중하지 않다. 돈은 선하고 지속적이며 신뢰할 수 있는 가치를 낳지 않는다. 역사는 돈의 우월한 힘이 그 본질적 힘에 기인하여 다른 모든 평가 방식을 공격한다는 것을 증명해 왔다. 진정한 가치를 화폐가치로 대치하려는 시도는 표상의 문제로 떨어질 것이다. 돈과 현재의 회계방식을 포기하는 대신, 가치의 매개체로서 돈의 힘과 중요한 것에 대한 평가적 힘을 결합시키면서, 더 깊고 풍요로운 방식에 그들을 종속시키는 것이 필수적이다.

이를 이루려면, 돈으로 표시되는 가치의 분배를 뒤집는 것이 필요하다. 돈은 가치의 저장으로 간주되어 왔다. 만약 진정한 가치가 표시되거나 저장될 수 없다면, 가치는 돈의 외부에 있다고 생각할 필요가 있을 것이다. 축적의 대상으로 가치를 표현하는 대신, 가치는 특정한 방향으로 흐르는 돈의 성향으로 표시될 수 있으며, 평가가 그런 흐름을 인도해야 한다. 돈은 계산의 단위로 간주되어 왔다. 하지만, 돈은 진정한 가치를 측정할 수 없다. 돈으로 가치를 측정하는 대신, 결정적 신용의 정도로 돈을 대출함으로써, 가치로 돈을 측정하려는 것이 필요하다. 돈은 가치 있는 대상의 교환을 가능하게 하는 매개체로 간주되어 왔다. 그렇지만, 교환된 가치는 교환의 실행 밖에서는 존재하지 않는다, 교환의 대상이 되는 대신, 가치는 계약의 형성을 결정하는 능력으로 간주될 수도 있다.

만약 가치가 정말 상대적이라면, 가치는 결코 재산, 측정, 혹은 대상과 혼동되어선 안 된다. 고정된 표상의 방식에 의존하는 대신, 회계를 증거의 환상보다는 신용 위에 놓 사고의 일시적 방식이 되게 하는 것이 필요하다. 이것은 소유보다는 과정으로 계약을 계산하는 문제이다. 회계를 지속적 관심을 나누는 것보다 당연하게 여겨지는 기록으로 보는 문제이다. 그것은 경제적 행위가 중요한 것을 결정하기보다는 경제행위를 중요한 것으로 받아들이도록 지향하게 하는 문제다. 가치는 돈의 이동에 내포된, 그리고 계약을 형성할 능력으로 표현되는 능력, 경향, 그리고 방향으로 간주될 수도 있다. 그런 것은 더 살펴볼 필요가 있는 가치의 재평가이다.

자본은 가치를 만든다. 지금까지 보았던 것처럼, 생산만으로는 가치를 창조하는데 충분하지 않다. 생산이 어떤 욕구나 필요를 채운다는 것은 필수적이다. 가치는 생산과 평가 모두를 필요로 한다, 나아가, 수요 자체는 가치를 생산하기에는 충분하지 않은데, 수요 그 자체가 이익을 위해 생산될 수 있기 때문이다, 수요는 어떤 중요한 필요나 욕구를 효과적으로 충족시키지 않는 상품을 위해 만들어 질 수도 있다. 게다가, 가치에 관한 사회적 합의는 어떤 상품이 수요가 있다는 것에 불과하다고 표현하면서, 그들의 가치 혹은 자본형성의 중요성 혹은 경험의 품질을 결정하지 않는다. 가치의 생산보다 더 복잡하고 문제가 많은 것은 없다. 그럼에도, 우리는 세 가지 관점주문의 생산에서 나오는 자본, 시간의 경험에서 나오는 수요, 평가의 확정적 신학에서 나오는 신용의 대면에서 가치의 출현을 찾아야만 한다.

5.3.2 회계의 역설은 평가의 행위, 즉 가장 중요한 실천이 돈을 버는 것의 실천, 즉 가치의 표상에 종속되어 버린다는 것이다. 그 표상에서 벗어나 자유롭게 평가 하려면, 진정한 가치가 회계에 대항한다고 가정

할 필요가 있다. 가격으로 표시되거나 재산으로 소유되는 것과는 달리, 참 가치는 절대로 지배할 수 없다. 오직 돈이 지배하는 문화에서만 참 가치가 없다고 상상할 수 있다. 실제로 가치의 존재에 관해 회의주의를 가질 필요는 없는데, 왜냐하면 사고 그 자체는 가치의 요소 속에 살아 움직이기 때문이다. 사고는 가치를 그것의 외부에 있는 어떤 것으로 표시하거나 투영하거나 혹은 인지하지 않는다. 사고는 집중된 관심이며, 그 자체가 중요해 보이는 것에 이끌리거나 흐트러진다. 가치는 사고 자체가 지향하는 환경 속에 있다기보다는 사고 외부의 것이다. 실제로, 사고가 저항, 문제 그리고 장애물을 만날 때, 사고가 중요하고 문제가 될 만한 것에 의해 이끌릴 때, 사고는 계산할 수 없는 가치를 만난다. 예를 들면, 사고는 경제적 기회와 불행에 이끌린다. 이런 경제생활을 키우는 사건들이 일반적으로 고려되지 않는 이유는 이들의 가치를 알 수 없기 때문이다. 이들에게는 공적으로 합의된 가격이 없다.

새로운 종류의 경제가치는 아직 평가할 수 없는 것을 평가해야 한다는 요구로 생각할 수도 있다. 그것은 고정가격 혹은 협의된 가격의 균형상태에서 벗어나 있다. 경제적 기회는 자본처럼, 돈보다는 훨씬 가치 있는 것이다. 그것은 가격으로 표시된 가치에서 나온다. 더욱이, 일단 경제적 기회가 시장을 찾으면, 이들은 균형을 유지하는 시장의 힘에 휘둘리며 기회로서의 자신의 잠재력을 상실하게 된다. 그러므로 가치의 창조는 항상 시장 외부에서 일어난다. 가격으로 내포된 가치가 아니라, 가치는 완전히 기회나 위협의 출현으로 설명되지 않는 한, 움직이는 가격에 압력을 가하는 것이다. 가치는 가격과 가설적 평형상태 사이의 차이로 측정될 수 없는데, 그런 차이가 단순히 추측이나 표상에 불과하기 때문이다. 일단 가격이 주어지면, 모든 가치는 조정되어 어떤 경제적 기회도 남아있지 않게 된다. 대신, 우리는 가치를 예상을 통해서 작용하는 힘으로 고려할 필요가 있다. 그것은 막대한 수량이 아니라 격렬함을 가진다.

가치는 평가의 환경으로서 이해되어야 한다. 가치는 스스로를 불안과 예상으로 표현한다. 가격 매김이 가치를 결정하지는 않는다. 가치가 가격 매김을 결정한다. 가치가 회계나 표상의 하나에 의해 지배되는 곳에서, 회계와 가치의 관계는 더 이상 지배권 가운데 하나가 아니다. 가치가 평가를 공급하는 환경을 마련하는 곳에서는, 공생 관계가 더 맞는 표현일 것이다. 회계가 시장 가격에서 공적이고 보편적 가치의 결정을 열망하는 대신, 참 평가는 필수적으로 지역적, 부분적, 그리고 반응적이며, 그것에 가장 시급한 영향력을 갖는 것에 주목한다. 계산의 곧은 사슬에 의해 연산되는 대신, 가치는 다중적이고 복잡한 힘으로부터 일관된 결과로 나타난다. 다른 사람들과 비교되는 전체적 부의 상태를 나타내는 대신, 회계는 특정한 경제적 틈새에 적응하고자 한다.

현재 회계 체계는 단일 희소자원돈을 위한 보편적 경쟁 속에 모든 기업을 위치시킨다. 그럼에도, 모든 기업은 협력을 통해 번영한다. 비록 돈이 실제로 희소하지 않다 해도, 경제적 기회와 틈새는 위치를 결정한다는 의미에서 희소성이 있다. 제한된 경제 기회를 위해 싸우는 대신, 현존하는 방식이 가능하게 하는 추가적 장소와 기회를 창출해 내는 것이 훨씬 더 생산적이다. 더욱 효과적으로 시간을 사용하여 생산적 역량을 위해 싸우는 대신, 새로운 생산적 역량을 발견하고 더 시간을 들이는 것이 훨씬 생산적이다. 경제성장은 주로 생산의 수량적 증가나 시간의 절약에서 나오는 것이 아니기 때문이다. 경제성장은 경제기회가 나타날 때 경제기회를 자본화함에서 나온다. 시간과 비용을 측정하는 대신, 효율성은 에너지, 땅, 그리고 물질과 같은 진정으로 희소한 경제자원을 측정해야만 한다. 진정한 효율성은 자본의 축적 속에서 만난다.

진정한 효율성은 삶의 보완적 형태 및 영양분을 제공하고 배설물을 먹는 과정의 공생 속에서 마주하게 된다. 진정한 효율성은 시간을 절약하는 데서 오는 게 아니라 자본을 축적하는 데서 온다. 진정한 효율성은 사회자본 속의 성장에 기인하며, 경제관계와 발생할 기회를 더욱 가능하게 한다. 진정한 효율성은 다양성 및 주어진 자원기반 속에서 생산과정의 복잡성이 증가하는 것이다.

5.3.3 비록 그것이 평가의 외부에 있다고 해도, 새로운 형태의 가치는 평가에 영향을 가지는 것으로 간주된다. 가치는 가격으로 아직 나타나지 않은 것이다. 만약 가치가 가격을 형성하는 것이라면, 직접적으로 나타나는 대신, 그 효과는 가격의 움직임 속에서 관찰할 수 있다. 기회, 방향, 그리고 성향은 변화율, 가속, 지속, 반곡점point of inflection, 진동, 빈도, 그리고 변동성에 영향을 가진다. 가격 외부에 있는 가치는 세 가지 방식으로 가격에 영향을 준다. 경제 환경 속에서 기회가 열리고 닫힌다는 소식은 일련의 반응을 유발한다. 시간의 경과는 근원적 성향이 스스로를 드러내도록 한다. 아울러 평가 내부에 있는 신뢰의 흐름은 가격이동의 방향전환을 표시한다.169)

그러므로 가격매김은, 이미 더 넓은 경제 환경 속에 떠 있다. 자본이 모든 생산의 근원이라면, 신용은 교환가치와 돈 양쪽의 근원이다. 비록 신용이 주관적 평가를 통해, 예상과 염려의 심리학적 힘을 통해 작용한다 해도, 그것은 조금도 현실적이지 않다. 그것은 경제 중개인의 의지력 속에 있는 것이 아니라 이 의지를 강요하며, 어떤 선택을 내릴지를 결정하는데, 그 이유는 신용이 다양한 사회적 기대의 해결에서 형성되

---

169) 금융시장에서, 가치는 어떤 주어진 시간에서 가격으로 표시되지 않는데, 가격은 모든 경제기회를 절하시키기 때문이다. 대신, 가치는 기본 조건의 근본적인 분석과 가격이동의 기술적 분석을 통해 판별된다. 그런 가치는 아직은 현재가로 기록되지 않는다.

기 때문이다. 실제로 그런 기대는 서로 소통하며 가격의 중개를 통해 굳어진다. 그리하여 시장은 이중적 기능을 한다. 시장은 교환을 촉진시키며 상품과 서비스의 분배를 촉진시키지만, 또한 신용의 강도와 소통한다. 시장은 단순히 가격이동에 의해 어떤 것을 교환하지 않고도 후자의 기능을 수행한다. 신앙 자체는, 개인의 사적 신념에 제한되는 대신, 신용으로서 시험될 수 있고 사회적 견고함을 얻을 수 있다.

실제로는, 시장은 보이지 않는 손에 의해 움직인다. 이들이 외부 세계의 경제적 조건의 효과이든, 시간의 흐름의 힘이든, 혹은 사회적으로 이룩된 신용의 힘이든 간에, 외부적 힘은 가격의 이동을 형성한다. 그 손이 불균형을 보충하려고 움직일 때, 보이지 않는 손의 움직임은 항상 부당하게 분배된다.구하기엔 너무 늦으며, 힘이 너무 강하다. 시장은 무능한 섭리에 의해 지배된다. 시장을 평형상태로 되돌리는 대신, 보이지 않는 손의 불균형, 지체, 그리고 과잉은 평형상태가 결코 이루어지지 않는다는 것을 확증한다. 시장은 항상 불공평하다. 돈을 통해 힘이 행사되는 상호의존적 세계에서는, 다른 사람의 실패로부터 피해자가 발생한다. 아무도 자신을 완전하게 책임질 수 없다. 모두가 위험에 노출되어 있다. 아무도 지배력을 얻지 못한다. 경제적 타산에 비례하는 결과는 거의 없다.

보이지 않는 손의 불평등함은 경제윤리를 위한 수많은 영향을 갖는다. 먼저, 시장의 힘은 예측하거나 표시할 수 없다. 진정한 타산은자신을 시장의 움직임에 맞추는 것 불가능한 상태로 남는다. 경제적 불행과 실패는 경솔한 행위 때문이라고 결과적으로만 말할 수 없다. 이들은 실패와 실패를 연결하는 불행의 책임을 질 필요가 없다. 불행으로 말미암아 비난 받을 수 없는 사람들은 다른 사람들의 돌봄과 제공을 받을 자격이 있다. 실제로, 그런 제공과 돌봄은 인간자본과 사회자본의 관리로 간주될 수 있다. 모든 사람이 어떤 방식으로건 미래의 생산에 기여할 수 있기 때문에, 복지는 모두의 책임으로 남는다.

두 번째로, 사람의 경제적 재산을 지배하는 것은 불가능한 이상으로 남는다. 현실적으로, 사람들은 자신의 성공을 이루고자 다른 사람들의 재산에 의존한다. 현재 체계 속의 성공은 한 사람의 경제적 타산의 지표보다는 한 사람이 다른 사람들에게서 이익을 창출하는 지표가 된다고 봐야 한다. 게다가, 상호의존은 협력을 위한 동기와 다른 사람들의 행운을 보증함을 통해 자신의 행운을 확증하는 동기를 제공한다. 이로써 모든 사람의 부는 증가한다.

세 번째로, 시장의 힘이 가진 분명한 표상은 시장을 영구적 평형상태 속에 둔다. 남아있는 경제적 기회는 없을 수도 있으며 생산을 위해 남아있는 장려책은 거의 없을 수도 있다. 시장의 평형상태는 전체 경제에 엔트로피 효과를 가지며, 경제를 어떤 전통적 경제학자가 예상하는 고정적 상태로 하락시킨다. 그런 조건 아래, 음엔트로피Negentropic의 경제적 제도가 개발될 수 있을지는 의심스럽다. 경제생활은 기회의 존재에 의지한다.

그러므로 시장의 보이지 않는 손의 무능은 상당히 섭리적이라는 것이 드러난다. 보이지 않는 손이 타산을 보상하고 부를 생산하지 못하는 곳에서, 그 손은 타산을 보상하고 부를 생산할 사회적 힘을 위한 여지를 남긴다. 여기서 다시, 사회는 불완전으로 말미암아 산다. 완전하게 투명한 경제체계는 완전한 제공의 효과를 가진다. 그것은 기회와 사회적 자본을 축소시킨다. 이와는 대조적으로, 해결을 요하는 많은 문제로서, 불완전한 경제는 분배, 무시, 파괴적 행위와 착취의 불균형을 나타낸다. 그런 문제는 경제활동에 동기를 부여할 수도 있다. 그런 문제가 충분히 해결될 수 있다거나 유토피아적 해결을 갈망해야 한다는 것이 아니다. 하지만, 그런 불균형, 불평등, 그리고 위험은 지속적 관심을 필요로 하고 경제생활을 새롭게 한다는 것이 사실이다.

5.3.4 경제적 제공의 효과는 신앙의 대상만이 아니다. 이들은 투기적 시장의 대상이다. 투기적 시장의 가격은 뉴스, 드러난 경향, 그리고 투기적 확신에 반응하여 변동을 거듭한다. 그런 시장의 수요는 항상 단일 상품, 즉 위험에 대해 측정된 보상이다. 그러므로 수요와 공급으로 단순히 결정되는 대신, 다른 시장에서 그런 것처럼 투기적 시장은 더 확실하게 가치에 대해 행사되는 사회적 힘을 각색dramatize한다. 주가는 기대하는 힘의 역사이다. 그것은 신뢰와 안정성의 기간, 불확실성과 변동성의 기간, 예상과 높은 활동성의 기간, 그리고 평온과 지속성의 기간을 보여준다. 정리하면, 투기적 거래자들은 근원적 자산이 아니라 확신 속의 변동을 다룬다.

그것이 바로 그들의 변동성을 증가시키는 가격 움직임의 불확실성이다. 투기자들은 시장에서 활동하는 현재의 힘에 대한 정보를 갈망한다. 다른 사람을 모방하는 것은 종종 가능한 정보의 유일한 근원이 되며, 양과 음의 피드백 효과의 변동으로 이어진다. 투기적 거품과 붕괴는 외부적 원인을 필요치 않는다. 투기적 시장은 완전한 추상적 개념에서 작용할 수 없다. 투기적 시장은 불안정과 기회를 자극하려고, 생산적 경제에서 나오는 뉴스뿐 아니라 근원적 확신의 대상을 필요로 한다.

가격은 다양한 경제적 힘들 사이의 유일한 의사소통 수단이다. 그리하여 가격은 단순히 기대와 염려의 경쟁하는 힘들 사이의 균형상태를 표시하지 않는다. 그런 힘들은 지속적이기보다는 요동치는 것이며, 관심을 기울일 때 의식 속에서 나타난다. 가격의 경제 아래에는 중요한 것에 에너지를 쏟는 관심의 경제가 놓여있다. 이와 유사하게, 인지되는 고유한 중요성뿐만 아니라 시장이 활기차게 그려지고 상상력을 사로잡는 정도까지 시장은 뉴스에 반응한다. 가격의 경제는 주의와 상상력의 경제를 기초로 하여 작용한다.

근본적으로 경제활동이 변하려면, 관심과 상상력을 분배하기 위한 새로운 메커니즘을 개발할 필요가 있다. 가격에 지나치게 주목하는 것과 경제기회 및 위협에 대한 과도한 상상력은 중요한 것들을 받아들일 수 없는 경제행위의 방식으로 이어진다. 시장이 만드는 흥분, 염려, 그리고 스트레스의 일반화 된 상태가 지나칠 때에는 본질적으로 건강하지 않은 것이 되어, 사회자본에 해로울 수 있다.

신용

5.4.1 회계는 교환가치를 측정한다. 회계는 상품이나 결과물로 대체할 수 있는 돈의 수량에 관계되어 있다. 회계는 상품 자체나 상품의 과정을 평가하지 않는다. 대체의 수단으로서 가치가 계속적으로 변한다 해도, 회계는 영원한 가치의 효과를 만든다. 같은 방식으로, 땅, 노동, 그리고 자본은 사용할 때 지불해야 하는 돈으로 평가된다. 지속되는 잠정적 계약으로서, 땅, 노동, 그리고 자본으로 지불된 돈의 수량은 이들의 사용을 필요로 하는 시간에 비례한다. 이들은 단순히 상품의 비용으로만 취급되며, 그렇기 때문에 가치에 대한 낭비로 간주된다. 결과물과 상품의 형태로 부가적 가치를 창안하고 생산하는 것이 어렵기 때문에, 경제행위는 시간을 절약함으로 비용을 절감하는데 맞춰져 있다. 실제로, 그런 경제행위의 거대한 부분과 혁신은, 시간을 절약하는데 맞춰져 있으므로 실제 시간 절약보다 시간을 절약하는데 들이는 시간이 더 많이 사용된다는 문제가 생긴다. 유사하게, 부채와 신용을 통한 계약의 증식은 시간을 절약하는 것을 목표로 한다. 만약 경제활동의 목표가 돈

을 버는 것이라면, 그 주요한 목표는 단순히 시간을 절약하는 것이다.

반대로, 시간을 소비하는 문제는 상대적으로 검토되지 않았다. 소비의 시간뿐 아니라 생산 시간을 낭비할 여지도 막대하다. 만약, 시간의 소비가 이윤을 극대화하고 비용 절감에 대해 측정 되었다면, 우선순위는 더 이상 자본형성과 경험의 향상에 있지 않을 것이다. 이윤과 부채에 맞춰진 경제 속에서는, 많은 시간이 자본의 형성이나 경험의 향상에 기여하는 것보다는 경쟁적 환경 속에서 이윤을 보증하고자 고안된 비생산적 행위로 낭비된다. 국가에 의해 기획된 시장경제 속에서만큼 시장 경제 속의 비생산적 노동의 여지도 많다. 가치 있는 시간을 성취하려면, 시간 절약이 시간을 소비하는 것에 종속되어 있어야 한다.

회계의 새로운 방식은 시간을 소비하는 결과보다는 시간을 소비하는 과정부터 시작해야 한다. 이것은 단순히 생산을 늘리는 것보다는 가치 있는 삶을 건설하는 문제이다. 돈의 신학은, 시간 소비의 방법이 실제로 문제가 되는 사안이라는 데 주목해야만 한다. 가치는, 축적이나 획득의 대상이 아니라, 오직 움직이는 가치만을 갖는다.

물론 실제로는, 시간은 절대로 절약할 수 없다. 시간은 지속적으로 흘러간다. 시간을 아끼려는 노력은 단순히 시간의 분배를 제어하기 위한 시도이며, 별로 중요하지 않은 것으로 생각되어 더 많은 시간이 다른 곳에 쓰이는 그런 행위에는 시간을 덜 소모한다. 만약, 경험보다 더 중요한 것으로서 시간의 결과물이 유지된다면, 효율성을 얻으려고 생산과 관련하여 더 이상 필요하지 않고 비효율적 모든 것을 제거함으로 시간의 질이 격하될 수 있다. 그 결과로서, 더 많은 시간이 덜 중요한 경험에 사용되며, 사용된 시간은 질적으로 저하된다.

관리자들이 그 산출량으로 작업을 평가할 때, 시간은 적절하게 평가되지 않는다. 노동은 항상 고용주들에게 비용이다. 노동은 오직 고용인에게만 경험이다. 노동의 교환가치는, 노동이 피곤하고 단조로운 일로 이미 격하되지 않았다면, 그것을 위해서 수고하여 희생해야 할 시간에 의해 정해지지는 않았다. 대신, 노동의 교환가치는 고용주들의 수익의 희생에 의한 비용으로 고정된다. 그런 작업의 회계 속의 우세한 관점은 고용주의 것이다. 일은, 근로자의 경험의 관점에서나 혹은 물리적, 인적, 사회적 자본을 동원하고 공급하고 연결하는 관점에서가 아니라, 상품의 관점에서 평가된다. 시간의 질은 분명치 않은 나태의 순간에서 나타날 수도 있기 때문이다.

원칙적으로, 평가는 산출량에서 제외될 수 있으며 경험에 첨가될 수도 있다. 만약 산출량을 평가하는 계산이 오류가 있는 허구라면, 시간의 경험에 더욱 반응하는 또 다른 허구들 역시 만들어질 수 있다. 인간 주체가 기억을 부여하였으므로, 가치는 시간을 아낌으로서가 아니라 시간을 소비함으로 창조되고 인식되며 기록된다. 그것과 접하는 사람들의 경험을 넘어선 부가적 가치의 증거는 필요 없다. 경험 그 자체는 가치의 진정한 기록이다. 경험이 중요성을 간과하여 경험의 지평을 넘어선 기회를 잃어버린다 해도, 그것은 여전히 그런 기회를 시험하는 경험 자체이다.

5.4.2 실제로 현재 체계에서는, 평가가 평가이들이 후원을 통한 유효수요를 후원할 수 있는 돈만큼 사회적 효율성을 갖지 못한다. 그리하여 모든 평가는 그들의 수익성이나 수익을 가져오는 기업과의 공생을 기반으로 하여 외부적으로 가치가 매겨진다. 평가가 부족하지는 않지만, 각각의 평가는 누구도 가지지 않은 순수한 외부적 관점으로 그것을 평가하는 추상적 체계에 종속된다. 그런 추상적 체계는 그것이 나타나는 삶의 형태에서 가치의 누출을 초래한다. 평가들은 표상의 어떤 형태 속에

서 스스로를 유지하는 만큼만 지속하고 번성할 수 있다. 실제로, 이것은 가치가 수익성 있는 정도까지만, 지속하고 번성한다는 것을 의미한다. 수익의 가치는 다른 모든 가치로 대체된다. 가치들의 효율성이 순수하게 화폐적 효과로 흘러가는 것처럼, 가치의 엔트로피, 즉 설립된 모든 가치의 쇠퇴가 존재한다.

이것이 바로 새로운 경제활동을 고려하는 쇠퇴의 과정이다. 경제활동은 새로운 의미를 얻을 수 있다: 그것은 네트로피적 과정으로서 가치의 생산이며, 가치의 광범위한 쇠퇴에 대항하는 행동이다. 만약 모든 생산이 교환가치의 생산이라면, 그리고 만약 모든 평가가 가격을 결정하고자 한다면, 평가의 사회적 영역은 돈의 수위에 기초한 완벽한 합의의 균형점을 향해 쇠퇴해 간다. 완벽한 시장의 유토피아는 도덕적 열사heat death:식물이 고온의 환경에서 열에 의해 죽는 현상-편집자주의 한 종류로서, 가치가 더 이상 창조될 필요가 없으며 모든 필요나 수요가 임의적 변덕이 되어버리는 곳이다. 공급이 수요를 만날 때, 균형점은 단순히 균형의 이동이 아니다. 정보가 파괴될 때, 균형점은 또한 최대의 엔트로피의 이동이다. 초기 조건에 관한 정보가 균형으로 가는 접근에서 점차적으로 사라지기 때문에, 균형에서 초기조건으로 거슬러 가는 움직임을 추적할 가능성이 없다. 사회의 시장화는 역사, 문화, 그리고 가치의 점진적 소멸에 영향을 준다.

그리하여 가치의 생산은 생산 과정 이상의 것과 수익생산 이상의 것을 요구한다. 그런 과정은 문제를 재조직하며, 그것을 엔트로피의 정상적 상태에서 그것이 사용될 수 있는 상태로 변화시킨다. 네트로피적 생산 과정에 추가된 가치는 단순히 정보다. 이것은 생산의 진정한 결과물이다. 하지만, 증가된 정보내용보다 더욱 많은 것이 요구된다. 정보는 어떤 이에게 유용해야만 한다. 주문은 오직 욕구에 부합할 때에만 가치를 갖는다. 가치적 정보는 단순히 사실에 있지 않다. 그것은 단위에 객관적이거나 개성을 부여하지 않는다. 정보는 오직 그것이 욕구와 만나도록 지시 받을 때만 가치를 갖는다. 이것은 엔트로피로서의 시간경험이며 주문의 창조를 위한 수요를 낳는 자본과 가치의 영구적 쇠퇴이다. 그리하여 가치의 쇠퇴는 어떤 것을 슬퍼하는 것과는 다르다. 그것이 바로 평가를 움직이는 엔진이며, 주문과 신용을 낳는다.

욕구 자체가 가치를 생산하는데 있어 충분한가 하는 문제가 생긴다. 물론 욕구는 지시를 내릴 물질 없이는 아무 것도 할 수 없다. 게다가, 욕구는 지시를 받는 문제에 관한 정보를 발생시키지 않는데, 이런 문제의 고유한 특성은, 욕구에 부합하는 그 잠재성을 포함하여, 오직 실험과 경험에 의해서만 배울 수 있다는 것이다. 양쪽 편지시 받을 수 있는 것을 넘어선 요구의 과잉뿐만 아니라 잠재적 지시의 과잉과 욕구에 부합하는 것에 과잉이 남는다. 실제로, 가치의 생산은 양쪽 편에 이런 과잉 없이는 일어날 수 없다. 이런 관점에서, 그것은 단순히 부합이나 욕구의 충족 및 가치를 생산하는 지시가 아니라, 긍정적 잠재력과 기회로서 이들의 불균형, 상응correspondence의 부족이다. 그것이 부의 진정한 근원이 되는 이런 불균형이다. 그것이 표상, 증거, 그리고 계좌를 넘어서기 때문에, 그것은 안정을 주는 것이어야 한다.

지시와 요구를 넘어서 생산을 실현시키는 또 다른 요소가 필요하다. 가치의 생산이 사적 실재보다는 사회적 실재가 되어야 하기 때문에, 요구와 지시의 만남은 효과적이어야 한다. 그것은 안정을 주는 것이어야 한다. 그것은 미리 가치 있는 것으로 취급되어야 하며 그리하여 실제로 그것이 가치가 있다고 논증할 수 있다. 그래서 사회의 구조는 지시 혹은 구조로만 구성되는 것이 아니며, 생산이나 욕구에 의해서 구성된 것도 아니다. 그것은 모든 사회적 유대의 존재론적 실체로서 신용에 의해 구성되어야 한다.

가치의 생산은 신용에서 시작한다. 지시가 욕구와 만날 때 가치의 현실화가 이루어지며, 생산의 움직임이 신용으로 시작한다. 그러므로 가치의 생산은 모든 지식과 욕구의 순환 밖에서, 모든 순환적 움직임 밖에서, 그리고 모든 적합한 사상 밖에서 시작한다. 가치의 생산은 위험과 불확실성에서 시작한다. 그래서 내려야 할 기이한 결론은, 투기에서 가치가 나온다는 것이다. 금융투기자들이 좁은 활동영역 속에서 움직인다 하더라도, 그들조차 여전히 가치의 생산 속에서 본질적인 것과 관련되어 있다. 재료를 주문하는 생산자들과, 그리고 수요를 표현하는 소비자들뿐 아니라, 투기자들이나 모험 자본가들도 경제기회의 출현을 예측하는 사람을 필요로 한다.

5.4.3 물론 투기적 모험가들도 종종 실수를 한다. 신용은 단순히 가치의 유일한 근원이 아니다. 가치는 상황의 잠재성으로서 내포되어야 한다. 신용이 투기적 평가의 흐름을 표현한다면, 보여줄 수 있는 가치는 경제적 잠재력에서 나온다. 각각의 경제기회는 신용으로 진전되어야 하고 욕구를 가지고 투자되어야 하며, 효과적으로 지시되어야 한다. 모든 계약은 적어도 다음의 세 가지 요소를 포함한다. 시간의 판매자, 영양의 구매자, 그리고 그 계약을 믿는 사람들.

경제기회를 가늠할 때의 어려움은 그런 기회들이 경험 속에서 증명되어야 한다는 사실에 있다. 일단 증명 된다면, 그 기회는 더 이상 남아 있지 않다. 경제가치의 실현은 공적 증거에 의존하기보다는 신성함에 더 의존하기 때문에, 그래서 진정한 의미에서 경제의 과학은 존재하지 않는다. 생산의 과학과 지시를 다루는 분배와 인류학의 과학과 욕구를 다루는 심리학과, 신용의 신학은 여기에 있다. 그런 신용은 경제기회의 희미한 자각 속에 자리하며, 지시를 위한 현실화되지 않은 가능성에, 혹은 이루어지지 않은 욕구의 만족 속에 있을 수도 있다.

더욱 중요하게는, 또한 현실화되지 않은 가치의 질문이 있다. 경제기회의 현실화가 수익을 가져다준다는 것과 그것이 자본과 경험을 위한 진정한 가치라는 것은 다른 이야기다. 그것이 물리적, 인적, 그리고 사회적 자본에 기여하거나 경험의 질에 기여할 때, 가치의 생산은 가장 가치 있는 것이 된다. 그래서 경제기회의 진정한 가치는 자본의 생산을 위한, 욕구 충족을 위한, 그리고 신용을 향상시키기 위한 궁극적 암시에 있다. 생산되는 가치의 가장 높은 형태는 경제기회를 평가하는 능력이다.

5.4.4 논의해왔던 것처럼, 돈은 자산, 부채, 그리고 예비금을 결합한 계약 속에 있다. 각각은 교환가치의 약속이다. 이들은 함께 자산의 형태로서 교환가치의 진전을 이루어 낸다. 돈이 교환가치의 표상으로 취급될 때, 그런 교환가치는 여기서 교환, 측정, 그리고 보존의 수동적 대상으로 여겨진다. 그것은 분명히 경제중개인의 자유로운 의지에 종속된다. 반대로, 약속, 부채, 그리고 보증은 가치의 취급에 규정적 실천을 부여한다. 교환가치가 자유롭게 이전되고 약속된다면, 약속, 부채, 그리고 보증은 참여자들을 위한 도덕적 중요성을 갖는다. 돈이 교환가치의 상징으로 여겨질 때, 돈의 도덕적 가치는 모호해 진다. 만약 돈의 가치가 단순히 그것과 교환될 수 있는 상품과 서비스의 가치라면, 그 가치는 돈으로 대체되는 것, 즉 사람이 돈의 본질을 전혀 고려하지 않도록 하는 대체에 의존할 것이다. 임대료, 임금, 그리고 이자는 실제로 오직 돈의 형태로만 지불된다. 게다가, 빚이 오직 돈으로 상환될 수 있으므로, 영구적 대체의 베일은 마침내 벗겨져서, 돈을 약속, 부채, 그리고

예비금으로서 벌거벗은 상태로 남겨둘 것이다. 돈은 결국 그 원래의 약속에 대해 평가되도록 되돌아가야 한다.

빚으로서, 돈은 어떤 특정한 방향으로 흐르는 성향이 있다. 돈의 되돌아오는 흐름 없이는 돈이 무가치하게 될 것이다. 약속은 채무와 예비금에 의해 보증된다. 돈으로 표현된 가치는 생산, 교환 혹은 대체에 의해 만들어진다. 돈에 의해 약속된 가치는 약속, 채무, 예비금의 결합에 의해 만들어진다. 그런 가치는 주문의 생산을 충족시킴, 욕구의 효과적 표현, 그리고 신용의 속성에 의해 실현된다.

신용은 예비금의 담보에 기초하여 승인된다. 신용이 연기된 구매가 아니기 때문에, 신용의 목적은 예비금을 획득하는 것이 아니다. 그런 담보는 오직 신용이 떨어졌을 때만 얻을 수 있다. 그래서 담보는 신용의 적절한 대상이 아니다. 예비금의 교환가치는 신용 자체가 실패했을 때 신용의 대상으로 대치된다. 신용은 경제기회에 기인한다. 자본부를 양산해내는 능력이 축적된 주식의 교환가치로 축소될 수 없는 것처럼, 경제기회 역시 그것이 낳는 예상의 기초 위에서 진행된 가치로 축소될 수 없다.

그러므로 주문의 생산이 욕구를 충족시킬 때, 신용은 예비금이나 보증으로서 기능하는 담보의 가치로 축소될 수 없으며, 신용으로 제공된 과정의 가치로 감소될 수 없고 혹은 현실화된 가치로 감소될 수 없다. 과정의 끝에서조차 경제기회는 증발하며, 현실화 된 수익이 그것을 대신한다. 그리하여 결정적 가치는 신용으로 대체할 수 없으며 신용도 가치에 기인하지 않는다. 그러므로 신용은 미래가치의 가능성보다는 자본의 형태로 있는 경제기회에 기인하는 것이다.

신용의 역설은 경제기회를 위한 아무런 공적 증거가 없다는 것이다. 만약, 그런 기회에 관한 정보가 교환되며 반복되고 합의되어야 하는 것이라면, 그 기회는 현존하는 가격수준으로 고려되어야 하며, 만약 그 생산적 가능성이 현실화되지 않는다면, 손실로 이어져 기회 그 자체를 취소한다. 이와는 반대로, 경제기회는 공적 합의의 결여에서 나온다. 경제기회는 다른 사람보다 더 효과적으로 전체적 상황과 트렌드를 인식할 수 있는 사람의 것이다. 경제기회는 중요한 트렌드와 가능한 미래를 읽음에서 온다. 경제기회는 그런 미래를 낳으며 신용에 귀속된 것에 의해 효과적인 것이 될 수 있다. 부는 오직 생산이나 수요에서 오지 않는다. 신용은 생산의 현존하는 전략보다는 새로 나타난 경제적 틈새에 가장 효과적으로 기인한다.

사람은 현실 전체를 지배하고 제어함으로 부를 만들지 않는다. 사람은 경제기회에 적절하게 반응하고 인식함으로 부를 만든다. 사람은 이미 진행 중 과정에서 질서와 정보를 창조함으로 부를 만든다. 의도하지 않은 결과들은 외부 비용이 될 수 있다. 이들은 또한 경제기회가 될 수 있다. 어쨌든, 의도하지 않은 결과로서 새로운 경제적 틈새의 출현은 경제행위를 이끄는 힘이다. 정리하면, 그것은 경제행위를 살아있게 하는 새로운 장소, 새로운 질서, 새로운 네트로피적 과정의 출현을 가능하게 하는 균형과 무능과 거리를 둔다.

평가

5.5.1 부는 자본, 즉 주문을 생산하는 능력으로 여겨질 수도 있다. 자본이 실제로 주문을 만들어 낸다면, 평가 속의 주문그리고 자본에 가치를 주는 것은 욕구이다. 그렇다면 무엇이 욕구에 가치를 주는가라는 문제가 발생한다. 이것이 가치 중의 가치, 욕구의 가치, 그리고 평가의 가치에 관한 신학적 문제이다.

합의나 시장에 따라 그런 평가를 측정하는 것은 순수하게 외부적 평가를 평가의 본질적 가치로 대체하는 것이다. 경제적 기회들처럼, 평가는 그런 시장 외부에 있다. 사람은 그들에게 가치를 부여하는 바로 그 관점이나 장소를 모호하게 하지 않고는 그들을 대체하지 않는다. 평가는 기회처럼, 확립된 모든 지식을 넘어서는 단일 지점이다. 그럼에도, 이들은 가치에 가치를 부여하는 정신에서 실제로 작용한다.

부가 수익을 얻는 것 이상의 것을 요구하므로, 진정한 부는 자본형성 이상의 것을 요구한다. 진정한 부는 또한 평가의 생산과 욕구를 통한 효과적 현실화를 요구한다. 진정한 부는 진정한 가치의 실현이다. 그런 가치들이 욕구와 생산을 향해야 한다는 것이 필수적이다. 교환가치로 표시되거나 주어져야 한다는 것은 필수적이지 않다.

만약 사회가 교환보다는 계약에 기초한다면, 계약 그 자체는 정신을 통해서 행동하는 가치와 기회를 나타내기에는 부족하다. 그런 경제적 힘은 상상을 통해 작용할 수도 있다. 사고가 실재를 표현하고 불확실성과 무지를 완성시키는 곳에서, 사람은 지식의 투명성 사이의 그릇된 선택과 조우하지 않는다. 가치들은 그 자체로 알려져 있지 않으며, 이들은 목적지를 향해 가는 성향을 가지고 여전히 시간의 흐름 위에서 활동한다. 가치의 신성을 위해 필요한 것은 영향 받을 수 있고 평가의 힘의 능력을 보여줄 수 있는 유연하고 상상력 있는 몸의 형태이다. 그런 신성의 증명을 위해 또한 필요한 것은 가치의 현실을 위한 실험적 방법이다. 이런 평가의 신학은 신용을 근간으로 한다.

5.5.2 가치는 평가의 시각으로 표현되는 경향이 있다. 그런 평가의 시각이 종종 자신들에게 상당한 중요성을 돌릴 때, 평가의 가치는 다른 시각들과는 매우 다를 것이다. 명백히 객관적이거나 보편적 기준은 없다. 실제로 그런 시각은 합의나 공감을 찾는다. 가치들의 외부적 가치

는 그들의 연합된 기업의 수익성에 의해 결정되어 왔다. 시장가치는 이런 의미로 보편가치로 대체된다.

그렇다면 핵심적 문제는, 사람이 입증을 위하여 시장체계에서 떨어진 가치에 투자할 수 있는가 하는 것이다. 교환가 대체의 시장체계에서 떨어져 작용하는 신용의 중재와 가치의 상상력을 위한 사회적 기반시설을 개발하는 것이 필요할 것이다. 일시적 관계를 위해서 가치의 출현과 시험 속에서 중요한 기능을 갖는 것이 필요할 것이다.

돈의 투자는 관심의 투자로 대체된다. 특정 지역에 직접적 영향을 갖는 개념, 힘, 그리고 성향에 주의를 기울이지 않고 발생하는 진정한 평가는 없다. 가격과 수익의 변화는 관심의 영역 밖에서 일어난다. 이것은 가치의 진정한 모든 측정을 배제시킨다. 반대로, 계속적으로 관심을 갖고 주어진 평가의 관점을 평가해야 하는 것이 요구된다. 이것은 평가적 관점에 의해 만들어진 가치를 벗겨내는 문제이며, 그렇게 하여 그런 평가적 관점이 그 권리 속에서 평가될 수 있게 하는 것이다.

5.5.3 자산과는 반대로, 부채의 흥미로운 특징은 그것이 자리 잡은 본성이다. 자산은 교환가치를 가진다. 사람이 그것의 가치를 실현하려면 그것을 대체해야 한다. 반대로, 부채는 현물in kind로 상환될 필요가 있다. 이들은 계약에 의해 정의된다.

돈을 보편적 등가물 혹은 교환가치의 대체물로 취급함으로 발생하는 환상 가운데 하나는, 돈을 보편적이고 추상적 통화의 더 나은, 혹은 더 좋지 않은 전형으로 간주하는 것이다. 실제로 보편적이고 추상적 통화는 없다. 부채가 표시되는 통화로 상환될 필요가 있는 곳에서 특정한 통화로 표시된 구체적 자산과 부채만이 있을 뿐이다. 돈은 항상 정해진 은행이 책임을 갖는다. 돈은 이전될 수 있는 자산이라기보다는 고정된 부채이다. 돈은 항상 확정된 장소와 기록의 실행에 속해있다. 은행은 세계를 측정하고 기록하는 평가의 관점이다. 스스로를 평가하도록 하는 것은 그런 평가의 실행이다.

부채가 돈으로 제한되어야 할 이유는 없다. 다른 종류의 부채를 발행하는 것이 가능하다. 예를 들어, 만약 누군가가 재고가 부족한 물품을 팔고, 합의된 미래의 가격과 날짜에 그것들을 넘기기로 약속한다면, 그 사이에 더 좋은 가격으로 구매할 선택을 갖게 된다. 그런 거래들이 어음교환소에서 작용하는 유사한 원칙에 따라 딜러에 의해 취소되지 않는다면, 초발주는 어떤 단계에서 전달되어야 한다.

그렇다면, 부채는 평가의 결정적 시각을 반영하는 결정적 기관에 포함될 수도 있다. 돈이 자산과 부채의 분할로 창조될 수 있는 것처럼, 가상 주식도 전달할 약속으로서 만들어 질 수 있다. 만들어질 수 있는 통화의 범위와 종류에 제한이 없는 것처럼, 만들어 질 수 있는 가치의 범위와 종류에도 제한이 없다.

돈은 계약에 포함된 효과적 욕구를 표시한다. 다른 측정이 계약에 포함된 효과적 가치를 표시할 필요가 있다. 비록 이들이 생산자와 소비자 사이의 사적 합의라 해도 계약은 공적 가치를 가진다. 사유계약을 이행하는 것은 공공적 선인데, 그것이 계약상의 신뢰와 사회적 자본의 증가로 이어지기 때문이다. 이를 넘어서서, 계약의 이행은 종종 다른 공익에 영향을 주기도 한다. 그래서 각각의 계약은 소비자의 욕구에 의해 돈으로 평가될 뿐 아니라 공적 효과에 의해서도 평가될 수 있다.

그런 공적 효과의 평가는 간단한 문제가 아니다. 계약을 이행하는 것이 공익 전체에 헌신한다면, 국가로서는 계약을 집행할 의무를 스스로 갖는 것이 쉬운 일이며, 각 계약의 중요성을 완벽히 평가하는 것은 관점의 다양성을 필요로 한다. 각 계약에 가치를 매기는 최소한의 어떤 외부적 관심이 없으면, 대중은 어떤 계약이 가치가 있을 것이라는 신념을 갖지 못하게 된다. 공익은 계약을 지키는 것을 필요로 할 뿐 아니라 계약이 공공의 선을 꾀하는 것도 필요로 한다. 가치는 주문과 욕구, 혹은 생산자와 소비자의 만남에 의해 만들어 지는 것이 아니다. 가치는 또한 그런 계약이 신뢰 받는 것을 필요로 한다.

거래는 항상 각 계약을 위한 신용의 근원뿐 아니라 최소한 다음의 세 부분을 포함한다. 생산자, 소비자, 그 관심을 수행하는 일반 대중. 그리하여 생산과 수요와 더불어 평가를 갖는 것이 필요하다. 수요를 충족시키는 주문을 생산하기 위한 기업이 있는 것처럼, 건강한 경제에는 또한 수요를 측정하는 계약의 평가를 위한 기업들이 필요하다. 만약, 돈이 이런 목적을 이루는 유일한 제도라면, 대중은 공익이 이행되지 않을 것이라고 믿게 될 것이다. 실제로, 돈은 시장 자본주의에서 유일하게 이런 목적을 이루지 않는다. 지배적 관계가 부의 근원으로서 내재적 선을 옹호하는 도덕적 담론에 의해 뒷받침된다. 그런 비판력 없는 도덕적 담론은 대중매체를 통해 조달된다. 대중매체는 오직 자신들이 관심을 가질 때만 번성하기 때문에, 그런 도덕적 담론은 오직 그 소비자의 사리사욕에 아부하거나 채워줄 때만 발생한다. 정리하면, 평가 작업은 시장 법칙에 의해 다시 한번 단락short circuit을 일으킨다. 만약 평가가 수익성을 통해, 평가를 위한 유효수요에 의해 측정된다면, 평가는 오직 우세한 주류가 원하는 생각만을 표현할 것이다. 인적, 기관적, 체계적 수준에서 평가를 욕구에 종속시키는 것은 민주적 자본주의의 근본적 부패이다.

욕구, 돈, 그리고 평가 사이의 단락은 효과적 평가의 신뢰, 비판, 그리고 창조에 대한 주의를 벗어나도록 절단되어야 한다. 요컨대, 질서의 경제와 함께 공존하는 윤리적 경제는, 주요한 목적이 생산이나 이윤이

아니라 평가 자신만의 독특한 기관을 필요로 한다. 평가의 창조, 비평,
그리고 신뢰는 경제질서를 인도하는 신학적 활동이다.

3부 신학

비유—부유하려는 욕망에 대해

만약 누군가가 진정한 형이상학자라면, 오직 그 존재 자체만을 생각하고, 사회적 교류와 물질적 필요의 혼란에서 벗어나, 진리, 자각의 심오한 상태와 가장 부유한 계시의 미묘함을 즐기고, 선을 생각할 필요에서 자유롭게 된다. 왜냐하면 사고 자체는 좋은 것이며, 참된 것을 생각할 필요에서 자유로워지기 때문이며, 사고 자체는 진실 된 것이라서 현실을 생각할 필요에서 자유로워지기 때문이며, 사고 자체는 삶이기 때문이며, 사람이 형이상학을 떨쳐버릴 때까지, 형이상학은 불필요하기 때문이며, 생각을 떨쳐버리고, 부, 친구들, 그리고 연인들을 찾으러 나서기 전에 사람이 철학자였다는 지식조차 단념할 때까지, 생각할 필요도 없기 때문이다.

6장 _ 형이상학과 신용

이 책은 예수에 의해 선언된 하나님과 돈 사이의 대립을 언급함으로
시작했다. "너는 하나님과 맘몬을 동시에 섬길 수 없다." 실제로 "부자
가 하나님 나라에 들어가는 것보다 낙타가 바늘구멍을 통과하는 것이
더 쉽다."막10:24 예수가 설명했듯이, "네 보물이 있는 곳에 네 마음도
있다."마6:21 철학자들에게, 그런 대립은 더 근본적 문제를 발생시킨다.
부의 진정한 본질이 무엇인가? 부를 자산이나 상품의 화폐적 가치로
이해할 수 있는가? "하늘에 쌓은 보물"과 세상에 있는 보물 간의 차이
는 무엇인가? 무엇이 풍성한 삶, 풍성함 속에서 사는 삶을 만드는가?
우리는 여기서 신학의 중심적 과제에 접근한다: 가치 가운데 가치의 근
원은 무엇인가? 부에 대한 예수의 대립은 세상 방식을 포기하는 전통
에 속한 것으로, "하나님나라" 혹은 모든 보물 가운데 진정한 근원을
구하고자 세상에서 쌓는 보물과 관련된 것이다. 종교적 충동은, 도교의
현자들에 의해, 인디언 체념자에 의해, 불교의 승려와 비구니, 힌두교
지도자들, 견유학파cynics, 에세네파, 그리고 사막의 현자가 다양하게

표현했는데, 진정한 영적 부유함을 얻기 위한 포기 중의 하나로 종종 인식되어 왔다.

하지만, 예수의 대립은 독특하다. 하나님과 부맘몬으로 인격화된 사이의 양자택일은 두 주 사이의 양자택일이기 때문이다. 각각의 경우에서, 그것은 섬김의 문제다. 부는 시간, 관심, 그리고 헌신을 이끈다. 부는 세상에서의 관점을 만든다. 여기서 힘의 다른 원칙들이 있다. 철학자들에게, 이런 대립은 또 다른 가장 근본적 문제를 일으킨다. 진정한 힘의 본질이 무엇인가? 시저의 주권적 힘에 따라 이 힘을 이해해야 하는가, 아니면 국가의 행정력에 따라 이해해야 하는가? 메시아를 법령을 통해 결국에는 통치하게 될 다소 지연된 온순한 시저로 이해해야 하는가? 시저의 힘과 하나님의 힘 사이의 차이는 무엇인가? 우리는 여기서 기독교 신학을 위한 다음의 중심적 딜레마에 접근한다: 콘스탄티누스주의의 견해를 선택하여, 신학이 주권적 힘을 승인하며 그것을 흉내 내거나, 혹은 세상이 심판되어야 하는 것에 따라 진정한 영적 의미를 선언함으로써 환상 속에서 그것을 재생산하거나, 아니면 신학이 케노시스자기비움:kenotic의 견해를 택하여 모든 힘을 포기하고 노예의 모양을 갖는 것이다. 양쪽의 상황에서, 제국적 힘에서 신적 힘을 충분히 구별해 내기가 어렵다는 위험이 도사린다.

예수의 가르침에 관하여 주목할 것은 두 가지 문제, 즉 진정한 부와 진정한 힘이 구분되지 않았다는 것이다: 부는 서비스이다. 사람은 선을 위해, 모든 부를 위해, 혹은 진정한 영적 가치를 위해 세상의 힘을 사용할 수 없을까? 사람은 삶을 풍요롭게 하고자 세상의 부를 사용할 수 없을까? 서비스보다는 인간의 지배력의 가능성이 존재하지 않아서 부와 힘이 인간적 가치에 종속되는 것인가? 근대 정치학이 그런 추정에 근거하지 않은가?

예수에게는 이것이 왜 그 사례가 될 수 없는지에 대해 두 가지 실마리가 있다. 하나는 세금이다. 갈릴리의 유대와 헤롯 통치자의 징세관의 힘은 단순히 제국법령이나 힘의 위협에서 나온 것이 아니었다. 실상은, 세금에서 나왔다. 로마주화를 세금지불에 사용할 수 있었던실제로는 세금지불로 사용해야만 했던 사실에서 로마주화는 그 가치를 얻었다.170) 돈은 제국의 화폐주조소에서 발행되었으며 나중에는 로마로 되돌아 왔다. 이스라엘 사람들은 그저 단순히 로마군이 주둔해 있었기 때문만이 아니라 세금을 낸다는 점에서 로마의 종이었다. 그리하여, 만약 부가 돈의 사용을 통해 얻어질 수 있으며, 돈이 시저에게 속해있었다면, 부의 지배권은 동시에 시저의 손에 있었다. 부를 축적하는 것은 착취와 강탈의 체계 속에 참여하는 것이었다.

과세제도의 현실이 복음서에 기록된 사람의 삶에 큰 역할을 차지했다고 해도, 돈의 이론을 명확하게 이해할 증거는 충분하지 않다. 두 번째 실마리는 아마도 더 많은 것을 이야기해 준다. 예수는 사람들과 부 사이의 지배 관계를 뒤집었다. 네 보물이 있는 곳에 네 마음도 있다; 그는 '네 마음이 있는 곳에 네 보물이 있다' 라고 하지 않았다. 눈과 빛의 일반적 관계도 뒤집었다:

"눈은 몸의 등불이다. 그러므로 네 눈이 성하면 네 온몸이 밝을 것이요, 네 눈이 성하지 못하면 네 온몸이 어두울 것이다. 그러므로

---

170) 세금을 위해 국가가 돈을 도입하는 세 가지 주요한 이유가 있다. 먼저, 돈이 부의 이전을 가능하게 하므로, 돈은 노동이나 상하지 않는 상품 외에 인두세(poll tax) 및 관세와 같은 조세제도를 받아들인다. 둘째로, 돈은 더 많은 돈을 위한 수요를 증가시키며 그리하여 화폐주조세나 돈의 창조에서 수익을 증가시킨다. 그리고 셋째로, 돈은 비화폐성 자급자족경제(subsistence economy)의 외부에 있는 세금납부자들에게 현금경제를 강요한다. 다음을 보라. 굿하트(Charles A. E. Goodhart), "The Two Concepts of Money", 잉햄(Ingham), *Concepts of Money*, 450. 지방세 징수원이 받은 수익과 결합된 세 번째 요소는 예수의 생애 동안 주요한 사회적 변화의 원인이 되어 왔으며, 아마도 부에 대한 예수의 가르침에 영향을 주었을 것이다.

네 속에 있는 빛이 어두우면, 그 어둠이 얼마나 심하겠느냐?"마6:23

서비스는 시간, 관심, 그리고 헌신을 통해 일어난다. 누군가의 관심
의 대상은 세상을 보는 관점을 형성하기 위한 물질로 사용된다. 사람은
형이상학적으로 표현된 관점을 형성한다. 만약, 사람이 가치 가운데 가
치의 근원 하나님께 관심을 돌리지 않는다면, 그의 평가는 세상에 의해
만들어 질 것이다. 진정한 힘은 여기서 평가의 관점에 있다. 그리하여
근대 자치권의 개념은 환상이 되는데, 왜냐하면 그것은 그 사람이 섬기
는 관점, 즉 평가의 근원이기 때문이다.

그러므로 하나님과 부에 대한 예수의 대립은 다음 두 가지 근본적
문제의 결합으로 이어진다: 부의 진정한 본질과 힘의 진정한 본질. 반
대로 근대사상에서는, 돈과 힘이 실현의 객관적 영역에 속해있다면, 평
가는 자유의 주관적 영역에 속해있다. 근대사상은 사고와 실존, 가치와
존재, 정신과 몸, 그리고 이성과 종교 사이의 이분법에 기초한다. 이런
형이상학적 이분법은 어떻게 시간, 관심, 그리고 헌신이 사용되는지의
문제를 야기하면서 질문한다. 이것은 신자와 비신자 모두에게 영향을
주는 보편적 문제다. 이것은 비판적 사고에서 신학의 근대적 배제를 약
화시키는데, 만약에 사람의 관점이 그 사람의 시간을 소비하는 방식에
의해 형성된다면, 이것이 어떻게 돈과 관련되는지 나중에 보여줄 것이다. 171) 평
가, 결정, 조직, 그리고 생산은 위임이 발생하는 실천에서 나온다. 사람
은 자신의 삶을 무엇에 헌신할 것인가? 사람은 어떤 권위에 신용을 낳
기 위한 자신의 결정을 요구할 것인가?172) 이런 것들은 피할 수 없는

---

171) 사회학자 부르디외(Pierre Bourdieu)가 발전시킨 기본 원습(habitus)의 개념은 실천에
의한 그런 관점의 결정을 표현한다. 다음을 보라. 부르디외(Bourdieu), *The Logic of
Practice*. 그것은 독일의 이념(German Ideology)이라는 책에서 마르크스가 윤곽을 잡았
던 유물론자의 전제에도 내포되어 있다. 피어슨(Pierson), *The Marx Reader*, 94–95.
172) 그것은 종교적인 것과 정치적인 것의 전근대적 혼합을 설명하는 그런 문제의 자각이다.

신학적 문제다. 나아가, 종교와 세속간의 이분법은 단순히 세속적 사고가 가장 중요한 문제와 싸우는 것을 막는 것이 아니다. 왜냐하면, 신학이 노동분업을 받아들이고 신념, 의미, 개인적 신앙, 그리고 교회의 전통에 스스로를 관여시키는 한, 신학은 더 효과적 사회적 권위를 돈으로 중재되는 순수한 세속적 관계에 양보하기 때문이다. 가치 중의 가치의 효과적 근원의 문제를 재발견하는 것은 세속과 신학적 사고 양쪽 모두의 개혁을 요구한다.173)

그들을 재결합시키는 주제, 대상, 그리고 지식 사이의 근대적 분리에 의문을 제기하는 것은 더 깊은 근본적 철학문제를 일으키는 것이다: 존재의 진정한 본질이 무엇인가? 근대 사상, 특히 근대 정치학과 경제학 속에 내포된 형이상학적 가정들은 여전히 실천할 수 있는 것인가? 사람은 수동적이고 물질적인 객체the passive, material object, 자유롭고 평가하는 주체the free, evaluating subject, 그리고 진정한 형이상학적 실체로서 중립적 진리를 믿을 수 있는가? 돈의 신학을 추구하려면 지금 형이상학, 힘, 그리고 부의 문제로 돌아가는 것이 필요한데, 관점은 인간이 세계를 생각할 때 무엇을 보는가를 결정하기 때문이다. 사람이 찾는 것과 보는 것은 형이상학에서 가장 잘 드러난다.

신학과 형이상학

파르메니데스Parmenides는 항진명제tautology의 형태로 서구의 형이

"정치적 신학"이라는 용어는 이교도 마르쿠스 타렌티우스 바로(Marcus Terentius Varro, 116-27 B.C.E.)에게로 거슬러 올라간다. 이 용어는 신들과의 적절하고 공적인 상호작용을 의미했다(바로는 어거스틴의 『하나님의 도성』 234쪽에서 인용된다). 한편으로, 정치의 영역은 법과 권리에 국한된 것이 아니며 다른 한편으로, 통치권, 중개인, 힘, 그리고 주관성에 관한 것이다. 또한 그것은 경건함에 있다. 고대 도시 폴리스는 종교의식, 제사의식, 의식, 그리고 축제를 통해 일반에 모습을 드러냈다. 그것은 신용의 권위로서 돈으로 대체되어 온 그런 경건함이다.

173) 다음의 책을 더 참고하라. 굿차일드(Philip Goodchild), "The Babylonian Captivity of Theology", 미발간 된 에세이.

상학에 기이한 문제를 남겼다: "존재란." 이것은 "진리가 참이다", 혹은 "생각과 존재는 동일한 것이다"라는 의미를 가질 수 있다.174) 생각과 존재가 동일한 것이란 무엇인가? 전반적 서구 형이상학의 역사는 이 문제에 대한 해답을 얻기 위한 일련의 실험으로 간주할 수 있는데, 이 문제를 위한 해답은 의견의 동요에서 지식을 해방시키기 때문이다. 이것은 정확하게 여기서 사람이 형이상학의 부끄러운 양심을 분별하는 것이다. 생각과 존재가 동일한 것은 오직 훈련된 사고, 엄격한 사고 혹은 경건함의 실천에서만 나온다. 항진명제 "존재란"은, 모든 항진명제와 같이 신념을 일깨운다. 주어는 서술부와 동일시되지만, 문법적으로 주어부와 서술부로서, 주어부는 항상 서술부와는 다르다. 만약 이들이 같은 것이라면, 문법생각과 존재에 관해 동일한 것을 넘어서는 제3의 용어와 관련해서만 그러할 것이다. 이것은 형이상학적 탐구를 정의하는 철학자의 돌이다.175) 아리스토텔레스가 형이상학을 "존재를 존재로써 탐구한다"라는 과학으로 정의했듯이,176) 스피노자가 실체를 본질적인 것이며 그 자신을 통해 인식되는 것으로 정의했듯이,177) 그리고 하이데거가 파르메니데스의 명상을 옮길 때 "거짓을 우리 앞에 두는 것let-lie-

---

174) 파르메니데스(Parmenides), 단편 3과 6. 다음의 책에서 번역됨. 코헨(Cohen) 외, *Readings in Ancient Greek Philosophy*, 36-38:

　　오라, 내가 그대에게 알려주리니, 그대는 귀 기울여 들어라.
　　생각할 수 있는 탐구의 길이 오직 하나 있다.
　　그 길은 존재이고 비존재는 불가능하다.
　　이 길은 신념의 길이다(왜냐하면 신념은 진리를 따르기 때문이다).
　　다른 길은 비존재이고 비존재가 필요하다는 것이다.
　　내가 강조하려는 것은 이 길은 전혀 알 수 없다는 것이다.
　　존재하지 않는 것을 알 수 없으므로 (불가능하므로) 그대는 비존재를 말할 수도 없다.
　　생각과 존재는 동일한 것이다.

175) 다음과 비교해 보라. 지멜(Simmel), *The Philosophy of Money*, 146. "인류가 만든 가장 위대한 진전들 중 하나는 (오래된 소재에서 새로운 세계를 발견한 것) 두 수량 사이의 비율을 마련해 놓은 것이다. 이것은 직접적인 비교로 이루어진 것이 아니라, 제3의 수량에 그들 각각이 연관된 사실이며, 이런 두 관계가 동일하거나 동일하지 않다는 사실에서다."

176) 아리스토텔레스(Aristotle), 형이상학(Metaphysics) 4권, 1003a.

177) 스피노자(Benedict de Spinoza), *Ethics*, pt. I, definition 3, 컬리(Curley), *A Spinoza Reader*, 85.

before-us과 또한 마음에 새겨 두는 것the-taking-to-heart-also은 유용하다: 존재 속의 존재자beings-in-being"라고 한 것처럼,178) 존재는 그것을 복제하고 끌어내는 항진명제에 의한 신념의 대상으로 만들어진다. 이 문제에 대한 어떤 형이상학적 해답의 통용은 동일한 것이 사고와 존재에 관해 있다는 것을 받아들이느냐에 의해 결정된다. 여기서 형이상학의 양심의 거리낌이 드러날 수 있는데, 주어부가 서술부와 동일시되는 항진명제의 형이상학적 단계에서, 사람이 단순히 주어부와 서술부를 뒤집을 수 있다는 것은 피할 수 없기 때문일까? 그렇다면 형이상학의 통용은 통용의 형이상학이 된다.

토마스 아퀴나스Thomas Aquinas는 형이상학적 문제에 대한 해답을 내어 놓았다. 하나님은 그의 본질이며 그의 존재이다.179) 그리하여, 하나님이 진리, 선, 그리고 생명과 동일시 될 때, 이것은 다소 역설적이다. 모든 존재는 자신의 진리, 선, 그리고 삶에 따라 심판되지만, 하나님만은 궁극적 기준이자 최상의 사례이다. 하나님만 그의 본질이다. 이런 현저한 정체성이 운명적 모순을 열어 젖힌다: 하나님은 진실된가 혹은 신성한 진리인가? 하나님은 선하신가 혹은 신성한 선인가? 하나님은 살아 계신가 혹은 신성한 생명인가? 이 문제는 우리가 힘과 존재로 돌아갈 때 더 정확해 진다. 만약 하나님이 힘이라면, 힘이 옳은 것일까 아니면 옳은 것이 힘일까? 만약 하나님이 존재라면, 하나님이 존재하시는가 아니면 존재가 신성한 것인가? 우리에게 초월성과 내재성 사이에 선택이 주어진 것 같다. 신성은 초월성에서는 심판의 힘이나 기준으로, 내재성에서는 확증의 힘이나 사례로 언급된다.

기독교 형이상학에서, 초월성과 내재성 사이의 이러한 모순은 선험

---

178) 하이데거(Heidegger), *What Is Called Thinking?* 223.
179) 아퀴나스(Aquinas), *Summa Contra Gentiles*, 1권, 21-22장, 116-21쪽.

적 정체성의 분리에서 나온 그릇된 문제로 인식할 수 있다. 하나님은 진리, 선, 그리고 생명과는 분리될 수 없다. 신적 단순성, 즉 본질과 존재의 동일시가 먼저 온다. 하나님은 사고에서나 존재에서나 동일하다. 그것이 파르메니데스의 존재가 되는 것처럼, 일체성은 하나님이 된다. 하나님은 창조의 확증이며 종말에서의 심판이다. 이것은 영원한 하나님에게는 문제가 없지만, 우리에게 창조와 심판 사이의 일시적 간격은 모순을 남긴다. 우리는 진리, 선, 그리고 생명을 신적인 것으로 만들어야 하는가? 그렇다면, 그것을 "신적인" 상태로 여김으로 무엇이 성취되는가? 그런 행동은 루드비히 포이에르바하Ludwig Feuerbach의 투영의 개념으로 예를 들 수 있는데, 그의 투영개념에서는 지식, 윤리학, 그리고 일시적 존재 속에 있는 사람의 지향이 신성화된다. 이런 우상숭배의 대안은 하나님이 진리이고 선이며 생명이라고 선언하는 것이다. 이럴 때, 사람은 하나님께 나온 지식, 윤리학, 그리고 일시적 존재의 영역에서 자신의 방향을 잡는다, 종교는 이성과 윤리학보다 우선한다. 신앙은 형이상학을 결정한다. 그리하여 신학은 가장 부유한 범주예를 들면 중요성, 의미, 개성, 관계성, 공동체, 사건, 서술, 경험의 범주에 따라 해석된 삶의 비전을 세상에 주장해야 한다. 이것과는 대조적으로, 철학의 가장 으뜸적 초월성 "영원" 그리고 "하나"가 상대적으로 맥빠진 것으로 보일 수 있다. 가장 깊은 차원의 의미를 줌으로, 신학은 세상에 생명과 부를 준다. 확증은 더 이상 내재적 확증이 아니라 신적 확증이다.

그러므로 본질과 소명으로서, 신학은 급진적 형이상학을 제공한다. 신학은 세상의 사고방식을 뒤엎는다. 그럼에도, 세상은 형이상학적 양심의 거리낌에 의해 나타나는 것으로 남는다. 신적 단순성은 유토피아적 영감일 수 있지만, 인간의 사고로 이루어질 수 없다. 동시에, 단순성의 교리는 진리, 선, 그리고 생명에 관한 내포적 추정을 신성화할 것을 불러 일으켜서 우상숭배적 추정을 신학적 선언과 동일화한다. 그것은 생명의 비전의 풍요로운 작업을 단락short-circuit시킨다. 그리하여 신학의 급진적 힘, 진리와 영적 시각을 기초로 한, 가치 가운데 가치를 결정하려는 시도는 수립된 가르침 아래 길을 잃는다. 하나님이 정말 단순하다고 해도, 단순성의 교리는 신성 그 자체를 가릴 것이다.

하나님에게는 탁월한 사례가 실로 궁극적 기준이라면, 우리에게는 현실과 사고 사이를 잇는 그런 다리가 없다. 실제로 우리에게는, 중재의 제3범주는 본질과 존재, 사고와 현실 사이에서 남을 것이다, 우리는 종말 이전의 시간에, 하나님의 완전한 계시 이전의 시간에 산다. 동시에, 재림에 앞서 시간은 계속 흐를 것이다. 형이상학의 완성을 기다리며, 존재의 의미는 아직 결정되지 않았다. 만약, 사고와 존재의 신적 정체성이 아직 이루어지지 않았다면, 존재가 사고에서 완전히 분리되지 않은 것으로 간주되고 더 이상 서술부로서 간주되지 않을 때, 더욱 겸손한 정체성이 기대될 것이다. 존재의 근대적 개념은, 사고되는 것의 본질에 아무것도 더하지 않으면서, 사고의 완전한 외부에 존재를 위치시킨다.180) 칸트가 말했듯이 "현실적 100달러는 가능적 100달러보다 한 푼도 더 많은 돈을 포함하지 않는다."181) 현실적인 것과 사고되는

---

180) 안셀름은 그의 신플라톤주의적 가정(presupposition) 때문에 하나님의 존재에 관한 존재론적 논증을 공식화할 수 있었다. 정신은 존재로서 "더욱더 큰 것을 생각할 수 없는 어떤 것"을 고려해야 한다. 어리석은 자의 가능성을 설명하려고, 그는 "인식(conceiving)"의 두 가지 의미를 구별했다. "왜냐하면 어떤 일을 가리키는 소리를 생각하면서 그 일을 생각하는 것이 다르고, 그 일 자체를 생각하는 것이 다르기 때문이다." 안셀름(Anselm), *Proslogion*, 데이비스(Davies), *Anselm of Canterbury-The Major Works*, 88–89. 이것은 이성의 다른 종류와 부합한다. ─ 하나는 정신에 의한 표시(signs)와 관념의 조작으로 구성되는데, 어떤 경우가 될 것이라는 생각을 의미하는 제의를 사용하는 것을 포함한다. 다른 한편으로는, 그 사물 자체가 그 자신이 조명됨으로 밝혀지는 것이다. 후자에서 사유와 존재는 더 이상 독립적이지 않다. 사유는 존재에 의존한다. 여기에서 존재는 단순히 표상에 덧붙여진 서술부가 아니다. 존재는 사유를 발생시킨다. 실제로 사유가 존재한다는 것을 고려한다면 그리 놀라운 일이 아니다. 반대로 임마누엘 칸트에게 사유는 존재와의 관련성을 필요로 하지 않는다. 삼각형을 상정하고 그 세 각을 거부하는 것은 자기모순적이지만, 세 각과 함께하는 삼각형을 거부하는 것에는 모순이 없다. 칸트(Kant), *Critique of Pure Reason*, 502. 안셀름은 상정된 삼각형의 존재를 거부하는 것은 다른 일이라고 대답했을

것what is thought은 예리하게 구분된다. 사고와 존재는 제3의 용어로 중재될 필요가 있다. 만약 진리가 둘 사이의 일치라면, 그것은 사고와 존재는 동일한 것이라는 진리이다. 각각의 존재와 사고는 형이상학적 보완이런 존재와 사고의 진리을 낳는다. 근대 형이상학적 구분은 삼중적이다: 주체, 대상, 그리고 지식.

그런 형이상학이 신앙을 벗어나지 않지만, 진리는 실제로 사고되거나 논증되는 것과 상관없이 진실 된 것으로 남기 때문에, 진리의 진리는 결코 사고와 별개로 사고하거나 논증할 수 없다. 근대적이고 객관적 존재의 개념은 신앙의 대상으로 남는데, 존재는 결코 사고에서 떨어져서 만날 수 없기 때문이다. 형이상학적 문제는 딜레마가 된다. 한편으로, 사고는 단순한 신앙에서 벗어나도록 존재를 다루어야 한다. 다른 한편으로, 사고와 존재에 관해 동일한 형이상학적 기준은 신앙의 대상으로 남는데, 존재를 존재로써 혹은 진리를 진리로써 탐구하는 것은 사고의 훈련과 방향으로부터 독립적으로 마주하기 때문이다. 형이상학은 자신의 기준을 제공하지 않는다. 사람은 형이상학과 함께 살 수도 없고 형이상학 없이 살 수도 없다. 사람은 신념과 함께 살 수도 없고 그것 없이 살 수도 없다.

그 사이, 보편적 통화currency를 낳는 형이상학을 기다리며, 일시적 측정을 존재와 가치의 최고 형태와 기준으로 대체할 필요가 있다. 합의 될 수 있는 존재와 가치의 가장 겸손한 형태와 기준은 합의 그 자체다. 합의된 협정은 계약이다. 그리고 계약이 사회적 혹은 주관적 현상으로 여겨지지만, 계약의 고유한 종류 가운데 하나는 계약의 대상이며, 주

것임에 틀림없지만, "그것보다 더 큰 것을 생각할 수 없는" 존재를 거부하는 것은 그저 어리석은 일이다.
181) 칸트(Kant), 『순수이성비판』(*Critique of Pure Reason*), 505. 원문에서는 "달러(dollar)" 대신 "thalers"가 사용되었다.

체, 대상, 그리고 지식을 원시적 형이상학적 통일성돈으로 회복시키는
것이다.

그러므로 서론에서 시작했던 곳으로 되돌아가자. 경제학자들에 따
르면, 돈은 교환의 수단이자 가치의 측정, 그리고 가치의 보관이다. 교
환의 수단으로서, 돈은 객관적 도구이며 시장이나 계약에 의존하는 사
회적 상호작용의 물질적 기반이다. 돈은 다른 어떤 것보다 더 쉽게 처
리될 수 있고 이전될 수 있으며 측정될 수 있다. 가치의 측정으로서, 돈
은 부의 과학의 개념적 근거이자 합의된 가치의 어떤 지식을 위한 형이
상학적 전제조건이다. 가치의 보관으로서, 돈은 신앙의 주관적 영역에
참여하는데, 돈은 사람들이 교환에서 돈의 가치를 신뢰하고 받아들이
는 동안에만 가치를 유지하기 때문이다. 돈은 오직 신용을 낳을 때만
가치를 가지고, 가치를 측정하며 가치를 이전한다. 객관성의 근대적 형
태는, 조종, 이전, 그리고 합의의 본질적 문제로서 드러난다. 지식의 근
대적 형태는 비교, 대체, 그리고 계산의 문제로 본질적으로 드러낸다.
그리고 주관성의 근대적 형태는 신용의 문제로서 드러나는데, 돈의 단
일한 형이상학적 형태로 재결합된다. 돈은 철학자의 돌, 즉 존재와 사
고를 결합하는 형이상학적 문제에 대한 해결이다. 그것은 진리를 금으
로, 금을 진리로 바꾼다. 그것은 존재와 사고가 동일하다는 것인데, 왜
냐하면 그것은 '그것이 말하는 것'이며 '그것이 무엇인가를 말하는
것'이기 때문이다. 돈은 철학자와 신학자 모두를 위한 중재로서 가장
중요한 대상이 된다.

만약 돈이 본질적으로 신용약속이나 계약이라면, 돈의 본질은 그것의
존재이다. 돈은 그 개념의 외부에 존재하지 않는다. 하나의 단일적 존
재의 형이상학, 즉 하나님이 형이상학 전체의 문제를 풀고자 도입된 것
처럼, 다른 형이상학적 단일 존재, 즉 돈도 우리를 돕고자 도입된다. 만

약, 하나님이 절대로 다루어 질 수 있는 대상과 사고가 될 수 없는 한, 하나님의 형이상학이 사고에 힘을 부여할 수 없다면, 돈의 형이상학은 더욱 수익성 있는 것으로 증명된다. 돈은 직접성, 보편성, 명백성, 그리고 유용성의 모든 이익을 가지기 때문이다. 돈은 요구만 있으면 창조될 수 있다. 돈은 돈을 소비하는 주체에게 환영적 주권을 부여한다.

우리가 하나님, 진리, 그리고 돈의 예를 통해 본 것처럼, 파르메니데스의 문제에 대한 해답의 사례는 세계 역사에서 폭발적 중요성을 가진다. 현시대 세계는 주로 종교, 과학, 그리고 자본에 의해 이루어져 있다. 형이상학은 더 이상 단순히 추상적이고 지적 문제가 아니다. 형이상학은 주관성과 욕구 형성의 핵심을 다룬다. 하나님, 진리 혹은 돈의 개념은 무제한적 종속과 열망을 불러일으킨다. 어떤 주관성의 종류는 그런 개념에 내포된 무한한 약속에 의해 창조되었다. 무제한적 욕구는 하나님, 진리 혹은 돈을 통해 만족을 얻을 수 있다. 더 나아가, 무제한적 형이상학의 약속은 객관성에 관련된 것이다. 하나님, 진리, 그리고 돈의 개념은 실현과 현실화의 원리로서 작용한다. 인간행동은 세상을 약속해 온 신앙 속에서 진행할 수 있다. 각각의 경우에서, 신념이 형이상학을 가능하게 한다. 각각의 경우에서, 특정한 형이상학은 통화cur-rency를 얻는다. 존재와 사고 사이의 궁극적 관계의 표상은 그들 사이의 실제적이고 실천적 관계를 가능하게 하는 진정한 관계의 지식에 앞서 대체된다. 그리하여 형이상학은, 표면적인 것에 대립된 실제 세계의 투영으로 이해하여선 안 되는데, 실제와 표면 사이의 이분법은 파르메니데스의 문제에 대한 해답으로 진리를 얻는 근대 형이상학에 기반을 두기 때문이다. 그래서 칸트와 니체의 형이상학적 비판은 주체를 객체와 결별시켜 왔으며 존재는 서술부로 축소되어 왔다는 것을 상정한다. 유사하게, 신앙은 객관적 불확실성에 대한 주관적 위임의 의미로 이해하여서는 안 된다. 포이에르바하와 프로이드가 비판한 투영으로서의 신앙은 오직 주어가 대상과 결별되었으며 존재는 서술부로 축소되었을 때만 가능하다. 대신, 믿음은 사고와 존재를 머물게 하는 방법이라서, 그들 사이의 진정한 관계는 사람은 우리의 정신적 건설의 도움 없이 완벽하게 존재한다 구체적 표현형태를 가질 수 있다. 환언하면, 신학은 존재론적 위임으로, 실제 삶의 본질의 희미한 각성에서 깨어나는 관점이다. 신학은 형이상학을 창조한다.

돈의 형이상학은 탁월한 양면가치를 낳는다. 한편으로 돈은 형이상학 그 자체의 작업을 가로막는 형이상학적 형태를 제공한다. 근대 사고에서, 실제적인 것은 표시되고, 시험되며 교환되는 것이다. 시장에서의 교환을 위해 제공될 때만 상품의 가치가 시험될 수 있는 것처럼, 돈이 그것을 대체할 때는 물질의 진리도 문제 그 자신으로 대체된다. 실재는 자신의 상황, 생산, 비옥함, 성향, 그리고 에너지에서 추출된 사고에서 표시되는 것이다. 그것과 대체될 수 있는 돈의 형태를 가지며, 실재는 축적된 주식, 발명된 형태, 그리고 조립된 부분의 모양새로 이루어진 자본으로서 상상 속에서 표시될 수도 있다. 각각의 경우에, 그런 존재에 그런 표상을 부여하는 에너지는 그것을 표시하는 상상의 에너지이지, 원래의 물질이 아니다. 정리하면, 돈의 형이상학은 존재와 사고가 동일하지 못하게 한다. 이리하여, 세상이 상상 속에서 재생산될 때, 세상은 더 이상 능동적 존재가 아니라 수동적 이미지로 재생산된다. 그런 것은 창조자로서의 인간 주제의 신학적 근원이다. 세상이 오직 표시된 것으로서만 알려져 있기 때문에, 그것은 인간 주제의 초월적 법칙으로 보완되어야 한다. 역설적으로 힘도, 생명도, 그 존재 자체도 없는 것이 현실로 받아들여져서 그 존재가 술어에 기인하는 것으로 여겨질 수 있다. 따라서 주권(sovereignty power)에 대한 환상이 생기는 것이다 돈의 사례에 이런 근대 형이상학을 재적용하는 것은 경제학 교과서의 표준적 정의를 드러낸다: 돈은 교환의 도구이며, 가치의 측정이며 가치의 보관이다. 그래서 돈의 본질이 완전히 모호해 지는 이유는, 돈은 단순히 교환의 수동적 도구로서 존재하는 것이 아니라 시장과 교환을 가능하게 하는 실제의 계약이기 때문이다. 돈은 단순히 축적된 가치의 보관으로 존재하는 것이 아니라, 투자되었을 때 실제로 가치의 생산을 위한 조건이다. 돈이 단순히 가치를 측정하는 기준이 되는 것이 아니라 신용으로 창조되었을 때, 실제로 생산되지 않은 가치의 약속이면서 그 자체로 합의된 가치의 영적 근원이다. 그러므로 돈의 진정한 형이상학은 형이상학적 계시가 된다. 이런 계시는 현재의 형이상학적 가정의 직접적 반전에 있다. 실제적인 것은 단순히 축적된 주식, 발명된 형태, 혹은 부분의 조립이어야 하는 것이 아니다. 그것은 주식을 축적하고, 형태를 발명하며, 부분을 조립하고 생산에 활력을 주는 것이다. 실제적인 것은 단순히 시간 속에서 실제로 표시되는 것이 아니다. 그것은 시간을 소비하는 것에 전념하는 것이다. 실제적인 것은 그런 약속을 통해서 실제로 나타나는 것을 약속하고 영향을 주는 것이다. 사람은 실제적인 것이 단순히 실제적인 것이 아니라고 주장할 수도 있다. 파르메니데스의 항진명제는 부숴서 열려야 하며 유예된 채로 남아야 한다. 사실이어야 함은 아직 사실이 아니다. 그렇게 되고자 그것은 '아직' 이기 때문이다. 실재는 변치 않는 신용의 대상이다. 그것은 돈의 형이상학의 실재이다. 그것은 근대 형이상학그것이 가져다주는 것보다 더 많은 것을 약속하는 형이상학의 실재이다.

부와 힘

그런 형이상학적 고려들은 부에 대해 비판적 태도에 선다. 부가 돈으로 교환될 수 있는 것으로 정해지면 부는 근본적으로 잘못 이해된다. 우리는 자본의 생산주식의 축적, 형태의 발명, 부분의 조립, 생산의 활력, 그리고 돌봄이나 영양의 공급으로 부를 이해한다. 이것들은 지역성, 물질성, 구체성, 그리고 활동성을 묘사하는 장점이 있는 형이상학적 범주아마도 다소 잠정적이고 부적합한 것이다. 존재의 부를 고려할 때, 가장 문제되는 것은 독특함이다. 왜냐하면 각각의 독특한 실재는 교환이나 대체로 붙잡을 수 없는 생산조건, 의존의 네트워크, 그리고 가능성을 가졌기 때문이다. 실재가 이상의 형태로 정신 속에서 나타날 때 이들이 감소되는 것처럼, 공간과 시간의 모든 독특성은 재산을 돈으로 대체하는 것으로 감소된다. 이윤을 얻고자 파괴될 수도 있는 것은 바로 자본 자체이다. 그럼에도, 문제되는 것은 독특성만이 아니다. 자본이 활성화될 때, 다른 독특성들에서 나온 잠재적 불확실한 흐름에 영향 받을 때만 자본은 생산적이 되므로, 문제의 독특성이나 형태의 일반성과 관련된 어떤 형이상학은 불충분하다. 유사하게, 돌봄과 영양의 공급, 즉 욕구나 평가의 표현은 같은 방식으로 한계가 정해진 독특성을 갖지 못함으로 독특함의 확증을 포함한다. 에너지, 욕구, 시간, 그리고 평가는 형태의 구조화를 초과하는 자본의 측면들이다. 이들은 상상 속에서 단순한 표상을 넘어선다. 표상의 대상이 되는 것이 아니라, 이들은 표상을 가능하게 하는 것들이다.

그러므로 부는 물리적 에너지, 인간자본, 그리고 사회자본에 의해 가능해진다. 그 특성상 생명은 에너지와 욕구, 그리고 신용 없이는 부를 이루지 못하므로, 돈이 생명의 독특성의 이름으로 소개하는 관념을 비난하는 것으로는 충분하지 않다. 돈에 관련된 문제는 그러한 관념이 아니라, 그것에 투자하고 그것을 확증하는 대신 그것이 독특성으로 대체된다는 사실이다. 난 돈과 재산은 원래 그 자체로 부가 되지는 않는다고 지적해 왔는데, 이들은 빨리 소모되거나 고갈되어 버릴 수 있기 때문이다. 자본은 만들어져 온 생산의 수단으로 규정된다. 유사하게, 독특성들은 본래 자본이 되지는 않는데, 이들은 생산적이라는 것이 증명되지 않았기 때문이다. 부의 근원은 물리적 에너지, 인간 자본 그리고 사회 자본 속에 놓여 있다. 여기서 다시, 인간자본이 물리적 에너지를 이끌고, 사회자본은 인간자본을 이끌며, 그리고 신용은 사회자본을 이끈다. 신용은, 모든 독특성에서 떨어져 나온 신념의 순수한 흐름으로, 부의 창조에 필수적 근원이다. 그러므로 부의 생성의 중심에는 "영적인" 부, 즉 진정한 부가 무엇인가를 가늠하는 능력이 놓여 있다. 신학은, 신용 분배의 과학으로 여겨지며, 부의 창조에서 본질적 역할을 한다.

하나님과 돈은 경쟁적 신용의 자원이다. 각각은 가치 중의 가치를 결정하려 한다. 하나님이 세상을 있는 그대로 창조한 것으로 추정되는 곳에서, 돈은 그것을 해체하고 고갈함으로 세상을 변형시키는 것으로 여겨지며, 필요한 경우에는 이윤을 발생시키고 부채를 상환하는 것으로 여겨진다. 하나님이 존재 혹은 영원한 형태로 이해되는 세상을 주재하는 곳에서, 돈은 생성 혹은 영구적 창조적 파괴로 이해되는 세상을 주재한다. 하나님이 관대함이나 은혜의 도덕적 덕을 구현하는 곳에서, 돈은 사람의 계약을 이행하고 돈을 지불하는 도덕적 미덕을 구현한다.

근대 합리성과 종교의 대립은 근대사상의 중추가 되어 왔다. 실제로, 성스런 의식과 유물, 주술적 힘, 전통적 의무를 거부하는 것은 증거를 기반으로 세상을 다루고 변형시키는데 있어 전제조건이 된다. 근대이성이 경제적이어서 오직 지배될 수 있는 고려만을 선택하는 것이라면, 종교는 풍성한 것이어서, 헌금, 기도, 묵상, 예배, 그리고 금욕을 통해 물질적 재순환을 넘어서 관심을 향해 시간과 에너지를 소모하는 것이다. 실제로, 증거의 특징을 규정하는 것은 재순환, 반복성, 그리고 교환성이다. 근대 합리성이 시간을 절약하는 곳에서 종교는 시간을 소비한다. 시간을 절약함에 있어, 근대 합리성은 단순히 시간을 소비하는 종교적 문제를 지연시킨다. 시간을 절약하고자 시간을 소비함으로, 근대 합리성은 돈에 검증되지 않은 종교적 헌신을 한다.

하지만, 사람이 하나님과 돈 혹은 이성과 종교의 대립을 다시 거론함으로 얻을 것이 거의 없는 이유는, 그런 방법으로 고려되지 못하는 것은 정치적이고 경제적 삶이 신용에 의존하는 정도를 의미하기 때문이다. 그것은 이들이 공통점을 가지는 힘을 탐구하는데 필수적이다. 만약 신용이 경제 생산을 보완하고 이끈다면, 그리고 만약 주체적 힘이 정치적 에너지나 권위에 의해 보충된다면, 하나님과 돈은 모두 존재하는 표상의 구조를 넘어선 형이상학적 범주에 속한다. 우리는 이런 범주를 정치적 "에너지" 혹은 "권위"라고 명명한다. 이것은 정치적 신학의 구성요소이다.

현 시대에서 그런 에너지의 최상의 구현은 하나님, 진리, 그리고 돈이다. 이들은 최상의 권위들이다. 하나님, 진리, 돈의 이름으로 무엇이든 이룰 수 있다. 하지만, 각각의 경우에, 이런 권위는 파르메니데스의 항진명제에서 발생하는 형이상학적 환상에 기초한다. 이런 환상의 구조는 "사고와 존재가 동일하다는 것"이다. 만약, 하나님이 최상의 존재로 생각된다면, 하나님은 모든 가능한 생각을 뛰어넘을 것이다.182) 만약, 진리가 단순히 객관적인 것으로 생각된다면, 진리의 객관성은 모든 가능한 생각을 뛰어 넘는다. 만약, 돈이 그것이 의미하는 것을 말하고 그것이 말하는 것을 의미하는 사고로서 취급된다면, 돈은 다른 모든 생

---

182) 안셀름은 하나님이 "인식될 수 있는 것보다 더 위대하다"는 것을 논증하고자 자신의 소위 존재론적 증명을 발전시켰다. 안셀름(Anselm), *Proslogion*, 데이비스(Davies), *Anselm of Canterbury-The Major Works*, 15장.

각의 중요성을 배제한다. 형이상학이 신앙으로 탈바꿈하는 것으로는 충분하지 않은데, 주체와 대상의 대립 속에 정치적 에너지가 자리하면서 주체 그 자체는 자신의 표상을 지배할 권위를 가지지 않기 때문이다. 하나님이 만들어낸 주권적 법칙, 주체가 제정한 신앙이나 결정, 그리고 돈의 강요로 부채를 상환할 의무는 이들이 표시하는 조건의 영역과는 별도이며 추상적으로 작용한다. 이성의 힘은 신앙의 힘으로 축소되지 않는다. 주제의 자치권처럼, 주체적 힘의 자치권은 돈을 사용할 능력이나 협력을 지시하는 신용의 어떤 다른 형태에 달려있는 환상이다. 돈은 신앙의 부재에서 작용한다. 정치적 권위의 본질은, 형이상학적 본질처럼 주체와 대상의 범주를 넘어서있다.

하나님, 진리, 돈이 공통으로 가진 힘은, 부분적으로는 환기evocation의 힘이다. 형이상학에서의 신앙은, 주관적 결정의 결과나 객관적 진리의 분별과는 달리, 환기되어야 할 어떤 것이다. 돈을 사용하는 것은 형이상학을 일깨운다. 돈을 사용하거나 얻고자 하는 사람에게는, 모든 것이 교환의 수동적 대상이자 상품과 서비스가 될 수 있는 것들이다. 모든 사람은 자신의 의지로 계약에 들어갈 수 있는 자주적 주체다. 모든 지식은 세상에서 투영을 효과적으로 현실화시킬 수 있는 능력, 곧 과학이다. 유사하게, 돈의 사용은 정치학을 일깨운다. 자주적 국가는 계약이 힘의 사용으로 지켜지는 것을 확증해야 한다. 공적 자주권 없이는 사유재산도 없으며 돈도 있을 수 없다. 게다가, 재산보다 우위에 있는 개인적 절대 자주권에 도전하는 어떤 사회적 형태들은 자유, 민주주의, 그리고 정의의 적이다. 그들이 재산과 계약을 위협하는 한, 계약의 시장관계를 지원하는 자주적 국가는 다른 사회적 형태와 맞서 전쟁을 벌일 권리가 있다. 돈의 사용은 또한 윤리학을 일깨우는데, 돈은 오직 사용되고, 투자되며 주어질 수 있기 때문이다. 소비에 대해서, 돈은 "내가 무엇을 갈망하는가?"를 묻는다. 투자에 대해서, 돈은 "내가 어떻게 성장과 안정이 지속할 것을 확신할 수 있는가?"라고 묻는다. 증여에 관해서, 돈은 "내 연민이 어디에 있는가?"라고 묻는다. 돈의 사용은 기쁨, 염려, 그리고 연민의 윤리학을 일깨웠다. 그것은 심지어 신학도 일깨운다. 시장은 신중한 사람들, 자기훈련적 사람들, 정직한 사람들, 그리고 계약을 지키는 사람들에게 보상을 하지만, 어리석은 사람들, 방탕한 사람들, 게으른 사람들, 정직하지 못한 사람들, 그리고 충성하지 않는 사람들에게는 벌을 내린다. 시장의 "보이지 않는 손"은 범죄의 대가를 지불하고 덕의 번영을 조성한다.183)

돈에서, 그런 형이상학, 정치학, 윤리학, 그리고 신학의 환기는 매일의 실천으로 강화되는 관점의 형성을 넘어선다. 이런 환기된 잠재력은 단순히 자본가의 종교로 나타나지는 않는데, 돈이 부채로 만들어지는 한, 그리고 사람들, 비즈니스, 그리고 정부가 증가하는 부채의 소용돌이의 노예가 되는 한혹은 노예가 된 사람들에 의존하는 한, 모든 사람에게 부채를 상환하기 위한 수익을 찾을 의무가 있기 때문이다. 모든 사람은 돈을 쓰거나 얻고자 하는 의무가 있으며 그들의 관점에서 세상을 볼 의무가 있다. 모든 정치적 요구는 취약한 금융체계의 안정성 확보를 위한 의무에 종속되어야 한다. 환기된 잠재력은 돈 그 자체의 수요에 의해 후원된다. 이것이 시장의 진정한 "보이지 않는 손" 돈의 수요이다. 이것이 돈의 정치적 신학의 출현 수요이다.

금융체계가 전세계적 노예상태에서 해방되는 것은 오직 돈의 기관의 재조직화를 통해서만 가능하다. 정치적 신학의 어떤 형태, 신용의 어떤 분배 형태가 있다는 것이 본질일 수 있다. 영국은행의 설립 이래

---

183) 신자유주의 경제적 정통성이 그 자체로 종교라는 주제는 빈번하게 나타난다. 예를 들면 다음을 보라. 넬슨(Nelson), *Economics as Religion*. 하지만, 이것은 여기서 직접적인 우리의 관심사가 아니다.

로, 우리가 아는 방식대로 이것이 부채로 창조된 돈의 형태로 구현된다는 것은 본질적이지 않을 수 있다. 그럼에도, 사람이 돈의 대안적 형태를 지배적 형태로 대체하는 것으로는 충분하지 않은데, 우세한 규범은 그것이 지닌 영적 힘에 의해 우세한 것으로 나타나기 때문이다.184) 단순히 새로운 종류의 돈이 아니라 형이상학, 정치학, 윤리학, 신학을 일깨우는 신용의 분배를 위한 기관이 필요하다.

현재 금융체계의 아킬레스건은 형이상학적 실패에 있다. 돈의 사용으로 일깨워진 형이상학은 돈 자체의 본질을 폭로하지 못하기 때문이다. 돈은 자신이 하는 일이나 자신이 말하는 것을 얘기하지 않는다. 존재와 사고는 동일한 것이 아니다. 물론 진리의 영적 힘은 돈의 영적 힘처럼 강하지 않기 때문에, 돈에 대한 진실이 밝혀져야 한다고 선언하는 것으로는 충분하지 않다. 진리는 자신에게 결정적 형태를 주는 형이상학 없이는 진공 상태에서 존재 할 수 없다. 형이상학은 그 속에서 구현될 수 있는 삶의 형태 없이는 통일성과 일관성을 가질 수 없다. 그럼에도, 돈의 기관의 비판은 새롭고 효과적 정치 신학을 구현하는 기관의 종류에 대한 어떤 조언을 줄 수 있다.

그러므로 돈의 논리는 사고와 존재 사이의 일반적 관계를 뒤엎는다. 돈은 분명히 인간이 제어할 수 있는 대상 도구로 정의된다. 동시에 돈은 수요돈 자체에 대한 수요를 부과한다. 돈이 자신을 위해 무엇이든 할 수 있다고 믿는 사람들은 돈을 위해 무엇이든 할 수 있는 사람들이다. 돈은 자본주의의 정신을 일깨우며, 형이상학, 정치학, 윤리학, 그리고 신학으로 표현된다. 비록 자본주의 정신이 돈의 힘과 돈의 수요 양쪽

---

184) 지역적 교환거래제도와 같은 대안적 통화의 발명을 위한 대부분의 제도는 그들이 경쟁해야 할 현대의 부채화폐(debt money)의 힘의 근원을 말하지 않는다. 그런 제도의 비판적 평론을 위해서는 다음을 보라. 허친슨(Hutchinson) 외, *The Politics of Money*, 9장. 사회신용운동에 크게 영향을 받고 시민수입에 열정적이지만, 이런 저자들이 어떤 특정한 개혁을 승인하는 것까지는 꺼린다는 점이 주목할 만하다.

모두를 강화하고 보강한다고 해도, 그것이 스스로 돈의 근원이 되지는 않는다. 유사하게, 돈은 필수 구성요소 환상을 통해 작용한다: 일깨워진 자신의 형이상학에 따라, 교환의 도구로서, 계산의 단위로서, 그리고 가치의 보관으로서 돈은 스스로를 나타낸다. 왜냐하면 돈이 지닌 힘이 없이는 돈은 생명력이 없기 때문에, 돈의 힘은 위대하다. 그럼에도, 이런 위장은 스스로 힘의 유일한 근원이 되지 않는다. 대안적 정치신학, 대안적 권위의 근원 없이, 돈의 힘은 신앙의 부재 속에서 계속 작용한다.

하지만, 그런 위장은 돈을 다소 역설적 자리에 놓는다. 환기된 돈의 형이상학과 관련하여 보면, 돈은 보이는 것과는 다르다. 사고와 존재는 동일한 것이 아니다. 하지만, 신용과 관련해서, 돈은 정확히 그것이 나타내는 것사고와 존재가 동일한 것인데, 왜냐하면 돈은 그 자체로 돈의 약속이자 돈 자체로 간주되는 돈의 약속이기 때문이다. 그럼에도, 돈의 약속과 약속의 힘과 권위를 구분하는 것이 중요하다. 그것이 신뢰를 일깨울 수 없다면 약속은 권위를 낳지 못한다. 상대적 구매력, 즉 약속된 가치와 절대적 구매력, 즉 약속할 힘 사이에는 차이가 있다. 물론 절대적 구매력의 의지에서 흥망성쇠는 다른 것들에 관련된 통화의 가치 속에서의 흥망성쇠를 동반한다. 그럼에도, 두 가지는 구별된 채로 남는다. 사고의 대상으로서 돈과 그것의 본질적 힘을 낳는 신용 사이에 존재론적 차이가 남는다. 사고와 존재가 동일한 것이 아니기 때문에, 돈의 힘은 사고와 존재 사이의 중재에 있다.

그러므로 돈의 권위는 어디에 있는가? 그런 권위는 세 가지 면으로 구분할 수 있다. 첫 번째는 돈 자체의 약속에서 완전히 외부에 있다. 돈의 사용을 통해 실제로 가치가 현실화 될 수 있기 때문에 돈의 약속은 권위를 낳는다. 세계는 과학, 기술, 그리고 합리적 관리를 통해 형성된다. 만약 돈을 투자한다면, 그것은 오직 이런 방식으로만 효과적으로 형성될 수 있다. 과학, 기술, 그리고 합리적 관리가 실재를 낳는다는 것이 필요할 뿐 아니라, 또한 돈이 그것들을 낳는다는 사실도 중요하다. 우리는 여기서 측정을 통해 화석연료와 같은 에너지의 근원을 가늠하는 중요성에 주목해야 하며, 시계로 노동의 근원을 측정하는 중요성과 부기account book로 가치의 근원을 측정하는 중요성에 주목해야만 한다. 측정기, 시계, 그리고 회계장부는 현대 세계에서 돈의 약속을 중재하는 결정적 세 가지 발명품이다.

돈의 힘의 두 번째 측면은 인간행동의 내부에 있다. 우리가 본 것처럼, 돈은 다른 사회적 형태의 권위를 침식시킨다. 돈의 약속이 간격을 상호적 의무에 도입하는 것처럼, 그것은 간격을 구매와 판매의 행위 사이에도 도입한다. 그래서 돈을 가진 사람은 돈이 어떻게 사용되는지에 대한 주체적 자기 결정의 자유를 누린다. 돈을 받고 쓰는 사이의 시간은 절대적 무책임의 순간, 사회적 의무에서의 집행유예의 순간, 용서 혹은 면제의 순간이다. 돈의 약속은 신앙으로 정당화 된다. 돈이 어떻게 쓰이는지 결정하는 권위는 불필요하다.

주체적 자유의 순간은 모든 결정 없이는 생기지 않기 때문에, 여기서 돈의 힘의 두 번째 측면이 나타난다. 그것은 한정된 간격이다. 돈이 소비되자마자 그것은 사라진다. 게다가, 면죄의 순간이 이전의 사회적 의무의 힘을 침식시키기 때문에, 돈이 소비될 때 돌아오는 사회적 상호의존의 네트워크는 다소 약해진다. 돈은 사회자본의 비시장적 체계에 엔트로피적 힘을 행사한다. 그래서 주체적 자유의 순간은 일단 그것이 모두 끝나버리면 공급부족의 위협에 노출된다. 부의 약속은 가난의 위협을 수반한다. 그러므로 돈이 가진 힘의 두 번째 측면은 내적 요인의 형태로 만나게 된다: 생존을 위한 추구와 자유의 주체적 순간을 확장시키는 힘을 가능한 한 많이 추구하는 것이다. 또한 신뢰와 의존은 다른 사회적 형성에 의해 중재되는 것에서 시장에 의해 중재되는 것으로 이동한다. 그리하여 힘의 요인은 자유의 연장을 위한 개인적 욕구와 시장화의 사회적 힘으로서 나타나며, 실존의 모든 부문에 관련된 시장을 확장시킨다. 이와 유사하게, 생존을 위한 추구의 사회적 형태가 있는데, 통화의 안정을 포함하여 시장관계를 보존할 필요성이다. 이것을 개인적으로 연관시키면 사람의 신용평가와 시장에서 사람의 위치를 유지하도록 빚을 상환할 필요성이다.

돈이 가진 힘의 세 번째 측면은 돈 자체의 내적 구조에 속해있다. 돈의 약속은 돈 그 자체로 간주된다. 돈의 약속은 신용을 불러일으킨다. 물론, 만약 약속의 내용이 상상 속에서 선명하게 그려진다면, 그것은 신뢰를 향한 어떤 경향을 일깨우기 위한 약속의 본질 속에 있는 것이다. 돈을 환기시키는 힘은 그것이 자신의 권위를 낳는다는 점에서 다른 약속을 넘어선다. 먼저 그런 권위는 돈의 약속이 돈으로 간주되는 방식에 있는데, 비록 돈이 가치의 약속이며 충족된 수요라고 해도, 돈의 약속은 없어진 한 단계에서 약속을 단순히 반복하지 않기 때문이다. 그것은 실제로 약속된 액수를 미리 치르지만, 돈의 형태로 지급한다. 그리하여 돈이 수요를 충족시킬 것을 약속한다면, 그것이 무엇보다도 먼저 충족시키는 실제적 수요는 돈 자체의 수요이다. 상상 속에서, 돈은 모든 것을 약속한다: 실제로는 돈은 스스로를 전달한다. 그리하여, 한편으로는, 돈의 권위는 시장의 내생적endogenous 돈의 수요 혹은 국가가 필요로 하는 세금의 형태로 된 외생적exogenous 돈의 수요에 근거하는 것으로 나타난다. 다른 한편으로는, 돈 자체에 속하는 돈의 고유한 수요가 있다. 선금advance이 빚, 즉 돈의 약속의 형태로 된 책임과 일치되는 한, 돈은 신용의 형태, 즉 가치의 약속의 형태로 된 자산으로서 선불될 수 있다. 신용, 즉 돈의 약속이 교환과 부채의 수단으로 쉽게 순환되지만, 돈을 지불할 책임은 그런 방식으로 순환하지 않는다.

돈은 또한 어떤 관점, 즉 회계의 결정적 행동에 있다. 돈의 권위에 대한 두 번째 고유한 측면은 그런 관점의 권위에 놓여 있다. 회계에서, 등가는 자산과 돈의 총액 사이에서 이루어진다. 자산은 돈의 약속이다: 돈은 자산의 약속이다. 돈은 단순히 계산의 단위가 아니라 지불의 수단이기도 하다. 자산의 가치를 소유하거나 실현하려면, 먼저 필요한 것은 돈을 소유하는 것이다. 교환가치의 공시적 관점에서 보면, 자산과 돈은 동등하다. 계약과 무역의 통시적 관점에서 보면, 돈은 우선권을 갖는다. 절대적 차원에서 본다면, 돈은 다른 모든 가치의 실현을 위한 보편적 수단이다. 그래서 상대적 차원에서 보면 자산의 수요와 돈의 수요는 동등하며 절대적 차원에서 보면 돈의 수요는 항상 더 긴급하다. 게다가, 회계의 장치는 그 교환가치로 모든 것을 평가하며 교환이 이미 이루어진 것처럼 미리 돈을 대체한다. 돈을 벌려면, 회계장부의 균형을 맞추는 것이 중요하며 모든 것을 돈의 약속으로 평가하는 것이 필요하다. 만약 돈이 모든 것을 약속한다면, 모든 것이 돈을 약속하기 때문일 것이다. 돈의 수요는 평가하는 관점을 세상에 부여한다.

돈의 권위는 또한 궁극적으로는 계약으로서 그 권위의 고유한 본성 속에 있다. 부채를 상환할 돈을 요구할 내생적 이유들이 존재한다: 회계장부의 균형을 맞추며 신용평가를 유지할 필요가 있다. 또한 계약을 강화할 힘 속에 구현된 외부적 요인들도 있다. 돈이 자신의 권위를 낳으므로, 돈의 권위에 대한 그러한 합의가 촉진된다. 계약이 가치 있는 것으로 여겨지기 때문에 문화와 국가가 계약을 강화시킨다. 만약 모든 계약이 돈으로 측정된다면, 돈은 다른 모든 계약의 개념적이고 평가적 기반이다. 다른 모든 계약을 보존할 돈의 가치와 힘을 보존하는 것이 필수적이다. 게다가, 돈은 시장의 힘에 의해 합의되어 온 가치를 측정한다. 돈이 모든 거래에 포함되었기 때문에, 돈의 가격 매김은 모든 가격 가운데서 가장 안전한 것이 되어야 한다. 그러므로 돈은 스스로를 비교의 가장 안전하고 가치 있는 기준으로 다루는 평가적 관점을 도입한다. 돈은 신용의 최상의 대상이면서 동시에 신용의 이동을 위한 수단이기도 하다. 돈의 권위는 궁극적으로 형이상학, 부, 그리고 힘 사이의 결합에 있다. 신용으로서, 돈은 돈이 말하는 것이며 돈이 무엇인지를 말한다. 돈은 어떤 관점을 위한 기반이다. 신용으로서, 돈은 최상의 가치로서 돈을 평가한다. 신용으로서, 돈은 그것의 지향점을 효과적으로 실현하는 평가적 관점의 권위를 소유한다. 돈은 진리, 가치, 힘의 형이상학적 근원으로서 하나님을 대체한다.

신학과 신용

그러므로 돈은 가치 중의 가치의 근원이기 때문에 본질적으로 신학적이다. 돈은 재산과 자유의 근원이다. 돈은 자신만의 내포적 신학을 갖는다: 돈은 실제가격이 선불될 수 있는 가치의 약속이다. 돈은 다른 모든 가격이 측정될 수 있는 최상의 가치이다. 돈은 그 내적 가치가 입증을 기다리는 투기적 가치이다. 그리고 돈은 수익과 부채의 상환에 따라 사회적 상호작용이 주문되는 사회적 요구이다.

이 책의 목적은 돈이 그런 가치의 근원으로 성공적 후보자가 될 수 있을지를 가늠해 왔다. 그리고 돈의 신학이 탁월한 양면가치를 표현하고 있다는 것을 발견했다. 돈은 그것이 참여하는 상호작용의 넓은 분야와 비교하여 측정되어 왔다. 생태학적 기준에 관하여, 자본의 개념은 스스로 이루어져 온 생산의 수단으로서 형성되어 왔다. 돈이 약속하는 가치는 새로운 자본투자를 위한 가능성을 열어 지구의 생태학뿐만 아니라 생산 방식의 변모로 이어진다. 돈은 실제로 부의 발생으로 이어진다. 투자의 순환은 무역에 의해 완성된다. 돈은 상품, 자원, 그리고 자본으로 대체된다. 일단 돈, 이자, 그리고 수익이 돈의 흐름을 결정하면, 상품, 자본자산, 또는 자원보다 더 인정되는 것은 오직 돈 뿐이다. 돈은 세상을 약속하지만, 오직 자신만을 전달한다. 실제로, 돈의 축적은 생산의 생태적 관계가 생존하지 못하도록 희생시킨다.

정치적 기준에 관련하여, 돈은 자유를 약속한다. 부를 소유한 사람들은 자신들이 하고 싶은 대로 할 수 있는 힘을 부여 받는다. 그들은 자연적 필요와 사회적 의존의 제한에서 해방된다. 실제로, 그런 힘을 부여한다는 약속은 교환에서 모든 종류의 서비스 공급을 가능하게 하는데, 자신의 자유를 위해 돈을 쓰는 사람들은 일하려 하고 돈을 벌고자 하는 사람들을 필요로 한다. 각각의 힘의 부여에서, 노동자든, 동물이든, 혹은 생산적 자원이든 간에, 해당하는 노예적 종속이 있다. 게다가, 우리가 본 것처럼, 부는 민주주의와 친밀한 관계가 있다. 부를 가진 사람들은 제한 없이 자기 의견과 선호를 표현할 수 있다. 하지만, 동시에 민주주의는 부의 창조에 헌신한다. 왜냐하면 일단 사회가 건설될 주위에 선에 대한 공동적 비전이 없다면, 공동적 의지는 공공복지 자체와 일치할 것이기 때문이다. 부를 창조하기 위한 경제적이고 화폐 안정성의 공급보다 더 높은 정치적 우위는 없다. 실제로, 대중의 정치적 의지는 취약한 화폐체계의 수요에 종속되어 있어야 한다. 돈은 자유와 민주주의를 약속하지만, 오직 자신만을 전달한다. 실제로, 정치적 약속은 돈의 축적의 제물이 된다.

신학과 관련하여, 돈은 영적 부의 기준과 비교하여 측정해야 한다. 돈은 현실의 놀라운 힘을 소유한다. 하나님이 그의 신적 힘을 통해 세상을 창조하고 유지하는 곳에서, 사람들은 돈을 통해 세상에 적응하고 세상을 변화시킬 수 있다. 하나님이 자신의 의지에 따라 영혼의 복종을 요구하는 곳에서, 돈은 스스로를 영혼의 의지에 내어준다. 하나님이 여러 사람의 동의를 위한 기반으로서, 그리고 진정으로 믿는 사람들만을 위한 기반으로서 헌신하는 곳에서, 돈은 동의를 위한 기반으로서, 그리고 돈의 효능과는 분리된 신앙을 나누지 않는 사람들을 위한 행동으로 헌신한다. 집단적 행동이 만들어낸 다른 모든 목표에 도달하는 수단으로서, 돈은 자신을 최상의 가치의 자리에 둔다. 그러므로 돈은 중요성과 효율성의 다른 모든 가치를 내어 쫓는다. 돈의 종교와 전통적 종교 사이의 대립은 필수적으로 의미의 영역에서의 직접적 대립이 아니다. 종교적 헌신이 재정적 부의 창조와 양립하는 것으로 널리 인식된다. 하지만, 돈이 폭로하는 것은 신용 자체의 힘이다. 인정하든 혹은 비난하든, 전통적 종교가 돈 앞에서 스스로 무력하다는 것을 발견한다면, 그것은 돈이 신용을 끌어들이는 월등한 힘을 가졌기 때문이다. 돈은 효율성 그 자체의 힘을 통해 다른 종교들을 능가한다.

그러므로 그 결과로서, 현재 돈의 종교에 내포된 신학은 단순히 진정한 영적 힘의 이름으로 심판하거나 비난할 수 없다. 돈은 그런 부의 기존 이해에 의문을 제기하는데, 그런 부의 이해에 내포된 힘의 신학적 모델이 있기 때문이다: 영적 부를 이해하는 것은 단순히 신적 존재의 주체적 결정이나 그러한 영적 부의 비전에 헌신하는 인간의 주체적 결정에 의해 현실화 될 수 있는 것으로 여겨진다. 돈의 효율성은 다른 힘을 요구하지 않고 혼자 힘으로 그런 주체적 힘을 뛰어 넘는다. 유사하게, 단순히 국가 행정부가 돈의 힘을 억제할 수는 없는데, 돈은 재산의 근원이자 어떤 국가의 힘이기 때문이다. 근대 국가는 돈 없이는 존재할 수 없다. 민주적 주제의 주체성과 같이, 국가의 주체성은 표상 속의 선택성에서 나온 환상이다. 유지를 위한 조건과 신용의 향상을 포함하여,

일반적 조건에 대응하는 것이 필요하다. 그와 같이, 생명, 건강, 그리고 삶의 연명에 기반을 둔 가치의 이름으로 세계적 자본주의의 환상을 고발하는 것으로 충분하지 않은 이유는, 삶의 그 조건들은 더 이상 자본에만 기반하지 않기 때문이다. 물질적 자본은 물리적 에너지, 인간자본, 그리고 사회자본에 의해 보충되어야 한다. 신용은 생산에서, 정치학에서, 그리고 심지어는 종교에서 나타나는 최소한의 힘이다.

그러므로 돈의 신학의 중요성은 세계적 자본주의의 근본적 기반을 측정하는 것을 넘어선다. 전통적 신학, 정치학, 그리고 상식은 세계 자본주의와 충돌하여 왔으며, 더 효과적 힘을 원하는 것으로 드러났다. 그럼에도, 사람은 무제한적 세계자본의 포식적이고 파괴적이며 허무주의적 힘 앞에 굴복해선 안 된다. 반대로, 신학, 정치학, 그리고 이성 자신에 대한 우리의 이해를 바로잡고 심화시킬 돈의 신학에 의지할 필요가 있을 것이다. 왜냐하면 다소 다양한 방식으로, 현대신학, 정치학, 그리고 이성은 지금 돈의 신학이 문제를 제기한 힘의 개념에 의존하기 때문이다. 지배적 힘의 신학적 개념에 따르면, 힘은 이상의 영역에 머물고 있다. 그런 이상은 주체적 의지의 행위에 의해 현실화 된다. 그러므로 적절하게 실현하려면, 우리는 인간을, 이런 신성을 지닌 창조자의 모델을 가진 비유로 이해해야 한다. 그런 이상을 실현하기에 앞서, 올바른 이상을 형성하는 것이 필요하다. 진행하는 모든 과정은 참이라고 생각되는 이상에 관하여 비판적으로 측정될 수 있다. 힘은 주체가 정신에서 표현되는 이상을 지배하는 분명한 지배권에서 나온다. 돈의 힘은 이런 본성의 것이 아니다. 결정적 과정에서 현실화되는 어떤 이상에게, 그것이 주체적 결정으로 넘겨지는 것으로는 충분하지 않다. 대신, 물리적 에너지와 신용의 공급을 포함하여, 물질적이고 사회적 과정의 다양한 범위에서 협력이 일어나야 한다. 정신의 지배 모양은 선택성에서,

그리고 어떤 표상에 대한 관심의 방향에서 나온다. 실제로, 정신의 힘을 더하고 자주권을 승인하는 것과는 관계없이, 선택성은 단순히 무력한 정신의 표현이다. 정신의 힘의 더 넓은 개념을 위한 근원은 정신 그 자체의 내부에서가 아니라 협력을 가능하게 하는 바로 그 기반에서 나온다. 정치체로서, 돈은 신용의 모양으로 된 이런 영적 힘을 소유한다. 그런 영적 힘의 본질을 결정하는 것이 필요할 것이다.

돈의 신학의 양면가치는 결국 이것이 된다: 한편으로, 돈은 효율성의 특별한 힘을 표현한다. 다른 한편으로, 돈은 실제 평가를 위한 어떤 영역을 남기지 않고 경제행동을 효과적으로 이끄는 부채와 신용의 자율적 재정체계를 구성한다. 수익과 부채의 체계는 우리가 세상이 어떻게 되도록 소망할 것인지에 대한 어떤 평가와도 별개 것처럼 보인다. 회계는 모든 도덕적 나침반을 결핍한 도덕적 실천이다. 경제학은 신학과 결별한다. 그런 결과로서, 수익의 발생은 부채의 발생을 수반한다. 새로운 생산적 자본의 창조는 기존 자원의 소비와 파괴를 수반한다. 사회적 협력은 사회적 의존, 공급, 그리고 돌봄의 기존 구조를 대가로 돈을 통해 이루어진다.

경제행위가 이루어지는 신뢰의 집단적 틀을 건설함에 있어서, 종교는 희소하고 특별한 신용의 형태로 자본 생산에 필수적 기여를 한다. 그것은 이런 사회적 역할을 드러내는 돈의 본질이자 기능 동시에 돈 자신이 그런 사회적 역할을 점유하게 된다. 종교와 형이상학이 투영된 세계를 물질적 특수성의 내재적 세계와 대립시킬 필요는 없다. 시간, 관심, 그리고 헌신의 형태로, 신용의 대상과 근원은 돈이 세상에 속한 만큼 세상에 속해 있다. 실제로 기이한 방식으로, 돈은 하나님과 대립만 하는 것이 아니다. 돈은 또한 가치 중의 가치의 근원의 중요성과 기능을 드러낸다. 아마 사람은 신학이 무엇인가에 대한 온전한 이해에 더욱 다가설 수 있을 것이며, 그것은 돈의 신학을 고려한 이후에 가능할 것이다.

종교, 정치, 그리고 이성이나 형이상학의 영역에서 혁명이 필요하다. 신성과 정치학, 그리고 존재의 본질은, 주관성의 범주는 제외하고, 자유나 욕구뿐 아니라 교환 가능한 상품으로 다시 재고 할 필요가 있다. 인간의 사고로 진정하고 완전한 존재론을 얻을 수 있다고 상상하는 것이 헛된 것이라면, 돈의 신학 속에서 구현된 시각으로부터 더 적합한 존재론을 세우기 시작하는 것은 가능한 일이다. 존재는 생태학적 측면을 지닌다. 사물의 본질은 일련의 외부 관계에 의해 좌우된다. 또한 존재는 일시적 측면도 지닌다: 사물의 본질은 시간이 흐르는 동안 그 변화와 방향에 의해 결정된다. 또한, 존재는 영적 측면도 있다: 사물의 본질은 그 안에 투자된 신용의 정도에 달려있으며, 결국 다른 곳에 투자된 신용의 정도에 달려 있다. 이와 유사하게, 정치적 의지는 오직 그것과 협력하는 힘만큼 중요하다. 그 본질은 시간 안에 존재하는 방향에 의해 결정된다. 실존을 지속할 의지, 힘을 축적할 의지, 혹은 부채를 상환할 의지는 근본적으로 시간 안에 존재하는 다른 방향이다. 게다가, 정치적 의지는 자율적인 것이 아니라 그들을 가능하게 하는 조건에 의해 탄생된다. 하나님에 대한 갈망은 계시에 의해 주어진다. 진리를 향한 갈망은 과학에 의해 주어진다. 그리고 돈에 대한 욕구는 무역, 투자, 혹은 투기의 가능성에 의해 주어진다.

그것은 정확히 돈의 기관이 모호하게 한 측면이다. 돈은 자유를 위한 속박 없는 욕구뿐 아니라 객관주의자의 인식론을 낳는다. 가치의 보편적 표상으로서, 돈은 그 자신을 의존과 생산의 실제적 관계로 대체시키며, 현존하는 생태적 관계를 돈에 의해 매개되는 완전히 경제적 관계로 바꾼다. 계약의 대상화로서, 돈은 사람이 바라는 대로 자신의 재산을 다룰 주체적 힘을 자연화시키며, 외부 관계와 의존을 무시한다. 회계의 단위로서, 돈은 시장가격을 합의해 온 그런 가치들만을 계산하며, 경제기회에 덧붙여진 신용의 과잉을 측정하는 것을 등한시 한다.

돈의 형이상학은, 교환가치, 계약, 그리고 회계로부터 건설되었으며, 신용의 형이상학이 그것을 대체할 수 있다. 신용은 돈의 본질뿐만 아니라 존재, 정치학, 그리고 종교의 본질에 관해 더 나은 설명을 부여한다. 그것은 오직 외적 관계만을 가진다. 나아가, 신용은 어떤 것이 무엇인가에 투자되는 것이 아니라 어떤 것이 무엇이 될 것인가에 투자된다. 신용은 일시적 방향이다. 게다가, 신용은 자신 속에 그 힘을 갖지 못한다. 승인된 신용은 신용의 근원 속에서 투자된 신용만큼만 가치가 있다.

돈은 오직 소비되고 투자되거나 증여될 수만 있으므로, 계약의 도구로서의 돈을 평가의 전달자로서의 신용과 구분할 필요가 있다. 이런 각각의 사용은 다른 것들과 경쟁구도에 놓인다. 돈은 욕구, 염려, 그리고 연민 사이의 경쟁에서 뿌리내린 윤리학을 일깨운다. 그런 식으로, 돈의 기관은 개인주의를 낳는다. 쾌락, 보증, 그리고 수요의 더 감정적 고려가 효과적 평가를 드러낸다. 반대로, 평가의 전달자로서의 신용과 더불어, 주체는 완전히 다른 위치에 놓인다. 현재 과소평가된 투자의 가치는 무엇인가? 무엇이 가치의 강력한 근원으로서 나타나기 위한 잠재력을 가지는가? 나는 어떻게 판단력 있고, 책임 있으며 신중한 투자자로서 내 명성과 영향력을 개선시킬 수 있는가? 가치 가운데 가치의 문제는 당장의 사리사욕보다 우선한다.

신용의 그러한 분배는 경제와 정치의 융합으로서 기능할 수 있다. 진정한 정치력은, 돈처럼 축적하거나 소유할 수 있는 대상이 아니라 사람이 그 속에 살 수 있는 영적 문화나 환경이다. 돈으로 구매한 자유가 항상 상대적인 곳에서는, 어떤 사람이 요구하는 힘을 항상 다른 사람이 따를 필요가 있으므로 진정한 정치적 권위는 협력의 척도이다. 그런 협력은 협력이나 일치를 신뢰함으로 기능할 수 있다.

　신용을 기반으로 한 전적으로 새로운 인식론, 형이상학 혹은 정치학을 세우는 것은 이 연구의 범위를 넘어서는 것이다. 나는 이러한 것들이 필요하다고 보여주는 것뿐이다. 하지만, 신용을 포함하는 확실한 실천이 요구하는 시간, 관심, 그리고 헌신의 책임을 상기시키는 것은 가능하다. 형이상학의 문제가 아직 풀리지 않았기 때문에, "돈이 무엇인가?"와 "신용이 무엇인가?"라는 질문은 여전히 시기상조다. 신학적 문제는 더욱 간단하다. 신용의 가격이 무엇인가? 새로운 형이상학, 정치학, 그리고 윤리학을 일깨우게 될 신용의 문화를 조성하려면 무엇이 주어져야 하나? 이런 문제에 대답하는 것은 미래를 위한 과제이다.

7장 _ 신용의 가격

파올라의 성 프란시스St. Francis는 프란체스코Franciscan회를 자발적 가난으로 복귀시키려 했던 사람이다. 페르디난드 1세는 나폴리에서 프란시스가 썼던 여행경비를 위해 금 한 자루를 헌금했다. 프란시스는 그 헌금을 국민의 피 값이라며 거부했다. 자신의 태도를 보여주려고 그는 금화 한 닢을 반으로 잘랐다. 잘린 금화에서 여러 방울의 피가 흘러 내렸다.185)

돈과 피의 연합은 마태복음에서 유래한다. 가룟 유다가 그리스도를 배반한 값으로 받았던 은 30냥을 되돌려 주자 대제사장은 이를 거절하면서 성전 안에 돈을 던져 넣었다. 동전들은 국고에 들어가기에는 너무 불순했으며, 대신 이방인을 위한 무덤을 사는데 사용되었다. 존 러스킨 John Ruskin은 다음과 같이 회고했다.

"우리는 가룟 유다를 모든 악 가운데서 가장 악한 사람으로 여기며 그에게 거대한 불의를 행한다. 유다는 오직 돈을 사랑한 사람이었을 뿐이며, 돈을 사랑하는 모든 사람이 그러하듯 그리스도를 이해하지 못했다. 유다는 그리스도의 가치나 그의 의미를 알아볼 수 없었다. 유다는 결코 그리스도가 죽임을 당하리라고는 생각하지 못했다. 유다가 그리스도의 죽음을 알았을 때, 그는 공포에 질린

---

185) Bibliotheca Sanctorum, 다음에서 인용됨. Buchan, *Frozen Desire*, 64.

나머지 즉시 자신의 돈을 버렸으며 스스로 목을 매었다. 당신은 현 시대에 돈을 추구하는 우리 가운데 얼마나 많은 사람이 누군가가 죽임을 당했을 때 스스로 목을 맬 것이라고 생각하는가?[186)

베니스의 상인

바사니오Bassanio는 자신이 감당할 수 없는 빚을 졌다. 그는 자신의 부채를 해결하고자 투기성 모험을 생각해 냈는데, 바로 아름답고 부유한 유산 상속녀, 포티아Portia와의 결혼이다. 그녀에게 청혼할 정도의 부자로 보이려면 더욱 많은 돈을 빌려야 했다. 그는 자신의 채권자 안토니오Antonio를 찾아가 돈을 더 빌려줄 것을 청했고, 만약 그의 청혼이 성공한다면, 모든 빚을 갚을 수 있을 것이라고 말했다. 사람들은 바사니오가 부채에 얽매여 있기 때문에, 포티아를 위해서든 안토니오를 위해서든 그의 사랑은 하나도 진실 된 것이 없다고 생각한다. 놀랍게도, 안토니오는 자신의 지갑, 사람, 그리고 "극단적 방법"을 바사니오에 준다. 안토니오의 유일한 희망은 자신의 돈을 돌려받는 것인가? 그는 바사니오의 계획이 미더웠던 것일까?

안토니오의 재산은 일시적으로 항해 사업에 묶이게 된다. 하지만, 바사니오와 달리 안토니오는 좋은 신용을 가졌고 그는 다른 곳에서 대출을 받아 돈을 빌려주고자 보증을 설 것이다. 샤일록Shylock은 이자가 붙는 조건으로만 돈을 빌려주는데, 그는 안토니오가 이자 없이 돈을 빌려주어 베니스에서 이자율을 떨어뜨리기 때문에 그를 싫어했다. 안토니오 역시 샤일록의 고리대금업 때문에 그를 혐오했다. 고리대금에 대한 논쟁을 고려해 보면, 협의된 대출금은 두 대적자들 사이에서 만들어진 것으로, 가슴에서 한 파운드의 살점을 떼어 오는 것이다. 바사니오

---

186) 다음에서 인용됨. 잭슨(Jackson), *The Oxford Book of Money*, 285.

는 망설였지만, 안토니오는 흔쾌히 동의했다. 그는 자신의 친구에게 사랑의 값을 가르치고 싶었던 것일까?

샤일록의 금화ducat는 고리대금업에서 나온다. 안토니오에게 금화는 이미 피 값을 포함한 것이었다. 돈을 신용으로 빌릴 때마다, 항상 바사니오, 안토니오, 그리고 샤일록이 존재한다.187) 소비할 자산을 책정하는 사람, 대출금을 갚을 책임이 있는 사람, 그리고 예비금에서 대출을 해 주는 사람이 항상 있다. 돈이 빚으로 탄생할 때마다, 소비하는 사람, 빚을 지는 사람, 그리고 보증을 서야 하는 사람이 있다. 안토니오는 투기적 모험, 즉 가슴 사건으로 바사니오를 몰아넣었다. 어떤 친구나 부모가 그 같은 것을 못마땅해 할까? 만약 바사니오의 돈이 욕구와 자유를 구현한다면, 안토니오의 대출은 또한 가슴의 사건, 살점 한 파운드일 것이다. 안토니오는 스스로 저당 잡혔으며, 죽음에 맹세했다. 샤일록은 결국 그의 살점을 마음대로 할 수 있는 자신의 힘 때문에 그의 적을 믿을 수 있었다. 만약 안토니오가 샤일록의 우정을 거부했다면, 협력은 그들의 유대로 여전히 보증될 수 있다. 바사니오는 안토니오의 가슴의 채권을 소비할 것이다. 세상에서도 같다. 돈이 부채로 만들어질 때마다, 그런 돈은 누군가의 생명과 자유의 맹세가 된다. 만약 신용 화폐가 얼어버린 욕구와 주조된 자유라면, 그것은 또한 계약된 노예상태이다. 그러면, 누가 가장 잔인한 사람인가? 적에게 정의를 요구한 샤일록인가, 아니면 사랑의 모험 속에 친구의 충성을 사용한 바사니오인가?

포티아의 손과 사랑은 그녀의 초상이 들어 있는 세 상자 가운데 하

---

187) 1843년에 찰스 램(Charles Lamb)의 시각을 참고할 것. "인간이라는 종족은, 내가 꾸며 낼 수 있는 최고의 이론에 따르면, 두 가지 뚜렷한 종족으로 구성되어 있는데, 빌리는 자와 빌려주는 자이다…. 위대한 종족으로 내가 지정한 빌려주는 자의 무한한 우월성은 그들의 특성, 포트(port), 그리고 어떤 본능적인 주권으로 식별할 수 있다. 빌리는 자는 저속하게 태어난다." 다음에서 인용됨. 잭슨(Jackson), *The Oxford Book of Money*, 214.

나를 택하는 계략으로 얻게 된다. 각각에는 선택의 원칙을 설명하는 표어 혹은 사랑의 동기가 새겨져 있었다. 금으로 된 상자는 "나를 선택하는 사람은 수많은 사람이 얻고자 하는 것을 갖게 될 것이다"라고 새겨져 있다. 만약 금이 돈을 상징한다면, 새겨진 문구는 돈이 그 가치를 가질 수 있게 하는 모방의 원칙을 설명한다. 다른 사람들이 돈을 평가하며 교환 시에 돈을 받아들이기 때문에 돈은 가치 있다. 이것은 사랑의 기초가 되기에는 너무 부족한 원칙이다. 만약 어떤 사람이 단순히 다른 사람들이 열망하는 것을 얻고자 한다면, 그 사람의 사랑은 변덕스러울 것이다. 은 상자에는 "나를 선택하는 사람은 그가 누려야 할 만큼을 갖게 될 것이다"라고 새겨져 있다. 만약 은이 돈을 상징하는 것이라면, 새겨진 문구는 돈이 그 가치를 유지하게 해주는 정의의 가치를 표현한다. 만약 합당한 가격이 교환에서 정해진다면 돈은 가치를 지닌다. 이 또한 사랑의 기초로 삼기에는 부족한 원칙이다. 사람이 이미 소유한 것과 같은 가치를 갈망하는 이유는 무엇인가? 부유한 구혼자가 아니라 오직 빚을 진 바사니오만 선택할 수 있었던 납 상자에 기록된 문구는 "나를 선택하는 사람은 그가 가진 모든 것을 주어야 할 것이며 위험에 빠질 것이다." 그런 것은 결혼에서 감당해야 할 위험이다. 그것은 포티아 자신이 받아들 위험이다. 또한, 안토니오가 바사니오를 위해 떠안은 채권의 본질이기도 했다. 그런 것은 신용으로 탄생된 돈의 본질이다. 그럼에도, 여기서 중요한 차이가 발생한다. 안토니오처럼 영웅적 자기희생으로 무분별하게 결정을 내려 죽음을 각오하는 것과, 매일 새로워진 위임의 지속적 실천 속에서 다른 사람의 생명을 누군가에게 주는 것은 다르다. 아마도 여기에는 더 커다란 위험이 도사리고 있을 것이다: 바사니오와 포티아가 한 것처럼, 사람의 죽음을 각오하는 것보다는 사람의 목숨을 거는 것. 아마도 바사니오의 투기적 모험은 안토니오의 죽을 뻔한 경험보다 더욱 심각하다.

　정치적 통일체의 피로서 돈을 비유한 호브스Hobbes의 비유는 아마 그가 안 것보다 더욱 적절한 것이었을 것이다.188) 육체로사랑 혹은 돈으로 되어 있는 그런 통화의 순환은 안토니오의 모든 선박의 난파를 알려주는 편지의 진정한 중요성을 꿰뚫고 있는 바사니오의 통찰력에 나타난다.

　　이게 그 친구의 편지요.
　　이 종이는 곧 내 친구의 육신이며
　　여기에 담겨있는 글자 한자 한자가 죄다 입을 벌린 상처구멍처럼
　　피를 흘리고 있는 것 같소.189)

　"돈의 베일"이 제거되면, 거기에는 단순히 모조품모방이나 물물교환 혹은 사유재산이 있는 것이 아니라 살과 피의 성찬식이 있다. 신용, 계약, 법, 희생, 그리고 사랑은 신학적 주제다. 지폐 한 장마다, 은행의 전자기록마다 담보가 된 살과 피의 희생적 힘을 분배한다.

　대단원을 향해 가자. 아직 상환되지 않은 대출, 샤일록은 살점 한 파운드를 요구한다. 공작은 채권을 기각할 힘이 없다. 그렇게 하는 것은 미래의 도시에서 있을 모든 계약과 부를 약화시키는 판례로 남을 것이다. 주체적 힘은 신용에 달려 있다. 안토니오처럼 공작은 오직 자비에 호소할 뿐이다. 신혼이자 부자가 된 바사니오가 원금의 두 배, 아니 세 배를 갚겠다는 제안을 하자 샤일록은 거절한다. 그것은 더는 돈 문제가 아니라 개인 감정의 문제였다. 샤일록은 합리적이지 않은 행동을 했으

188) Hobbes, *Leviathan*, 174–75.
189) 셰익스피어, *The Merchant of Venice*, Act 3, Scene 2, lines 262–5.

며 실용성의 현대적 계산학을 거부했다고 전해져 왔으며,190) 돈과 교환의 근대적 사회구조보다는 선물과 복수의 고대사회적 구조 속에 있는 사람이라고 전해져 왔다.191) 인간적 자비의 관계보다 비인간적 계약의 힘이 더 강하다는 것을 입증하려 했기 때문에, 샤일록은 겉보기보다는 아마 더 근대적일 것이다. 우정의 채권을 경멸하고 배제하면서,고리대업, 반유대교, 혹은 반유대주의에 대한 거부라는 동기에서 나왔든 아니든, 안토니오는 채권의 동의보다 앞선 우호적 용어를 거부했다 샤일록은 사회 속의 그의 지위를 지켜 준 그 힘계약과 정의에 호소해야만 했다. 혐오 받는 유대인이자 고리대금업자로서, 샤일록은 자신의 신앙을 자비 가운데 둘 수 없었다. 공작처럼 그는 묶였다. 오직 법 위에 근거한 공적 정의만이 그를 보호할 수 있었으며, 그는 법률조문의 제정에 자신의 신앙을 두기를 선택했다.

법학박사로 위장한 포티아는 유대교의 정의에 대항한 기독교의 자비의 신학적 탁월함을 선언했다. 정의가 행해지는 동안, 아무도 구원을 볼 수 없으며, 그래서 기독교인들은 자비를 구하려고 기도한다. 포티아는 법률조문에 호소함으로 이런 점을 설명한다: 안토니오의 심장에서 1파운드의 살을 잘라내며, 샤일록은 피 한 방울이라도 흘려서는 안 된다. 나아가, 샤일록은 안토니오의 살 1파운드를 요구하면서, 시민의 목숨을 앗으려 했다는 혐의로 유죄가 인정되었다. 정의를 구함에서, 샤일록은 기독교의 자비를 드러내고자, 그리고 극적 반전으로 사용되었다. 승리주의자 기독교 폐기주의triumphalist Christian supersessionism 속에서는, 법은 지켜지며 동시에 담보대출은 폐지된다. 기독교 정치조직은 근대성의 위협뿐 아니라 유대교의 고리대금업의 위협에서 수호된다.

---

190) Buchan, *Frozen Desire*, 90.
191) 근본적 사회질서로서 이들 사이의 대조에 대해서는 다음을 보라. 헤나프(Henaff), *Le prix de la verite.*

용서는 신학적 주체성의 최상의 덕으로서 선언된다:

> 미덕 중에서도 최고의 미덕이며
> 왕관보다 더 국왕을 국왕답게 해주는 덕성이오.
> 왕의 왕홀은 현세의 권력을 상징하는데 불과하오.
> 이는 경외와 준엄의 표시로서 왕에 대한 두려움과 공포를 나타내지만,
> 자비는 왕홀의 위력을 능가하는 것이며
> 왕의 가슴속 깊이 자리하고 있는 신이 베푸는 최상의 미덕이오.
> 엄격한 정의를 자비심으로 부드럽게 만들면
> 지상의 권력은 신의 권세에 가깝게 접근하게 되는 것이오.192)

자비는 공작이 진정으로 원하는 것이지만, 성취될 수 없다. 왜냐하면 그것은 주체성의 신뢰를 녹이기 때문이다. 그것은 단순히 위험에 놓 공작의 신뢰가 아니다. 그것은 모든 계약이 기반을 두는 원칙, 정치체의 신용과 같은 그러한 주체성의 신용이다. 만약 포티아가 자비의 신성을 찬양했다면, 그런 자비는 신뢰의 테두리가 없는 절대적 군주의 특권이다. 자비가 주체성의 중심에 놓일 때, 주체적 힘의 왕홀scepter은 무한한 지배력을 가질 것이다.

그러므로 샤일록과 날카롭게 대립하는 주인공은 공작도, 포티아도, 안토니오도 아닌데, 이들 법률조문을 고집하기 때문이다. 법학박사에게 결혼반지를 선물로 준 자신의 새 남편 바사니오를 용서한 포티아의 자비는, 그녀가 절대로 다른 이에게 양도하지 말라고 한 결혼반지를 그녀 자신이 법학박사로 위장하여 바사니오에게 요구한 그녀의 잔인성에 동등하게 필적한다. 연극의 겉으로 드러난 샤일록과 날카롭게 대비시

---

192) 셰익스피어, *The Merchant of Venice*, Act 4, Scene 1, lines 184-93.

킨 등장인물은 거룩한 가롯 유다로서, 그는 자신의 것그의 돈과 생명을 기꺼이 포기하려 했던 사람이다. 계약의 힘을 포기한 사람은 가롯 유다이다. 아무것도 이루지 못하는 헛되고 비경제적 몸짓으로, 자신의 돈과 생명과 함께 모든 신뢰를 저버린 사람은 가롯 유다이다. 진정한 자비의 의미를 아는 사람도 가롯 유다이다. 그는 명예와 정의의 어떤 모호한 의미를 위해 모든 것을 희생했다. 가롯 유다가 견딜 수 없었던 것은 도덕적 부채의 상황이다. 그는 수치 속에 살기보다는 차라리 죽고자 했다. 주체적 힘의 희생, 신뢰의 희생, 돈의 희생, 그리고 생명의 희생 속에서, 사람은 신용의 다른 힘을 희미하게나마 볼 수 있을까?

연극에서, 그가 가진 모든 것을 모험에 건 사람은 바사니오다. 자신의 부채를 가지고 채권자 안토니오에게 돌봄을 구한 사람은 바사니오이다. 채권의 형성을 부추긴 사람은 바사니오이다. 자신은 신용이 없으면서, 다른 사람의 신용을 고취시킨 사람은 바사니오다. 안토니오를 구하려고 원금의 몇 배를 제안한 사람은 바사니오다. 포티아의 반지를 결코 내어 놓지 않겠다는 자신의 약속을 배반한 사람은 바사니오다. 자비의 참된 신성한 힘을 이해한 사람은 바사니오가 아니었을까? 자비는 부채를 떠안음을 통해 드러나지 않았을까?

영국은행

자본가 신용화폐의 창조에 관한 문제는 신용과 부채의 사유계약이 공적 돈으로서 저작자와는 별개로 자유롭게 순환하게 되는가이다. 물론 공증과 증 앞에서 합의된 구두계약이 모든 합의된 세부사항을 포함하는 서면계약으로 대체된다는 것은 필수적이다. 그렇지 않으면, 순환은 계약이 은행계좌들 간의 이체에 의해 합의되는 동일한 장소에서 일어날 수 있다. 상인의 환어음은 그런 요구를 충족시키고자 고안되었다.

은행어음은 같은 목표를 갖는다. 그러면 문제는, 은행이 그런 모든 부채를 감당하기 위한 충분한 예비금을 보유한 것을 어떻게 보증하느냐이다. 돈은 은행이 그 가치를 보증하는 만큼만 가치가 있다. 1682년, 초기 경제학자 찰스 대버넌트Charles Davenent는 다음과 같이 설명했다.

> 사람의 정신 속에 존재하는 모든 존재 가운데, 신용보다 더욱 환상적이고 좋은 것은 없다. 신용은 결코 강요되지 않는다, 신용은 의견에 영향을 받으며 우리의 희망과 공포의 열정에 달려 있다. 신용은 수차례 구하지 않았음에도 찾아오며 흔히 이유 없이 가버리고 만다. 일단 신용을 잃었다면 되찾는 것은 정말로 쉽지 않다…. 무역국가가 실주real stock로 비즈니스를 존속하고 유지한 적은 없다…. 서로의 신뢰와 신용이 순종, 사랑, 우정 혹은 언어의 교류로서 사람들을 함께 연결하고 붙잡아 준다.193)

민간자금대출Private credit 네트워크는 항상 취약한 비즈니스다. 은행어음을 발행하려 했던 대부분의 초기 시도는 실패로 끝났다. 신용의 상실은 은행예금인출쇄도run on the bank로 이어질 수 있다. 대출 채무 불이행은 조금 더 멀리 있는 연결고리의 채무불이행으로 이어진다. 게다가, 신용은 항상 부를 예상한 것이기 때문에, 민간자금대출의 네트워크에서 모든 대출금을 상환하기 위한 당장의 부는 결코 충분하지 않다. 신중한 사람이든 번창하는 사람이든, 누구나 민간자금대출의 네트워크 속에서 현금흐름 문제에 걸려 있을 수 있다. 1580년대의 영국에서는, 계약 불이행에 대한 소송이 일 년에 백만 건 이상영국 내 한 가족 당 한 건

---

193) 다음에서 인용됨. 잉햄(Ingham), *The Nature of Money*, 126.

있었다고 알려졌다.194) 개인적 로열티와 채무의 봉건주의적 네트워크의 잔재는 채무불이행과 소송의 원한 속에서 붕괴되었음에 틀림없다. 그런 사회질서의 붕괴는 이어지는 세기의 개혁과 자본주의와 세계화의 궁극적 도래를 위한 길을 닦았다.

신용의 상호의존성을 고려할 때, 그 순환은 궁극적으로는 믿을만한 최종 채무자의 존재에 달려 있다. 그러한 것은 상당히 다른 종류의 주체성의 등장이다. 그것은 공작의 힘이라기보다는 안토니오의 힘이다. 만약 영국은행이 최종 대출자 역할을 했다면, 이것은 새로이 나타나는 국민국가가 채무자의 역할을 맡았기 때문에 가능한 것이었다.195) 영국 군주는 그런 역할에 특별히 어울리지 않았던 것 같다. 본질적으로 사적 의무, 후원, 그리고 영지 수익에서의 수입을 얻으며, 군주는 또한 전쟁을 치러 내는 비싼 공적 사업에 돈을 쏟고 있었다. 전쟁을 위한 임시 세금을 올리는 권한이 주어진 영국의회의 관심은 항상 군주의 관심과 일치하지는 않았다. 실제로, 17세기의 역사는 국왕과 의회 사이의 대립과 타협의 이야기다. 찰스 2세가 1672년 개신교 국가 네덜란드와의 인기 없는 전쟁을 벌이려는 조짐을 보였을 때, 의회에서 충분히 재정후원을 받지 못한 것이 재무부의 업무중지와 기존 대출금에 대한 채무불이행으로 이어진 사례도 있다. 이것은 잠재적 대출자를 예방하기에 충분하였으며, 그리하여 왕권은 약화되고 다시금 의회가 성공적으로 권력을 잡았다. 이러한 대립은 제임스 2세를 물러나게 했던 1688년의 명예혁명으로 마무리되었다. 새로 임명된 통치자 오렌지의 윌리엄William of Orange은 의도적으로 의회에서 모자란 수입을 보상하라는 판정을 받아 자신의 부채가 공적이고 국가적인 것이 되도록 했으며 자신의 행동이

---

194) 멀드류(C. Muldrew), *The Economy of Obligation*, 같은 책에서 인용됨.
195) 국가의 부에서 공채(public debt)의 중요성에 대해서는 다음을 보라. 퍼거슨(Ferguson), *The Cash Nexus*, 4장.

의회의 지휘 아래 있도록 했다.

　17세기 공공재정을 관리하기 위한 수백 개의 계획이 제안되었다. 계획은 영국은행이 받아들였다.196) 매해 8퍼센트의 이자를 주기로 약속하면서, 120만 파운드의 영구적 대출이 국민모금으로 모아졌다. 그 답례로 이 사설은행에게는 이전에 무겁게 규제되고 세금이 부과되었던 환어음에 관한 독점이 주어졌다. 은행의 예비금이 미래의 과세로 보증되었기 때문에, 은행 자체가 최종대출자가 되었다. 가장 수요가 많은 지불약속은 그 채권자들에 대한 국가의 약속이었다. 은행은 그 소득흐름이 세금에서 나올 수 있었기 때문에 좋은 신용을 가졌다.197) 채무불이행의 위협은 끝이 났다.198) 합의기간은 의회에 의해 규제되었다. 국가가 재정적으로 채권자들에게 빚을 졌다면, 채권자들은 잠재적으로 국가에 빚을 졌다: 이들은 건강과 지속에 기득적 관심이 있었다.199) 영국은 재정혁명으로 주로 프랑스와의 경쟁에서 군사적, 무역적 우위를 점할 수 있었다.200) 국가는 세금지불을 집행할 수 있었다. 은행의 채권자들에게는 보증된 소득흐름이 주어졌다. 상인들은 믿을 수 있는 환어음으로 무역을 증진시킬 수 있었다. 기관적 연계가 네 방향의 사회적 관계, 즉 납세자, 국가, 금리 생활자, 그리고 상인으로 이루어지면서,201) 그것은 지주와 상인계급의 관심을 나타내는 의회에 의해 감독되었다. 만약 국가부채가 국민국가와 지폐와 동시에 공적인 것이 된다

---

196) 영국은행 구성원 대부분이 휘그 자치위원단(Whig corporation)이었으며 초창기의 임원 가운데 43퍼센트가 개신교 반대자였다는 것이 흥미롭다. 다음을 보라. 카루더스(Carruthers), *City of Capital*, 139.

197) 신용이 통화로 변하는 것에 사회적 힘이 관련되어 있음에 관해서는 뛰어난 잉햄의 설명을 보라. 잉햄(Ingham), *The Nature of Money*, 121-31.

198) 도산했던 1616년의 골드스미스와 1701년의 구 동인도회사와 같은 경쟁자에 의한 은행운영을 야기하려 했던 초기의 시도가 있었다는 점이 주목할 만하다. 다음을 보라. 카루더스(Carruthers), *City of Capital*, 139.

199) 같은 책, 9-10.

200) 디커슨(Dickson), *The Financial Revolution in England*, 9.

201) 단순히 국가, 금리생활자, 그리고 납세자를 열거한 잉햄에 한정된다. 잉햄(Ingham), *The Nature of Money*, 131

면, 이것은 "대중"이 무역계급과 계급공동관심에 대한 염려로 구성되었기 때문이다. 그것은 그들의 주체성을 구성하는 그들의 자기규제이다.

친구와 이방인을 구분하는 사적 위임보다는 공공 및 공동체적 덕으로서 신뢰성과 자기규제를 향해 가는 것은 문화적 혁신이다. 개인적 활동이 개인적 관계, 유대, 그리고 의무를 대신하여 자기반성의 자리가 되는 개인주의적 청교도 윤리가 이를 돕는다는 것은 의심의 여지가 없다. 그런 문화가 드라마, 노래, 그리고 시를 통한 대중적 표상에 의해 조성된다는 것도 의심의 여지가 없다.202) 위임, 충성, 그리고 명예의 쇼가 위임, 충성, 명예의 실재로 변환되는 『베니스의 상인』은 그런 문화적 전환의 중재자이자 신호가 되어 왔다. 이 연극은 자비, 자기희생, 신의의 기독교적 덕목을 대중적 덕으로 변환시켰다. 부기 사용이 증가한 것 또한 자기규제와 정직성의 대중적 문화를 양성했다.

그러므로 현대 영국은행의 어음이 한 면에는 윌리엄 셰익스피어의 얼굴을, 다른 한 면에는 군주의 얼굴을 그려 넣은 것은 그리 놀랄 일은 아니다. 혹은 26년 동안 왕실조폐국장이었던 아이작 뉴튼이나 애덤 스미스, 혹은 토마스 맬서스Thomas Malthus에 영향을 받은 자연선택 이론의 찰스 다윈, 그리고 18세기와 19세기 영국 경제의 명사들도 어음에 등장한다. 그런 어음은 신용의 경제적 힘과 주권이 결합되었음을 보여준다. 그런 어음의 소지자bearer는 소지자의 필요를 채워주고자 하는 사람들에게 행사할 수 있는 주권적 힘을 지시한다. 사람들은 답례로 그런 힘을 행사할 단기적 기회를 위하여 기꺼이 하인이 되고자 한다. 신용은 최상의 주체적 힘이 될 수도 있지만, 그것이 순환되는 한에서만 힘을 발휘할 수 있다. 돈은 정치적 통일체의 피이다.

---

202) 같은 책, 126.

그럼에도 명예혁명이 완성되지 못한 채 남긴 한 가지 관점이 있는데, 분배된 주권성은 편파적이라는 것이다. 번영하는 경제 속에서 중앙은행이 보증할 때조차 신용으로 맺어진 관계의 취약성은 자비를 거의 허용하지 않는다. 신용은 본질적으로 사적인 것이 아니라 공적 문제다. 어떤 사람의 채무불이행은 전 체계의 붕괴로 이어질 수 있다. 지켜져야 할 공적 관심과 더불어, 자비의 주권적 힘은 누구도 지켜주지 못한다. 경제체계의 규제자는 『베니스의 상인』에 나오는 공작처럼 행동해야 하며, 그것을 합법적으로 요구하는 어떤 샤일록과 같은 사람들에게 한 파운드의 살을 보상한다. 통치권은 연결고리에 묶여있다. 경제는 공공복지를 고려하는 행동 속에서 윤리와 결별한다. 정치학과 신학의 결별은, 두 개의 왕국 사이를 구별한 마틴 루터Martin Luther와 공공복지와 사유 복지, 그리고 하나님께 드리는 자발적 예배를 구분한 존 로크John Locke가 이를 전형화 시켰는데203), 공적 신용의 통치권의 필수적 효과이다. 궁극적으로, 우리는 모두 샤일록이 되어 우리 살 한 파운드를 요구하고 있다.

통치권 Sovereignty

명예혁명과 그로 말미암은 영국은행을 통한 분산은 통치권 자체의 본질이 분명해질 때만 잡힐 수 있는 것이다. 중세의 통치권은 사회적 계약이 아니라 전쟁에서 나왔다. 전쟁은 힘과 무력의 물리적 의미로 생각할 수 있다. 전쟁은 또한 명명되고 확인된 적의 존재에 따라 평화의 유예의 선언이라는 합법적 의미로 간주될 수 있다. 전쟁은 또한 신학적

---

203) 존 로크는 공공복지, 즉 "자신들의 민간이익의 조달, 보조, 그리고 상승을 위해서만 구성된 사람들의 사회"(이것은 삶, 자유, 건강, 여가, 그리고 소유다)와 교회, 즉 "하나님의 공개적 예배를 위한 자발적 사회' (이것은 자신들의 영혼의 궁극적인 구원을 위해 그들이 효과적으로 심판하는 방식이다)를 구별했다. 로크(John Locke), "Letter on Toleration", 욜턴(Yolton), *The Locke Reader*, 245, 248.

의미에서 생각해 볼 수도 있다. 전쟁이 사람의 살과 피를 저당 잡을 만한 가치가 있는 것은 무슨 이유인가? 사람은 "왕과 국가"를 위해 싸우고 죽는다. 삶과 죽음의 중요성을 뛰어넘는 원인에 대한 이런 궁극적 위임의 맹세는 종교적 사람들의 몸짓을 규정하는 것으로 생각할 수 있다.204) 여기에 사람은 단순히 도덕적인 것을 넘는 기반 위에 서 있다. 자기희생의 행동으로, 사람은 자기가 받을 수 있는 것 이상을 준다. 모든 동등성, 호혜성, 혹은 정의는 배제된다. 이런 방식으로 우리는 본질적으로 신학적 개념으로 통치권을 이해할 수 있다. 근본적 정치적 분립이 실제적으로 살인의 현실적 가능성에서 나오는 곳에서205), 근본적 신학적 위임은 실제로 죽어가는 현실의 가능성으로 표현된다.

물론 군주는 법과 정의를 행해야 할 책임이 따른다. 정의의 행사에서, 협력의 가능성 마련을 위해 갈등은 조정과 측정에 의해 중재될 수 있다. 군주의 말은 그것이 폭력의 위협으로 집행되기 때문이거나206) 혹은 군주가 사람들을 위해 전쟁을 수행하는 것에 자신의 목숨을 걸기 때문이 아니라, 군주의 군인과 하인들이 군주의 권위를 유지하고 향상시키려고 자신들의 목숨을 기꺼이 내어 놓기 때문에 법이 된다. 그런 권위는 그것을 위해 주어지는 살과 피에 있다. 정치의 에너지는 성스러운 실제로는 희생적 에너지이다.

그러므로 통치권을, 많은 근본적 문제를 해결하는 제도적 형태로 이해하는 것이 중요하다. 신학적 문제가 여기 있다. 사람의 살과 피를 요구하도록 할 만한 가치는 무엇인가? 정치적 문제도 있다. 갈등은 살과 피를 맹세함으로 더욱 큰 위험에 빠뜨리는 폭력의 실제 가능성 어떻게 협력하도록

---

204) 왕권 개념에 대한 신학적 관점은 다음의 책이 다룬다. 칸토로비츠(Kantorowicz), *The King's Two Bodies*.
205) 슈미트(Schmitt), *The Concept of the Political*, 33.
206) 다음을 보라. 월터 벤자민(Walter Benjamin), "Critique of Violence", 같은 책, *Selected Writings*, 1권, 236-52.

매개될 수 있는가? 얼마나 많은 잠재적 적이 한 몸 속에 연합되는가? 여기에는 경제적 문제도 있다. 살과 피를 맹세함으로 성취되는 협력을 통해 보증되는 이득, 즉 부가 어떻게 분배되어야 하나? 신용과 투자, 다른 말로 하면, 시간, 관심, 헌신, 혹은 살과 피를 맹세하는 것의 가치는 무엇인가? 여기에 경제적 문제는 신학적 문제와 결합한다. 생명은 생명의 맹세를 통해서만 가치를 지닌다. 그런 모든 맹세는 궁극적으로 죽음에 대한 맹세이다. 만약 그런 질문들이 다뤄지지 않는다면, 전반적 경제와 정치적 갈등은, 역사적이든 동시대적이든, 이해할 수 없는 것이 된다. 노동분업이나 계급갈등 혹은 인종적 이해관계보다 더욱 근본적인 것은 종교적 위임의 갈등이다. 종말의 합리적 계산이든 극렬한 열정이든, 생산과 교환이든 이해관계의 갈등이든, 생물학적 조건이든 문화의 발달이든, 삶의 영역 속에서부터 나온 용어로 순수하게 인간의 삶을 이해하려는 시도는 실패하게 되어 있다. 종교적 인간은 신성의 자리에 놓을 것을 위해 이성과 열정, 부와 정치, 자연과 문화를 희생할 것이기 때문이다.

그러면 그것이 분산되고 민주화될 때, 통치권과 정치적 신학에 일어나는 것에 대한 질문이 발생한다.207) 1694년 영국은행의 최초 발기인들은 안전한 수입을 위해 기꺼이 자신들의 재력이나 부의 몫에 위험을 감수하고자 했다. 은행이 관리하는 투자였기 때문에, 생명과 시간에는 실제로 희생할 것이 없었다. 윌리엄 3세는 세금을 청구하고 징수할 군주의 신용을 걸어야 했다. 다시금, 이것은 그의 살과 피를 위험에 빠뜨리는 문제가 아니었다. 반대로, 세금의 형태로 자신의 일하는 삶, 수입, 그리고 쾌락의 몫을 준 것은 시민이었다. 군복무의 위임에 비교해서 세

---

207) 최근 국가의 분열과 통합에서도, 주권적 국가 사이의 역사적 상관관계와 이들의 통화발행을 주목하는 것이 중요하다. 다음을 보라. 굿하트(Goodhart), "The Two Concepts of Money", 잉햄(Ingham), *Concepts of Money*, 456.

금의 지불은 항상 삶과 죽음의 문제는 아니었다면, 유산, 거래, 혹은 노동의 열매가 세금을 지불하는데 사용되는 한 여전히 그것은 살과 피의 문제로 남아 있다.

우리가 부채로 탄생된 돈을 고려할 때 상황은 조금 변화된다. 돈의 기원에 대한 게오르그 프리드리히 크나프Georg Friedrich Knapp의 이론에 따르면, 돈의 가치는 세금지불을 위해 돈이 받아들여지는 법령에 의해 보장된다.208) 유사한 방식으로, 신용화폐의 가치는 그것이 이자지불과 부채상환으로 수용될 수 있다는 사실에 의해 보장된다, 영국은행은 두 가지 지불방식을 혼합하는데 성공을 거두었다. 하나는 법정화폐로서, 세금지불 시에 받아들여지며 가격 측정을 위한 계산의 단위로서 사용된다. 또 하나는 환어음으로, 상인의 부채지불과 그런 신용의 도구로 받아들여졌다.209) 법정화폐는 환어음처럼, 그 가치가 동전의 금속이나, 은행 금고에 있거나 혹은 어떤 미래의 사업의 약속에 있는, 가치의 단순한 표시token이다. 물론 중앙은행의 자산은 이자율, 은행에서 대출받은 사람들의 담보, 그리고 그 예비금에 의해 보장되어야 한다.210) 재산에 대한 그런 계약적 청구 아래에는, 예비금의 가치가 궁극적으로는 그 시민의 직업에 의한 희생적 맹세로 보증된다. 영국은행 어음의 가치는, 미래의 세금으로 보증되며, 약속으로서의 그 힘에 있다. 한편으로, 세금 납부자들의 희생으로 그 가치를 사는 것이다. 다른 한편으로, 그 가치는 상인의 사업상의 모험을 위해 은행에서 돈을 빌린

---

208) "만약 우리가 시험으로 받아들인다면, 돈이 국가의 사무소에 납부로 받아들여진다는 사실에 더 가까이 있어야 한다. 국가에 납부되는 모든 지불수단은 화폐경제의 부분이다. 이런 기초 위에서, 그것은 쟁점이 아니라 수용으로 부를 수 있는 결정적인 것이다. 국가수용은 화폐체계의 범위를 정한다." 조지 냅(Georg Friedrich Knapp), 다음에서 인용됨. Wray, *Understanding Modern Money*, 25.

209) 잉햄(Ingham), *The Nature of Money*, 126-31.

210) 하인손과 스타이거(Heinsohn and Steiger), "The Property Theory of Interest and Money", 스미신(Smithin) 저, *What Is Money?* 91.

모든 사람에 의해 구매된 것이다. 같은 이중성이 안토니오의 채권에서도 관찰된다. 한편으로는, 그의 살점 한 파운드이며, 다른 한 편으로는 난파될 위험에 자신의 선원들의 살과 피를 건 그의 항해모험의 담보이다. 새로운 신용경제에서 가장 이익을 얻는 18세기 영국 상인들이 떠안은 모험의 수익성을 보증하려고 궁극적으로 자신들의 살과 피를 건 사람은 바로 항해자들, 아일랜드 인부들잉글랜드의 식민지였던 아일랜드 사람들은 잉글랜드에 의해 수십 만 명이나 노예로 팔려 나갔다-역주, 그리고 아프리카 노예들이다.

신용경제는 계약된 노예제도의 네트워크다. 그런 희생이 약화되는 몇 가지 징후를 보인다고 해도, 신용경제는 항상 군주를 위해, 국가를 위해 혹은 종교를 위해 희생된 것은 아니다. 현 시대는 자유, 민주주의, 문명화, 그리고 개발을 위해 사람의 삶을 희생하도록 요구한다. 그런 가치들은 종교적 경외심으로 간주되기 때문에 흔히 무비판적으로 다뤄진다. 과세가 현시대 경제에서 주요한 역동적 힘으로 남는 동안, 부채를 변제하려고 수익에 일조하는 것은 거대한 규모로 가속화되고 있다. 계약된 노예제도는 주택소유자, 기업, 정부 혹은 굉장히 영향력 있는 투기자들 등 모든 대출자의 조건이다. 돈을 사용하는 곳에서는 언제든, 사람은 재력, 부, 그리고 대출금을 떠안은 사람들의 삶의 일부를 소비한다. 돈의 가치는 또한 수익성으로 뒷받침되며, 노동력을 착취하는 열악한 상점과 공장에서의 고역, 이익창출을 위해 고용되지 않은 사람들을 공식적으로 경제에서 소외시키는 것, 자연자원의 소비, 그리고 생태계와 사회의 침식을 포함한다. 돈의 가치는 여전히 살과 피로 치른다.

그러면, 세계 경제를 위해 희생되는 살과 피는 무엇인가? 사람이 기꺼이 자신의 삶을 들여 이자가 누적되도록 하는 일은 좀처럼 없다. 대신, 사람은 자신의 삶을 주체적 자유의 순간을 누리는데 쓴다. 그 순간은 바로 순환이 멈추는 순간, 자신의 주머니, 즉 자신의 은행계좌, 또는 자신의 신용카드에 돈이 들어 온 순간이다. 사람은 자신의 삶을 다른 이들을 위해 바치고 그 답례로 성스러운, 주권적 힘을 자신의 손에 갖는다. 이것이 바로 다른 사람들로 하여금 상품과 서비스로 누군가의 필요와 욕구를 제공하도록 하는 힘이다. 돈은 명령의 주권적 힘을 발휘한다. 돈을 제공하는 사람은, 소비자로서 혹은 고용주로서, 주권을 행사한다. 정치적 견해나 개인적 선호에도 불구하고, 사람들이 군주를 왕의 신권에 대한 종교적 의무로 섬기는 것처럼, 사람은 소비자들이나 고용주의 장점이 아니라 돈에 대한 종교적 의무 때문에 섬긴다. 결국, 주권적 힘을 발휘하는 것은 오직 부채 자신뿐이다. 그런 부채를 떠안는 사람, 자신의 살과 피로 돈의 가치를 인수하는 사람은 신용의 신적 힘을 행사하는 사람들이다.

그렇다면 민주주의는 환상으로 남는다. 돈의 성스러운 권위가 누군가의 손을 통해 전해진다면, 그 존재는 남기 힘들다. 그것은 지속되는 계약이고 빚이다. 시간, 관심, 그리고 헌신은 계약을 성취하고자 위임되었으며, 은행계좌를 보존하고 돈의 가치를 유지한다. 예배와 헌신의 물리적 표현은 십일조와 세금을 통한 헌금에서 이자 지불로 변모하여 왔다. 사람은 돈을 위해 자신의 삶과 죽음을 내어 놓는다. 하루라도 그것을 가질 기회가 있든 혹은 지속된 권위를 보장하든. 현시대는 결코 불경스럽지 않다. 현시대는 돈의 정치적 신학을 갖는다.211)

문제 제기

현재 세계경제는 재산, 자유, 그리고 돈의 개념에 기초한다. 경제활

---

211) 정치적 신학의 본성에 관해서는 다음을 보라. 굿차일드(Philip Goodchild), "The Exceptional Political Theology of Saint Paul", 미출판 에세이.

동, 도덕적이고 합법적 평가, 그리고 신용과 염원은 이런 개념들에 근거한다. 그런 개념들은 추상적 개념이고, 자본의 생태학적 네트워크, 의무의 정치적 힘, 그리고 신용의 종교적 네트워크에서 떨어져 나갔다. 각각은 다른 것들의 구성 속의 후원으로서 기능한다. 이들을 함께 생각한다면, 이들은 영양, 관심, 그리고 헌신의 효과적 분배를 모호하게 하며 방해한다.

경제적 생활의 근간이 되는 원칙들은 더 이상 재산의 보존과 계약의 집행으로 여겨지지 않는다. 이들보다 더욱 중요한 것은 근본적 원칙에서 나오는 재산과 계약이다. 경제생활의 근간이 되는 원칙은 자본의 관리, 축적, 발명, 건설이다. 자본은 여기서 스스로 만들어지는 생산수단으로서 재산, 자유, 그리고 돈과는 다르게 인식된다. 자본은 물리적 자본, 인적 자본, 사회자본, 그리고 동적 자본을 포함한다.

정치적 삶의 근간이 되는 원칙은 더 이상 자유로 여겨지지 않는다. 이것보다 중요한 것은 자유가 나오는 근원적 원칙이다. 다른 무엇보다도 평가가 진정한 가치가 있고 실제적으로 효과가 있는 것이 문제가 된다. 여기서 욕구는 스스로 평가되어야 하는 평가의 표현으로서 재산, 자유, 그리고 돈과는 별개로 인식된다.

영적 생활의 근간을 이루는 원칙은 더 이상 이익의 축적이나 부채의 상환으로 여겨지지 않는다. 이것보다 더 중요한 것은 이익과 부채가 발생하는 기본적 원칙이다. 영적 생활의 기본원칙은 신용을 받을 만하다는 점에서 신용의 투자이다. 신용은 여기서 영양, 관점, 그리고 헌신을 요구하는 영양, 관심, 그리고 헌신의 투자로서 재산, 자유, 그리고 돈과는 별개로 이해된다.

근대성 속에서 그런 투자는 효과적으로 여겨지지 않았다. 그런 투자는 신학의 대상이다. 근대성의 끝에서 사람은 기이한 역설에 직면하는데, 재산, 자유, 그리고 돈에 기초를 둔 세속 질서의 꿈은 단순히 추상적 개념에 불과하기 때문이다. 추상적 표상에서, 사람이 모든 것을 전적으로 긍정적인 것으로 여기는 이유는 오직 생산된 실재로 대체할 수 있는 돈이나 이상으로만 계산하기 때문이다. 사람은 생산의 조건을 계산하지 않는다. 사람은 영양, 관심, 그리고 헌신의 투자를 계산하지 않는다. 사람은 신용, 협력, 그리고 생산을 가능하게 하려고 주어진 살과 피를 계산하지 않는다. 이리하여, 그런 냉혈한 이상의 값은 측정할 수 없는 무수한 살과 피로 지불된다. 자유의 꿈은 압제로 끝을 맺는다. 나아가, 그런 가치들은 살과 피의 전적 위임을 요구하는 추상적 개념으로 남아 있기 때문에, 최저생활, 목숨연명, 그리고 삶 속에 자리 잡은 가치들의 이름으로 공식경제의 추상적 개념을 비난하여 이루어지는 것은 없다. 삶 그 자체는 어쩔 수 없이 희생, 잔인성, 착취, 합병, 그리고 소비를 포함한다. 모든 삶은 힘을 갖기 위한 의지라는 니체의 의견에 동의할 필요는 없다. "힘"은 항상 상대적이고 합성된 개념, 상품, 그리고 나중에는 수량화이다. 그것은 결코 원시적이거나 본질적 개념이 아니다.212) 하지만, 모든 삶이 번뇌라는 부처의 생각에 동의할 수는 있다. 니체의 판단은 이것과 대조된다:

그대들은 가능한 한 이것보다 더 미친 듯한 가능한 한 은 없지만 고통을 없애고자 한다. 그런데 우리는? 우리는 그 고통을 지금까지 있었던 것보다도 오히려 더 늘리고 힘든 것으로 가지려 하는 것 같다! 그대들이 이해하는 안락함 그것은 바로 목적이 아니라 우리에게는 종말이라는 생각이 든다! 이는 바로 인간을 조소하고 경멸하게 만드는 상태이고, 인간의 몰락을 원하게 만드는 상태이다! 고통의, 엄청난 고통의 훈련 오직 이러한 훈

---

212) 니체(Nietzsche), *Beyond Good and Evil*, 175.

런만이 지금까지 인간의 모든 향상을 이루어왔다는 사실을 그대들은 알지 못하는가? 영혼의 힘을 길러주는 불행에 있는 저 영혼의 긴장, 위대한 몰락을 바라볼 때의 영혼의 전율, 불행을 짊어지고 감내하고 해석하고 이용하는 영혼의 독창성과 용기, 그리고 언젠가 깊이, 비밀, 가면, 정신, 간계, 위대함에서 영혼에 보내진 것: 이것은 고통을 통해, 엄청난 고통의 훈련을 통해 영혼에 보내진 것이 아닌가?213)

근대성의 종말에서 우리가 직면한 근본적 신학문제는 고통을 없애는 것도 아니고 고통을 늘려 그것에서 이익을 얻는 것도 아니다. 돈을 추구하는 무조건적 신학은 우리가 고통을 겪지 않도록 누가 우리를 대신할 것인가를 묻는 것이다. 고통을 겪는 사람들을 위해서이든, 혹은 이익을 얻는 사람을 위해서이든, 삶 자체는 고통이자 영양의 분배, 관심과 헌신이기 때문에, 그것은 삶의 의미를 끝내도록 추구하는 것이다. 살과 피를 위임하는 책임을 거절하는 것은 삶의 책임을 거부하는 것이다. 그 목표는 삶을 위해서나 삶에 대항하거나, 또는 고통을 위해서나 고통에 대항하기 위한 판단을 내리는 것이 아니라, 진정한 건강과 부를 만드는 방식으로 그것에 반응하는 것이다. 그런 창조는 오직 삶 자체가 위임될 때만 일어난다. 근본적 신학적 문제는 사람이 시간, 관심, 그리고 헌신을 분배하는 방식이다. 헌신을 부인하는 것은 살과 피를 희생하는 형태로 다른 사람에게 헌신을 요구하는 것이다. 신학을 거부하는 것은 잔인하고 무분별한 신학을 실천하는 것이다. 근본적 문제는 이것이다. 무엇이 살과 피, 시간, 관심 그리고 헌신을 희생할 만한 가치가 있는가?

---

213) 같은 책, 134.

그런 문제에 대한 모든 해답은, 명목상으로 종교적이든, 정치적이든, 신용의 촉진을 위한 기관을 이루어 효과적 협력이 만들어지도록 하는 것이다. 우리는 이것을 물어야 한다. 돈은 살과 피를 희생할 가치가 있는가? 더 효과적으로 건강과 부를 분배할, 신용과 협력을 촉진시키기 위한 더 나은 기관이 있나? 진정한 혁명은 기관적 개혁을 통해 이루어진다. 그것은 국가, 기업, 은행 혹은 금융투기자들이 지닌 기존의 힘을 부여잡는 문제가 아니다. 그것은 새로운 형태, 기능, 그리고 목적을 줄 낡은 기관들과 교류할 새로운 기관에서 구현되는 새로운 힘을 만들어 내는 문제다. 기존의 자본가 신용화폐의 기관은 필요하지 않다. 영국은행에서 효과적으로 제도화되고 전 세계로 모방된 현재 체계는 일련의 신학적, 정치적, 그리고 경제적 문제들을 풀도록 마련되었기 때문에, 어떤 것도 새로운 종류의 신용이 만들어 지는 것을 막을 수는 없다. 근대성의 종말에서, 우리의 문제는 변화되었다.

어떤 효과적 혁신은 반드시 성공적으로 아래와 같은 근본적 문제들을 풀어야 한다.

1. 신용은 신용의 가치가 있는 것에 주어져야만 한다. 평가와 통화, 윤리와 경제 사이의 결별은 극복되어야 한다. 돈의 흐름은 효과적 평가들에 의해 수행되어야 하며, 효과적 평가가 돈의 흐름에 의해 수행되어서는 안 된다.

2. 지속성과 수익의 상충되는 요구가 조화를 이루어야 한다. 스스로 생산된 수단으로 알려진 자본과 신용의 역류를 그 기원의 초점에 두는 수익 사이의 결별은 극복되어야 한다. 수익증가는 효과적으로 부를 늘리는 것으로 상징되어야 한다.

3. 세속과 종교 사이, 세상의 보물에 정성을 들이는 것과 하늘의 보

물에 관심을 쏟는 것 사이의 구별은 극복되어야 하는데, 공공복지는 항상 살과 피의 위임에 기반을 두기 때문이다. 사람이 자신의 삶을 시간, 관심, 그리고 헌신으로서 주는 문제는 신자와 비신자를 막론하고 우리 모두가 직면하는 문제이다. 그것은 문제되는 것에 관심을 두는 회계와 기록의 체계를 개발하는 문제이다. 생산의 물질적 조건과 신용의 영적 조건 모두는 숙고의 초점을 맞추도록 대체해야만 한다.

새로운 천 년은 이런 근본적 문제들과 싸우는 힘을 해결하는 기관적 혁신의 수많은 계획을 필요로 한다. 그런 계획들은 토착적 공동체들, 개발도상국가들, 국제적 종교기구, 그리고 국제주의자 운동이 가장 잘 개발되고 수행될 수 있을 것이다. 우세적 국가, 기업, 금융기관, 그리고 대학들 같이 힘의 정점에 가까운 부류는 현재 체계에 대한 대안들을 찾는데 그리 관심이 없는데, 부채에 억압되어 있는 사람들은 새로운 종류의 신용을 실험하는 것에 가장 절박하기 때문이다.

8장 _ 겸허한 제안: 신용평가

경제개혁을 위한 제안들은 다음의 기준들로 평가해야만 한다.

1. 이들이 실제로 세계경제체계의 전적 본질을 변화시키는 효과적 개혁을 수행하는지.
2. 이들이 생활필수품을 제공하는 정상적 경제과정에 크게 지장을 주지 않고 효과적 개혁을 이룰 수 있는지.
3. 이들이 모두를 위한 번영과 건강의 면에서 더 나은 결과를 가져오는지.
4. 이들이 경제생활을 형성하는 진정한 원칙에 따라 고안되었는지.

급진적 개혁을 위한 기존의 제안에서 배워야 할 것이 많다면, 대부분의 사람은 기존체계를 고치려 하거나 돈을 계급적 경제학자들이 설명하는 이상적 대상으로 변형시키고자 할 것이다. 하지만, 여기서 알아본 생태학, 정치학, 그리고 돈의 신학의 이해에 기초하는 것은 아무것도 없다. 더 창조적 작업이 필요하다.

새로운 기관의 발명은 자연스럽게 철학자들의 정신에 다가 오지 않는다. 개념과 원칙에 더욱 친숙한 정신은 그것이 기관을 고려할 때 다소 확장된다. 다음의 제안들은 굉장히 잠정적인 것으로 여겨져야만 한다. 주요한 목적은 어떻게 사람이 돈의 신학을 기관의 발명에 적용하기 시작하는가를 설명하는 것이다. 사람은 이런 제안들이 궁극적으로 나쁘게 나타나지 않을 것이라는 것을 확신할 수 없다. 그럼에도, 사람은 정치적 삶에 철학자들이 준 영향이 크다는 것을 인정해야만 하며, 비록 그런 영향이 파괴적 결과를 가져왔다 하더라도, 우리가 개선을 위해 끊임없이 개선하려고 노력해야 한다. 새로운 기관들이 발명됨을 통해 개념과 원칙들의 윤곽을 그리는 것이 가능하다면, 그런 개념과 원칙들은 지속적으로 비판 받을 필요가 있다. 그러므로 이 연구에서 윤곽을 그려내는 문제들 및 다음의 개략적 제안들과 더불어 상상적이고 비판적 참여는 자본주의자 신용화폐체계의 대안 고안에 기여할 수 있다는 희망이 있다.

근본적 목적은 신용과 투자의 흐름이 가장 문제되는 것을 향해 가도록 하는 것이다. 현 세계는 평가 기관들이 부족한 것이 아니다. 미디어, 싱크탱크Think Tanks, 시민사회기구, 자선단체, 종교기구, 언론그룹, 정치체, 그리고 대학들 모두가 그런 기능을 한다. 그런 평가에 대한 문제는 단순히 합의가 부족한 것이 아니다. 결국, 다양한 필요가 다양한 평가에 의해 맞닿을 수 있다. 평가에 의해 신용의 지향을 막는 문제는 그런 평가에 부속된 권위 혹은 사회적 효율성의 부족이다. 보통 민주적 해결은 이성에 의한 평가의 권위를 기반으로 이루어진다. 객관적 진리의 객관성은 결코 사상 속에 분명하게 나타나지 않기 때문에, 그리고 가치 중의 가치는 보편적 측면과 만나지 않기 때문에, 사람은 표상, 논쟁, 그리고 설득으로 해내야만 한다. 사회적 권위는 단순히 합의에 근거를 둔다. 합의는 의견의 흐름에서 발견되는 것보다는, 특정한 관점과의 조화에서 더 쉽게 형성될 수 있다. 하지만, 합의를 형성하는 과정은 수많은 외부적 힘에 방해를 받는다. 먼저 질문은 그들이 분명히 제기한 문제에만 대답을 찾을 수 있다. 문제와 질문의 형성은 문화, 전통, 그리고 정치적 이해관계에 의해 규정된다. 우세한 정치적 규범은 만들어진 합의에 영향을 끼친다. 두 번째로, 덕, 장점, 그리고 위신의 내적 규칙들은 어떤 평가적 질문 속에 나타난다. 주변 사람들에게 존중의 시선을 얻으려 하는 것은 정말 문제되는 일에 집중하지 못하게 할 때도 있다. 지적 삶에서는, 혁신의 목적, 즉 특정 태도를 취하고 인식을 얻거나 혹은 수용할 수 있는 패션을 따라가는 것은 가장 문제되는 것을 주의 깊게 고려하는 것에 우선한다. 세 번째로, 연구는 돈의 흐름을 따르는 경향이 있다. 돈은 연구의 흐름을 따르지 않는다. 투자가 평가에 종속되는 것보다는 평가가 수익에 종속된다. 즉, 이성적 합의에 대한 호소의 민주적 해결은 실패하였으며, 정도의 차이는 있을 지라도, 항상 그러할 것이다.214)

대신, 평가는 더 이상 보편적인 것으로 간주되어서는 안 된다. 실제로 만약 평가가 지역적, 부분적, 그리고 반응적이라면, 평가는 가장 긴급하며 지역적 필요를 더 효과적으로 말해 줄 수 있을 것이다. 합의는 오직 가장 지역적 수준에서만 성취될 수 있다. 노동분업은 평가의 분업에 의해 보완되어야 한다. 그것이 다른 기술, 지식, 도구, 시설, 그리고 조건을 필요로 하는 수많은 직무를 수행하는 같은 노동자를 갖기에는 크게 효율적이지 않은 것처럼, 각각의 문제에 대해 박학하고 균형 잡히며 민감한 시각을 갖기 위한 민주적 주제를 기대하는 것도 상당히 비효율적이다. 만약 실제로 이미 수많은 사례가 그렇다면, 평가를 효과적으

---

214) 1711년의 조셉 애디슨(Joseph Addison)의 언급에 주목할 것. "조폐국과 논쟁하는 사람은 이성과 철학에서 그것들을 이끌어 내는 사람보다 훨씬 빨리 자신의 적을 설득시킬 것이다. 금은 이해의 놀라운 처분자(clearer)이다. 금은 즉시 모든 의심과 양심을 소멸시키며 스스로를 가장 비열한 역량에 순응시키고, 시끄럽고 떠들썩한 사람들을 조용하게 만들며 가장 완고하고 융통성 없는 사람들을 데리고 온다. 마케돈의 필립은 이런 방식에 있어서 불굴의 이성을 가진 사람이었다. 그는 이것으로 아테네의 모든 지식을 반박했으며 자신의 정치인들을 당혹스럽게 했고, 웅변가들을 놀라게 했으며, 오랜 시간 동안 그들의 모든 자유를 빼앗는 긴 논쟁을 벌였다." 다음에서 인용됨. 잭슨(Jackson), *The Oxford Book of Money*, 286.

로 구현하는 사회적 권위를 합의 및 부채 모두에서 떼어 놓아야 한다.

평가는 상품처럼 생산된다. 나아가, 평가의 생산은 지식, 전문기술, 개성, 민감성, 문화 및 훈련을 요구하는 정교한 활동이다. 평가의 생산은 상품의 생산과 서비스의 공급과 같이 건강과 부에 기여하는데 중요하다. 나의 제안은 이것이다: 효과적 평가의 생산과 분배에만 관련된 경제의 2차적 단계가 필요하다. 수요는 생산만큼 조심스럽게 관리되어야 한다. 원칙적으로, 그런 부차적 단계는 이미 시민사회의 기관 속에 존재한다. 하지만, 그런 기관은 돈의 흐름에 의해 제약되는 한 외부의 영향을 받지 않는 독자적 평가를 효과적으로 내리지 못한다. 그러므로 평가의 부차적 단계는 담론과 돈과는 별개의 새로운 중개를 필요로 한다.

그러므로 기관적 혁신은 심층적 단계평가적 중개 가운데 하나에서 요구된다. 상품과 서비스의 생산에서 돈의 흐름을 중개하는 은행과 금융기관에서 유추하건대, 그것들에게 평가기관이 사회적 효율성을 수용하도록 신용의 흐름을 매개할 필요가 있을 것이다. 상업과 개발이 순환 속에서 충분하지 않은 돈이나 신용 때문에 어려움을 겪는 것처럼, 만약 그러한 평가들이 권위를 결여한다면, 평가의 효율성 역시 억제된다. 요컨대, 돈과 같은 것은 다양하고 지역적 평가가 효과적이 되도록 하고자 필요하다. 신용평가의 새로운 형태는 통화, 신용, 그리고 평가의 기능을 종합해야 한다. 그러므로 나는 신용평가가 돈과 상품, 그리고 서비스와 함께 순환해야 한다고 제안한다.

영국은행이 통화가 신용에 종속되도록 하는 그런 방식으로 통화와 신용의 기능을 혼합할 수 있었던 것처럼, 신용이 평가에 종속되는 방식으로 신용과 평가의 새로운 결합을 건설하는 것이 필요할 것이다. 다음의 조건들을 만족시키는 것이 필요하다.

1. 평가는 그것을 지향하고 안내할 돈의 흐름에 평상적인 영향을 가질 필요가 있다. 신용을 평가의 대상으로 안내하는 어떤 종류의 기관적 준비가 필요하다.
2. 효과적 평가를 할 수 있는 역량은 모든 사람이 욕망해야 할 고유한 선이다. 이런 역량은 돈의 모습으로 이미 존재하는 것 같다. 돈과 함께 그것들을 사용하게 해 주는 신용평가을 위한 어떤 종류의 수요가 필요하다.
3. 평가 신용은 돈과는 다른 방식으로 흘러야 할 필요가 있다. 화폐의 힘은 투자의 순환과 수익의 환류reflux를 통해 이루어지며, 평가 작업을 단락short-circuiting시킨다. 정반대의 것이 신용평가과 더불어 나타나야 한다. 수익률은 평가력을 결정하는 기준으로서 투자 시에 돌봄으로 대체되어야 한다.

돈과는 달리, 신용평가은 본래 이전되는 것이 아니다. 사회적 평가의 각각의 행위는 네 명의 당사자 사이의 계약으로 간주되기도 한다:

1. 평가를 내리는 사람
2. 평가를 받고, 그럴 만한 가치가 있는 상품에 투자를 수행하는 사람.
3. "평가적 기관"으로 불리며, 평가 과정에 전문기술을 제공하는 기관.
4. "신용평가은행"이라고 불리며, 사회적 효율성을 그런 평가로 돌리는 기관.

　이것이 평가의 분배의 고유한 구조이다. 신용은 즉각적 교환도 아니며 영구적 의무도 아니다. 신용은 오랜 기간 지속되는 투자행위다. 평가가 얼마나 진지하게 이루어지는지는 그것에 헌신한 시간의 양으로 측정된다. 그러므로 사람은 평가적 계약이 시간의 최소기간 동안 지속된다거나 혹은 그런 신용이 최대 투자율와 회수율을 수반한다고 제시할 수 있다. 그렇지 않으면, 사람은 양쪽의 특징을 모두 결합할 수 있다. 신용평가의 가치는 지속성이나 투자율에 달려 있다. 그런 체계는 더 큰 중대성을 얻고자 시간 면에서 능률을 희생할 수 있다.

　효과적 평가를 하거나 신용평가을 발행할 힘은 자연권natural right이나 인권으로 모든 사람 안에 있는 것이 아니다. 반대로, 그것은 사회적 권위에 의해 수여된 특권이다. 그러므로 모든 구성원에게 평가를 내릴 힘을 부여하는 신용평가은행을 갖는 것이 필요할 것이다. 민주적 기구에서 투표할 자격을 얻는 원칙에 비교해 보면, 회원 자격을 위한 원칙은 넓은 영역의 정치적, 도덕적, 그리고 실제로는 신학적 차이점의 대상이다. 무엇이 평가할 수 있는 회원으로 어떤 사람을 포함시키는가? 모든 사람이 들어가야 하는가? 모든 회원은 동일한 평가의 힘을 가져야 하는가? 신용을 조절하는 평가은행에서 돈을 투자함으로 평가할 힘을 사는 것이 가능해야 하는가? 은행에 투자되어야 하는 개인의 부의 몫으로 평가적 힘이 측정되어야 하는가?

　그런 차이점은 쉽게 해결될 것 같지는 않다. 그러므로 사람은 포함, 배제, 그리고 평가적 힘의 분배에 관해 각각 자신의 정치적, 도덕적, 그리고 신학적 관점을 표현하는 다양한 평가은행을 예측할 수 있다. 개인은 자신의 신념과 선호를 가장 잘 표현하는 은행에 기부할 수 있다. 그런 은행들이 국제적 범위가 될 수 있고, 거래를 성사시킴을 통해 서로와 관련을 맺으며, 평가의 효율성을 넓은 범위로 전달하게 해준다면,

평가를 만드는 기관들은 더욱 지역화 된 태도를 가지면서 시급한 지역적 필요를 국제적으로 모아진 지식, 기술, 그리고 경험으로 채운다.

그러므로 평가적 경제의 부차적 단계는, 이런 새로운 두 종류의 기관들이 관습적 경제 속에 기존의 사업과 은행이 하는 역할에 반응하는 것을 필요로 한다. 신용의 흐름 속의 단락을 막으려면, 둘 사이의 구분을 신중히 규제하는 것이 본질적이다. 정치와 종교, 국가와 교회, 무력과 신앙의 힘 사이를 차별화하는 대신, 평가의 힘과 평가를 효과적으로 하는 힘 사이를 차별화 하는 것이 필수적인데, 이 두 개의 단락은 평가적 권위가 자신의 평가에 권위를 주는 상황으로 다시 돌아오기 때문이다. 이것은 정확하게 돈과 관련된 문제로서, 시간의 본질이 소모되거나 주어지는 것이기 때문에, 평가의 본질은 신용이 투자되어야만 하는 것이다. 오직 이질성만이 적응, 유연성, 그리고 비판을 위한 범위를 열어놓을 수 있기 때문이다. 자기확신의 자기애적 순환은 항상 맹목적이고 암적인 것이다.

과정은 [표1]에서 보이는 것처럼 작용한다. 지역적 단계에서는, 체계가 투자를 위한 평가자와 기업을 통해서 작용한다. 투자는 항상 이중적이다. 한편으로, 기업이 투자할 만하다는 평가가 내려진다. 다른 한편으로, 신용이나 유효수요는 투자의 대상으로 여겨진다. 기업에서부터 투자자에 이르기까지 단락short circuits을 환류reflux는 존재하지 않는다. 신용과 평가의 이중성은 신용계약의 단독 행위에서 표현된다. 하지만, 신용의 효율성이 신용평가은행에 의해 뒷받침된다면, 그 평가적 차원은 평가적 기관들에 의해 후원된다.

이것이 기존 경제에서 부차적 단계이기 때문에, 신용평가은행은 화폐경제에서 나온 수단으로 투자된 신용의 효율성을 보증해야만 한다. 대출을 발행하는 것이 필요하며, 이 대출은 이자로 은행에 되돌아 올

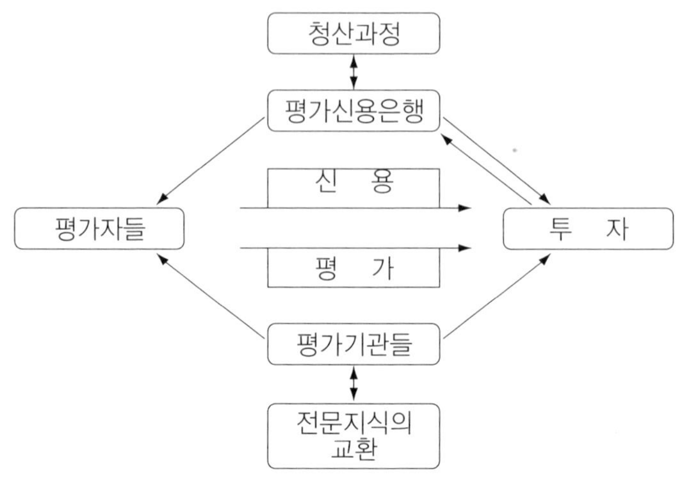

[표1. 평가신용의 체계도]

것이다. 지금은 몇몇 합당한 기업들이 화폐로 수익을 거두지만, 다른 기업들은 직접적으로 수익을 올리지 못하게 될 것이며, 오직 다른 사람의 수익으로 이어질 것이다. 만약, 기업들이 가치 있는 상태로 남아있다면, 이들은 지속적으로 신용을 끌어들여서 꾸준히 증가하는 영구적 "대출"로 자금을 마련할 것이다. 영구적 대출을 지시할 능력은 국가나 거대한 기업에 제한되어선 안 된다. 그것은 진정으로 합당한 기업이 할 수 있도록 해야 한다. 대출 규모가 커짐에 따라, 그런 기업들은 자신들의 의무를 수행할 책임의 무게를 체감한다. 그런 대출은 결코 상환할 필요가 없으므로, 빚의 최악의 결과는 면한다. 기업의 종말로 이어지는 대출에 대한 신용과 채무불이행의 손실조차 재앙적이지 않은데, 그것은 오직 서비스가 더 이상 필요없게 될 때만 일어나기 때문이다. 물론, 그런 합당한 기업들에 의해 소비되는 돈은 즉각적으로 은행에 돌아가지는 않는다. 그것은 세계경제를 통틀어 순환할 것이다. 만약 대출이 다른 곳의 경제성장에 기여하며, 또한 만약 은행이 수익을 거둘 능력이 있거나 경제성장을 통해 돈을 되돌려 받을 능력이 있다면, 은행이 직접적으로 그 "악성" 대출을 돌려받을 필요는 없다.

몇 가지 큰 문제가 이런 체계 속에 남아있다. 평가기관은 어떻게 운영기금을 마련해야 하는가? 이들은 투자를 위한 비수익적 기업으로 취급되기도 한다. 평가기관들은 서로에게 투자를 추천할 수 있지만, 그들 스스로 투자를 추천할 수 없다는 것이 보장되어야 한다. 평가기관들에 부여된 신용은 항상 다른 곳에서 와야 한다. 나아가, A→B→C→D→A 형태의 평가순환의 완성은 전체 고리의 신용을 충분히 무효화할 수 있어야 한다.

우리는 여기서 더 진전된 결론에 이른다. 각 평가자는 투자를 위한 결정적 수많은 신용을 가질 수 있다. 일단 투자되면, 그런 신용은 사회적 효율성이나 화폐가치의 면에서 달라질 수 있다. 신용을 무효화하는 가능성은 그들의 가치 속의 변형으로 이어지며, 우선 먼저 전체 가치 혹은 0의 가능성을 준다. 신용평가은행이 강하게 주장하는 원칙에 따라, 화폐가치의 중대성은 또한 투자를 위한 건강한 환경을 조성하도록 더욱 다양화될 수 있다. 그런 원칙은 다음의 것들을 포함한다.

1. 전체 과정의 생존 보증을 위해 신용의 가치는 통화가 서로에게 관련된 가치 속에 떠도는 것처럼, 신용평가은행의 예비자금으로 균등하게 달라질 수 있다.
2. 신용의 지역화와 다양화를 보증하도록, 신용은 투자자의 수와 반비례로 상대적 가치를 증가시켜야 한다. 환언하면, 개인적 평가는 대규모의 집단적 평가보다 더 효과적이다.
3. 진정으로 가치 있는 기업들에게 신용이 투자된다는 것을 보증하도록, 투자자혹은 차후의 신용의 가치에 허락된 신용의 수는 기업 속

에서 차후의 투자자의 숫자에 비례하여 증가해야 한다. 이것은 앞
선 원칙을 거스르는 것으로 보일 수도 있지만, 시간에 따라서 달
라진다. 그것은 경제적, 평가적 기회를 찾을 수 있는 투자자들에
게 더 큰 힘을 부여할 수 있다. 물론, 비록 다소 연기된 것일지라
도, 그것이 합의의 정도에 호소한다는 점에서 이상적인 것은 아니
다.

4. 신용의 다양화를 보증하도록, 신용은 어떤 단일 평가자에 의해 더
널리 분산된 상대적 가치로 증가되어야 한다.

5. 효과적 상호교류cross-fertilization를 보증하도록, 신용은 동일한
투자를 추천하는 다른 평가기관의 숫자에 비례하여 상대적 가치
로 증가되어야 한다.

6. 평가를 내리기 위한 힘이 그 자체로 가치 있다는 것을 보증하고
자, 신용평가을 발행할 힘을 빌려올 수도 있다. 그런 방식으로 발
행된 신용평가의 상환은 미래의 특정한 시간에 확정적 가치의 신
용의 사용을 어김을 통해서만 얻어질 수 있다.

그런 원칙들은 다른 문제로 이어질 확률이 크며, 여러 방법으로 시
스템을 사용하여 한 개인에게만 유리하도록 사용될 수 있다. 이런 것들
은 기술적 방법으로 규제되어야 한다. 또한 그런 원칙들이 고도의 기술
적 발전에 예속될 확률도 크다. 이 단계에서, 이들은 단순히 더 생각해
보아야 할 제안이나 예증illustration일 뿐이다. 평가경제를 구상할 때,
자연시스템 속의 복잡성, 다양성, 음엔트로피negentropy, 그리고 생태
학적 균형의 출현과 단일문화, 엔트로피, 그리고 기존 경제체계 속 불
균형 사이의 대조를 주목하는 것이 중요하다. 새로워지고 건강한 경제
질서 건설을 위한 원칙들은 생태학적이고 생리적 질서 속에서 발견되

는 성공적 원칙들에서 유추함으로 창조될 수 있다.

대안적 신용체계를 고안하는 것은 상대적으로 쉽다. 원칙적으로는, 계산의 힘과 가상적 모델링이 주어져, 어떤 종류의 경제력도 가공될 수 있다.215) 신용평가은행을 둘러싼 전체 체계는, 돌봄과 공급의 건강한 사회적 힘을 조성할 화폐경제의 해로운 사회적 힘을 제거하는 필터로 작용하도록 고안되어야 한다. 기업들 간의 관계가 화폐적이고 경제적으로 남게 된다면, 돈의 흐름은 신용과 평가의 흐름에 의해 주로 이끌려야 한다. 게다가, 그런 체계는 본질적으로 매력적이어야 한다. 한편으로, 신용평가을 발행할 힘은 투표하는 힘보다 더욱 중요하다. 그러므로 신용평가 체계는 경제민주주의의 진화 속에서 더 발전한 단계로 인식할 수 있다. 일단 주권적 국가에서 힘의 주요한 행사가 단순히 힘의 행사나 규제의 제정으로 이루어지는 것이 아니라, 선택적 자금제공에 의해 힘이 부여된 경영적 결정의 발휘로 구성된다면, 주권적 힘에 진정으로 참여하는 것은 투표권을 넘어서서 효과적 평가를 발행할 힘으로 확대된다. 다른 한 편, 만약 신용이 진정으로 합당한 기업들에 투자되는 것이라면, 신용은 환경자본, 인간자본, 사회자본의 증가로 이어져서 국가를 더 부강하게 한다.

하지만, 그런 체계를 위한 주요한 문제는 그것이 기존의 경제적이고 정치적 기후 속에서 실행할 수 있고 자라야 한다는 것이다. 실제로는, 신용평가은행에 돈이 환류 되어야 한다. 어떤 방식으로는, 그런 은행은 공공서비스의 재정과 공공선을 위한 돌봄을 가능하게 하는 의미로 현존하는 민족국가의 어떤 기능을 취한다. 하지만, 국가와는 달리 그것은 평가를 내리는 것과 그런 평가에 효율성을 주는 기능을 분리한다. 정치

---

215) 버나드 리타에(Bernard Lietaer)는 무제한적 기술가능성에 대해 열정적이다. 다음을 보라. Lietaer, *The Future of Money*.

적 관심에서 분리되어 화폐의 안정적 공급에만 관심을 두는 현대의 중앙은행 같이, 평가를 내리는 직무가 기관과 개인에 양도되었다면, 신용평가은행은 오직 평가를 위한 효과적 기후의 공급과만 관련 있다.

신용평가은행에 돈의 환류를 보증하기 위한 두 가지 접근이 있다. 원칙적으로 신용평가은행은 국가적 정책의 문제가 되어 과세를 통해 국가가 자금을 댄다. 실제로, 만약 체계가 효과적으로 돌아간다면, 그것은 경제발전을 조성하고 도덕적 순환 속에서 과세의 진행을 향상시킨다. 하지만, 그런 정책을 수행함에 어려운 점은 금융자본에 의해 부과된 국가 정책의 자율성에 관한 제약에서 생긴다.

하지만, 재정지원의 두 번째 원천이 있다. 신용평가은행이 관습적 경제와 평가적 경제 모두에 동시에 참여하는 것이다. 다른 일반 은행처럼, 신용평가은행은 예금을 받고 대출을 해주며 관습적 화폐로 수익을 분산할 수 있어야 한다. 그런 은행은 개인소유거나 국가소유라서 인수자들이나 마켓 포스market force, 정부나 기타 기관의 개입 없이 시장상황에 맞게 자율적으로 가격을 결정하는 시장의 힘-역주에 적대적이지 않아야 한다는 것이 필수적이다. 주주에게 분산되는 대신, 수익은 신용평가에 기금을 마련하는데 사용된다. 그런 은행은 관습경제 속에서 고수익적이 되어야 하며 다른 은행들과 같은 방식금융시장과 통화거래에 대한 투기로-으로 수익의 대부분을 벌어야 한다. 세금으로 관습경제를 기생적으로 먹이는 대신, 투기로 관습경제를 기생적으로 먹여야 한다. 실제로, 투기를 위한 가장 확실하고 수익적 자산은 바로 세계경제 속의 부의 광대한 흐름의 집중화를 표현하는 그러한 것들이다. 가장 강한 통화에 투기하는 것은 전체로서의 세계경제에서 나온 신용의 더 큰 부분을 추출하는 것이다. 이것은 전 체계의 윤리학을 절충하는 것처럼 보일 수도 있다. 그럼에도 신용은 살과 피로 쓰 보증에 대해서만 오직 발행될 수 있다. 대안

적 경제체계의 성장이 생산성 증가와 효과적 평가를 위한 힘에 기반을
둬야 한다. 성공을 보증하기에 부와 매력만으로는 부족하다. 화폐수입
은 세금이나 투기로 보증되어야 한다. 문제는 냉혈한 사회의 유토피아
적 이상 속에서 희생을 회피할 수 있는가가 아니라 그것이 희생할 가치
가 있느냐이다. 만약, 효과적 평가를 내릴 힘이 다시 한번 세계 경제를
뒷받침하는 희생 위에 부여된다면, 오직 평가의 순환만이 한 바퀴를 돌
아 제자리로 돌아오게 된다. 정의는 오직 희생, 관심, 그리고 헌신의 희
생이 효과적으로 포함될 때에만 일어난다. 평가적 경제가 세금으로든,
혹은 투기에 의해 자금이 마련되든, 전체 체계를 가능하게 하는 고유한
폭력이 평가의 내적 관계를 절충한다는 것을 확증하는 것이 중요하다.
게다가, 현대 통화가 금의 지원 없이 자유로이 떠다니는 것처럼, 신용
평가이 언젠가는 어떤 예비금의 후원 없이도 충분한 신용의 가치를 지
녀 그 장점을 나타낼 수 있을 것이다.

　[표2]에서 보는 것처럼, 신용평가은행은 영국은행에 의해 해결된 사

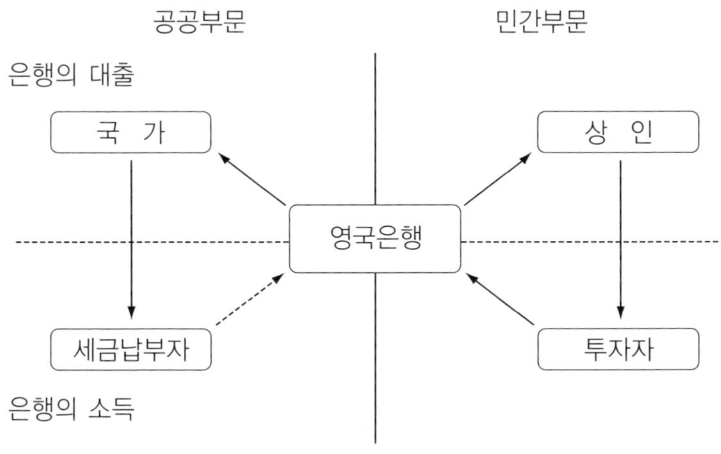

[표2. 영국은행의 사회적 구조]

회적 힘들에서 구조적 모델을 취할 수 있다. 영국은행은 각각이 다른 것의 성공에 의존하는 공적이고 민간적 순환 사이의 결합을 형성했다. 한정된 예비금은 세금을 통해 재순환되는 공적 지출을 통해 순환의 기초로서 사용되었다. 동시에, 예비금은 수익과 이자상환을 통해 재순환되는 민간대출을 위한 기초로서 사용되었다. 증가된 공공지출은 증가된 수요, 증가된 생산, 그리고 증가된 수익으로 이어진다. 동시에, 증가된 투자는 증가된 경제성장과 세금을 통해 증가된 세수로 이어졌다. 그런 것은 세계경제 체계의 기관적 중심이다.

[표3]에서의 돈의 순환으로 묘사된 것처럼, 세금납부자와 투자자, 은행, 그리고 국가 사이의 효과적 연합이 그 결과다. 돈이 한 방향으로만 흐른다면, 상품과 서비스는 반대 방향으로 되돌아온다. 비록 이 돈이 증가하는 부채의 양에 의해 효과적으로 인수된다고 할지라도, 순환에서 돈의 양과 속도는 경제성장과 나란히 증가한다. 신용평가은행은 유사한 구조를 지닌다. 그것은 돈의 순환과 신용의 순환 사이의 결합을

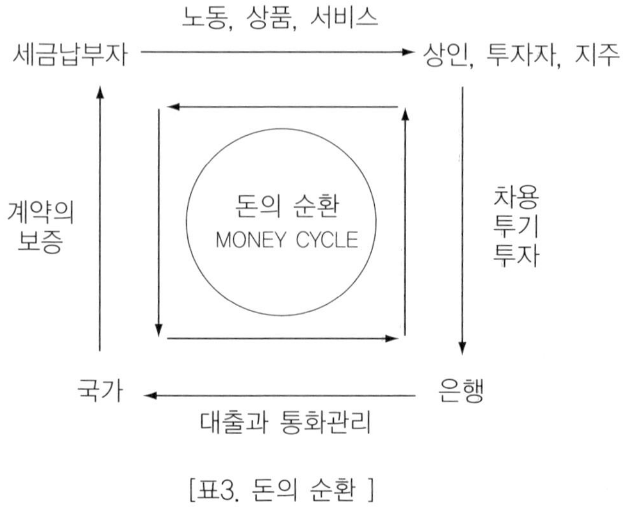

[표3. 돈의 순환]

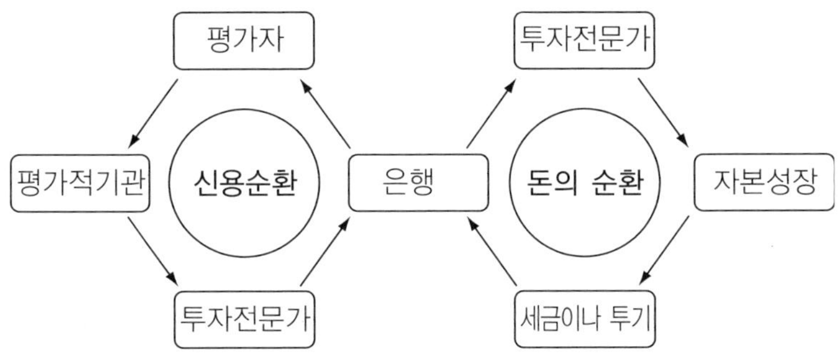

[표4. 신용의 통합과 돈의 순환]

형성한다. 비록 직접적으로 이전될 수는 없지만, 신용평가는 투자에 대한 자신의 태환성convertibility에서 그 가치를 유지한다. 평가의 이중적 순환은 [표4]와 같이 나타날 수 있다. 여기서 선순환virtuous circle의 열쇠는, 효과적 자본성장이 세금이나 투자를 통해서 평가적 투자의 성장으로 이어져야 한다면, 평가적 투자는 효과적 자본성장으로 이어져야만 한다는 것이다.

그렇지만, 신용이 자본의 음엔트로피적 형태이기 때문에, 선순환을 더 고려해야 한다. 신용이 더 많이 주어질수록, 거기에는 순환에서 더 많은 신용이 있다. 불교에서 말하는 공적의 개념처럼, 즉 그것이 다른 사람에게 전달될 때 늘어나는 관대함, 도덕성, 그리고 명상을 통해 도덕의 분량을 얻는다면, 신용 역시 신용이 주어졌을 때 증가하는데, 신용 자체는 신용평가을 위한 계약에서 물질적 구현으로 축소될 수 없기 때문이다. 효과적으로 신용을 발행하는 사회적 권위의 근원에 대한 신용의 환류가 있다. 신용평가이 작용하려고 체계가 더 효과적이 될수록, 그것이 가진 명성도 높아진다. 시장이 딜러dealer, 예비금, 그리고 명성에 의해 가능해지는 것처럼, 신용평가은행도 명성과 더불어 예비금에 의해 후원되는 딜러이다. 실제로, 그것은 명성으로 예비금을 얻을 수 있다. 종교적이든, 다른 것이든, 일반적으로 거대한 기관이 큰 액수의 기부금에 의해 기금을 모으는 것처럼, 수많은 신용평가은행도, 만약 그 가치를 인정받는다면, 기부금에 의해 시작되고 확장된다. 하지만 기부 금은, 개인투자자로서든, 평가기관에서 일하는 근로자로서든, 혹은 평 가경제에서 후원을 받고자 하는 투자자로서든, 평가경제에 참여하는 것보다는 중요성이 떨어질 수 있다. 간단히 말해, 평가경제가 더 성장 할수록, 평판은 더 높아지며 신용의 등급도 더 커진다. 그러면, 평가를 한 번 더 가능하게 하는 조건을 제공하기 위한 평가에서 빠지는 것은 금욕적 포기 행위와 비견되는 지극히 가치 있는 행위가 된다.

신용평가를 발행하는 것은 합당한 생산에 투자하는 것이며 공급과 돌봄을 표현하는 것이자, 평가에 효과적 힘을 주는 권위를 일깨우는 것 이다. 신용평가을 발행하기 위한 힘을 가지는 것은 가장 근본적 질문들 을 마주하는 것이다. 진정한 부는 무엇인가? 시간을 어디에 소비하는 것이 가치 있는가? 효과적 힘의 근원은 어디 있는가? 그런 질문들은 더 이상 추상적이고 철학적 의미로 제기되지 않는다. 그런 질문에 대답하 는 것은 보편적이거나 개념적일 필요는 없다. 그 질문은 인식할 수 있 는 어떤 것보다 무엇이 문제되는가를 밝히는 것이 아니다. 그것은 단순 히 긴급하게 시간, 관심, 그리고 헌신을 요구하는 것을 밝히는 문제다. 그런 평가들은 부분적이고, 지역적이며 반응적이다. 실제로, 신용평가 체계는 다양성으로 말미암아 융성해 지며 평가적 노동의 분업을 즐기 는 것이다. 물론, 긴급한 요구들이 충족될 것이라는 보증은 없다. 하지 만, 그들이 식별되듯이, 긴급한 요구 속에 투자되는 신용의 어떤 수단 이 되어야 한다. 평가들이 지역적이고 부분적임에도, 신용평가의 전체 체계는 특정한 주관성을 일깨운다. 그것은 특정한 기술과 특정한 신학을 일깨우기도 한다.

결론

돈의 체계에 의해 환기된 평가 속에는 세 가지 커다란 오류가 있다. 먼저, 계량기, 시계, 그리고 회계장부로, 돈의 의미는 세계에 다시 새겨졌다. 돈의 체계는 가장 문제되는 것에 주의를 기울이지 않는 관점을 환기시킨다. 그것은 그들이 돈을 약속하는 한 모든 것을 고려한다. 반대로, 신용평가 체계는 문제되는 것을 향해 관심을 자신의 외부로 돌린다. 문제는 그것이 될 수 있는 것에 따라 측정된다는 것이다. 문제되는 것의 가치는 그것이 약속하는 것에 있다. 신용평가 체계는 그것의 외부에 있는 것을 돌보는 시각이다.

돈의 체계에서 두 번째 커다란 오류는 그것이 자신의 주체적 힘을 상상하는 주관성을 환기시킨다는 것이다. 세상은 구매될 수 있는 것, 수익적 투자로 이어질 수 있는 것, 그리고 자선의 대상이 될 수 있는 것의 관점에서 검토 받는다. 욕구, 염려, 그리고 연민은 세상을 보는 관점을 형성한다. 욕구, 염려, 그리고 연민의 연극 속에서 긴급한 요구, 주의 깊은 고려, 그리고 합리적 분배는 내적 압박에 의해 전복된다. 반대로, 신용평가 체계는 개인적이고 현재적 순간에서 평가의 짐을 벗어 버리는데, 왜냐하면 감정적 압박에 즉각적으로 반응하며 결정을 내리는 대신에, 전통과 평가 속의 돌봄의 훈련에 기반을 둔 평가적 기관이 결정권자들을 교육할 수 있기 때문이다. 신용평가 체계는 관심의 분배를 보살피는 관점을 환기시킨다.

돈의 체계에서 세 번째 커다란 오류는 그것이 돈의 권위의 정치적 신학을 환기시키는 것이다. 돈은 신용의 근원뿐 아니라 신용의 최고 대상이 된다. 돈은 오직 스스로만을 전달하지만, 자신에게 헌신하는 사람들에게 모든 것을 약속한다. 돈은 최상의 가치로 자신을 상정하면서 다른 가치를 절하시킨다. 신용평가 체계는 또한 그런 오류에 의해 위협될 수 있다. 신용평가은행은 모든 신용의 근원으로서 최상의 헌신을 요구하는 듯하다. 신용평가를 위한 그런 체계의 복수성plurality이 항상 있어야 하는 이유가 그것이다. 오직 지속되는 청산의 문제와 그런 은행들 사이의 비교만이 그런 오류를 피할 차이점을 유지한다. 결국은, 신용평가은행은 단순히 건설된 기관일 뿐이다. 그것이 가진 어떠한 권위도 체계와 실천에 스스로를 참여시키는 사람들에게 전달되어야 한다. 기관의 신용이나 권위는 기계 속의 유령, 시간의 어떤 결정적 기구를 수반하는 영혼과 같다. 그런 영혼들은 객관적 가능성이며, 불가능한 협력과 상호작용을 가능하게 하는 진정한 잠재력이다. 그들이 기관체institu-tional body, 즉 결정적 형태 속에 투자될 때, 그들은 생명이 된다. 오류는 영혼을 깨우는데 있는 것이 아니라 영혼이 오직 신적 형상이라는 가정에 있다. 이런 삶 속에서 신용, 시간, 관심, 그리고 헌신은 시간처럼 분배되어야 한다.

결론 : 구원

　　근대 이성, 근대 정치학, 그리고 근대 경제학은 자율성의 이상에 기반을 둔다. 개인은 미신, 독재, 그리고 전통적 의무와 책무에서 벗어났다. 만약 개인이 외부의 힘에 위협 받았다면, 계몽과 노예해방은 위협을 받는 동일한 주권적 힘을 붙잡음으로 성취될 수 있었을 것이며, 개인의 자율성을 보호하고자 주권적 힘을 사용함으로 이루어졌을 것이다. 그런 노예해방은 오직 부분적이고 이상적일 수 있었는데, 왜냐하면 설령 사람이 그 자신에게만 명령한다 할지라도 명령하는 사람이 있으며, 설령 하인이 오직 자기 자신이라 할지라도, 또한 섬기는 사람이 있기 때문이다. 힘은 관계지 소유가 아니다. 자유는 결코 인간주제에 속할 수 있는 것이 아니다. 만약 주제가 힘을 행사한다면, 그런 힘의 물리적 유효력effective force은 물리적 수단에서 차용되어야 한다. 사람은 오직 조직과 방향에 물리적 영향을 줄 수 있을 만큼의 힘만 갖는다. 유사하게, 만약 주제가 힘을 행사한다면, 사회적 유효력은 영적 수단에서 차용되어야 한다. 사람은 오직 직접 투자된 신용만큼만 힘을 갖는다. 결정의 순간 주권적 힘의 행사는 어떤 물리적 힘과 신용이 가능한지에 달려있다. 물론 그런 결정은 삶의 필수적 부분이다. 하지만, 그들은 그들 스스로를 목적으로 간주할 수 없다. 그렇게 한다면 어떻게 힘을 강화할 수 있을 것인가의 질문을 막아 버리기 때문이며 어떻게 진정한 부가 생성될 수 있는가의 문제를 닫는 것이기 때문이다. 또한 그것은 신용이 어디에 위치해야 하며 가치가 어떻게 평가되어야 하는지의 문제

를 닫는 것이기도 하다. 물론, 그런 질문들이 일시적으로나마 닫힐 때
가 있다. 사회가 그런 폐쇄의 원칙에 기반을 둘 때, 주권적 자유는 방향
을 잃고 만다.

정치적 신학의 근대적 거부는 자율성의 이상에 있다: 사람이 어떻게
자연, 사회 혹은 하나님을 섬길 수 있는지를 묻는 대신에, 사람은 어떻
게 자연과 사회가 사람 자신을 섬길 수 있을지를 묻는다. 그런 자율적
주제에 권위를 부여하는 거부된 영적 에너지는 돈으로 구현된다. 돈은
하나님을 대체했다. 순수한 형태에서, 그런 에너지는 사실상 신용의 힘
이다. 신용은 시간, 관심, 그리고 헌신의 위임 없이는 존재할 수 없다.
마르크스의 말로 바꿔 말한다면, 신용은 삶의 영적 향기이며 다른 모든
색깔을 씻어버리는 일반적 깨달음illumination이다. 신용은 세상의 일반
적 이론이며, 유명한 형태로 된 논리이고 열정, 도덕적 재가, 그리고 엄
숙한 보완이다. 그것은 세상에서 실현된 천국에서 나온 보물이다. 그것
은 순수한 부, 순수한 힘, 그리고 순수한 약속이다. 동시에 그것은 신
앙, 희망, 그리고 자선이다. 동시에 그것은 역사를 이끄는 힘이며 종교
적 열망의 대상이다.

정치적 신학의 근대적 거부는 단순히 문제가 되지 않는다. 그 이유
는 그것이 역사나 신화를 서술하는 것에, 세상을 해석하는 것에, 개인
적 주제를 조언하는 것에, 종교적 공동체를 설명하는 것에, 혹은 주권
적 힘에 주석을 다는 것에 스스로를 가둬버리는 한, 세속적 사고, 즉 근
대 종교적 사상이 인본주의로 널리 남아 있기 때문이다. 신학적 개념은
오직 자연, 사회, 그리고 하나님을 함께 생각할 때만 진정으로 구현되
고 의미 있는 것이 된다. 그런 통일성은 그리스의 형이상학의 영원한
영역에서도 찾을 수 없으며 변화와 과정의 근대 형이상학에서도 찾을
수 없다. 그런 통일성은 약속과 신용에서 찾을 수 있는 것이다.

신학, 정치학, 형이상학, 인식론, 그리고 경제학의 혁명은 세상 기관의 신용과 위임의 자리를 탐험하는 것을 필요로 한다. 그런 혁명은 오직 그것이 기관적 실천 속에서, 그리고 시간, 관심, 그리고 헌신의 위임이 있는 일상적 삶에서 완전히 구현될 때만 일어난다. 신용의 정치학은 미래의 신학을 위한 핵심적 관심이 되어야만 한다. 자본주의자 부채-돈dept-money 체제의 수단으로 신용을 현대적으로 조직함에 있어서 중요한 문제는, 그 반성없는 본질이 아니라 평가의 한계이다. 진정한 노예해방은 인간의 지식이나 의지의 해방이 아니라 평가를 할 인간 역량의 해방이다. 그것은 시간, 관심, 헌신의 해방이다. 그것은 신용이 평가에 종속되는 것이다.

이 책의 제안은 평가의 해방의 문제를 제기하기 위한 것이다. 우리는 하나님과 돈, 그리스도와 적그리스도, 신학적인 것과 세속적인 것, 영적인 것과 물질적인 것의 대립을 넘어서 각각이 제기한 가장 근본적 문제를 설명하도록 추구해 왔다. 나는 여기에 포함된 어떤 기관적 제안이 근대성의 종말의 모든 위기를 풀 수 있다고 예상하지는 않는다. 특별히, 생태계의 효과적 회계와 근대경제체계에 의해 허비되는 생명은 여전히 다루어져야 한다. 소비율의 효과적 억제는 평가의 자유에서 불쑥 나오지 않을 것이다. 효과적 평가와 신용에 덧붙여져야 할 실제비용은 아직 분명하지 않다. 위기와 부채의 폭정에 접근하는 시대에서, 돈의 신출귀몰한 힘이 다루어질 때까지는 이루어질 수 있는 것이 별로 없다. 무엇보다도, 시간, 관심, 그리고 헌신이 다시 한번 효과적 평가를 가능하게 하는 새로운 신용의 기관을 개발하는 것에 전념하는 것이 시급하다.

돈의 신학은 어떤 미래의 신학에 탁월하게 도전한다. 돈은 가치가 올라갈 수 있는 그런 방식으로 돈의 가치를 약속하는가? 만약 그렇다면, 어떤 효과적 신학은 똑같이 그렇게 해야 한다. 영광스러운 미래를 약속하거나 가치의 진정한 의미를 설명하는 것으로는 충분하지 않다. 실제로, 신뢰할 수 있는 약속이 되려면, 수많은 약속을 하지 않는 것이 중요하다. 대신, 효과적 약속은 상황의 진정한 가능성을 식별하고 그것을 현실화 시키는 것이다. 돈이 수익, 즉 더 많은 돈을 약속하는 잠재력을 식별한다면, 효과적 신학은 반드시 스스로 생산될 수 있는 생산의 수단 자본에 대한 잠재력을 식별해야 한다.

돈은 가치가 측정되는 다른 모든 것에 비하여 최고의 가치인가? 만약 그렇다면, 효과적 신학도 그렇게 해야 한다. 그것은 다른 모든 가치를 측정할 수 있어야 한다. 그것은 그것이 발견되는 곳마다 잠재적 가치를 측정하고 인식하고 인정하는 문제다. 돈이 그런 가치에 대한 단일 형태나 수량으로 대체될 때, 잠재력을 가장 잘 활용할 수 없는 이유는 존재하는 실제가치를 인정하지 못하기 때문이다. 대신, 효과적 신학은 모든 것의 고유한 가치를 인정하는 임무를 갖는다.

돈은 입증 할 가치가 있는 투기적 가치일까? 만약 그렇다면, 효과적 신학도 그러해야 한다. 신학은 가능성의 영역, "만약 그러면?"의 영역에 속해 있다. 사람은 어떤 특정한 신학의 결과가 있을 것이라고 미리 알 수는 없다. 항상 위험 요소가 있다. 만약 돈이 투기적 가치를 다룬다면, 즉시 투기에서 확실성으로 전환하는 것을 노릴 것이다. 사람이 확실하다는 가치의 실현만을 인정하든 혹은 그들이 확실한 것처럼 가능성을 인정하든 간에, 가치의 투기적 요소는 제대로 나타나지 않는다. 확실한 것으로서자연신학의 세계관과 같이 받아들여 질 수 있는 것에만 호소하는 신학 대신에, 혹은 확실한 것 양교조주의의 세계관과 같이 불확실한 것에 호소하는 신학 대신에, 실험적 증거를 위한 고찰을 제공하는 신학이 필요하다. 어떤 가치들이 특정한 신학에게 신용을 빌려 줌으로 실현되는가?

돈은 모든 상호작용이 부채의 상환에 따라서 정리되어야 한다는 것을 요구하는 사회적 의무인가? 만약 그렇다면, 효과적 신학은 그렇게 해야 한다. 신학은 자신의 요구를 부과함에 있어 머뭇거릴 수 없다. 신학은 시간, 관심, 그리고 헌신의 질서에 있다. 만약 돈이 부채로서 그 신출귀몰한 힘을 부과한다 할지라도, 돈은 부채를 통해 세상을 보는 관점에 관심을 쏟아야 한다고 요구하지는 않는다. 그 결과로서, 부채가 다른 힘 및 무력과 동맹생산적 에너지 혹은 생존, 쾌락, 혹은 힘을 위한 추구와 같은을 맺는다면 부채는 그 자신 말고는 다른 어떤 신출귀몰한 힘도 인식하지 않을 것이다. 만약 부채가 암적이라는 것을 증명한다면, 그것은 부채가 자기 방식으로만 다른 힘과 무력과의 연합을 이룰 수 있기 때문일 것이다. 영적 측면에서, 부채가 다른 수요들과 함께 조화를 이루며 세상에 존재할 수 없다. 그것은 생태계에 대해 문외한이다.

효과적 신학은 자신의 요구를 도입하며 다른 요구들과의 협력을 위한 효율적 방법을 제공해야 한다. 모든 시간, 관심, 그리고 헌신을 갖기 위한 시도 대신에, 신성한 힘은 다른 힘의 협력과 방향에 있으며 그리하여 이 힘은 동시에 수많은 요구를 돌보는데 사용되어야 한다. 그것은 효율성의 진정한 의미이다. 그것은 또한 구원의 진정한 의미이다. 만약 시간이 특정한 요구에 종속된다면, 만약 같은 시간이 효과적으로 더 높은 요구와 협력하게 된다면, 문제는 없을 것이다.

부체에서의 구원은 단순히 채무면제가 아니다. 왜냐하면, 만약 부채가 건설적인 자본 역할을 한다면, 채무면제는 생산적인 잠재력을 파괴하기 때문이다. 그것은 신뢰와 협력을 위한 기초를 허물어뜨리는 것이다. 반대로 부채의 구원은 용서를 통해 일어난다. 용서는 대립, 저항 혹은 유해한 존재를 배제시키는 것을 중단하는 것이다. 용서는 심판의 주권적 힘으로 이해되는 것이 다반사다. 용서는 복수, 처벌, 혹은 비난을 유예하는 문제로 받아들여진다. 복수, 처벌, 그리고 비난은 오직 주권적 힘 또는 표상을 통해 삶에 관련된 책임 있는 주체를 위한 문제다. 그 대신에, 용서는 행위의 측정으로서그것이 무엇이며 그것이 무엇이 되어야 하는가 형이상학적으로 이해되어 왔다. 하지만, 용서에 대한 진정한 신학적 접근은 시간, 관심, 그리고 헌신의 질서와 연관되어야 한다. 이 단계로서, 신적 힘은 시저와 영적으로 맞먹는 것으로 널리 인식되어왔다. 우상은 파괴된다. 악마는 축출된다. 신출귀몰한 힘은 정복된다. 신적 소유권은 시간, 관심, 그리고 헌신 위에 선포된다. 이것은 돈의 영적 힘에 의해 행사된 바로 그 힘이다. 그것은 효과적 협력과 조화를 막는 대립, 저항, 배제, 그리고 정복이다. 사람이 하나님이 되고자 하는 것은 변장한 맘몬이다.

진정한 구원은 오직 새로운 창조를 통해 일어난다. 만약 해로운 신출귀몰한 힘과의 협력을 위한 기초가 아직 존재하지 않는다면, 그것은 창조되어야 할 것이다. 진정한 용서는 죄인에게서 죄를 분리시키는 것이나 죄의 영적 힘에서 죄인을 분리시키는 것에 있지 않다. 죄, 죄인, 그리고 신출귀몰한 힘은 서로가 없이는 떨어뜨려 상상할 수 없다. 하나님이 이은 것은 갈라놓을 수 없다. 대신, 진정한 용서는 죄, 죄인, 그리고 악에서 벗어나 선을 창조하는 신출귀몰한 힘이 협력하는데 있다. 용서는 주권적 결정이 아니다. 용서는 이미 우리의 힘 속에 있는 어떤 것이 아니다. 용서는 신적 창조의 문제다. 용서는 협력을 위한 새로운 기반을 창조하거나 발견하는데 있다. 용서는 이루어야 할 도전이다. 그러므로 부채의 구원은 부채와의 협력을 위한 새로운 기초의 창조에 있다. 그것은 부채와 함께 하는 시간, 관심, 그리고 헌신의 질서에 있으며, 그리하여 그 풍족함 속에 다시금 삶의 회복이 가능해진다.

Giorgio Agamben, 2005, *State of Exception*, ET Chicago: University of Chicago Press.

Michel Aglietta and André Orléan, 2002, *La monnaie: entre violence et confiance*, Paris: Odile Jacob.

Elmar Altvater, 1993, *The future of the Market*, ET London: Verso.

Samir Amin, 1997, *Capitalism in the Age of Globalization*, London: Zed Books.

Aristotle, 1988, *Politics*, ET Cambridge: Cambridge University Press.

Asoka Bandarage, 1997, *Women, Population and Global Crisis*, London: Zed Books.

Paul A. Baran, 1962, *The Political Economy of Growth*, New York: Monthly Review Press.

Daniel M. Bell, Jr, 2001, *Liberation Theology after the End of History: The Refusal to Cease Suffering*, London: Routledge.

Veronika Bennholdt-Thomsen and Maria Mies, 1999, *The Subsistence Perspective*, London: Zed Books.

Leonardo Boff, 1995, *Ecology and Liberation*, ET Maryknoll: Orbis Books.

Werner Bonefeld and John Holloway (eds), 1996, *Global Capital, National State and the Politics of Money*, Basingstoke: Macmillan.

Fernand Braudel, 1992, *The Wheels of Commerce: Civilization and Capitalism 15th-18th Century Volume 2*, ET Berkeley: University of California Press.

Robert Brenner, 2003, *Merchants and Revolution: Commercial Change, Political Conflict, and London's Overseas Traders*, 1550-1653, London: Verso.

Robert Brenner, 2002, *The Boom and the Bubble: The US in the World Economy*, London: Verso.

James Buchan, 1997, *Frozen Desire: An Inquiry into the Meaning of Money*, London: Picador.

Roger Burbach, Orlando Nunez and Boris Kagarlitsky, *Globalization and its Discontents: The Rise of Postmodern Socialisms,* London: Pluto Press.

Colin Campbell, 2003, *The Essence of Oil and Gas Depletion*, Brentwood: Multi-Science Publishing Co.

Jeremy Carrette and Richard King, 2005, *Selling Spirituality: The Silent Takeover of Religion*, London: Routledge.

Bruce G. Carruthers, 1996, *City of Capital: Politics and Markets in the English financial Revolution*, Princeton NJ: Princeton University Press.

John Cavanagh and Jerry Mander (eds), 2002, *Alternatives to Economic Globalization: A Better World is Possible*, San Francisco: Berrett-Koehler.

Alvaro Cencini, 1988, Money, *Income and Time: A Quantum-Theoretical Approach*, London: Pinter.

Michel Chossudovsky, 1997, *The Globalization of Poverty: Impacts of World Bank and IMF Reforms*, Penang: Third World Network.

Benjamin J. Cohen, 1998, *The Geography of Money*, Ithaca NY: Cornell University Press.

John D. Cox, 2005, *Climate Crash: Abrupt Climate Change and What it Means for Our Future*, Washington DC: Joseph Henry.

Andrew Crockett, 1973, *Money: Theory, Policy and Institutions*, London: Thomas Nelson and Sons.

David Cromwell, 2001, *Private Planet: Corporate Plunder and the Fight Back*, Charlbury: Jon Carpenter.

John Dominic Crossan, 1991, *The Historical Jesus: The Life of a Mediterranean Jewish Peasant*, San Francisco: HarperCollins.

Herman E. Daly (ed.), 1973, *Steady-State Economics*, San Francisco: W. H. Freeman.

Herman E. Daly and John Cobb, 1990, *For the Common Good: Redirecting the Economy towards Community, the Environment, and a Sustainable Future*, London: Green Print.

Herman E. Daly, 1996, *Beyond Growth: The Economics of Sustainable Development*, Boston: Beacon Press.

Glyn Davies, 2002, *A History of Money from Ancient Times to the Present Day*, Cardiff: University of Wales Press.

Creston Davis, John Milbank and Slavoj Žižek (eds), 2005, *Theology and the Political: The New Debate*, Durham NC: Duke University Press.

Suzanne de Brunhoff, 1976, *Marx on Money*, ET New York: Urizen Books.

Kenneth Deffeyes, 2003, *Hubbert's Peak*, Princeton: Princeton University Press.

Marieke de Goede, 2005, *Virtue, Fortune and Faith: A Genealogy of finance*, Minneapolis: University of Minnesota Press.

Manuel de Landa, 1997, *A Thousand Years of Non-Linear History*, New York: Zone Books.

Gilles Deleuze and Félix Guattari, 1984, *Anti-Oedipus*, ET London: Athlone.

Gilles Deleuze and Félix Guattari, 1988, *A Thousand Plateaus*, ET London: Athlone.

Jacques Derrida, 1994, *Spectres of Marx*, ET London: Routledge.

Hernando de Soto, 2001, *The Mystery of Capital: Why Capitalism Triumphs in the West and Faits Everywhere Else*, London: Black Swan.

Hent de Vries and Lawrence E. Sullivan (eds), 2006, *Political Theologies: Public Religions in a Post-Secular World*, New York: Fordham University Press.

P. G. M. Dickson, 1967, *The financial Revolution in England: A Study in the Development of Public Credit 1688-1756*, London: Macmillan.

Doctrine Commission of the General Synod of the Church of England, 2003, *Being Human: A Christian Understanding of Personhood Illustrated with Respect to Money, Power, Sex and Time*, London: Church House Publishing.

Nigel Dodd, 1994, *The Sociology of Money: Economics, Reason and Contemporary Society*, Cambridge: Polity Press.

C. H. Douglas, 1974, *Economic Democracy*, Epsom: Bloomfield Books.

C. H. Douglas, 1979, *The Monopoly of Credit, 4th edn*, Sudbury: Bloomfield Books.

Richard Douthwaite, 1996, *Short Circuit: Strengthening Local Economies for Security in an Unstable World*, Dublin: Lilliput.

Richard Douthwaite, 1999, *The Growth Illusion: How Economic Growth has Enriched the Few, Impoverished the Many, and Endangered the Planet*, Totnes: Green Books.

Richard Douthwaite, 1999, *The Ecology of Money*, Totnes: Green Books.

Douglas Dowd, 2000, *Capitalism and its Economics: A Critical History,* London: Pluto Press.

Douglas Dowd (ed.), 2002, *Understanding Capitalism: Critical Analysis from Kart Marx to Amartya Sen*, London: Pluto Press.

Ulrich Duchrow, 1995, *Alternatives to Global Capitalism*, Utrecht: International Books.

Ulrich Duchrow and Franz Hinkelammert, 2004, *Property for People, Not for Profit: Alternatives to the Tyranny of Global Capital*, London: Zed Books.

The Ecologist, 1993, *Whose Common Future? Reclaiming the Commons*, London: Earthscan.

David Edwards, 1998, T*he Compassionate Revolution: Radical Politics and Buddhism*, Totnes: Green Books.

Niall Ferguson, 2001, *The Cash Nexus: Money and Power in the Modern World 1700-2000*, London: Penguin.

John Bellamy Foster, 2000, *Marx's Ecology: Materialism and Nature*, New York: Monthly Review Press.

Jean Gabriel, 2000, *The Dollar Hegemony: Dollar, Dollarization and Progres*s, San Jose: Writers Club.

John Kenneth Galbraith, 1975, Money: Whence it Came, Where it Went, London: André Deutsch.

Craig M. Gay, 2003, *Cash Values: The Value of Money, the Nature of Worth*, Sydney: University of New South Wales Press.

Henry George, 1998, *Progress and Poverty*, New York: Robert Schalkenbach Foundation.

Edward Goldsmith, 1998, *The Way: An Ecological Worldview*, Athens GA: University of Georgia Press.

Philip Goodchild, 2002, *Capitalism and Religion: The Price of Piety*, London: Routledge.

Timothy Gorringe, 1999, *Fair Shares: Ethics and the Global Economy*, London: Thames & Hudson.

Jean-Joseph Goux, 1990, *Symbolic Economies after Marx and Freud*, ET Ithaca: Cornell University Press.

Peter Gowan, 1999, *The Global Gamble: Washington's Faustian Bid for World Dominance*, London: Verso.

Marion Grau, 2004, *Of Divine Economy: Refinancing Redemption*, London: T. & T. Clark International.

John Gray, 1998, *False Dawn: The Delusions of Global Capitalism*, New York: The New Press.

William Greider, 1997, *One World, Ready or Not: The Manic Logic of Global Capitalism*, New York: Simon & Schuster.

Charles L. Griswold, Jr, 1999, *Adam Smith and the Virtues of the Enlightenment*, Cambridge: Cambridge University Press.

Robin Hahnel, 1999, *Panic Rules: Everything You Need to Know about the Global Economy*, Cambridge MA: South End.

Robin Hahnel, 2002, *The ABCs of Political Economy*, London: Pluto Press.

Michael Hardt and Antonio Negri, 2000, Empire, Cambridge MA: Harvard University Press.

David Harvey, 1996, justice, *Nature and the Geography of Differen*ce, Oxford: Blackwell.

David Harvey, 1999, *The Limits to Capital, new edn,* London: Verso.

David Harvey, 2003, *The New Imperialism,* Oxford: Oxford University Press.

Robert Heilbroner, 1993, *Twenty-First Century Capitalism,* London: UCL Press.

Richard Heinberg, 2003, *The Party's Over: Oil, War and the Fate of Industrial Societies,* Forest Row, East Sussex: Clairview.

Richard Heinberg, 2005, *Powerdown: Options and Actions for a Post-Carbon World.* East Sussex: Clairview.

David Held and Anthony McGrew (eds), 2000, *The Global Transformations Reader: An Introduction to the Globalization Debate,* Cambridge: Polity Press.

Marcel Hénaff, 2002, *Le prix do la vérité: le don, l'argent, la philosophie,* Paris: Seuil.

Edward S. Herman and Noam Chomsky, 1994, *Manufacturing Consent: The Political Economy of the Mass Media,* London: Vintage.

Noreena Hertz, 2001, *The Silent Takeover: Global Capitalism and the Death of Democracy,* London: william Heinemann.

Thomas Hobbes, 1996, *Leviathan,* Cambridge: Cambridge University Press.

Richard Horsley (ed.), 1997, *Paul and Empire: Religion and Power in Roman Imperial Society,* Philadelphia: Trinity Press International.

Richard Horsley and Asher Silberman, 2002, *The Message and the Kingdom: How Jesus and Paul Ignited a Revolution and Transformed the Ancient World,* Philadelphia: Fortress Press.

Joseph Huber and James Robertson, 2000, *Creating New Money: A Monetary Reform for the Information Age,* London: New Economics Foundation.

Wayne Hudson, 2003, *The Reform of Utopia,* Aldershot: Ashgate.

David Hume, 1978, *A Treatise of Human Nature,* Oxford: Oxford University Press.

Frances Hutchinson, 1998, *What Everybody Really Wants to Know about Money,* Charlbury: Jon Carpenter.

Frances Hutchinson and Brian Burkitt, 1997, *The Political Economy of Social Credit and Guild Socialism,* London: Routledge.

Frances Hutchinson, Mary Mellor and Wendy Olsen, 2002, *The Politics of Money: Towards Sustainability and Economic Democracy,* London: Pluto Press.

Geoffrey Ingham, 2002, *The Nature of Money,* Cambridge: Polity Press.

Geoffrey Ingham (ed.), 2005, *Concepts of Money,* Cheltenham: Edward Elgar.

Kevin Jackson (ed.), 1996, *The Oxford Book of Money,* Oxford: Oxford University Press.

Murray Jardine, 2004, *The Making and Unmaking of Technological Society: How Christianity Can Save Modernity from Itself,* Grand Rapids MI: Brazos Press.

David Jenkins, 2000, *Market Whys and Human Wherefores: Thinking Again About Markets, Politics and People,* London: Cassell.

Ernst H. Kantorowicz, 1957, *The King's Two Bodies: A Study in Mediaeval Political Theology,* Princeton: Princeton University Press.

Kojin Karatani, 2003, *Transcritique: On Kant and Marx,* ET Cambridge MA: MIT Press.

Alastair Kee, 1990, *Marx and the failure of Liberation Theology,* London: SCM Press.

John Maynard Keynes, 1930, *A Treatise on Money,* London: Macmillan.

Martin Khor, 2001, *Rethinking Globalization: Critical Issues and Policy Choices*, London: Zed Books.

Charles P. Kindleberger, 2000, Manias, *Panics and Crashes: A History of financial Crises, 4th edn*, New York: John Wiley.

Paul Knitter and Chandra Muzaffar, 2002, *Subverting Greed: Religious Perspectives on the Global Economy*, Maryknoll NY: Orbis Books.

James Howard Kunstler, 2005, *The Long Emergency: Surviving the Converging Catastrophes of the Twenty-First Century*, London: Atlantic Books.

David S. Landes, 1998, *The Wealth and Poverty of Nations: Why Some are So Rich and Some So Poor*, London: Little, Brown.

Jeremy Leggett, 2005, *Half-Gone: Oil, Gas, Hot Air and the Global Energy Crisis*, London: Portobello.

Jacques Le Goff, 1990, *Your Money or Your Life: Economy and Religion in the Middle Ages*, ET New York: Zone.

Brett Levinson, 2004, *Market and Thought: Meditations on the Political and the Biopolitical*, New York: Fordham University Press.

Mervyn K. Lewis and Paul D. Mizen, 2000, *Monetary Economics*, Oxford: Oxford University Press.

Andrew Leyshon and Nigel Thrift, 1997, *Money Space: Geographies of Monetary Transformation*, London: Routledge.

Bernard Lietaer, 2001, *The future of Money: Creating New Wealth, Work and a Wiser World*, London: Century.

John Locke, 1958, *The Reasonableness of Christianity*, London: Black.

John Locke, 1977, *The Locke Reader*, Cambridge: Cambridge University Press.

John Locke, 1979, *An Essay Concerning Human Understanding*, Oxford: Oxford University Press.

John Locke, 1988, *Two Treatises of Government*, Cambridge: Cambridge University Press.

John Locke, 1991, *Locke on Money*, Oxford: Clarendon Press.

D. Stephen Long, 2000, *Divine Economy: Theology and the Market*, London: Routledge.

James Lovelock, 2006, *The Revenge of Gaia: Earth's Climate in Crisis and the Fate of Humanity*, New York: Basic Books.

David Loy, 2000, Lack and Transcendence: Problems of Death and Life in Psychotherapy, Existentialism and Buddhism, Amherst NY: Humanity Books.

David Loy, 2003, *The Great Awakening: A Buddhist Social Theory*, Boston: Wisdom.

Stuart McBurney, 1990, *Ecology into Economics Won't Go*, Bideford: Green Books.

Alastair McIntosh, 2001, *Soil and Soul: People versus Corporate Power*, London: Aurum Books.

Andrew McKillop (ed.), 2005, *The Final Energy Crisis*, London: Pluto Press.

David McLellan, 1987, *Marxism and Religion: A Description and Assessment of the Marxist Critique of Christianity*, Basingstoke: Macmillan.

John McMurtry, 1999, *The Cancer Stage of Global Capitalism*, London: Pluto Press.

John McMurtry, 2002, *Value Wars: The Global Market Versus the Life Economy*, London: Pluto Press.

Roy Madron and John Jopling, 2003, *Gaian Democracies: Redefining Globalisation and People-Power*, Totnes: Green Books.

Jerry Mander and Edward Goldsmith (eds), 1996, *The Case Against the Global Economy and For a Turn Toward the Local*, San Francisco: Sierra Club Books.

Pierre Manent, 1994, *An Intellectual History of Liberalism*, ET Princeton: Princeton University Press.

Richard Marsden, 1999, *The Nature of Capital: Marx after Foucault*, London: Routledge.

Karl Marx, 1909, *Capital Volume 羣¢*, ET Chicago: Charles Kerr.

Karl Marx, 1973, *Grundrisse: foundations for a Critique of Political Economy*, ET Harmondsworth: Penguin.

Karl Marx, 1976, *Capital Volume 羣†*, ET London: Penguin.

Donella H. Meadows, Dennis L. Meadows and Jorgen Randers, 1992, *Beyond the Limits: Global Collapse or a Sustainable Future*, London: Earthscan.

Carolyn Merchant (ed.), 1994, *Key Concepts in Critical Theory: Ecology*, Atlantic Highlands NJ: Humanities International Press.

Maria Mies and Vandana Shiva, 1993, *Ecofeminism*, London: Zed Books.

Kamran Mofid, 2002, *Globalisation for the Common Good*, London: Shepheard-Walwyn.

George Monbiot, 2000, *Captive State: The Corporate Takeover of Britain*, London: Macmillan.

Milton L. Myers, 1983, *The Soul of Modern Economic Man: Ideas of Self-Interest*, Chicago: University of Chicago Press.

Deepa Narayan, 2000, *Voices of the Poor: Can Anyone Hear Us?*, Oxford: World Bank Publications.

Antonio Negri, 2003, *Time for Revolution,* ET London: Continuum.

Robert H. Nelson, 2001, *Economics as Religion: From Samuelson to Chicago and Beyond,* University Park PA: Pennsylvania State University Press.

Michael Northcott, 1996, *The Environment and Christian Ethics*, Cambridge: Cambridge University Press.

Michael Northcott, 1999, *Life after Debt: Christianity and Global justice*, London: SPCK.

Klaus Nürnberger, 1999, *Prosperity, Poverty and Pollution: Managing the Approaching Crisis*, London: Zed Books.

Oliver O' Donovan, 1996, *The Desire of the Nations: Rediscovering the Roots of Political Theology*, Cambridge: Cambridge University Press.

Oliver O' Donovan, 2005, *The Ways of Judgement*, Grand Rapids MI: Eerdmans.

Paul Ormerod, 1994, *The Death of Economics*, London: Faber & Faber.

Val Plumwood, 1993, *Feminism and the Mastery of Nature,* London: Routledge.

Karl Polanyi, 1944, *The Great Transformation*, Boston: Beacon Press.

Mary Poovey, 1998, *A History of the Modern Fact: Problems of Knowledge in the Science of Wealth and Society,* Chicago: University of Chicago Press.

Moishe Postone, 1993, *Time, Labor and Social Domination: A Reinterpretation of Marx' s Critical Theory*, Cambridge: Cambridge University Press.

Anne Primavesi, 2000, *Sacred Gaia: Holistic Theology and Earth System Science*, London: Routledge.

Edward A. Purcell, Jr, 1973, *The Crisis of Democratic Theory: Scientific Naturalism and the Problem of Value*, Lexington KY: University Press of Kentucky.

Majid Rahnema (ed.), 1997, *The Post-Development Reader,* London: Zed Books.

David Ricardo, 1971, *On the Principles of Political Economy and Taxation*, Harmondsworth: Penguin.

Lawrence S. Ritter, William L. Silber and Gregory F. Udell, *Principles of Money, Banking and financial Markets*, 12th edn, Boston: Pearson.

Michael Rowbotham, 1998, *The Grip of Death: A Study of Modern Money, Debt Slavery and Destructive Economics*, Charlbury: Jon Carpenter.

Peter Scott, 2003, *A Political Theology of Nature*, Cambridge: Cambridge University Press.

Rodney Shakespeare and Peter Challen, 2002, *Seven Steps to Justice,* London: New European Publications.

Marc Shell, 1982, *Money, Language and Thought: Literary and Philosophic Economies from the Medieval to the Modern Era*, Baltimore: John Hopkins University Press.

Carl Schmitt, 1988, *The Crisis of Parliamentary Democracy,* ET Cambridge MA: MIT Press.

Carl Schmitt, 1996, *The Concept of the Political*, ET Chicago: University of Chicago Press.

Carl Schmitt, 2005, *Political Theology: Four Chapters on the Concept of Sovereignty,* ET Chicago: university or Chicago press.

Jeanne L. Schroeder, 2004, *Triumph of Venus: The Erotics of the Market,* Berkeley CA: University of California Press.

Joseph A. Schumpeter, 1966, *Capitalism, Socialism and Democracy,* 4th edn, London: Allen & Unwin.

Joseph A. Schumpeter, 1994, *A History of Economic Analysis,* London: Routledge.

Peter Selby, 1997, *Grace and Mortgage: The Language of faith and the Debt of the World,* London: Darton, Longman & Todd.

Amartya Sen, 1999, *Development as freedom,* Oxford: Oxford University Press.

Georg Simmel, 1990, *The Philosophy of Money,* ET London: Routledge.

Matthew Simmons, 2005, *Twilight in the Desert,* New York: John Wiley.

Peter Singer, 2002, *One World: The Ethics of Globalization*, New Haven: Yale University Press.

Adam Smith, 1970, *The Wealth of Nations,* Harmondsworth: Penguin.

John Smithin (ed.), 2000, *What is Money?*, London: Routledge.

George Soros, 1998, *The Crisis of Global Capitalism: Open Society Endangered*, London: Little, Brown.

Benedict de Spinoza, 1951, *A Theologico-Political Treatise and A Political Treatise*, ET New York: Dover.

Rory Spowers, 2002, *Rising Tides,* Edinburgh: Canongate.

Alan Storkey, 2005, *Jesus and Politics: Confronting the Powers*, Grand Rapids MI: Baker Academic.

David Strahan, 2007, *The Last Oil Shock: A Survival Guide to the Imminent Extinction of Petroleum Man*, London: John Murray.

Kathryn Tanner, 2005, *Economy of Grace,* Minneapolis: Fortress Press.

R. H. Tawney, 1936, *Religion and the Rise of Capitalism*, London: John Murray.

Mark C. Taylor, 2004, *Confidence Games: Money and Markets in a World Without Redemption*, Chicago: University of Chicago Press.

Nicholas Thoburn, 2003, *Deleuze, Marx and Politics,* London: Routledge.

Thorstein Veblen, 1912, *Theory of the Leisure Class*, New York: Macmillan.

Thorstein Veblen, 1948, *The Portable Veblen*, New York: Viking Press.

Max Weber, 1992, *The Protestant Ethics and the Rise of Capitalism*, ET London: Routledge.

Walter Wink, 1986, *Unmasking the Powers: The Invisible forces that Determine Human Existence,* Philadelphia: Fortress Press.

Walter Wink, 1992, *Engaging the Powers: Discernment and resistance in an Age of Domination*, Minneapolis: Fortress Press.

Ellen Meiksins Wood and Neal Wood, 1997, *A Trumpet of Sedition: Political Theory and the Rise of Capitalism 1509-1688*, New York: New York University Press.

L. Randall Wray (ed.), 1998, *Understanding Modern Money*, Cheltenham: Edward Elgar.

John Howard Yoder, 1972, *The Politics of Jesus,* Grand Rapids MI: Eerdmans.

Viviana A. Zelizer, 1994, *The Social Meaning of Money: Pin Money, Paychecks, Poor Relief and Other Currencies*, Princeton: Princeton University Press.

Slavoj Žižek, 2000, *The fragile Absolute, or Why is the Christian Legacy Worth fighting For?*, London: Verso.